SIMÓN

Vida de Bolívar

Las imágenes que ilustran las tapas y contratapas de los libros de la colección Narrativas Históricas no necesariamente responden a la fisonomía real de los personajes que aparecen en estas novelas.

JOSÉ IGNACIO GARCÍA HAMILTON

SIMÓN

Vida de Bolívar

Narrativas Históricas

Diseño de tapa: María L. de Chimondeguy / Isabel Rodrigué

> García Hamilton, José Ignacio.
> Simón. - 1ª ed. – Buenos Aires : Sudamericana, 2004.
> 352 p. ; 23x16 cm. (Narrativa histórica)
>
> ISBN 950-07-2478-2
>
> 1. Narrativa Argentina. I. Título
> CDD. A863

Todos los derechos reservados.
Esta publicación no puede ser reproducida, ni en todo ni en parte, ni registrada en, o transmitida por, un sistema de recuperación de información, en ninguna forma ni por ningún medio, sea mecánico, fotoquímico, electrónico, magnético, electroóptico, por fotocopia o cualquier otro, sin permiso previo por escrito de la editorial.

IMPRESO EN LA ARGENTINA

Queda hecho el depósito
que previene la ley 11.723.
© 2004, Editorial Sudamericana S.A.®
Humberto I 531, Buenos Aires.

www.edsudamericana.com.ar

ISBN 950-07-2478-2

El mapa incluido en esta publicación se ajusta a la cartografía oficial establecida por el PEN a través del IGM y corresponde al expediente número GG04 0393/5 de marzo de 2004.

A la memoria de Emilio "Chuli" Cartier, que nos enseñó a ser universales y tuvo la delicadeza de morirse joven, para no molestar.

A Raúl E. Martínez Aráoz, defensor de causas perdidas y admirador de libertarios.

Al "Samuel Robinson" que nos ilustró y acompañó en nuestra juventud.

A Domingo Minniti, escribano y escribidor.

A Ramón Villagra Delgado, cuentista atemperado por la diplomacia.

Advertencia sobre nombres

A partir de 1813 Simón Bolívar adquirió un papel predominante en las luchas por la independencia desarrolladas en la Capitanía General de Venezuela (cuya capital era Caracas) y en el Virreinato de Nueva Granada (con capital en Santafé de Bogotá) y fue el impulsor, en 1821, de la creación de un país integrado por esos dos territorios y la presidencia de Quito, que se llamó Colombia. Esa extendida nación, que abarcaba lo que hoy constituyen Colombia, Venezuela, Ecuador y Panamá, se desintegró en 1830, a la caída y muerte de Bolívar, y en la historia posterior se la denominó Gran Colombia, para distinguirla de la actual. En el presente libro conservamos la denominación de aquella época y se la menciona simplemente como Colombia. A su vez, el nombre de Cundinamarca, que originariamente se daba solamente a una de las provincias de Nueva Granada, se otorgó en algún momento a todo el territorio del antiguo virreinato, de modo que acá se usa sucesivamente en ambos sentidos. Angostura, la urbe colonial venezolana edificada en las márgenes del río Orinoco que Simón utilizó desde 1817 como centro de sus actividades, es conocida actualmente como Ciudad Bolívar.

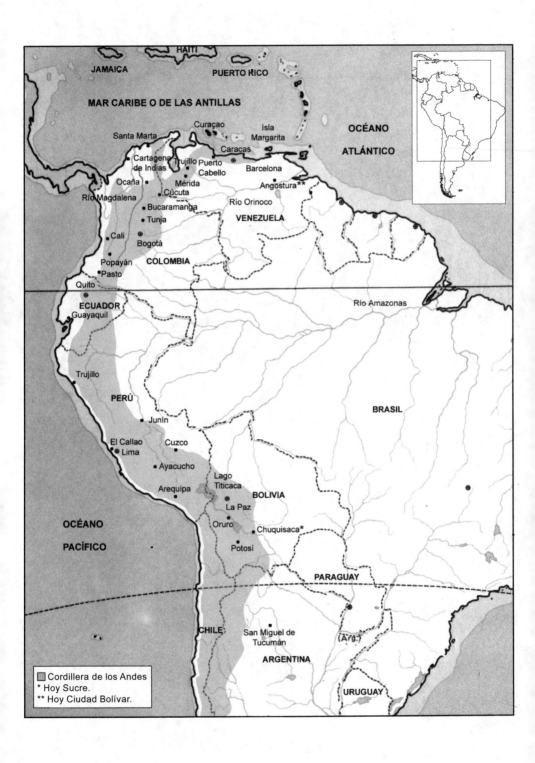

LA VIDA DE BOLÍVAR

Casi no hay episodio más noble en la historia de la antigüedad que el enfrentamiento entre los hermanos Horacios y Curiáceos, en las luchas civiles entre romanos y albos.

Tito Livio, *Historia de Roma*

Cartagena de Indias, setiembre de 1830.

Era sólo piel y huesos cuando entró en la casa de su amigo y camarada de armas, Mariano Montilla, con paso lento y vacilante. La residencia era la más suntuosa de la ciudad, pues había pertenecido al marqués de Valdehoyos, un noble español enriquecido con la venta de esclavos que importaba desde África. Tenía cuarenta y seis años, pero la tisis lo había devastado físicamente y la desilusión y el escepticismo le carcomían el espíritu. El general Montilla era ahora el gobernador de Cartagena y el gobierno nacional le había adjudicado la mansión en pago de sus sueldos militares en las guerras por la independencia.

Cruzó lentamente el espacioso zaguán e ingresó en el vestíbulo, a cuya derecha arrancaba la escalera a los pisos superiores. Desde allí divisó el elegante patio, cerrado por galerías con arcos de medio punto peraltados sobre monolíticas columnas con capiteles. Inició trabajosamente el ascenso, pues hacía mucho calor y los huesos de las caderas se le clavaban sobre el arrugado pellejo y le producían dolor. Desde el entresuelo pudo ver las cadenas y las roldanas que se usaban para izar los fardos con frutos del país y, en el local contiguo, los barracones y la tarima donde se remataba la humana mercadería. El salobre aire marino se mezclaba con un resto de olor a tasajo, las magras tiras de carne salada que se importaban desde el Río de la Plata para alimentar a los cautivos africanos. Al llegar a la planta alta saludó a Mariano con agradecimiento pues, aunque habían tenido otrora algunos entredichos, en el actual trance de general ingratitud le mantenía su lealtad política y le ofrecía una cálida hospitalidad. Pero no pudo dejar de preguntarse en forma irónica: "¿Seremos ahora nosotros, en verdad, como dicen, los negreros de nuestro pueblo?".

Entró en la enorme sala, con balcones corridos y techo de madera con artesonado mudéjar, y se dejó caer levemente sobre un sofá tapizado de damasco. Una tenue brisa le refrescó el rostro, pero la humedad de la costa le mantenía pegajoso el cuerpo. Montilla se sentó frente a él y pidió a un criado que trajera jugos de tamarindos y de naranjas, para aliviar la sed.

—Simón —le anunció el gobernador—, Urdaneta y otros oficiales han realizado en Bogotá un golpe militar en su favor. El presidente Mosquera renunció y los complotados le piden a usted que regrese y reasuma el poder.

Sus ojos recuperaron su antiguo brillo y sus hundidas mejillas se estiraron. Se mantuvo un rato en silencio y recordó que el propio Rafael Urdaneta, hacía sólo cinco meses, era uno de los que se había opuesto a que continuara en su cargo de jefe supremo de Colombia.

—Estoy viejo, enfermo y desengañado. Créame que siempre he mirado con malos ojos los levantamientos y ahora me arrepiento hasta de los que emprendimos contra los españoles...

—Debemos salvar la unidad de la patria por la que tanto luchamos, Simón...

Se ilusionó con la idea de recuperar el mando, pero su viejo hábito de guardar las formas y hacerse rogar alimentó su respuesta:

—Todo está perdido para siempre, Mariano. Soy incapaz de hacer la felicidad de mi país, por eso me niego a volver a gobernarlo.

—El regimiento del Callao lo apoya. Los líderes políticos y los embajadores de Inglaterra y Estados Unidos dicen que sólo usted puede salvar a Colombia.

La noticia lo alentó y su quijada se alzó levemente, sobre su cuello venoso y delgado. Le tentaba volver al poder, pero lo ocurrido en su natal Caracas lo había deprimido mucho:

—Hasta los tiranos de Venezuela me han expulsado y proscripto, Mariano. De modo que no tengo patria a la que ofrecer sacrificios...

Unos meses antes había renunciado a la jefatura del gobierno, que había ejercido sin interrupciones desde su victoria en las luchas por la independencia de España y la constitución de un país formado por el antiguo Virreinato de Nueva Granada y la Capitanía General de Venezuela. Hasta los territorios del Perú y el Alto Perú (este último devenido ya en la República de Bolivia, en honor a su apellido), a los cuales había liberado y señoreado, habían llegado a estar unidos de hecho, bajo su mando, con Colombia.

En 1828, ante su fracaso en lograr una Constitución centralista en la Convención de Ocaña, había dictado un decreto orgánico por el cual, argumentando que había que evitar la anarquía, asumió el poder superior de la república con el título de Jefe Supremo Libertador Presidente, se arrogó la facultad de dictar leyes y dispuso el cese del cargo del vicepresidente Francisco de Paula Santander. En el acto, la oposición lo acusó de haberse constituido en dictador, de haber usurpado el gobierno y un grupo de conspiradores se juramentó contra él y trató de asesinarlo en Bogotá, la capital de la nación, bajo el paradójico pero elocuente lema de "No habrá libertad mientras viva el Libertador".

Invasiones peruanas a Bolivia y a Nueva Granada, y sublevaciones en el sur contra el Jefe Supremo, a quien se acusaba de intentar coronarse como rey, terminaron de complicar la situación. La divulgación de un plan monárquico, bajo el protectorado de Inglaterra o Francia, fue aprovechada por José Antonio Páez y los jefes venezolanos para realizar una revolución separatista. Los tres hombres de mayor confianza del otrora llamado Libertador en su país natal lo acusaron de tirano, ambicioso e hipócrita y le prohibieron la entrada a Venezuela.

Quiso luchar desde Bogotá contra los secesionistas, pero se dio cuenta de que ya no tenía apoyos. Sus colaboradores —el propio Urdaneta entre ellos— le hicieron saber que la causa estaba perdida, el país se había desmembrado y le aconsejaron renunciar. Pocas veces había sufrido tanto como en aquella reunión.

Había convocado a una nueva Asamblea Constituyente y presentó su dimisión. Pálido, triste, se despidió de su amante Manuelita Sáenz y partió a caballo hacia Honda, desde donde siguió en barco por el río Magdalena hasta Barranquilla, y luego hasta Turbaco y Cartagena.

Ahora, alojado en la casa de Mariano Montilla, la posibilidad de recuperar el gobierno lo reanimó. Le escribió de inmediato a Urdaneta para decirle que estaba dispuesto a viajar a Bogotá "para servir únicamente como ciudadano y como soldado", dado que la ley le impedía una reelección. Pero en pliego privado le acompañó una proclama para "lisonjear" a sus partidarios y le sugería manifestarles que "cuando llegue el Libertador se sabrá definitivamente si acepta o no. Aquí entrarán los ruegos y los empeños, y todo se conseguirá".

Tantas veces había obtenido el poder simulando no quererlo, que estaba seguro de volver a adquirirlo con el mismo método. Por las dudas, instó a Urdaneta a deponer rivalidades con el derrocado presidente Mosquera: "Es mejor un buen arreglo que mil pleitos ganados; yo lo he comprobado palpablemente: el no habernos compuesto con Santander, nos ha perdido a todos". Se acordó de la amistad que lo había unido con el hombre a quien había promovido a vicepresidente de Colombia, y de la rivalidad que los había separado por celos sobre el poder y sobre el amor de las bellas hermanas Nicolasa y Bernardina Ibáñez.

Muchas personalidades de Bogotá le escribían para pedirle que regresara a hacerse cargo del gobierno. Se sentía atacado por la bilis, el reuma y los nervios, pero los requerimientos lo halagaban y le ayudaban a recuperar el entusiasmo. "No puedo negarme a servir a la patria en tan desgraciadas circunstancias —les respondía—, pero lo haré como simple soldado o ciudadano, al menos hasta ser elegido por el auténtico voto popular".

Hasta se ilusionaba con volver a lograr el favor de los venezolanos y que éstos derrocaran al presidente Páez, a quien él consideraba no sólo un ingrato, sino un redomado traidor. "Puede que Dios haga otro milagro por allá y pueda volver a casa, recuperar el gobierno y visitar a mis hermanas", pensaba.

A los pocos días decidió partir en berlina hacia Barranquilla y allí se embarcó en el *Manuel* rumbo a Santa Marta. Se sentó en la cubierta y, aunque hacía calor, pidió que lo abrigaran, como si el frío le viniera desde los huesos. El sol, durante la mañana, no lograba disipar las brumas, que homogeneizaban mar, tierra y firmamento en un solo tono grisáceo, pero el viento obtenía algunos reflejos celestes sobre las aguas, en triste oscilación; desde la costa, las brisas traían aromas vegetales y difusas barrancas insinuaban moles violáceas que ensanchaban el horizonte.

Al mediodía el océano era ya azul y había opacado el cielo hasta los límites de la humillación. Algunas nubes aisladas aumentaban la impresión de derrota de las alturas, aunque también la disimulaban al enriquecer la competencia cromática. Peces voladores emergían en bandadas y se deslizaban sobre los piélagos besando intermitentemente el agua como colibríes; jugaban sobre los arabescos de las olas y luego se hundían recuperando su identidad acuática. Presuntuosos pelícanos se replegaban sobre sí mismos, mientras algunas tortugas movían rítmicamente sus patas delanteras, arrastrando como aves su carga de carey.

El océano avanzaba sobre la proa, pero el barco se elevaba y eludía la enorme embestida. En la popa, una estela se disipaba lentamente y la reconstitución de las superficies espejadas lo hizo pensar en su situación. "Los que hemos servido a la Revolución hemos arado en el mar —reflexionó—. La América es ingobernable y lo único que se puede hacer es emigrar".

Dudaba entre marchar a Europa o regresar a Bogotá para intentar reasumir el mando. La perspectiva del poder lo reanimaba, pero sentía que su naturaleza se agotaba y no tenía esperanzas de restablecerse enteramente en ninguna parte. Temía al frío de las alturas por la artritis y al calor de las costas por sus nervios. Había pensado que el viaje por mar le serviría para echar la bilis, pero no conseguía marearse ni menos vomitar.

La bóveda, a la siesta, conservaba un celeste imperturbable, mientras las aguas se confundían en una rabiosa cópula de colores y sus reflejos cambiantes lo engañaban: no sabía ya si eran verdes o azules. "No hay fe ni verdad en América —pensó— ni entre los hombres ni entre las naciones. Los tratados son pedazos de papel, las constituciones son libros, las elecciones batallas, la libertad anarquía y la vida tormento".

Al acercarse a la bahía de Santa Marta ocurrió el milagro del verde: el mar se convirtió en una mole de esmeraldas, los peñascos del fondo sostenían los volátiles movimientos de sardinas grisáceas, y racimos de ostras manglares y variadas algas mostraban su apariencia fantasmal.

Una espiral de sargazos pareció detener el ritmo del navío y, al evocar antiguas y dificultosas travesías por el Caribe, pensó que no eran ya sus duras campañas militares las que se empantanaban en las aguas procelosas, sino acaso su propia vida.

Desembarcó ayudado por una silla de manos, mientras las nubes renovaban su ofensiva y figuras del Juicio Final parecían luchar con las fuerzas del averno. Un rumor de truenos se abalanzó sobre la costa encaramado en oscuros velos con forma de murciélagos, en tanto que el viajero era conducido a una imponente residencia de la ciudad, ubicada al pie de montañas rojizas que le recordaban las de La Guaira.

Se acostó y fue revisado por dos médicos: el francés Próspero Révérend y el norteamericano Knight, cirujano de una goleta estadounidense que se encontraba en el lugar. Tenía el rostro amarillo y adolorido, el cuerpo extenuado, el ánimo agitado por los padecimientos morales, la voz ronca y una tos profunda que denotaba una clara enfermedad pulmonar. Le recetaron narcóticos para recuperar el sueño y atenuar los dolores de pecho, expectorantes y quinina.

Uno de los pocos españoles que habían quedado en Santa Marta luego de las crueles guerras de la Independencia, Joaquín de Mier, lo invitó a alojarse en su finca de San Pedro Alejandrino, en las afueras de la ciudad. Los médicos aconsejaron llevarlo acostado en una camilla, pero debido a las lluvias el propio Mier lo trasladó en un birlocho con dos asientos.

Se alojó en la casa principal, con galería hacia el norte y un gran patio interior donde estaban la cocina y la repostería. En el gran parque estaba el ingenio azucarero, cuyos trapiches y hornos de cocimiento le enviaban un aroma de bagazo similar al de su infancia en la estancia de San Mateo. Comía muy poco, caminaba con mucha dificultad y dormía sólo tres horas por día. Por las mañanas se sentaba en la galería y contemplaba los bellos tamarindos de gran copa, cuyas finas hojas parecían verdes esqueletos de peces. Iguanas perezosas se deslizaban lentamente sobre sus troncos horizontales y se dormían mimetizadas con las cortezas. Dos grandes ceibas le mostraban sus racimos de hojas lánguidas, símbolos de romántica declinación, mientras el piar de los "chupahuevos" le brindaba algo de vitalidad.

Se adormilaba por ratos y llegaba a delirar, pero se despertaba acuciado por la necesidad de movimiento. La falta de noticias de

Urdaneta, a quien le había pedido que convocara a elecciones cuanto antes, lo tenía sumamente ansioso. En vez de marchar a Europa, estaba pensando en quedarse en Jamaica o Curaçao, para estar más cerca de los acontecimientos en caso de tener que reasumir el mando. Se daba cuenta de que no tenía salud y de que la vida se le iba por los pulmones, pero la posibilidad de tomar de nuevo el gobierno lo reanimaba. Recordar su niñez o evocar el pasado no le gustaba nada, nada, nada; pero angustiado por la espera y la inacción empezó a sentirse agredido por escenas de su infancia y a pensar que la sociedad colonial no había estado aquejada por esta anarquía ni había sido tan pródiga en ingratitudes.

1. LLEGAN LOS BOLÍVAR (1587-1799)

> *En el drama* Horacio *de Pierre Corneille, la amistad, el amor, la moral, la justicia y hasta el pensamiento y el honor del héroe se subordinan al Poder y al Estado.*
>
> Pol Gaillard, *Corneille, l'homme*

Habían pasado muy pocos años desde la fundación de Santiago de León de Caracas cuando Simón de Bolívar llegó, en 1587, a la ciudad que descansaba sobre un alargado y suave valle ubicado unas veinte leguas tierra adentro desde el puerto de La Guaira, sobre el esplendoroso mar Caribe. Oriundo de Vizcaya, venía desde Santo Domingo como funcionario de la Corona, para actuar como contador y ministro de la tesorería del nuevo gobernador. Al vasco le gustó el lugar, cuyos mil metros de altura le daban un clima benigno y una naturaleza que le recordaban las suaves ondulaciones con verdes praderas de su tierra natal.

Cuando el gobernador decidió enviar un comisionado a España para realizar peticiones, pensó en su ministro de la tesorería. Investido como procurador de la provincia de Venezuela por el Cabildo de Caracas (la ciudad estaba perdiendo ya los nombres hispánicos de Santiago y de León, para quedarse únicamente con el que mencionaba a los indios de la zona), Simón partió hacia la península para solicitar que se restaurara el servicio personal de los aborígenes; se permitiera hacer cautivos a los indios de Miria desde los diez años de edad; se concedieran licencias para importar negros esclavos; se enviaran desde España dos barcos por año directamente a La Guaira; y se otorgara cierta autonomía al mandatario caraqueño en relación con la Audiencia de Santo Domingo.

Bolívar obtuvo en la Corte alguna de estas concesiones y además regresó con un beneficio personal: se le había concedido el cargo de regidor vitalicio del Cabildo de Caracas, con voz y voto. Su hijo, también llamado Simón, logró posteriormente una encomienda de indios quiriquires en el valle de Aragua, en San Mateo, y fue visitador del Santo Oficio en Valencia. Desde entonces, los Bolívar ocuparon un lugar importante en la sociedad venezolana y se fueron casando y vinculando con las más prominentes y acaudaladas familias del país.

Se relacionaron así con los descendientes de Garci González de Silva, férreo conquistador y guerrero de penacho amarillo y negro, colores que coincidían con el plumaje de una de las variedades de pájaros más conocidos del territorio, que pasaron a ser bautizados por ello los "gonzalitos". También con los sucesores del legendario tirano Lope de Aguirre, miembro de una expedición enviada desde el Perú hasta el Marañón, quien, mediante una serie de crímenes, se puso al frente del grupo y, desafiando a Felipe II, se declaró libre y enemigo de su rey. Separatista y cruel, perpetró otros asesinatos hasta que cayó en manos de las autoridades y fue ejecutado por sus propios compañeros.

En 1737 Juan Bolívar y Villegas quiso adornar su cuantioso patrimonio con un título de nobleza, por lo cual pagó a los monjes benedictinos de Montserrat, en España, la suma de veintidós mil doblones de oro para comprar el marquesado de San Luis, que Felipe V había entregado al convento para que, con su producido, se reparara el edificio. Pero al presentar a la Corona los papeles que acreditaban su pureza de sangre y tradición de hidalguía, se encontró con un serio inconveniente: una de sus ascendientes, Josefa Marín de Narváez, era hija natural de Francisco Marín y Narváez y de una "doncella" desconocida. Por ello, pese a que había contribuido a la riqueza de la familia con unas minas en Cocorote, el señorío de Aroa y unas propiedades sobre la plaza de San Jacinto, en Caracas, la bastardía de Josefa impidió la oficialización del título y paralizó el trámite de la adquisición nobiliaria. Un hermano de esta Josefa, además, se había casado con una negra, colorido antecedente que venía a opacar los blasones de la rica familia que estaba buscando ennoblecerse.

Cuando se produjeron violentas protestas contra los privilegios de la Compañía Guipuzcoana, a la que la Corona había concedido el monopolio comercial y otros beneficios económicos, entre los cabildantes y vecinos importantes de Caracas que apoyaron el alzamiento se encontraban no sólo miembros de la familia Bolívar, sino también de sus parientes y allegados los Ponte, Tovar, Blanco, Xedler y otros.

Al resolver los monarcas otorgar a los pardos el derecho a usar espada, a que sus mujeres pudieran colocarse mantos en la iglesia, y a comprar el distintivo de "Don" y la declaración de hidalguía y limpieza de sangre, los integrantes tradicionales del Cabildo se opusieron firmemente. Sólo las mujeres de las clases altas podían hasta entonces usar el manto, de allí la denominación presuntuosa de "mantuanos" que se daba a los sectores elevados. Cuando las morenas Rosa y Dominga Bejarano, propietarias de una confitería, luego de adquirir el rango asistieron a la elegante misa de diez en la catedral con mantillas y peinetas altas, los habitantes distinguidos se negaron a aceptarlas y les hicieron el vacío. Ante el reclamo de las bellas hermanas y luego de un arduo pleito, la autoridad real ordenó contradictoriamente que, "aunque sean negras, debe tenerse por blancas a las demandantes Bejarano".

La sociedad estaba imbuida de valores claramente jerárquicos: solamente las familias tradicionales asistían los domingos a la misa de las diez en la catedral. Los isleños concurrían al oficio a La Candelaria, los pardos a Altagracia y los negros a San Mauricio. Las damas de alto coturno iban a la iglesia acompañadas por sus esclavas y, a mayor rango, mayor número de negras. Las mujeres de la familia Tovar, parientes de los Bolívar, no bajaban de cinco esclavas. La gente del pueblo se vengaba de este clasismo inventándoles anécdotas a sus patrones: se decía que una señora tan gorda como empingorotada, afectada por la abundancia permanente de gases, llevaba una negrita a la catedral y la hacía arrodillar a su lado. Cuando inevitablemente se le escapaba una flatulencia, le echaba la culpa a la criada y le sacudía un coscorrón, lo que le había valido el apodo de la "pagapeos".

Juan Vicente de Bolívar y Ponte (hijo del comprador frustrado del título de marqués) fue coronel del batallón de los valles de Aragua y oficial de la Compañía de Nobles Aventureros. Propietario de la estancia y antigua encomienda de San Mateo, era regidor a perpetuidad y, por persona interpósita pues el comercio era una actividad mal vista, poseía una tienda y almacén de ropa que era traída desde España al retorno de los buques que llevaban hasta allí el cacao.

Elegante y solterón, padre de un hijo natural en Maracaibo, Juan Vicente abusaba de mujeres solteras y casadas en su estancia de San Mateo, por lo que fue denunciado ante el obispo por algunas de estas últimas, quienes lo acusaban de ser un "lobo infernal" a quien temían "por su poder, violento genio y libertad en el hablar" y por los maltratos que infligía a los maridos de sus víctimas. Una de estas mujeres acosadas manifestaba que el patrón había ordenado a su esposo que se fuera a los llanos a buscar ganado y que luego, con halagos y amenazas, la perseguía para que pecara con él; y sostenía que, para no caer en la tentación, ella estaba dispuesta a defenderse con un cuchillo y quitarle la vida. Aunque comprensivo de las debilidades de los aristócratas de su diócesis, el prelado exhortó a Juan Vicente a no comunicarse con mujeres casadas o muchachas de la doctrina ni entrar en sus casas y, movido acaso por la ingenuidad o por la envidia, le indicó que si quisiese socorrer a alguna o ejercitar la caridad con los pobres, lo "hiciera por mano del cura".

Al cumplir los cuarenta y siete años Juan Vicente se casó con María Concepción Palacios y Blanco, una niña de sólo quince. Mientras el marido aportaba 258.500 pesos; propiedades inmuebles en Caracas y La Guaira; sus haciendas de azúcar, cacao y añil con muchos esclavos; el valle de Aroa y las minas de Cocorote, la joven esposa contribuía con dos negras llamadas Tomasa y Encarnación.

Aunque no poseían muchas riquezas, los Palacios se creían más distinguidos que los Bolívar y uno de los tíos de Concepción era un ilustrado clérigo que había fundado la Escuela de Música de la ciudad. La propia muchacha tocaba el arpa y tenía afición por las artes.

Instalado el matrimonio en una casa frente a la plaza de San Jacinto (parte de la herencia de la rica bastarda Josefa Marín de Narváez), la vida transcurría entre misas, saraos y visitas a la estancia de San Mateo y pronto empezaron a llegar los hijos: María Antonia, Juana y Juan Vicente. Dos años después de este último, el 24 de julio de 1783, nació otro varón, al que bautizaron como Simón José Antonio de la Santísima Trinidad. Era de tez morena y cabello negro, al igual que María Antonia, en tanto que los otros dos hermanos eran rubios y claros de piel.

Desde la cuna, Simón iba a ser visitado por la fortuna: el cura que lo bautizó y le eligió su nombre, su primo hermano Juan Félix Jerez de Aristeguieta y Bolívar, "noble y doctor en Teología", constituyó un vínculo o mayorazgo con todos sus bienes y lo puso en cabeza del recién nacido. Al objeto de "proporcionar la perpetuidad del lustre y progreso de la familia, cuya distinción gozo desde mis antiguos progenitores y conquistadores de esta provincia", dispuso que su casa de Caracas y sus haciendas de cacao del valle del Tuy de Yare, de Taguaza y Macayra quedasen como herencia y a disposición del pequeño, quien debía casarse con persona noble e igual y bautizar a su primogénito con el nombre de Juan Félix y, en lugar del apellido materno, ponerle el de Aristeguieta. Debido a la "vinculación" de los bienes, éstos no podrían separarse ni venderse y el tierno beneficiario sólo podía gozar de sus rentas o alquileres. Al llegar a la mayoría de edad estaba obligado a vivir en la morada del presbítero y quedaría excluido del goce de este mayorazgo, llamado de la Concepción, si "por desgracia cayere en el feo y enorme delito de lesa Majestad divina o humana", es decir, si fuere desleal a Dios o al monarca español.

Pero también, muy pronto, el acaudalado Simoncito iba a ser frecuentado por la muerte: al año y medio falleció su primo y benefactor, el sacerdote Aristeguieta; no había cumplido aún los tres años de edad cuando expiró su padre, Juan Vicente, quien acaso para purgar sus excesos sexuales quiso ser sepultado en la catedral con misa cantada por cuarenta religiosos; y pocos meses después su madre alumbraba una hija póstuma, que murió al poco tiempo de nacer.

La muerte de su marido y de su última hija endurecieron a Concepción, quien pasó a ocuparse de las propiedades de su esposo, con la ayuda de su padre, Feliciano Palacios, y de sus hermanos Carlos y Esteban. Un disgusto la esperaba: los parientes del sacerdote Aristeguieta le iniciaron una demanda para impedir que entrase en posesión del mayorazgo establecido a favor de su pequeño hijo Simón. Tras una ardua tramitación, en parte ante la Audiencia de Santo Domingo, el pleito fue ganado por la madre. Al cumplir los seis años, el niño debió asistir a una solemne sesión en el tribunal, para ser puesto en posesión de los "bienes vinculados" acompañado de un curador especial, su abuelo, un escribano y los testigos. Desconcertado ante tanta pompa y formalismos, el pequeño Simón miraba a su alrededor y no terminaba de entender la naturaleza del conflicto de intereses que lo había tenido como protagonista. Él simplemente quería volver al lado de su madre o a jugar con otros niños.

La alegría por la victoria judicial duró poco: Concepción enfermó de tuberculosis y debía pasar algunas temporadas en San Mateo buscando mejor clima y atendiendo la marcha de la estancia. Estas circunstancias fueron haciendo al chico receloso y alerta. Su hogar le resultaba un lugar frío, con ausencias o precariedades que las visitas de los tíos o el calor de la nodriza, la negra Hipólita, no podían compensar del todo.

Simón jugaba en el primer patio y en el jardín de los granados, cuyos troncos curvos y espigados, cual ascéticas figuras del Greco, eran visitados por capanegras de tímido piar. Por las mañanas acompañaba a Hipólita y su morena compañera Matea al fondo, al patio de los cuatro pinos, donde en las piletas improvisadas junto a la acequia que traía el agua desde el cerro de Ávila, bajo los fugaces aleteos de algunos azulejos, se lavaba la ropa de la casa y las criadas chismorreaban con picardía sobre amos y esclavos.

No tenía recuerdos de su padre y su figura era solamente un rostro adusto que le imponía miedo desde un retrato colgado en la pared de la oscura sala principal, junto a la calle. Al atardecer buscaba refugio en la cocina y, después de la cena, cuando Hipólita contaba cuentos de aparecidos y fantasmas, o de indias hechiceras, se excitaba sobrecogido de temores pero a la vez se sentía cálidamente acompañado, amparado de la diurna frialdad de las habitaciones principales. En las charlas de la servidumbre, aparecían a veces alusiones veladas y picarescas a los acosos sexuales de su padre a las mujeres de San Mateo, que el niño simulaba no entender.

A los ocho años la angustia empezó a cercar a Simón: su madre se había agravado y las idas y venidas de parientes y criadas le indicaban que algo malo estaba por suceder. Una mañana se acercó a la puerta del cuarto materno y supo que Concepción había tenido vómitos de sangre toda la noche. Al mediodía, la rigidez en el rostro de su abuelo Feliciano y el llanto de Hipólita, que lo abrazó quebrada por las lágrimas, le indicaron que Concepción había muerto y una nueva ausencia se había abatido sobre él.

Los tristes rituales fúnebres y las posteriores misas de difuntos y rosarios no se habían terminado, cuando las dos hermanas de Simón también lo dejaron: pocos meses después del fallecimiento de la madre, María Antonia (de quince años) se casó con Pablo Clemente Palacios, y Juana (de solamente trece) lo hizo con Dionisio de Palacios Blanco. Más que celebraciones, las ceremonias de bodas de sus hermanas fueron para el pequeño Simón un golpe de incertidumbre sobre su futuro. La casa quedó bajo los cuidados de una de las hermanas de Concepción, quien, pese a sus afanes y compañía, no alcanzaba a mitigar la pesadumbre de su pequeño sobrino.

El abuelo Feliciano Palacios, a cargo de la administración de sus acaudalados nietos, había enviado a su hijo Esteban a Madrid, para que finalizara los trámites del título de nobleza que había comprado en 1737 Juan de Bolívar. "Cuando logre la aprobación del marquesado de San Luis para Juan Vicente —escribía entusiasmado Esteban desde la Corte— pienso solicitar nueva gracia con la determinación de conde de Casa Palacios para Simón, interponiendo para esto los méritos y servicios de la familia". Procuraba también ingresar como miembro de una Guardia de Corps y lograr una Orden Militar para su padre.

Feliciano, desde Caracas, le enviaba las fe de bautismos, casamientos y testamentos necesarios para completar las actuaciones, mientras lamentaba la incómoda presencia en el árbol genealógico de la antepasada Josefa Marín de Narváez, que había beneficiado a los Bolívar con sus riquezas, pero cuya bastardía les dificultaba la adquisición de los blasones: "Los otros papeles irán cuando se concluyan en la Audiencia, pero no sé cómo compondremos el nudo de la Marín", se interrogaba.

Con sus nueve años de edad Simón estaba más preocupado por su soledad que por los abolengos, sobre todo porque presentía que también su abuelo se aprestaba a dejar la escena. Sintiéndose enfermo, Feliciano citó a sus dos nietos varones, les comentó su mal estado de salud y les preguntó a quiénes preferirían tener como tutores para después de su fallecimiento: Juan Vicente eligió a su tío Juan Palacios y Simón a Esteban.

Confortado por el grado de alférez real enviado por Esteban desde España y por los viáticos de la Santa Religión católica, Feliciano marchó al otro mundo dejando en manos de sus hijos y parientes a los pequeños Bolívar. Juan se hizo cargo de la tutela de Juan Vicente, pero como Esteban seguía en Madrid fue su hermano Carlos quien asumió la de Simón, ante el desconcierto y la pena del pupilo, que sentía difusamente que todos los seres que lo querían terminaban abandonándolo.

Separado de su hermano y de las criadas Simón marchó a la casa de Carlos, hombre solterón y duro, y uno de los miembros del Cabildo que se había opuesto a la Real Cédula que concedía a los pardos el derecho de ocupar cargos públicos, ejercitar el sacerdocio o casarse con personas blancas, con el argumento de que no convenía otorgar tal igualdad a gentes bajas y africanas, colocadas por la naturaleza en la clase inferior. Algunas veces, al pequeño Simón le parecía que su tío Carlos Palacios, cuando calificaba duramente a las "castas", incluía también a los Bolívar entre las familias tradicionales que se habían mezclado con indios y negros y le merecían el calificativo de "longanizos".

Carlos permanecía largas temporadas en sus estancias y Simón, al regresar de la escuela, se sentía muy solo en su casa. Triste, desamparado, solía salir a callejear con amigos díscolos y, el día anterior a cumplir los doce años, se fugó de la residencia y buscó amparo en la morada de su hermana María Antonia. Ésta y su marido, Pablo Clemente, lo recibieron con calidez y pidieron a la Real Audiencia la tenencia del menor, que les fue otorgada en forma provisoria.

Al regresar del campo Carlos se indignó con esta circunstancia, solicitó la restitución de la custodia de Simón y se inició un grave pleito que dividió a las dos ramas de la familia. Carlos acusó a María Antonia de haber instigado la fuga del chico, y argumentó que la codicia de su marido la llevaba a querer disponer de sus bienes.

María Antonia, a su vez, pensaba que eran los Palacios quienes se aprovechaban de la fortuna de su hermano y que tanto Esteban, en Madrid, como Carlos en Caracas, estaban consumiendo la herencia del menor. Desde España, Esteban incitaba a Carlos a defender a ultranza sus privilegios como tutor: "Destruye primero las rentas del pupilo en sacar a luz tus derechos, antes que estos pícaros se rían de ti".

Como el niño se negaba a regresar a la vivienda de su tutor, Carlos propuso a la Real Audiencia, como alternativa conciliatoria, que Simón pasase a vivir en casa de su maestro Simón Rodríguez, quien regenteaba en su propio domicilio una escuela de primeras letras, con cinco chicos internados. El tribunal aceptó el criterio y ordenó que así se hiciera, pero el matrimonio Clemente-Bolívar resistió la medida y conservó al pequeño en su casa.

Una noche, Carlos se presentó en la vivienda de su sobrina acompañado de un alguacil, un escribano y testigos, para labrar un acta y llevarse al niño por la fuerza. Simón se echó a llorar y se arrojó en brazos de Pablo, asiéndose con fuerza a su cuñado, pero las lágrimas y gritos no conmovieron a Palacios, quien arrancó al chico de las manos que lo protegían y lo llevó arrastrando hasta la calle, donde el tumulto había congregado a vecinos y curiosos. Allí el menor volvió a aferrarse a Pablo, pero un golpe de su tío lo desprendió otra vez y fue conducido a la casa del maestro, donde se acostó presa de llanto y sofocado por la impotencia.

El maestro Rodríguez sentía simpatía por Simón e incluso pidió que desde la vivienda de su hermana le enviaran una alimentación digna que él, por sus limitaciones económicas, no podía brindarle. También el nuevo interno tenía afecto por su preceptor, pero la rebeldía que lo dominaba lo llevó a fugarse y buscar asilo en la residencia del obispo, hasta que un sacerdote lo devolvió al lugar, con la solicitud del prelado de que no se adoptaran medidas contra el pupilo.

María Antonia pidió al tribunal que Simón fuese internado en el seminario y el fiscal propuso que se le impusiera un "carcelero de vista", es decir, una persona mayor que lo acompañara en todo momento, perspectivas que atribulaban al niño. Cansado de estas idas y vueltas y de vivir con incomodidad y casi promiscuamente en la casa de Rodríguez, el muchacho, resignado, aceptó volver a la residencia de su tío Carlos.

A partir de ese momento varios maestros iban a la casa de Carlos para brindarle educación. Un sacerdote concurría a enseñarle matemáticas y el joven Andrés Bello, sólo dos años mayor que él, lo instruía en geografía y letras. Pero era Simón Rodríguez quien le brindaba enfoques modernos sobre la existencia. La vivienda ya no le parecía una cárcel, o un lugar vacío, a raíz de la presencia y las lecciones de este maestro romántico y escéptico, que no había bautizado a sus hijas con nombres de santos, sino de vegetales como Maíz y Tulipán, según la republicana moda francesa.

Rodríguez enseñaba a su joven tocayo las nuevas ideas que contrastaban con las rígidas visiones coloniales que hasta el momento había mamado de sus tíos, quienes vivían más ocupados de los oropeles y las jerarquías que de los principios de progreso que venían de Europa. Cuando llegaba el profesor solían marchar hacia el fondo, al patio de las caballerizas, donde bajo el cedro amplio y protector, de hojas que ahora le parecían claras y acogedoras y contrastaban con el vigor oscuro de las palmeras, le hablaba de los hombres en estado de naturaleza, de las virtudes de la vida espontánea de los buenos salvajes, a quienes los lazos de una sociedad fundada sobre el despotismo de las malas monarquías degradaban hacia las irritantes condiciones de la sumisión. Le contaba sobre la necesidad de contratos sociales más justos entre los seres humanos, según el pensamiento de algunos autores franceses que le citaba, y el adolescente pensaba que Hipólita y Matea, quienes en la casa materna guardaban sus cucharas en la mesa redonda de la cocina para que no se mezclaran con los finos cubiertos de los amos, debían gozar de una situación de mayor bienestar e igualdad, pese a los rencores contra los mulatos que solía expresar el tío Carlos.

Muchas veces se quedaba mirando el piso o algún apareo de escarabajos mientras Simón le hablaba encendido y, en el contraste entre el empedrado gris de los cobertizos y comederos de los caballos y la lujuriosa vegetación de orquídeas, flores del aire y rosales del contiguo jardín, solía encontrar un símbolo de las diferencias entre la naturaleza libre y la opresión política que algún día debían desaparecer en el reino de una sabia humanidad.

En las visitas a San Mateo, en el contacto con la libertad y la amplitud del campo, encontraba también ese estado paradisíaco del que le hablaba su maestro. Partía en calesa a la madrugada, con alguno de sus tíos, por la serranía de la costa hacia el oeste. A medida que ascendían se intensificaba la vegetación y contemplaba sobre las laderas la anárquica informalidad de los bananos con sus verdes ramas desafiantes y agresivas. Al llegar a media mañana a los Teques, asentamiento de una tribu con historias legendarias que solía referirle la negra Matea, solían detenerse a tomar un café caliente con cachapas de maíz de sabor incomparable, a veces coronadas con un huevo frito. El descenso hacia el valle de Aragua lo sorprendía con arroyos cantarinos cercados por acacias de copa horizontal y alguna caña brava. En La Victoria almorzaban un sazonado guisado de mondongo y algunos dulces, para luego hundirse, a través del camino real, en un verde océano de caña de azúcar interrumpido apenas por palmas elegantes.

La casa de la estancia, con su galería techada con escaleras en los flancos, adornada de trinitarias, lo colmaba de misterios; y le gustaba recorrer los alrededores, donde las iguanas lo sorprendían con sus súbitas huidas, patentizadas en susurros y golpes de cola contra los arbustos.

Le gustaba bajar hasta el ingenio, donde el chirriar de los trapiches y el ronco olor de la melaza le brindaban optimismo, mientras veía llegar los carros al canchón y conversaba con los esclavos que descargaban los atados de caña.

Una noche, al volver desde San Mateo hasta la casa de su tío en Caracas, Simón se enteró de que había habido en La Guaira un intento de alzamiento contra el monarca. Tres españoles peninsulares enviados desde España para ser recluidos en la fortaleza del puerto por actividades republicanas habían entrado en contacto con miembros de logias masónicas clandestinas y, con la ayuda de soldados mulatos y la complicidad de eclesiásticos y profesionales, habían fugado de la cárcel para encabezar un movimiento inspirado por los ideales de la Revolución Francesa. Habían emitido una proclama rebelde, adoptado una escarapela blanca, azul, amarilla y encarnada y divulgado un himno subversivo:

Viva nuestro pueblo,
viva la igualdad,
la ley, la justicia
y la libertad.

Carlos se reunió esos días con muchos parientes y amigos (entre ellos los Aristeguieta, Ponte, Xedler, Aguirre, Palacios) con quienes firmó una nota de protesta contra los conjurados y de adhesión al monarca, ofreciendo al capitán general la formación de una compañía armada para asegurar el respeto a la autoridad real. En una carta a Esteban, Carlos le contaba sobre la "calamidad" de esta insurrección, felizmente abortada, que se había "coaligado con esta canalla del mulatismo postulando el detestable sistema de la igualdad".

Durante una de esas reuniones en su casa Simón se enteró de que su maestro había participado de la conjura:

—Simón Rodríguez está también entre los implicados —comentó Carlos con voz condenatoria— y parece que ha huido en un velero norteamericano.

El joven no se sorprendió y, a la vez, sintió admiración y orgullo por la actitud de su romántico preceptor.

A los trece años y medio Simón fue nombrado cadete del Batallón de Voluntarios Blancos del valle de Aragua y, a los quince, era ascendido a subteniente. El adolescente estaba muy orgulloso de su rango y uniforme pero seguía sintiéndose objeto de un gran peso: para su tío Carlos era vástago de una familia bastardeada por su sangre indígena o negra; y para sus amigos y criados gozaba de unos privilegios de sangre que había heredado sin mérito alguno. Sentía que, para todos, él no tenía otro valor que el del dinero que había recibido en herencia.

Con Esteban en Madrid y sin maestro en Caracas, el adolescente resolvió concretar un proyecto que albergaba desde hacía tiempo: viajar a España para conocer mundo, completar sus estudios, juntarse allí con su tío y elegido tutor y aliviar la presión de las dificultades de la edad.

Cuando llegaban las primeras lluvias el jovencito, algo temeroso pero a la vez alentado por la aventura, partió para La Guaira por el camino que serpenteaba las verdes laderas matizadas por arcillas rojizas, con algunas nieblas en sus cumbres. Desde la ventana del carruaje miraba con admiración las quebradas que, cimentadas en lodo y animadas por amedrentados tucanes y guacamayos, lo condujeron hacia el ceniciento mar Caribe. La bella ciudad portuaria estaba ubicada al pie de la montaña y sus casas de rojos tejados, con coloridas terrazas, barandas y rejas de maderas torneadas, parecían arrinconadas por las playas contra las enormes moles de cornisas marrones. El severo edificio de la Compañía Guipuzcoana conservaba su recio poderío y estaba flanqueado por almendrones de enormes y ásperas hojas verdes, dispuestas en copas horizontales. La brisa húmeda, el olor a frituras de meros y pargos, mariscos y cebollas, le anticiparon el cosmopolitismo de la travesía.

Siempre severo, el tío Carlos lo presentó al capitán del *San Ildefonso* y lo despidió con un abrazo. Cuando el velero se alejaba de las costas y La Guaira simulaba recluirse bajo los morros, Simón sintió, desde la cubierta, que también su alma se encogía ante la incertidumbre.

2. PARA MUJERES, EUROPA (1799-1806)

Notre longue amitié, l'amour, ni l'alliance,
n'ont pu mettre un moment mon esprit en balance.

Corneille, *Horacio*

Cuando el barco entraba en Veracruz la imponencia de la fortaleza de San Juan de Ulúa le anticipó a Simón la importancia del Virreinato de México. La ciudad portuaria era grande y activa y el muchacho se alojó en la casa de un vecino oriundo de Caracas, amigo de su familia. El capitán del *San Ildefonso* le avisó que la partida hacia La Habana se demoraría, porque el puerto cubano estaba bloqueado por los ingleses, entonces en guerra con España, y pensó que podría aprovechar para visitar la capital.

Partió en un coche que ascendió hasta Puebla, una bella ciudad de neto porte hispánico, rodeada de soleadas serranías cubiertas por un iluminado cielo azul. Al seguir viaje pudo contemplar el volcán Popocatépetl y luego descendió levemente hasta el valle de México, en cuya base reposaba la opulenta ciudad virreinal.

Se hospedó en la casa de un importante funcionario, miembro de la Real Audiencia, para quien el obispo de Caracas, tío de este oidor, le había dado una carta de recomendación. Visitó la ciudad por varios días y lo impresionaron su prosperidad y adelantos: poseía un jardín botánico, academia de pintura y escultura, suntuosos edificios públicos e iglesias, teatros, bibliotecas, parques y avenidas con alumbrado surcadas de carruajes. El tema del momento era la guerra contra los ingleses y el hecho de que España no podía mantener abiertas las comunicaciones marítimas con sus reinos americanos: como consecuencia, los almacenes estaban abarrotados de mercaderías británicas y muselinas de la India.

Al recibir aviso de que el bloqueo de La Habana había sido levantado partió urgente hacia Veracruz. Llegó de mañana mareado por el traqueteo del vehículo, se embarcó de inmediato y el buque zarpó esa misma tarde. En La Habana realizó un paseo por la ciudad y su barco se integró a una flota que, para burlar la vigilancia inglesa, rumbeó hacia el norte, casi hasta los cabos de Terranova, y llegó luego de ocho semanas al puerto de Santoña, sobre el Cantábrico, en el golfo de Vizcaya.

Desde allí salió en diligencia hacia Bilbao y luego enfiló rumbo a Madrid, adonde llegó cansado por los cuatro meses de viaje, pero excitado por la perspectiva de conocer la capital del reino, la villa y corte de tanto renombre, y encontrarse con su tío Esteban, su principal tutor.

Esteban vivía entonces en la casa de Manuel Mallo, donde también se alojó Simón. Mallo era un joven oriundo de Nueva Granada que había vivido en Caracas, donde había hecho amistad con los Palacios. En Madrid había ingresado a la Guardia de Corps y se comentaba que se había convertido en amante de la reina María Luisa, en cuyo corazón había reemplazado temporalmente a Manuel Godoy, el primer ministro del rey Carlos IV.

La conducta de la reina era escandalosa y generaba permanentes comentarios. Godoy era su notorio amante desde hacía varios años y se afirmaba que en cierta oportunidad, al pasear Mallo por la corte en lujoso carruaje, Carlos IV le había preguntado a su ministro:

—¿Quién es este Mallo que va tan rumboso? ¿Es tan rico?

—No señor —respondió Godoy intencionadamente—, no tiene un cuarto. Pero está mantenido por una vieja, que roba al marido para ayudar a su amante.

El rey se rió y le preguntó a María Luisa su parecer:

—¡Vamos, Carlos —aventó la reina—, ya sabes que este Manuel está siempre de broma!

En virtud de las buenas relaciones que Mallo tenía en la corte, Esteban había sido designado funcionario del Tribunal de Cuentas y esperaba que sus trámites sobre el marquesado de sus sobrinos Bolívar se acelerasen.

Esteban hizo conocer Madrid a Simón y lo llevó al Jardín Botánico, al paseo del Prado y lo hizo recorrer la ancha calle de Alcalá hasta la Puerta del Sol y la Plaza Mayor, en donde pudo captar el movimiento de la ciudad, el color de sus parques y los olores a horchata de chufas y manzanillas en el arco de cuchilleros, donde algunas noches cenaron callos con vino de Valdepeñas. Un día lo condujo hasta Aranjuez, una bucólica villa donde los reyes tenían un palacio de descanso. Esa tarde, al volver a la capital, llegó a Madrid el tío Pedro, otro de los hermanos Palacios, quien había tenido un accidentado viaje desde Caracas y había estado capturado durante unas semanas por una banda de piratas.

Como ya eran muchos para seguir de huéspedes en casa de Mallo resolvieron instalarse juntos en la calle de los Jardines, cada uno con su respectivo criado. Al principio iban a almorzar y cenar a la casa de Manuel pero luego éste se trasladó al palacio de La Granja, para desempeñarse como mayordomo de semana de los monarcas. Desde allí le mandaba esquelas a Esteban en las que le contaba que tenía acceso fácil a los reyes pero estaba sujeto a las permanentes intrigas de la corte, las que tenían en zozobra al grupo de los indianos.

Preocupado por el alto nivel de gastos madrileños y la escasez de ingresos Esteban se veía presionado también desde Caracas por Carlos, quien le escribía quejándose por los costos del traslado de Simón que él solventaba desde allá con las rentas del vínculo: "Ha gastado infinito en su viaje superfluamente y es necesario contenerlo, porque se acostumbrará a gastar sin regla ni economía y porque no tiene tanto caudal como se imagina él". Le pedía también a su hermano que gestionara de Simón una autorización para que él pudiera habitar la casa del mayorazgo Aristeguieta y un documento firmado en el que lo liberara de rendir cuentas por la administración de los bienes vinculados, para el caso de que el joven falleciera.

Esta actitud de Carlos aumentó el antiguo disgusto del pupilo contra su tutor caraqueño. Simón sentía que este tío nunca lo había querido, sino que se aprovechaba de sus bienes y abusaba de su persona para obtener beneficios económicos o ventajas sociales; era un ser infatuado y despectivo que despreciaba a los Bolívar e insinuaba que eran "longanizos", pero desde hacía años disfrutaba de sus riquezas.

Se sentía bien en Madrid, en esa ciudad de iglesias importantes, austeros monasterios, edificios públicos monumentales y casas blanqueadas a la cal con sólidas puertas de roble y balcones poblados de geranios, donde los hidalgos como él tenían su lugar y se los valorizaba. Caminaba por la calle Mayor hasta el Palacio Real y le gustaba recorrer también la Plaza de la Cebada, donde los aldeanos ofrecían sus cestas con frutas y verduras, gallinas y cochinillos; los aguateros pregonaban su bebida; los artesanos ofrecían sus servicios; y los ciegos y lisiados mendigaban sus monedas mientras algunos pícaros se hacían trampas a la baraja.

Había empezado sus clases de castellano e historia cuando un día fue sorprendido por una mala noticia: su tío Esteban había sido detenido y llevado hasta el Convento de Montserrat (el mismo donde su antepasado había comprado el título de nobleza) por oscuras razones que no le explicaban bien y el muchacho entendía peor; mientras que Pedro se trasladó de inmediato hasta Cádiz, donde quedó confinado.

A los dieciséis años Simón se quedaba de nuevo solo, esta vez en extraña ciudad y avergonzado por lo que estaba sucediendo con sus tíos. Desconcertado, golpeado, fue acogido en su casa de la calle Atocha número 8 por el marqués de Ustariz, un noble nacido en Caracas relacionado con su familia. Licenciado en Leyes y Filosofía, don Gerónimo de Ustariz y Tovar se había instalado en Madrid para hacerse cargo del título de marqués y el mayorazgo que había heredado de un tío, se había desempeñado como intendente de Toro y de Extremadura y, a la sazón, era ministro del Consejo de Guerra. Persona de ideas liberales y progresistas, no tenía hijos y recibió a Simón con afecto y hospitalidad y le brindó su compañía, su biblioteca y sus consejos.

Por las mañanas el joven aprendía esgrima y francés, para continuar por las tardes con sus lecciones de danza y matemáticas. En esos días de soledad conoció en casa del marqués a María Teresa Toro, una muchacha pálida, de profundos y tristes ojos negros, quien tenía dos años más que él y pertenecía a una noble familia de origen caraqueño, cuyo padre era hermano del marqués de Toro y su madre (ya fallecida) era hermana del conde de Rebolledo. El venezolano era amigo y pariente de los Toro de Caracas y se enamoró de ella de inmediato.

El abolengo de María Teresa era importante para Simón, pues una de las condiciones para disfrutar del mayorazgo que había heredado de su primo Aristeguieta era precisamente el casamiento con mujer "noble e igual". Así lo manifestó en carta a su tío Pedro dirigida a Cádiz, en la que le explicaba que se "había apasionado" por María Teresa y que, "atendiendo al aumento de mis bienes para mi familia" había determinado casarse con ella "para evitar la falta que puedo causar si fallezco sin sucesión, pues haciendo tan justa liga, querrá Dios darme algún hijo que sirva de apoyo a mis hermanos y de auxilio a mis tíos".

En su condición de tutor suplente (Esteban continuaba preso), el tío Pedro escribió al padre de María Teresa, Bernardo Rodríguez del Toro, pidiendo la mano de la joven para su sobrino.

María Teresa marchó con su padre hacia Bilbao y Simón se quedó en Madrid, ansioso por el resultado de la petición de mano. Le escribió a su pretendida llamándola "amable hechizo del alma mía" y le decía que "no tendré momento tranquilo hasta que no sepa cómo su padre ha tomado el pedido de mi tío, pues el deseo todo lo teme". Añadía que "aunque no haya eso de amor, por lo menos humanidad no deja de haber en el benévolo corazón de usted; y siendo así usted debe complacerse de ver que me hallo casi en el camino de alcanzar la dicha, cuya pérdida me sería más costosa que la muerte misma".

Don Bernardo otorgó su consentimiento, pero con la condición de que la boda se postergara por un año, atento a que el novio apenas tenía diecisiete años de edad.

Paseaba un día Simón a caballo por la puerta de Toledo cuando fue detenido por una patrulla militar que revisó su atuendo y lo apercibió por llevar diamantes en sus puños de encaje, pese a estar ello prohibido por las Ordenanzas Reales.

Humillado por el incidente Simón decidió partir para Bilbao, para lo cual solicitó el permiso real a través de Manuel Mallo. Descontó unas letras de cambio para proveerse de dinero y, la misma noche en que recibió la autorización de viaje, partió en coche hacia allí. Se alojó en la calle del Matadero y apreció la intensa vida mercantil y cultural de la ciudad, que tenía un teatro de ópera y bailes públicos los días festivos. Fue invitado a la tertulia de un rico caballero, Adán de Yarza, cuya casa de la calle de Bedibarrieta era frecuentada por comerciantes, industriales y armadores de espíritu progresista, los que otorgaban a las reuniones un tono enciclopedista y hasta volteriano del que mucho disfrutó. Pasaba los días visitando a su prometida y tomando clases de francés, pero a los pocos meses María Teresa regresó a Madrid con su padre y se sintió solo en la ciudad.

Resolvió viajar a Francia, para lo cual volvió a negociar unas letras, que pidió a su tío Carlos se cubrieran desde Caracas enviando doscientas fanegas de cacao a cualquier puerto español. Hacía frío cuando marchó hacia Bayona y Burdeos y desde allí se dirigió a París. Las calles y avenidas de la Ciudad Luz lo deslumbraron, de modo que se instaló en un hotel de la rue Honoré (los impíos revolucionarios le habían quitado al nombre de la calle la condición de "Saint") y de inmediato tomó un coche público para recorrer los puntos principales a ambas márgenes del Sena. Regresó conmovido por la magnificencia de la urbe y el espectáculo de tiendas de lujosos escaparates, confiterías decoradas con oriental estilo, mercados generosos con pavos y conejos, y barquilleros y acróbatas en calles y paseos pero, al entrar a su hospedaje, advirtió que se había dejado olvidadas en el carruaje las cartas de crédito que llevaba. El regente del albergue le recomendó dar parte a la policía y, al día siguiente, pese a su escepticismo, en la comisaría le devolvieron lo perdido.

"Igual que en Caracas", pensó con sorna.

La amabilidad de la gente y la intensa vida cultural expresada en teatros, bailes y exposiciones de arte, le encantaron, así como también el fervor revolucionario que se manifestaba en las múltiples actividades de clubes políticos, tribunas y asambleas pobladas por encendidas voces juveniles cuyos discursos siguió con interés. Venezuela y hasta España le parecieron, por comparación, países de salvajes.

Regresó vía Santander, desde donde envió un poder a Madrid para firmar las capitulaciones matrimoniales, y desde allí siguió hasta Bilbao. En el contrato se dotó a la novia de un patrimonio integrado por joyas aportadas por el padre y por 100 mil reales de vellón donados por Simón (la décima parte de sus bienes libres), en virtud "del ilustre nacimiento de la señora, de hallarse virgen y del sacrificio que hace de expatriarse".

El casamiento iba a realizarse en Madrid por poder, pero Bolívar obtuvo finalmente pasaporte para trasladarse hasta allí y, el 26 de mayo de 1802, los novios contraían enlace en la suntuosa iglesia de San José, a escasos metros de la fuente de Cibeles. Parado frente al altar con columnas de mármol verde y marfil, con semblante serio y casi asustado en sus dieciocho años, Simón estaba muy contento porque advertía que María Teresa, ya de veinte, lo quería cada vez más. Disfrutaron de un par de días de inexperta pasión y el caraqueño quiso volver a su tierra, pues en España no se sentía ahora valorizado y le parecía percibir que, desde la vergonzante y oscura detención de sus tíos, se lo subestimaba por "indiano". Partieron en diligencia para La Coruña, donde tomaron un barco en el que, al cabo de veintisiete jornadas de navegación, llegaron a La Guaira. A la madrugada siguiente marcharon hacia Caracas y se instalaron en la casa del vínculo, sobre la plaza principal, en la calle de las Gradillas.

Por su experiencia de tres años en España, su situación de hombre casado y la compañía de su flamante esposa, Simón se sentía más asentado y seguro. Presentó con orgullo a María Teresa a sus parientes y allegados y la llevó a conocer sus propiedades del Yare y San Mateo, cuya conducción asumió. Fueron también a la finca del valle de Seuse, donde comprobó que una parte había sido usurpada por vecinos, contra los cuales inició un juicio por reivindicación. La relación con su autoritario tío Carlos, quien demoraba la rendición de cuentas que debía realizarle por la administración de sus bienes, continuaba tensa.

Asistían a reuniones y tertulias en la ciudad y disfrutaban de los soleados días en San Mateo. Simón recorría las plantaciones por las mañanas y solía quedarse por las tardes con María Teresa en la galería, contemplándola con orgullo mientras las brisas mecían las ramas de los árboles y ella se frotaba las uñas con las hojas menudas de un limoncillo que, según las criadas, le proporcionaban brillo. Él se sentía protegido con su compañía, pero la percibía algo distante, sola y vulnerable, como si ella se hubiese hecho cargo de su antigua soledad infantil.

Al cabo de sólo siete meses de esa frágil felicidad, María Teresa enfermó de fiebre amarilla y el médico le asestó al joven marido un mazazo:

—No sobrevivirá, Simón, está muy débil y sin defensas...

Sobrecogido por el dolor, la vio morir a los pocos días. Aturdido por la desgracia y por los saludos de sus relaciones y familiares durante el velatorio, Simón vio a la negra Matea colocar con unción, sobre el cadáver de su amada, el antiguo chal con que lo habían vestido a él durante su bautismo. Depositó sobre su rostro frío un último beso y se preguntó qué secreto designio le impedía encontrar amor y compañía sobre este mundo.

La frustración de su vida matrimonial lo dejó triste y desasosegado: el tronchamiento de sus expectativas de felicidad lo deprimía; y la liberación de los compromisos lo inclinaba al desorden. Le parecía percibir que las anteriores envidias de sus relaciones se habían tornado en sornas, casi en calladas burlas por su desgracia. De nuevo volvió a sentirse menospreciado por la clase alta, envidiado y no reconocido por los estratos inferiores.

Le resultaba difícil seguir viviendo en Caracas, donde se sentía aburrido y pesaroso, y optó por marcharse otra vez a Europa. Pidió a la Real Renta del Tabaco que le adelantara doce mil pesos, que serían reintegrados en Cádiz por la firma "Aguado y Guruzeta", que era la consignataria en la península de los frutos de sus estancias. Dio poder a su hermano Juan Vicente y proporcionó instrucciones a los administradores de sus fincas de que atendieran debidamente las plantaciones de añil y de café.

Su tío Carlos lo visitó finalmente para entregarle la rendición de cuentas sobre la administración de sus bienes. Simón examinó ligeramente los gruesos papeles y le comentó con dureza:

—Pues no podré aprobárselas antes de mi partida. —En tono de explicación, pero con el claro intento de fastidiarlo, agregó:

—Si me las hubiese entregado antes...

Carlos se fue muy enojado y su sobrino se alegró: siempre había pensado que su tío lo maltrataba, mientras a la vez sacaba provecho de su fortuna.

Partió en barco desde La Guaira y, al cabo de cuatro semanas de navegación, llegó a Cádiz con calor. Marchó hacia Madrid, donde visitó a su suegro para contarle los últimos momentos de María Teresa y llevarle algunos objetos personales de su hija. Se abrazaron con emoción y lloraron juntos en varios tramos de la entrevista.

Tampoco se sintió cómodo en Madrid y resolvió partir hacia París al comienzo de la primavera que, paradójicamente, le acentuaba su pesadumbre y, por momentos, lo llevaba casi a la desesperación. Se alojó en una suite del cómodo Hôtel des Étrangers en la rue Vivianne y, al encontrarse con algunos amigos venezolanos, se enteró de que su antiguo preceptor, Simón Rodríguez, estaba en la ciudad. Lo buscó de inmediato y ambos se alegraron al reencontrarse luego de siete años. Rodríguez le contó que había estado en Jamaica y en Baltimore, donde había sido cajista de imprenta, y luego en Bayona, donde se había dedicado a enseñar castellano y a traducir a Chateubriand. Igualados por la edad y la lejanía, se instalaron juntos en un albergue más tranquilo, en la rue Lancry, y se convirtieron en amigos que salían a disfrutar de los placeres culturales y nocturnos de París. Asistían a los estrenos de la ópera y visitaban los jardines de Tívoli, donde paseaban las damas elegantes, había funciones circenses con olor a aserrín y una buena orquesta tocaba valses recién llegados de Alemania, cuyos armoniosos giros favorecían los juegos de seducción. También les gustaba recorrer las inmediaciones del Palais Royal, frecuentadas por bohemios, libertinos, timberos y estafadores, además de perfumadas prostitutas vestidas con túnicas blancas que se apostaban incitantes en las arcadas. En las tardes melancólicas en que la monótona garúa sobre el tejado de pizarra le hacía extrañar las furiosas tormentas tropicales de Caracas, Simón leía en la habitación de su hotel, inundada de aroma a sopa de puerros, los autores que su compañero le recomendaba: Voltaire con sus pensamientos libertarios, Locke con sus ideas de tolerancia, Madame de Staël con su temperamento desprejuiciado que tanto lo atraía. Se deslumbró con el argumento del *Horace* de Pierre Corneille sobre la forma que habían encontrado los romanos y albos para resolver sin tanta sangre la guerra civil en que estaban enfrentados y, durante varias jornadas, disfrutó con el romántico ritmo de los versos alejandrinos que contaban cómo se eligió a tres hermanos de ambos pueblos para que dirimieran en duelo la contienda que separaba a las ciudades vecinas, hasta que el único sobreviviente de la familia de los Horacios pudo vencer y matar a los tres Curiáceos. Le conmovió saber que el vencedor, al ver que su propia hermana Camila lloraba la muerte de su amante Curiáceo, la atravesó con su espada pues no podía admitir que se expresase a favor del enemigo y en contra de la gloria de su país, y no pudo dormir hasta llegar al emocionante final en que el héroe es juzgado por el pueblo y perdonado, pues el amor a la patria justifica hasta el crimen filial. Rodríguez le contó que el episodio había sido tomado por Corneille de un relato de la *Historia de Roma* de Tito Livio y, pocos días después, revivió el rigor y el implacable sentido patriótico del protagonista al contemplar en una galería de arte el cuadro *El juramento de los Horacios* pintado sobre el tema por el exitoso artista Jacques-Louis David.

La tristeza no lo había abandonado del todo cuando, ya cerca del otoño, fue invitado a una velada en casa de Fanny Louise Trobriand, una dama de origen venezolano que estaba casada con el conde Barthélemy Dervieu de Villars, un noble enriquecido como proveedor del ejército francés. Simón ingresó algo intimidado a la amplia residencia de la rue Basse de Saint Pierre 22, pero la dueña de casa lo encantó con su amabilidad:

—Bienvenido, querido primo —lo sorprendió con su voz suave—. Sabrá usted que yo también soy una Aristeguieta...

Fanny tenía veintiocho años y un bello rostro ovalado, de tez blanca y sonrosada. Sus grandes ojos azules le resultaron prometedores al joven viudo, que se quedó prendado de su cuello elevado, sus labios finos, su cabello rubio y corto partido al medio y sus movimientos lentos y elegantes. Su marido tenía casi sesenta años y la trataba como a una hija. Conversaron en varios tramos de la reunión y, al final de la tertulia, ella lo despidió dulcemente y ya tratándolo de tú:

—Te esperamos a almorzar el martes, querido primo.

Ese día Barthélemy había viajado por negocios y los primos, después de almorzar, caminaron por el jardín tapizado por marrones hojas de castaños y se contaron recíproca y largamente sus vidas e inquietudes. A partir de ese momento Simón visitó la casa de Fanny cotidianamente y cada vez se fascinaba más con ella, pero no estaba seguro de si sus dulces modales significaban que correspondía a sus sentimientos. Una tarde, la invitó a pasear en su coche por el parque y, cuando ella aceptó, intuyó que sus avances estaban dando resultados.

El carruaje cruzó uno de los puentes del Sena y siguió hacia el oeste, mientras la conversación se hacía cada vez más cálida e insinuante. Lentamente se callaron y quedaron mirándose, hasta que él la besó y su boca respondió con calor y ternura. La recostó sobre el asiento y, al ritmo de los cascos de los caballos sobre el empedrado, la fue despojando de encajes perfumados y almidonadas enaguas y la penetró hasta oír sus gemidos.

—Prima, prima —la acometió con fuerza—, ahora soy tu hombre, tu marido...

El placer y el orgullo le llenaron el cuerpo, hasta que una explosión desde la ingle le sacudió la cabeza y se perdió en un abismo de dicha y olvido.

En una de las reuniones en casa de Fanny, Simón conoció a Alexander von Humboldt, un naturalista alemán que acababa de regresar de la América española, en la cual había realizado un viaje de estudios por el Orinoco y había visitado Caracas y La Habana. Humboldt no se separaba de su amigo el médico Aimé Bonpland, quien lo había acompañado durante su recorrido por Venezuela, y Bolívar percibió claramente que entre ellos existía una particular intimidad, una "camaradería a la francesa" en la que los miembros de un mismo sexo dejaban caer las barreras del pudor. La conversación de los sabios lo atraía por sus extremados conocimientos, no solamente en el plano científico sino también humanístico, pero notaba que Alexander tenía un tonillo de desprecio cuando se refería a la gente americana, a la que consideraba de buena naturaleza pero negligente e ignorante. Simón les habló de la situación política del continente y la vinculó con las ideas libertarias que estaba adquiriendo en los textos de Rousseau y Montesquieu, pero se dio cuenta de que ambos científicos no lo tomaban en cuenta ni le otorgaban mayor seriedad. Como le había pasado antes en Madrid, se sintió menospreciado por el mundo europeo, hacia el cual experimentaba una sensación ambivalente: admiración por sus adelantos y cultura; disgusto por sentirse subestimado.

La pasión por Fanny le había devuelto la alegría de vivir: el delicado equilibrio que debía mantener en su casa para guardar las formas con su marido y el riesgo en que se movía cotidianamente le causaba una grata excitación. Los velos que lo separaban de ella se habían derrumbado y la necesidad de mantener en público una cierta distancia le provocaba una deleitosa ansiedad por apurar una cita íntima, eliminar presurosamente todo lo que pudiera postergar la dicha de un nuevo encuentro amoroso. Visitaba a su amante y asistía a sus reuniones sociales de buen tono, y también concurría a los bailes libertinos en las arcadas del Palais Royal y frecuentaba los animados cafés de la Fe y de Caveau, poblados de rebeldes de provincia, filántropos y comecuras que empezaban a dividirse sobre el tema de la necesidad de un orden dentro de la Revolución. En los momentos de reposo leía a Helvecio y Holbach, autores recomendados por su antiguo preceptor, a quien había bautizado "Samuel Robinson", que preconizaban la vida placentera y en total libertad de pensamiento y de costumbres.

En esos meses el primer cónsul Napoleón Bonaparte promulgaba el Código Civil y un senado consulto lo consagraba, con más de tres millones y medio de votos, como emperador de Francia. Simón Rodríguez pensaba que el corso era un impostor, que había invocado los sagrados principios de libertad, igualdad y fraternidad de la Revolución, para luego apoderarse de la soberanía del pueblo y erigirse en monarca.

—Es un tirano hipócrita —argumentaba indignado—, que decía luchar contra los reyes absolutos y las supersticiones, y que ahora nos humilla con una nueva corona.

Bolívar asentía con su silencio, pues sus lecturas y principios liberales le decían lo mismo, pero en su intimidad pensaba que era necesario que una autoridad revolucionaria terminara con las permanentes discusiones de políticos facciosos y juristas enredadores que, con discursos leguleyos y espíritu cismático, invocaban textos clásicos y antecedentes históricos que provocaban divisiones e incitaban a la anarquía. Además se sentía profundamente conmovido por el apoyo popular a Napoleón. El día de la coronación Rodríguez no quiso salir del hotel para no encontrarse con las multitudes que celebraban el acontecimiento, pero su joven amigo se llegó hasta las proximidades de Nôtre Dame. Se impresionó al contemplar los cientos de miles de personas que vitoreaban a Bonaparte y le expresaban su amor con delirante espontaneidad, y el entusiasmo de la manifestación popular llegó a emocionarlo y ponerle la carne de gallina, al sentir que aquellas ovaciones significaban el último grado de las aspiraciones humanas, la suprema ambición de cualquier hombre.

Resolvió partir de viaje hacia Italia con Rodríguez y, sabiendo que Fanny y su marido visitarían también Milán, arregló encontrarse allí con ellos. Barthélemy parecía no darse por enterado de la íntima relación suya con Fanny y lo trataba con sumo afecto, como a un verdadero pariente.

Los fríos invernales empezaban a ceder cuando los dos Simón partieron en diligencia hacia el sur, rumbo a Lyon. Allí despacharon sus equipajes y, emulando al admirado Jean Jacques Rousseau, siguieron a pie hasta Chambéry y visitaron Les Charmettes, donde el escritor ginebrino se había amado con madame Warens, en un romance que Bolívar no pudo dejar de relacionar con el que él mismo estaba viviendo.

Continuaron hasta Milán, donde se encontraron con Fanny y Barthélemy. Simón intuyó que algo le pasaba a su amante y, en uno de los apartes que pudieron hacer, una noticia le confirmó su impresión:

—Estoy embarazada, Simón.

Él se quedó mirándola sin saber qué decir.

Los milaneses estaban esperando a Napoleón, quien iba a coronarse allí como rey de Lombardía, y toda la ciudad estaba conmovida por el acontecimiento. Bolívar convenció a Rodríguez de que asistieran a la ceremonia y partieron hacia la llanura de Montechiaro, cerca de Castiglione, donde el emperador francés iba a pasar revista al ejército italiano. Bonaparte había ubicado su trono sobre un pequeño montículo y los dos amigos pudieron llegar hasta las cercanías, hasta el punto que Bolívar pudo apreciar y admirar la sencillez del ropaje del flamante monarca, con casaca despojada, simples charreteras y sombrero sin galón, en contraste con los uniformes cubiertos de oro y ricos bordados de su Estado Mayor. Los dos amigos se habían ubicado al frente del sitio imperial, separados por el camino donde desfilaban las tropas, de tal modo que Bonaparte, al enfocar sus anteojos hacia las columnas que pasaban formadas, parecía mirar también a los dos exóticos americanos. Rodríguez, que no participaba de los sentimientos admirativos de su compañero, le comentó:

—El dictadorzuelo puede pensar que somos espías. Mejor vayámonos...

Partieron para Venecia, donde Bolívar se sintió un poco decepcionado, y luego hacia Florencia, donde se dedicó varias semanas a estudiar el italiano y a leer a algunos escritores en esa lengua. No dejó de comentar con su camarada algunas ideas de Nicolás Maquiavelo, el maestro que enseñaba que, para expulsar a los extranjeros y unificar la patria, es válido recurrir incluso al crimen político y la hipocresía personal.

Siguieron hasta Roma, donde visitaron el Capitolio y muchos sitios históricos sobre los cuales Rodríguez ilustraba a su amigo, contándole las aventuras de los Régulos y los Cincinatos y recordándole el juramento y el duelo de los tres hermanos Horacios con los tres Curiáceos, narrado por Tito Livio y tranformado al verso por Corneille, en el poema romántico que tanto había fascinado a Simón. Una fría tarde visitaron el Monte Sacro, donde le explicó que Sicinio solía llevar allí a los plebeyos, que se encontraban agobiados por las violencias y exacciones a que eran sometidos por los patricios. Simón pensó en el paralelismo entre los plebeyos romanos y los criollos de su tierra, y se prometió a sí mismo luchar a su regreso por la independencia de las colonias españolas, con el deseo íntimo de encontrar un reconocimiento como el que estaba logrando Napoleón. Rodríguez lo interrogó con la mirada y Bolívar le contó sobre su propósito, pero se reservó el pensamiento sobre el afortunado Bonaparte.

La primavera se anunciaba devolviendo sus verdes hojas a los plátanos y los tilos cuando volvieron en diligencia a París y se instalaron en el Hotel de Malta, en el 63 de la rue de la Loi, en la margen derecha del Sena. Simón estaba ansioso por ver a Fanny y la visitó esa misma tarde en su casa, donde pasearon por el gran patio alegrado por los renacientes castaños y se contaron las últimas novedades de sus respectivos viajes. Barthélemy había vuelto a partir por negocios hacia Lieja, de modo que en los días siguientes recorrieron los Campos Elíseos, almorzaron en el elegante restaurante Grand Vefour y visitaron el Jardín de Plantas, donde compraron dalias y magnolias para cultivar en el parque de la residencia de la rue Basse de Saint Pierre.

Influenciado por las ideas de los autores que leía intensamente y con asiduidad, Simón se hacía cada vez más racional y abjuraba de las supersticiones o las "ficciones sagradas", como llamaba a las explicaciones religiosas que estimaba propias de las gentes simples o cobardes. Se sentía un "filósofo", es decir, alguien emancipado de los dogmas confesionales y de las creencias en sueños o presentimientos, de tal modo que aceptó la sugerencia de ingresar a una asociación masónica, entidad clandestina y libertaria que enarbolaba los principios científicos, los hábitos de tolerancia y los postulados del progreso. Fue incorporado como compañero de la Respetable Logia Madre Escocesa de San Andrés en una ceremonia pomposa cuyos ritos le parecieron pintorescos pero no lo emocionaron, pues no se sintió ascendiendo a la Jerusalén Celeste ni a la Jefatura del Tabernáculo, penetrando el misterio de la coronación del Sol en la Acacia ni demasiado consustanciado con el Gran Arquitecto del Universo, como sus flamantes hermanos le habían anticipado que iba a ocurrirle. No se arrepintió de haber entrado a la secreta corporación de la ley, la escuadra y el compás, pero pensó que su presente escepticismo y su creencia en las luces de la Ilustración le habían hecho perder la fe hasta en los extravagantes colegas que, ostentando coloridos mandiles, se ufanaban de derrochar filantropía y practicaban liturgias profanas sospechosamente parecidas a aquellas a las que había asistido durante toda su infancia en las iglesias de Caracas.

Una tarde ventosa y fría salió a pasear en carruaje con Fanny por el bois de Boulogne y ella le comunicó que al día siguiente regresaba su marido y tendrían que verse con menor asiduidad. Simón sintió un fuerte impacto. La condición de casada de su prima había servido siempre para aumentar su fervor por ella, para acentuar el interés por los meandros de sus encantos femeninos. Pero ahora esta situación se le volvía en contra y se sintió rechazado por su amante, disminuido en su aprecio como varón. Se quedó taciturno y el lento ritmo de los cascos de los caballos sobre el empedrado parecía acentuar su melancolía, que Fanny advirtió.

Durante la cena en el restaurante Beauvilliers, a metros de su hotel, él permaneció callado y, a la salida, la invitó a compartir un momento en sus habitaciones. Aceptó con un gesto de silencio y entraron al albergue, con leve olor a coliflores, ante la mirada indiferente del conserje. Ya en su departamento, pidió al servicio que llenaran la tina enlozada con agua caliente y condujo a Fanny hasta su cuarto. El temor a perderla en pocas horas lo angustiaba y a la vez lo excitaba, de modo que la acarició largamente con ternura sobre el lecho, mientras ella respondía con entusiasmo. Luego la llevó hasta la bañera, la hizo entrar en el agua, le besó apasionadamente todo el rostro y coronó sus senos con ardor y pasión. La condujo otra vez a la cama y la amó con fuerza y dolor, hasta que una serenidad increíble le hizo creer que la tenía para siempre, que había logrado la virilidad de la eterna posesión.

Horas después, al vestirse, ella le mostró uno de sus pechos cubierto de moretones y le recriminó con satisfecha coquetería su torpeza juvenil.

—¿Cómo le explicaré a mi marido mañana?

Simón se preocupó y, pocos días más tarde, al preguntarle cómo había hecho para justificar sus cardenales, Fanny le brindó un dulce enigma:

—Las mujeres tenemos nuestros ardides —le dijo, con un misterioso mohín.

3. PARA REVOLUCIONES, MIRANDA
(1806-1811)

Nous ne sommes qu'un sang et qu'un peuple en deux villes,
pourquoi nous déchirer par des guerres civiles.

Corneille, *Horacio*

Aunque Fanny lo trataba con dulzura y se esforzaba en dedicarle tiempo, Simón sintió que había sido abandonado otra vez, como tantas veces le había pasado en su vida. No entendía que su amante pudiera preferir a su anciano marido antes que a él. Empezó a pensar en regresar a Caracas y le comentó su idea a Fanny, quien le pidió que se quedara a su lado mientras se acariciaba su crecido vientre, pero el despecho había calado hondo y el joven viudo se afianzó en su decisión. Compró un valioso anillo, grabó en él la fecha de su partida y se lo regaló a su prima, en una romántica despedida en la que ella trató de retenerlo.

Compró un pasaje en un buque que partía desde Hamburgo pero antes de salir para allí se enteró de que Francisco de Miranda, un caraqueño aventurero y libertario, se había embarcado en los Estados Unidos y navegaba hacia Venezuela con objeto de liberar del dominio español al suelo en que había nacido.

Desde el puerto germano salió hacia Norteamérica y arribó a Boston, desde donde partió para Nueva York y Filadelfia. Volvió a embarcarse en Charleston y arribó a La Guaira casi cuatro años después de haber partido para Europa. Tenía ya veinticuatro años de edad y era delgado y bajo de estatura, de rostro alargado y con bigotes, tez morena y cabello crespo, aspecto algo triste y ojos vivaces que, detrás de sus movimientos, dejaban entrever un dejo de desesperación.

Al llegar a Caracas el tema dominante era el reciente fracaso de la invasión de Miranda.

Hijo de un comerciante caraqueño a quienes los "mantuanos" habían impedido usar uniforme militar por sus actividades mercantiles, Francisco de Miranda se había enrolado en el ejército español, en el que había comprado una capitanía, había participado de la campaña naval en el Caribe a favor de la independencia de los Estados Unidos y luchó en Baton Rouge y Pensacola. Dado de baja como teniente coronel, desde entonces se había dedicado a luchar por la libertad de las colonias hispánicas, a cuyo efecto viajó por Norteamérica (donde conoció a George Washington) y recorrió varios países europeos, vigilado siempre por agentes de España. Alto, inteligente, seductor, majestuoso, dominaba varios idiomas y frecuentó las cortes de Inglaterra, Alemania, Austria, Suecia, Noruega y Rusia, donde se ganó el favor de la emperatriz Catalina, quien le dio cartas de presentación, le otorgó el privilegio de usar el uniforme ruso y, según los rumores de palacio, hasta le brindó su propio amor personal y fue su amante. Culto y aficionado a la música, ejecutaba la flauta travesera y en San Petersburgo trató al director de la ópera italiana Giuseppe Sarti. En Francia apoyó a los revolucionarios, se incorporó al partido girondino y, como mariscal de campo, venció a los prusianos en Morthomme, participó en la batalla de Valmy y tomó la plaza de Amberes. Derrotado en Holanda, regresó a París donde se lo procesó por supuestas negligencias y quedó detenido en el palacio de la Conserjería, pero en un resonante juicio conmovió a los jueces con su cálida elocuencia, logró ser absuelto y abandonó el tribunal llevado en triunfo por sus partidarios. Entusiasta de la literatura y apasionado por la ciencia, el triunfo de los jacobinos lo puso otra vez en dificultades y, por inspiración de Robespierre, fue nuevamente arrestado en la prisión de La Force bajo la acusación de conspirar (se había ganado ya el nombre de *El Príncipe de las Conspiraciones*). A punto de ser condenado a muerte, la caída del *Incorruptible* le salvó la vida. Amante de la bella y cultísima marquesa Delfina de Custine, admirado por muchas mujeres inteligentes, dejó Francia y partió para Inglaterra, donde se dedicó a organizar sociedades secretas de ciudadanos hispanoamericanos comprometidos con la independencia. Desde allí marchó a Estados Unidos, donde fletó un barco, el *Leander*, y salió hacia Haití con el propósito de invadir las costas venezolanas. En el puerto de Jacmel se le unieron dos goletas pequeñas, con las cuales zarpó hacia Puerto Cabello con una dotación de doscientos hombres. Pero los españoles conocían sus propósitos y estaban alertas, de modo que lo atacaron antes de que pudiera tocar tierra y le capturaron las dos embarcaciones. Francisco logró escapar en el *Leander*, luego de arrojar al agua la artillería.

Se dirigió a las Antillas británicas y, en Barbados, logró la colaboración del comandante de la flota inglesa en la zona, lord Alexander Cochrane, quien le suministró pertrechos y fuerzas navales (cañoneras y transportes), pero no tropas regulares. Empecinado, valiente, Miranda navegó otra vez con cuatrocientos hombres hacia Venezuela y logró desembarcar en La Vela: se apoderó del fuerte y desplegó la bandera que había creado para el nuevo país que había bautizado como Colombia. Siguió por tierra hacia Coro, donde esperaba apoyos locales, pero sólo llegó un enviado del obispo de Mérida, quien le comunicó que el prelado había resuelto permanecer leal a España y además lo había excomulgado por "ateísmo" y "herejía". Había pedido refuerzos a lord Cochrane, pero al no recibirlos y encontrarse aislado y rodeado por fuerzas españolas, resolvió regresar a La Vela y desde allí zarpó hacia Aruba con su desalentada expedición.

El capitán general de Venezuela, al informar sobre los hechos, destacaba que Miranda "llegó y convocó a los habitantes, pero todos le volvieron la espalda y ninguno hizo caso a sus proclamas". Agregaba que el revolucionario invasor había sido rechazado por los mismos que decía que lo habían llamado y que, con ello, había quedado destruida la quimera de un partido independentista en esas provincias.

Poco antes, un doble intento británico de tomar el Río de la Plata había terminado en fracaso. El general William Carr Beresford había logrado apoderarse de Buenos Aires luego de que el virrey español huyó hacia el interior. Pero la población de la ciudad organizó la resistencia y, apoyada por fuerzas de Montevideo, a los dos meses obligó a capitular al jefe inglés. Posteriormente, el general Whitelocke llegó con miles de hombres de refuerzo, pero también fue derrotado.

Una vez instalado en su casa y reconfortado con el contacto de los ambientes, sabores y colores de su infancia, Simón conversó con su hermano Juan Vicente, quien había integrado el batallón de Voluntarios Blancos que había marchado hacia Coro para aislar a Miranda y sofocar su invasión, y con varios amigos de la juventud. A través de estas charlas advirtió que el rechazo a Francisco y sus expedicionarios no significaba que las ideas de libertad no existiesen en la elite caraqueña. Acaso el soñador romántico se había precipitado y pagó el precio de no ser demasiado conocido en su propio país, pues había estado conspirando en Europa durante más de dos décadas. Pero la experiencia de Buenos Aires y la de Venezuela demostraba que eran los criollos quienes habían tenido la fuerza de expulsar a los ingleses y a... ¡el mismo Miranda!

Simón se dedicó a atender sus estancias y alternaba sus días entre la capital y sus propiedades rurales. Resolvió ampliar sus cultivos de añil en la finca de Yare, que había heredado de su tío Aristeguieta, por lo cual se quedó allí algunas semanas controlando el desmonte y la siembra que efectuaban sus esclavos. Una mañana, mientras supervisaba las tareas en las tierras altas al frente de la hacienda, se acercó su primo político Antonio Nicolás Briceño, casado precisamente con una Aristeguieta, para advertirle que había sobrepasado los límites de su terreno y se encontraba sembrando en el campo de su esposa. Bolívar rechazó el reclamo y se trenzaron en una discusión que fue subiendo de tono, hasta que se fueron a las manos e intentaron sacar sus armas. Los respectivos esclavos negros los separaron y, de regreso en Caracas, Simón presentó una demanda contra su pariente político y obtuvo una orden de arresto y embargo, que luego quedó en suspenso.

Mientras se encontraba en la ciudad, Bolívar participaba de las reuniones de sus allegados en las que se comentaba sobre los sucesos de Europa.

En el cenit de su dominio político y militar Napoleón había derrotado a Austria, destruido Prusia y dominaba Rusia a través de una alianza. Consolidada de este modo su situación en el este, el gran corso parecía estar próximo a concretar su señorío sobre el continente, según su ambiciosa idea de que *La France será le Monde*.

Le faltaba solamente sujetar a Inglaterra, la última gran potencia que podía amenazar su poderío. Como la victoria del almirante Nelson en Trafalgar había demostrado la imposibilidad de invadir Gran Bretaña, Bonaparte pensó que cerrando todos los puertos de Europa a los productos ingleses podría obligarla a capitular.

Pero para poder realizar este bloqueo continental era necesario contar también con el apoyo de España y Portugal, países todavía no controlados por Francia.

El emperador francés ordenó la invasión de Portugal y envió tropas que pasaron a través del norte de España: antes de que llegaran a Lisboa, los monarcas portugueses trasladaron su corte a Río de Janeiro.

En un primer momento el pueblo español estuvo conforme con la presencia de las tropas francesas en su territorio, por interpretar que iban a colaborar en el proceso de lograr la abdicación del rey Carlos IV. Disconformes con este monarca, con su esposa la reina María Luisa y el amante de ésta y primer ministro, Manuel Godoy, gran parte de la nobleza y de la población quería reemplazarlo por su hijo Fernando y estaba en marcha una conspiración en ese sentido. Al estallar un motín en Aranjuez, Carlos IV despidió a Godoy y abdicó a favor de su vástago, quien se coronó como Fernando VII. Al contrario de lo que se esperaba, el poderoso embajador francés en Madrid no reconoció al nuevo monarca. Convocados por Bonaparte en Bayona, Carlos y Fernando fueron internados en Francia y cedieron la corona a Napoleón, quien se la otorgó a su propio hermano, José Bonaparte.

Pero los súbditos españoles rechazaron al nuevo rey y, el 2 de mayo de 1808, la población de Madrid se alzó en armas. Un batallón francés reprimió al pueblo con fusiles y se inició así una "guerra de independencia" contra los invasores galos. En Asturias, Galicia y otros territorios se formaron juntas para dirigir la confrontación y representar al cautivo Fernando VII, a quien se llamaba "El Deseado". Por su ubicación estratégica, Sevilla se constituyó en centro de la resistencia y cuerpo nacional y soberano, bajo la denominación de Junta Suprema de España e Indias. El rey de Inglaterra, en el acto, expresó su apoyo a todas las partes de la monarquía española que se mostraran animadas del mismo espíritu.

Estas noticias llegaron a Caracas (como a muchos otros puntos de América) a través de ejemplares del diario inglés *The Times* y generaron una gran efervescencia. Simón empezó a reunirse con sus amigos en su quinta urbana ubicada sobre el río Guaire, un poco más abajo de la Plaza de Armas, llamada La Cuadra porque hasta allí llegaban las recuas y carretas de las fincas de San Mateo y el Tuy, donde trataban la situación política.

En esas tertulias en la casa con techo de tejas y caña amarga, con galerías amplias y jardín con árboles frutales, en las que participaban sus parientes el marqués Francisco del Toro y su hermano Fernando Toro, los hermanos Mariano y Tomás Montilla, y José Félix Ribas, entre otros, las posiciones eran muy variadas. Los jóvenes ideológicamente más progresistas eran generalmente afrancesados y en un primer momento apoyaron a la dinastía Bonaparte, ya que al fin y al cabo también los Borbones habían venido desde Francia hasta España hacía sólo un siglo. Pero después del alzamiento se encontraron descolocados, puesto que el pueblo había rechazado a los "invasores galos" y condenaba a quienes respaldaban a José Bonaparte.

La gente madura era partidaria del liberalismo económico inglés, porque la libertad de comercio significaba el fin de las asfixiantes reglamentaciones y monopolios y la posibilidad de vender los productos de sus haciendas en mercados más prósperos. Les gustaba también la idea francesa de la libertad, pero veían con prevención los principios de igualdad y fraternidad, en cuanto podían significar una equiparación de su situación con negros, indios y pardos, con los que no querían compartir poder ni jerarquías.

Un grupo propuso la formación de una junta local como la de Sevilla, para defender los derechos de Fernando VII, mientras que Bolívar y otros allegados sostenían que la junta debía declarar la independencia de Venezuela, por entender que la prisión del monarca había cortado los lazos de unión de los reinos españoles.

A los dos meses del alzamiento de Madrid, un bergantín francés arribó a La Guaira y su capitán marchó hasta Caracas, donde le comunicó oficialmente al capitán general y gobernador de Venezuela, Juan de las Casas, que José Bonaparte había asumido la Corona Española. Esa misma tarde, varios clérigos se pronunciaron en el púlpito contra los "franceses herejes" y los vecinos de la ciudad se agolparon en gran número frente a la Capitanía General exigiendo que se proclamara a Fernando VII como rey y se colocara su retrato en el Ayuntamiento. Luego se dirigieron hacia el café e insultaron al oficial francés, quien debió dejar la ciudad de inmediato.

El capitán general De las Casas, aunque era bastante afrancesado como la mayoría de los funcionarios borbónicos y los jóvenes de la vanguardia ideológica, se sintió presionado por los vecinos y resolvió propiciar la constitución de una junta para defender los derechos de Fernando VII. A pedido del Cabildo, en esa junta debían estar representados, además de las corporaciones tradicionales (la Audiencia, el clero, la nobleza), los cosecheros, los comerciantes y el pueblo.

Muchos nativos americanos eran partidarios de Fernando VII, no solamente por un sentimiento antifrancés y por el desprestigio y la decadencia de Carlos IV, sino también por cuanto la Corona había sostenido tradicionalmente, al menos en teoría, los derechos de los indios frente a los excesos de los encomenderos locales.

Poco después llegaba a Caracas un representante de la Junta de Sevilla, para pedir el reconocimiento de su gobierno por los venezolanos. De las Casas declaró entonces que al estar establecida en Sevilla la autoridad legítima española, no tenía ningún sentido una junta local.

Simultáneamente ordenó abrir una causa judicial para investigar a los jóvenes que se reunían en La Cuadra, dado que había recibido una denuncia que aseguraba que estaban propiciando un alzamiento. En privado, mandó a su hijo José Ignacio a que hablara con Simón Bolívar, para prevenirlo sobre esta investigación:

—Sugiere mi padre que no admitas comensales sospechosos ni sociedades secretas en tu casa, Simón, porque te perjudican...

—Pues mi propósito ha sido evitar a los gorrones que me incomodan —mintió—. Yo a nadie llamo y estoy inocente de cualquier calumnia...

Le aseguró a José Ignacio que al día siguiente se marcharía a su estancia "para evitar que le nombrasen en nada" y así lo hizo. Allí se enteró de que, como resultado del sumario, habían sido detenidos su amigo Mariano Montilla y sus parientes Pedro Palacios y José Félix Ribas, entre muchos otros conjurados.

Bolívar, en cambio, antes de un año fue nombrado por el nuevo capitán general, Vicente de Emparan, como teniente de Justicia Mayor del Valle de Yare, la zona donde tenía una de sus estancias.

El joven funcionario designó un representante para que se presentara en su nombre ante el Cabildo de Yare para asumir el cargo, pero el cuerpo se negó a tomar el juramento por procuración y le recordó que debía asistir personalmente. Indignado, Bolívar se quejó ante el capitán general por "el desaire que se me ha irrogado por esta arbitrariedad de los capitulares", y argumentó que ninguna ley establecía el requisito de recibir el cargo en forma personal.

Al año siguiente se supo en Caracas que los franceses habían ocupado prácticamente toda Andalucía y que la Junta de Sevilla se había trasladado primero a Cádiz y luego se había disuelto. En su reemplazo se había designado un Consejo de Regencia de cinco miembros.

El episodio brindó una nueva oportunidad a los grupos que propiciaban la formación de una junta local para que ejerciese la soberanía, quienes pidieron de inmediato una reunión del Cabildo, a la que asistió el capitán general Emparan. El cuerpo se reunió el 19 de abril de 1810 y se propuso formar una junta presidida por el propio Emparan, pero un canónigo, José Cortés Madariaga, pidió la destitución del capitán general acusándolo de pérfido y solicitó un gobierno con poderes propios. Al ver que el público reunido en la plaza apoyaba esta solicitud al contradictorio grito de "Fernando VII, patria y religión", Emparan renunció y se constituyó la Junta Suprema Conservadora de los Derechos de Fernando VII, integrada por los miembros del Cabildo y otros sectores.

En los meses siguientes juntas similares se formaban en Buenos Aires, Bogotá y otras capitales del imperio español en América. El Consejo de Regencia, en Cádiz, pensó que al saberse en América que, pese a la creciente invasión francesa, el organismo aún resistía en representación de Fernando VII, las cosas volverían a su cauce y sería reconocido en ultramar. Al comprobar que no era así, decidió mandar con poderes y con tropas a Antonio Cortabarría a Puerto Rico y a Antonio Elío a Buenos Aires. Llevaban instrucciones de persuadir a las juntas locales y, en caso de no obtenerse ello, someterlas por la fuerza.

La Junta de Caracas suprimió los derechos de exportación y concedió la libertad de comerciar con las naciones amigas y neutrales, eliminó los tributos a los indios y dispuso enviar delegados a Estados Unidos e Inglaterra para explicar las razones de su constitución y solicitar apoyos.

Simón, que en los días de la constitución de la junta había estado en su estancia del Tuy de Yare, se sentía muy mal por haber cedido ante las presiones de De las Casas y haberse alejado de los primeros acontecimientos y se acusaba a sí mismo de haber sido un cobarde. Regresó a Caracas y, con ánimo de intervenir en los sucesos, pidió ser designado para viajar a Inglaterra como representante del nuevo gobierno. Para facilitar su designación, manifestó que él mismo se haría cargo de los gastos que insumiera la misión.

Aunque muchos miembros de la junta de gobierno pensaban que Bolívar era un libertino, que luego de su viudez había llevado una vida despreocupada y sin mayores responsabilidades, aceptaron su propuesta y lo nombraron jefe de la delegación, otorgándole además el grado de teniente coronel. Para darle mayor volumen a la embajada, designaron a Luis López Méndez como integrante y a Andrés Bello, antiguo preceptor de Simón, como secretario. Juan Vicente Bolívar, el hermano de Simón, fue enviado a Estados Unidos, también con los costos del viaje a su cargo.

Acompañado por dos esclavos negros como criados y por los otros dos delegados, Simón partió desde La Guaira en el buque británico *General Wellington*, que lord Cochrane puso a su disposición. Luego de un mes de navegación llegaron a Portsmouth, desde donde siguieron a Londres. Era pleno verano y la ciudad impresionó a Bolívar por la solidez de sus construcciones y el cuidado de sus parques y jardines. Se alojaron en el Hotel Morin's ubicado en la calle Duke, entre Manchester Square y Oxford Street, y pidieron una entrevista con el ministro de Estado, marqués de Wellesley, quien anteriormente había sido embajador en España.

Éste prefirió recibirlos en su residencia particular de Apsley House, un elegante palacio de ladrillos rojos ubicado en la entrada oeste de la ciudad, para no malquistarse con el Consejo de Regencia español, con el que los ingleses estaban aliados para luchar contra la Francia de Bonaparte. Un ujier y un hijo del ministro los recibieron en la puerta y los condujeron hasta un elegante salón en el piso superior, donde el alto funcionario los saludó cordialmente y les ofreció asiento. Procurando elegir los términos más delicados del idioma francés que por razones diplomáticas utilizaba, el británico les manifestó la inoportunidad de la actitud separatista de Venezuela y les preguntó si la decisión se había adoptado como reacción contra los gobernantes locales o si entrañaba la voluntad de constituirse en nación independiente.

Bolívar le explicó que el capitán general De las Casas había tomado medidas "opresivas, ilegales e ignominiosas" contra los propulsores de la Primera Junta de Caracas y que el siguiente gobernador, Emparan, estaba relacionado con el partido francés y juramentado a José Bonaparte. Añadió que la caída de la Junta de Sevilla había precipitado la deposición de los jefes europeos y el traslado del poder al Cabildo.

—Pero esto ha sido un golpe funesto para España, con la que estamos unidos —comentó Wellesley—. No podemos aprobar algo que ofenda la integridad de nuestra aliada...

—Se trata de algo provisorio, señor marqués —la lengua francesa le ayudaba a ocultar sus sentimientos e intenciones—. Nuestro propósito es conservar íntegros para Fernando VII sus dominios de Venezuela, poniéndolos a cubierto de la seducción francesa...

—Puede ser justo liberarse de funcionarios sospechosos, pero no podemos convalidar la ruptura con el gobierno de la península...

—Pues el señor marqués sabe que algunas provincias españolas también han estado en una especie de independencia con relación a la Junta Central. Nuestro propósito es ofrecer ventajas comerciales a Gran Bretaña y, si su gobierno nos protege, aumentaría su crédito en el nuevo mundo...

—Su Majestad procura el bien de nuestro comercio, pero nuestro durable y verdadero interés es la libertad de Europa, para lo cual necesitamos la independencia de España y la integridad de su monarquía. Vosotros sabéis que la independencia que busca Caracas no tiene antecedentes...

—Pero Inglaterra no puede pretender que renunciemos a nuestras aspiraciones. Somos una parte muy pequeña del Imperio Español como para que nuestra actitud influya en el resultado de la guerra de España...

El marqués sonrió a Bolívar y quiso cumplimentarlo:

—Defiende vuestra excelencia la causa de su país con mucho ardor...

—Pues usted, señor marqués, parece defender la de España...

Wellesley congeló su sonrisa y, para indicar que la entrevista finalizaba, recibió los pliegos que le entregaron los sudamericanos y dijo que los pondría en conocimiento de su rey Jorge III. Agregó que la actitud de Caracas a favor de Gran Bretaña era muy lisonjera, los citó para el jueves siguiente y los despidió cordialmente acompañándolos hasta la recámara.

En la siguiente reunión, el marqués volvió a invocar los tratados que ligaban a la Corona con la nación española y les pidió, en virtud de ellos, que se terminasen las diferencias entre Venezuela y la monarquía y se reconociese el Consejo de Regencia.

Los comisionados respondieron que ello no era fácil e insistieron en solicitar apoyo contra las tentativas francesas.

—Nuestra ayuda en ese sentido será clara y amplia. Pero tengan en cuenta que si todas las provincias de América siguen vuestro ejemplo, la península carecería de recursos para defenderse...

Simón advertía que empezaban a abrirse las puertas y reiteró su argumentación.

—No podemos aprobar vuestra independencia... —ratificó el canciller, para finalmente hacer una concesión— ...pero tampoco la desaprobaremos. Si vosotros contribuís a la lucha de España contra Francia, podríamos emplear nuestra influencia para que no fueseis turbados por hostilidades de la Metrópoli.

Bolívar se retiró satisfecho, pero con la impresión de que Gran Bretaña no abandonaría su apoyo al Consejo de Regencia español, acaso porque lo había prohijado desde un principio. También intuía que López Méndez y Bello no aprobaban la forma en que él se había conducido. Efectivamente, sus dos acompañantes comentaron después, en la intimidad, que Simón había desahogado las pasiones que lo animaban, había ofendido a España y había dejado traslucir, en forma atolondrada, la intención de una independencia absoluta.

—Me parece —malició Bello— que ni siquiera leyó las instrucciones que nos dieron en Caracas...

Acuciado por los meses de abstinencia sexual, Simón decidió visitar un prostíbulo y le pidió al conserje del hotel que le indicara alguno. Se dirigió a la zona del Covent Garden, cuyas calles estaban pobladas de prostitutas, y entró a un local con un farol rojo en la puerta. En la sala principal había varias pupilas y eligió a una joven delgada, de facciones finas y cabello rubio. Le indicó en francés a la regenta cuál era su preferida pero, al llegar con ella a la habitación, advirtió que no sabía hablar francés, menos español y entendía muy poco su limitado inglés. En algún momento ella interpretó mal alguna intención de su cliente y se enfureció y comenzó a gritarle, en clara actitud de recriminación. Bolívar se sintió muy incómodo y no podía calmarla, por lo que empezó a pensar que se trataba de una mujer alterada. Los gritos atrajeron a la Madame, quien le explicó que la muchacha lo había confundido con un pederasta griego y le pidió disculpas. Muy molesto, Simón arrojó unos billetes a la meretriz y regresó a su hotel de pésimo humor. Había vuelto a sentirse rechazado donde menos lo esperaba y le resultó humillante que hubieran dudado de su hombría.

Aunque Wellesley les había prevenido (acaso para guardar las formas) que en el país había muchos intrigantes deseosos de acercárseles y que la misión diplomática que estaban desarrollando exigía circunspección, Simón estaba deseoso de entrevistarse con Francisco de Miranda, quien los había invitado a tomar el té en su casa de Grafton Street 37.

Miranda los recibió con los brazos abiertos y los trató como si fueran amigos de toda la vida. Les mostró su pianoforte y les hizo recorrer su amplia biblioteca, que ocupaba la sala con chimenea hacia la calle, una pequeña habitación interna con vista a un patio grisáceo y unas dependencias del subsuelo (donde Simón reconoció y hojeó *Voyage aux régions Equinoxiales* y *Essai Politique sur le royaume de la Nouvelle Espagne,* recientemente publicados por Humboldt y Bonpland) y durante el té y la larga sobremesa conversaron sobre diversos temas culturales. Bolívar quedó encantado con ese personaje sereno, pomposo, cautivante por su don de gentes y su rica experiencia en el gran mundo de las cortes europeas, que solía viajar portando sus dos flautas traveseras y les narraba con toda naturalidad las charlas que había mantenido con Franz Joseph Haydn, en el palacio de los Esterhazy, en Austria, sobre los méritos musicales de las composiciones de Luigi Bocherini. Ataviado con camisa plegada, chaleco y levita oscura, aparentaba unos sesenta años, y al ocuparse de la situación política sus ojos tristes sugerían el desencanto de quien había corrido décadas de exilio y frustraciones tras su ideal de la emancipación americana. Pero ahora, al ocuparse de la situación en Venezuela, recuperaba el entusiasmo y hablaba como si él mismo, desde la distancia londinense, fuera el orientador de los sucesos.

Francisco también juzgó con simpatía a ese hombre de veintisiete años, pequeño, nervioso, algo petulante y de mirada un tanto desolada, con cuyos fervores juveniles se identificó de inmediato. Al percibir el interés con que el joven venezolano lo distinguía, le narró alguno de los episodios que había vivido durante la Revolución Francesa y el primer consulado (había huido del país disfrazado con una peluca y lentes verdes, ayudado por Delfina de Custine) y le confirmó que el marqués de Wellesley, durante el tiempo en que se había desempeñado como embajador en España, había sido uno de los promotores del Consejo de Regencia. Por ello sus hermanos Henry, quien lo había sucedido en la embajada en Madrid, y Arthur (lord Wellington), al frente de las tropas inglesas que defendían la península, compartían ese compromiso.

Haciendo gala de sus grandes contactos en la ciudad, Francisco les consiguió una entrevista con el duque de Gloucester, sobrino del rey, quien les ofreció una cena. También obtuvo que el marqués de Wellesley volviera a recibirlos informalmente y lo mismo hicieran varios personajes importantes. Los acompañó a visitar la Escuela de Joseph Lancaster, inventor de un novedoso método educativo de enseñanza recíproca, y los llevó de paseo a Hampton Court y Richmond.

Fascinado por la personalidad de Miranda, su generosidad y hospitalidad, Simón coincidió plenamente con su antiespañolismo y con la idea de que solamente con una guerra definida contra España podría lograrse la independencia. Pensó que no podría prescindirse de una figura trascendente como la de él en esa contienda y convinieron en regresar prácticamente juntos a Caracas, donde Bolívar intercedería para que la Junta lo pusiera al mando de los ejércitos independentistas.

El otoño londinense comenzaba a amarillear las hojas de los robles cuando Simón dejó la ciudad para embarcarse en la corbeta británica *Sapphire* (sus dos acompañantes se quedaron alojados en la casa de Miranda). Francisco marchó recién el mes siguiente en un buque mercante, pues el gobierno inglés consideró que hubiera sido poco delicado hacia su aliada España que ambos hubieran partido en el mismo barco de guerra.

Al llegar a Caracas, Bolívar informó a la Junta sobre el resultado de su embajada y anunció que Miranda estaba al llegar. Se sorprendió al advertir que esta noticia despertaba indiferencia y hasta rechazo en las autoridades, que lo consideraban una especie de intruso jacobino, ajeno a la realidad americana del momento. No podía entender esta actitud pero, al cabo de una semana (Francisco había llegado hacía dos días a La Guaira y esperaba allí sus novedades), logró que la Junta autorizase su ingreso a la capital y fue hasta el puerto a buscarlo.

Tanto en La Guaira como en el camino montañoso hacia Caracas Miranda era recibido con curiosidad y adhesión por la población, sobre todo entre los jóvenes que lo veían como a una figura legendaria y consideraban que podría ser la cabeza de la revolución contra España y a favor de una sociedad más abierta e igualitaria. Vestía su uniforme de mariscal de campo francés: chaqueta azul bordada de oro, pantalón blanco, alfanje al cinto, botas con espuelas de oro y sombrero tricornio. Simón lo miraba saludar a la gente, escuchar sus reclamos, formular promesas y brindar esperanzas y admiraba su energía y su poder de convicción, así como su capacidad para ganar simpatías y cosechar adeptos. En su fuero interno, se propuso emular su atrayente personalidad y se veía ya a sí mismo actuando con ese peculiar encanto y poderoso magnetismo que lo fascinaban.

Lo alojó en su propia casa y luego lo acompañó a cumplimentar a los integrantes de la Junta, quienes, pese a sus iniciales resistencias, lo recibieron cordialmente y le otorgaron el grado y el sueldo de teniente general. A los tres meses se constituyó el Congreso constituyente de Venezuela y el cuerpo nombró un triunvirato para reemplazar a la Junta, pero Miranda obtuvo sólo ocho votos y no estuvo entre los tres elegidos.

Bolívar, decepcionado, le llevó la noticia a su residencia y Francisco lo miró con resignación:

—Me alegro de que haya en mi tierra personas más aptas que yo...

Miranda se dedicó entonces a hacer campaña a través de la Sociedad Patriótica, una entidad que había sido creada por la Junta para desarrollar el movimiento político, estudiar la situación de la economía y la agricultura y redactar el borrador de una Constitución. Compuesta de un centenar de jóvenes intelectuales "mantuanos", la Sociedad buscaba influir sobre el gobierno y Francisco redactaba artículos para el periódico del organismo, asistía a reuniones y pronunciaba discursos, con lo que logró ser electo miembro del Congreso por el distrito del Pao.

Una vez en el Congreso propició que se declarara la independencia, pero un diputado moderado lo interrumpió:

—Hemos sido elegidos para conservar los derechos de Fernando VII.

Otro recordó que debían actuar con prudencia, pues las provincias de Coro, Maracaibo y Guayana continuaban leales al Consejo de Regencia y, además, la emancipación causaría incomodidad a Inglaterra.

Bolívar acompañaba a Miranda en esta posición independentista, por la cual abogó dentro de la Sociedad Patriótica con un discurso encendido. La entidad adoptó la proposición y la llevó de nuevo al Congreso. Ante las insistentes presiones desde la barra, el cuerpo legislativo declaró la independencia de las provincias de Venezuela y juró conservar como único credo a la religión católica y defender el misterio de la Inmaculada Concepción de la Virgen María.

Miranda y Bolívar no estaban muy convencidos de que María hubiese sido concebida sin pecado y más de una vez habían bromeado sobre esta creencia ("es más importante pecar sin concebir", solían decir), pero juraron el dogma satisfechos, al ver que sus ideas de emancipación habían triunfado.

4. EL PARRICIDIO DE LA GUAIRA
(1811-1812)

> *Corneille exalta la grandeza de alma de su héroe Horacio, su sangre fría, su abnegación admirable, pero también su fanatismo, su gloria inhumana, su crueldad.*
>
> Pol Gaillard

Sobre el fin de año el Congreso dictó una Constitución para la flamante república: establecía el sistema federal, con un triunvirato a cargo del Poder Ejecutivo. Miranda pensaba que sería muy difícil manejar los sucesos con un gobierno débil y Simón lo acompañaba en esa idea. Creían que era necesario dirigirse enérgicamente contra las provincias que mantenían su adhesión al Consejo de Regencia, crear un ejército regular (las milicias ciudadanas desertaban) y endurecerse contra el bando realista.

Para colmo la agricultura y el comercio languidecían y el deteriorado fisco había emitido papel moneda, que era recibido por la población como un atentado contra la propiedad.

—La gente —le comentó Simón una noche a su mentor— desprecia los billetes más que a la servidumbre.

Amparándose en el sistema federal, la provincia de Valencia intentó independizarse y el triunvirato envió a Miranda para reprimir la secesión. Simón lo acompañó como uno de sus oficiales: tomaron a sangre y fuego el morro y luego sitiaron y ocuparon la ciudad. Regresaron juntos a Caracas, pero Simón, más papista que el Papa, pensó que hubiera sido mejor continuar la campaña y doblegar a Coro y Maracaibo, las otras provincias en rebeldía.

En la tarde del Jueves Santo, un día claro y de mucho calor, la población frecuentaba las iglesias pero Simón permanecía en su casa. Al levantarse de la siesta permaneció sin camisa, pues el aire parecía muerto entre las cortinas inmóviles y los granados del patio, cuyas hojas se desplomaban por el peso de la temperatura. En el opresivo silencio, sintió que algo temblaba bajo sus pies. Levantó la vista y advirtió que las columnas del patio se movían, mientras la atmósfera vibraba y un rumor sordo iba en aumento hasta convertirse en estrépito. Recordó que en caso de terremoto había que ponerse bajo el marco de una puerta y saltó hacia allí, donde permaneció durante segundos que le parecieron horas, mientras los edificios vecinos se derrumbaban y la caída de los tejados producía un ruido atronador. Al cesar los movimientos de tierra se produjo un instante de dramático silencio, hasta que los gritos de la servidumbre y el polvo que se esparcía por todos los ambientes lo inundaron. Comprobó que la gente de la casa estaba a salvo y salió hacia la calle, donde vio que eran varias las casas que se habían venido abajo. Marchó hacia su izquierda en dirección a la plaza de San Jacinto, donde encontró un hacinamiento de ruinas y percibió un penetrante olor a cal.

El templo de la Santísima Trinidad, construido por su familia en la plaza central, se había derrumbado casi totalmente y uno de sus pilares había rodado hacia abajo por el paseo y se había detenido al pie de la horca, donde unos meses antes la Junta revolucionaria había ajusticiado a unos realistas. La columna que tenía grabado el escudo con las armas de los reyes de España era la única que había quedado en pie.

En medio de la confusión y el dolor el pueblo interpretaba el fenómeno como una venganza de Dios contra los impíos revolucionarios. El prior de los dominicos pronunciaba una oración sobre una mesa, dirigida a una multitud asombrada y gimiente. Un regidor patriota pedía perdón a Dios y a Fernando VII y un antiguo funcionario real manifestaba que "el Señor había manifestado patentemente su voluntad". Como el día en que se había constituido la junta de gobierno, el 19 de abril de 1810, también había sido Jueves Santo, algunos fieles pregonaban:

¡Un Jueves Santo la hicieron,
un Jueves Santo la pagaron!

Un vecino realista se acercó a Simón y le recriminó:

—¿Vio, Bolívar? Parece que la naturaleza se pone del lado de los españoles...

Simón se indignó ante estas reacciones que consideraba supersticiosas:

—Si la naturaleza se opone, también lucharemos contra ella...

Sólo en Caracas había miles de muertos y también La Guaira, San Felipe, Barquisimeto y Mérida resultaron destruidas y con grandes cantidades de víctimas. A la semana el gobierno pidió al arzobispo que explicara mediante una pastoral que la Providencia podía enviar las catástrofes naturales para castigar las faltas de moralidad, pero no las opiniones políticas. El prelado accedió a la solicitud, pero no fue muy categórico en su pronunciamiento.

El trágico terremoto no fue la única calamidad que soportó el régimen patrio: en esos días, las autoridades realistas ordenaron al capitán Domingo de Monteverde que partiera desde Coro para recuperar algunas provincias venezolanas. Tomó Barquisimeto y, al advertir que no encontraba resistencia y que las poblaciones y guarniciones republicanas se le sumaban, siguió avanzando y ocupó Valencia.

El Congreso, entonces, otorgó facultades extraordinarias al triunvirato y ésta las delegó en Miranda, a quien se concedió el título de generalísimo. Francisco entrenó a sus tropas y se aproximó a Valencia, pero luego decidió retroceder y esperar a Monteverde en La Victoria. Al pasar por San Mateo subió hasta la casa de Bolívar, que desde hacía varias semanas estaba en su estancia, se alojó allí y le pidió que marchara a hacerse cargo de Puerto Cabello, una importante plaza sobre el mar Caribe, al oeste de Caracas.

Durante la cena de fricassé de gallina, puerco asado y vinos de las islas de Cabo Verde, Francisco comentó que Puerto Cabello tenía una gran importancia estratégica por ser base de operaciones y uno de los lugares por donde la república podría recibir suministros desde el extranjero. Además, la plaza estaba en la espalda de Monteverde, quien se había aventurado hasta una zona donde quedaba atenazado entre ese puerto y el ejército de Miranda.

—¡Pues vaya que me está dando usted una responsabilidad! —respondió Simón, con orgullo.

Partieron juntos a la madrugada y se despidieron en La Victoria. Bolívar siguió hasta La Guaira, donde se embarcó y llegó hasta

Puerto Cabello, una bonita población situada en una bahía rodeada de montañas y junto a la cual, sobre un islote artillado y separado por un puente levadizo, se había construido una fortaleza. En ese fuerte de San Felipe estaban los almacenes de armas y municiones, además de las bóvedas de la cárcel, nutridas de importantes españoles realistas que habían sido detenidos en Caracas y Valencia. Aunque la residencia del comandante estaba en el castillo, Bolívar prefirió alojarse en el ambiente más mundano y alegre de la ciudad, desde donde divisaba, a través del agua y el puente levadizo, las murallas de las instalaciones militares.

Al saber que la población de Puerto Cabello tenía notorias simpatías por el Consejo de Regencia, Simón adoptó algunas medidas severas, las que le valieron el mote de dictador. Un día fue alarmado por un tiroteo y su edecán le avisó que los prisioneros se habían rebelado y habían tomado el control de la fortaleza, para lo cual habían contado con la colaboración del subjefe del regimiento, Francisco Fernández Vinoni, que se había pasado al bando realista. Desde allí se encontraban ahora disparando y cañoneando a la ciudad.

—¡Traidor! —exclamó, pensando en la defección de su subalterno, pero advirtió que él mismo había sido negligente en varios aspectos: no debió haber dejado a presos importantes y adinerados en el mismo lugar donde estaba el armamento, para evitar que se apoderaran de éste; debió haberse instalado él en el propio castillo para ejercer desde adentro la autoridad; y no había sabido elegir bien a sus jefes delegados.

Recordó que los víveres estaban también en el fuerte y se desesperó al darse cuenta de la magnitud de sus errores: estaba en la parte baja de la ciudad, sin cañones, con muy pocos fusiles y sin comestibles.

Ordenó repeler el fuego con fusiles y, a la noche, dictó a su ayudante una carta para Miranda:

Mi general: Un oficial indigno del nombre venezolano se ha apoderado, con los prisioneros, del castillo de San Felipe y está haciendo fuego sobre la ciudad. Si V.E. no ataca inmediatamente al enemigo por la retaguardia, esta plaza está perdida. Yo la mantendré entre tanto todo lo posible.

Al día siguiente el Cabildo de la ciudad le pidió que se rindiera, para evitar que continuara el cañoneo y salvar víctimas civiles. Pero prefirió mantener la resistencia, pese a la total inferioridad de condiciones en que se encontraba.

Empezó a faltar agua dulce y Bolívar hizo perforar algunos pozos, pero sólo encontraron fuentes salobres. Agotado por las noches en vela, angustiado por la situación y sus propias culpas, se reprochaba hora tras hora no haber cumplido la recomendación de Miranda de sacar a los presos realistas de la fortaleza. "¿Cómo pude haber sido tan negligente?" Al saber que se acababa el agua, decidió entregar la plaza y, con los siete oficiales que le quedaban, se embarcó en el bergantín *Celoso* y pidió dar vela hacia La Guaira.

Desde allí, taciturno, marchó en coche hasta Caracas y se encerró en su casa, amargado. Sentía que había fracasado en la primera misión importante que se le confiaba como militar y que había defraudado a un hombre a quien admiraba casi como a un padre. En un par de días recompuso algo su ánimo y pensó que debía redactar un parte detallando los sucesos. Como paso inicial, se sentó en la silla de su escritorio y le escribió a Miranda:

Mi general:

Mi espíritu se halla de tal modo abatido que no me siento con ganas de mandar un solo soldado; mi presunción me hacía creer que mi deseo de acertar y mi ardiente celo por la patria suplirían en mí los talentos de que carezco para mandar. Ruego a usted que me destine a obedecer al más ínfimo oficial, o me de unos días para tranquilizarme, pues después de trece noches de insomnio me hallo en una especie de enajenamiento mortal. Hice mi deber, general, y si me hubiese quedado un solo soldado, con ése habría combatido al enemigo; si me abandonaron no fue por mi culpa. Nada me quedó que hacer para contenerlos y comprometerlos a salvar la patria. ¡Ah, pero ésta se ha perdido en mis manos!

Redactó la crónica de los hechos y, dos días después, se la enviaba al generalísimo con una nota personal previa:

> *Mi general: Lleno de una especie de vergüenza le adjunto este parte. Mi cabeza, mi corazón, no están para nada. Después de haber perdido la última y mejor plaza del Estado, ¿cómo no he de estar alocado, mi general? De gracia, ¡no me obligue a verle la cara! Yo no soy culpable, pero soy desgraciado y basta.*

Miranda celebraba en La Victoria con su Estado Mayor el primer aniversario de la independencia cuando le avisaron que había llegado un parte urgente de Bolívar. Dejó la taza de café sobre la mesa, y lo leyó. Cerró el pliego, lo puso a un costado y comentó a sus contertulios que la fortaleza de Puerto Cabello había sido tomada por los presos. Con su pompa habitual, concluyó:

—Venezuela está herida en el corazón.

Esa misma tarde, al saber que los esclavos del valle de Barlovento se habían rebelado contra la república y marchaban hacia Caracas quemando las plantaciones y asesinando a los blancos al grito de "Viva el rey", Francisco empezó a pensar en capitular. Acostumbrado a manejar tropas profesionales francesas, estaba decepcionado con las improvisadas milicias locales que desertaban a la primera oportunidad, por lo cual había tenido que optar por ponerse a la defensiva antes que atacar. Pero ahora percibía también la falta de entusiasmo patriótico y revolucionario, por lo que concluyó que sería mejor lograr un armisticio con Monteverde, retirarse a Curaçao y desde allí, con el apoyo futuro de tropas inglesas, volver a comenzar la campaña.

Reunió una junta de notables (dos miembros del triunvirato y jefes militares), les explicó que era imposible sostener la situación sin exponer a las provincias a la ruina y argumentó que el espíritu generoso de la flamante Constitución liberal de Cádiz permitiría seguramente lograr un acuerdo de paz digno. Todos compartieron su opinión, por lo que envió de inmediato a Monteverde una petición de armisticio. Al cabo de una semana de negociaciones, se acordó la rendición del ejército al Consejo de Regencia, a cambio de una amnistía general: se respetarían personas y propiedades; nadie podría ser apresado, juzgado ni privado de sus bienes por las opiniones que hubiere seguido; se liberaría a los prisioneros de los dos bandos y se otorgaría pasaporte a quien quisiera dejar el país.

Firmado el acuerdo, Miranda partió para Caracas y allí se encontró con una situación de caos: el avance de los negros alzados provocaba pánico en la población blanca y la inminente llegada de las tropas vencedoras de Monteverde angustiaba a los republicanos, quienes temían un saqueo general.

El generalísimo informó al Cabildo sobre la firma de la capitulación y mandó desmovilizar a las unidades, lo que acentuó la sensación de desprotección en los patriotas. A los oficiales republicanos que se presentaron a pedir órdenes los mandó a descansar y se preparó para partir hacia La Guaira, para embarcarse en un buque inglés y navegar hasta Curaçao. Con el apoyo británico, pensaba retornar a Cartagena de Indias, para iniciar desde allí la definitiva conquista de Venezuela.

A medida que transcurrían los días Bolívar se sentía menos culpable sobre lo ocurrido en Puerto Cabello y tendía a responsabilizar a Miranda por el desastre. Pensaba que si el generalísimo hubiera atacado o mandado refuerzos cuando él se los había pedido, otra hubiera podido ser la situación final.

La noticia de la capitulación firmada por Francisco lo terminó de convencer de que se trataba de un líder inepto y poco decidido, que no estaba a la altura de las circunstancias. "¿Cómo pude haber idealizado tanto a este cobarde?"

Desde su derrota en Puerto Cabello había tomado la decisión de abandonar el país, y afianzó su propósito al saber que las fuerzas realistas estaban a punto de entrar en Caracas. Aunque se hablaba de una amnistía general, quienes habían luchado en el bando patriota temían represalias y nuevos derramamientos de sangre.

Mientras Monteverde entraba en Caracas con el propósito de salvar a la ciudad de los esclavos insurrectos, cientos de revolucionarios republicanos huían hacia el puerto de La Guaira para escapar de las venganzas de los realistas. Entre ellos iba Simón, con algunos de sus amigos.

Al llegar a La Guaira, todavía destruida por el terremoto, Bolívar sintió un clima de miedo y derrumbe, un ambiente de sálvese quien pueda. Depositó sus maletas en la corbeta inglesa *Sapphire*, la misma en que había regresado de Londres anteriormente, y se puso en contacto con el comandante del puerto, Manuel de las Casas, y con el jefe político, Miguel Peña, quienes le comentaron que acababa de llegar Miranda, con el propósito de embarcarse en el mismo buque. Añadieron que, ya desde La Victoria y hacía diez días, el generalísimo había enviado su equipaje, incluyendo sus papeles, libros, mapas y una gruesa suma de pesos oro, para que estuvieran embarcados y listos para partir.

Bolívar sintió que Miranda era un traidor, un cobarde que huía ante las dificultades y dejaba a su gente a merced del enemigo; y se angustió al percibirse entre los abandonados.

El generalísimo cenó alubias y pescado, con vinos blancos franceses, en el edificio de la Aduana, residencia del comandante militar, con De las Casas, Peña y el capitán de la *Sapphire*. Éste intuía que sus propios hombres iban a intentar algo contra Miranda, por lo que le sugirió que durmiera en la corbeta, protegido por su bandera, pero el generalísimo lo consideró innecesario:

—Con Monteverde he acordado una amnistía, y para los oficiales míos que quieran marchar al exilio he obtenido otro buque inglés, de modo que no tengo nada que temer...

Después de los postres, los quesos y el café el capitán de la *Sapphire* marchó a su navío y Miranda se retiró tranquilo a dormir a sus habitaciones, con el propósito de embarcarse a primera hora de la mañana.

Pero De las Casas y Peña se reunieron con Bolívar y Mariano Montilla y dispusieron otra cosa. Simón ardía de indignación contra su jefe y sentía ganas de ejecutarlo:

—Tenemos que arrestarlo de inmediato. No podemos permitir que huya...

Entrada la madrugada Bolívar y Montilla fueron hasta la recámara y le ordenaron al edecán que despertara al generalísimo.

—¿No es demasiado temprano? —preguntó Francisco desperezándose.

—Vienen a detenerlo, señor general.

—Dígales a los señores que esperen. Pronto estaré con ellos.

Se puso el uniforme y entró con dignidad a la recámara, que estaba en penumbras. Tomó la lámpara de la mano de su ayudante, la levantó al nivel de los rostros y contempló a Simón y a Mariano.

Secamente, Bolívar le anunció que estaba detenido y debía preparse para salir sin demoras.

Se hizo un impresionante silencio y Miranda lo rompió, con un reproche altanero y resignado:

—¡Bochinche, bochinche, esta gente no sabe hacer otra cosa que bochinche!

Sus captores lo llevaron caminando, en plena oscuridad, hasta las bóvedas subterráneas del presidio, donde quedó encerrado.

A las ocho de la mañana De las Casas, quien desde hacía varios días estaba en comunicación con Monteverde, recibió la orden de éste de cerrar el puerto y de no permitir que nadie se embarcase sin su autorización. El comandante hizo sacar la bandera de la república, la reemplazó por la española y comunicó la medida a Peña, Montilla y Bolívar:

—Nadie puede embarcarse sin pasaporte firmado por Monteverde...

—Pero Manuel... —suplicaron. Hasta ese momento habían entendido que el propio De las Casas marchaba al exilio con ellos.

—Señores: he dicho que nadie se embarca.

A la tarde llegaba un representante de Monteverde y De las Casas le entregaba la plaza, incluyendo al importante prisionero Francisco de Miranda, otrora contertulio de Catalina de Rusia y el emperador de Austria, entre muchos otros grandes de Europa.

Simón optó por salir al atardecer de La Guaira. Pasó disfrazado entre las patrullas españolas y regresó a Caracas, donde buscó refugio en la casa del marqués de Casa León, un noble que había sido director de Rentas con Miranda y que, al igual que De las Casas y muchos otros, después de la capitulación había optado por plegarse a los realistas.

Al cabo de unos días logró que un amigo, Francisco Iturbe, intercediese ante Monteverde para que se le diese un pasaporte y pudiese abandonar Venezuela. Aunque el jefe español no había respetado el acuerdo de capitulación y estaba ordenando la detención de cientos de republicanos, accedió al pedido de Iturbe para retribuir la actitud de Bolívar de haber sido uno de los que habían detenido a Miranda.

Con el salvoconducto en sus manos, Simón marchó a La Guaira y quiso embarcarse en el buque de un comerciante inglés, pero éste se negó a llevarlo por ser el autor de la prisión de Miranda. Molesto, se embarcó en la goleta *Jesús, María y José*, con rumbo a Curaçao, en ese momento en poder de Inglaterra. Su propósito era marchar desde esa colonia inglesa hacia España, para ponerse al servicio de lord Wellington, quien, con su ejército británico y apoyando a las tropas del Consejo de Regencia, luchaba en la península contra los franceses.

La navegación fue mala y estuvieron detenidos unos días en el cabo Santa María, pero finalmente llegaron a Willemstad, la capital de Curaçao. Allí se encontró con un inconveniente material: su equipaje, que había llegado antes en la *Sapphire* junto con el de Miranda, había sido embargado por el gobernador inglés de la isla a pedido de Monteverde, con el argumento de que el generalísimo había retirado caudales públicos de Venezuela en forma fraudulenta. Como el pedido de embargo mencionaba que Miranda había sacado dinero y platería de la Corona, y los baúles de Bolívar incluían un valioso juego de plata, la medida se había trabado sobre los equipajes de ambos jefes. "Ahora me identifican con este canalla", se lamentó.

Se alojó en casa de un amigo, el abogado de origen sefardita Mordechay Ricardo, e inició gestiones para liberar sus pertenencias. Su ánimo no era bueno, ya que la amargura por su fracaso en Puerto Cabello y el episodio de la detención de Miranda en La Guaira le provocaban un sentimiento de culpa. Al cabo de unos días superó su sensación de derrota, pero su repudio por la cobardía del generalísimo no se había calmado con su apresamiento, sino que seguía con un permanente desasosiego. También le entraron dudas sobre adónde encaminar sus pasos y no sabía si era correcta su decisión de marchar a unirse a lord Wellington, hermano del marqués de Wellesley, el ministro con el que había negociado en Inglaterra.

Con ese espíritu lidiaba cuando recibió la noticia de que Monteverde, desconociendo la amnistía a que se había comprometido y considerando que los venezolanos no merecían estar protegidos por la Constitución de Cádiz, le había confiscado una hacienda en Chirgua, que había heredado de su hermano Juan Vicente, quien había muerto en un naufragio al regresar de los Estados Unidos. Al suceder a su hermano mayor, Simón había consolidado la fortuna familiar y, a la vez, se había comprometido a mantener a la querida de Juan Vicente, Josefa Tinoco, y a sus hijos naturales, por lo cual se indignó ante la expropiación de la estancia.

"Tirano, ladrón", musitó, y empezó a alimentar un odio profundo contra este Monteverde, que violaba la moral y las leyes que protegían la propiedad y no respetaba a las personas. Pensaba que era tan arbitrario como tantos españoles peninsulares, contra los cuales se había expresado varias veces en charlas con Miranda, pero éste no había entendido esa realidad y había sido muy blando con los "chapetones".

Se descargaba en las reuniones de los exiliados que comentaban los excesos del jefe realista, quien había manifestado su desprecio por los venezolanos, a quienes consideraba "hombres llenos de vicios y cargados de crímenes" a los que había que gobernar mediante el terror.

Resolvió cambiar de rumbo: partiría a Cartagena de Indias, para retomar desde allí las luchas por la independencia de su país. Pero ahora había que hacerlo con dureza, sin las candideces en que había incurrido Miranda, que ingenuamente había creído que los españoles peninsulares iban a respetar la amnistía a la que se habían obligado.

Junto a Mariano y Tomás Montilla, su tío político José Félix Ribas y otros compañeros de exilio, se embarcó rumbo a Cartagena. Al cabo de un par de días de navegación, la presencia de troncos, raíces y ramas en el agua les anticipó la cercanía de tierra firme. Entraron a la bahía por la boca chica y, al fondo, Simón contempló el convento de la Popa, que le pareció que estaba montado sobre el cráter de un volcán.

Desembarcaron y se dirigieron a la ciudad amurallada. En sus estrechas calles el caraqueño percibió agradables aromas de cebolla y salmuera y caminó hasta una casa de la calle San Agustín Chiquitos, con dos plantas y balcón hacia la calle, donde se alojó.

Visitaron al gobernador Manuel Rodríguez Torices, un joven masón que mantenía a Cartagena independizada del Consejo de Regencia, pero separada de las restantes provincias independientes de Nueva Granada que se habían agrupado en dos confederaciones, una con capital en Tunja y la otra en Santafé de Bogotá.

El gobernador los recibió con hospitalidad y les otorgó funciones militares para luchar contra los realistas. Simón sintió que Rodríguez Torices simpatizaba con él, pero se decepcionó al comprobar que, en el momento de distribuir los cargos, le brindó el más modesto: el mando de una tropa de cien hombres, con la que debía establecerse en el pequeño pueblo de Barrancas, sobre el río Magdalena. Se dio cuenta de que su iniciativa de arrestar a Miranda, que él había pensado le iba a ser agradecida por los jefes independentistas por ser el castigo a un cobarde que huía luego de su traición, más bien les había generado desconfianza. De todos modos resolvió aceptar su puesto. "Trabajaré con ahínco para demostrarles que no soy un desleal o una persona equívoca, como ellos piensan", se dijo a sí mismo.

Al salir de la casa de gobierno sintió que el calor lo golpeaba: el olor a bosta de caballos impregnaba la salobre humedad y sentía su piel pegajosa, pese a que el viento le refrescaba la cara. Caminó con rabia hasta su casa y resolvió redactar un manifiesto, para aclararse a sí mismo y a los demás la situación política en que se encontraban y tratar de resumir y explicar sus objetivos.

"Yo soy, granadinos, un hijo de la infeliz Caracas, escapado prodigiosamente de sus ruinas físicas y morales", comenzó, y explicó que la caída de la República Venezolana se había debido a que no se había atacado con energía a Coro y a las demás provincias que quedaron fieles a la Corona; a no haber constituido ejércitos regulares; a una excesiva indulgencia con los españoles; y a un gobierno débil por haberse organizado en forma federal y haber sido elegido popularmente por campesinos rústicos y ciudadanos intrigantes. Sostuvo que en tiempos turbulentos el gobierno debe mostrarse terrible, sin atender a leyes ni constituciones; que las divisiones intestinas y la cobardía de Miranda habían producido la capitulación; y aseguró que, para la propia supervivencia de la Nueva Granada, era indispensable iniciar la reconquista de Caracas.

5. LA GUERRA A MUERTE (1812-1813)

> *Je sais que ton État, encore en sa naissance,*
> *ne saurait, sans la guerre, affermir sa puissance.*
>
> Corneille, *Horacio*

Partió a la madrugada a caballo, con sus hombres, rumbo al este. Al salir de las murallas y tomar el camino de la costa, rodeado por escuetos y verdes trupis y abetos con flores rojas, sintió que el agradable aroma a pasto matutino y bosta de vacas lo llenaba de optimismo. Cruzaron las serranías de La Ciénaga y, por tramos, contemplaban el grisáceo mar Caribe. La vegetación empezó a crecer y bongas albergadoras, de buena sombra, alternaban con cocoteros, totumos y matarratones de prolijo follaje. La humedad también fue aumentando y llegaron sofocados a Barrancas, un pequeño pueblo de calles irregulares con humildes construcciones con techos de palma, recostado sobre el río Magdalena.

Ubicó a sus tropas en una caserna y él se alojó en una de las pocas casas dignas, sobre la plaza. La presencia de las fuerzas sacudió la modorra de la población: inició la instrucción de los efectivos y envió misiones de reconocimiento aguas arriba.

Ansioso por entrar en acción, resolvió abrir las operaciones sin esperar las instrucciones del comandante en jefe. Juntó a sus cien soldados en el muelle, los embarcó en varios *champanes* y ascendieron lentamente navegando contra la corriente, a través de un curso tropical flanqueado de bananos, adornado por rosados y elegantes flamencos y poblado por nubes de mosquitos. A los dos días llegaron al puerto de Tenerife, que prácticamente tomaron sin luchar: ordenó pasar por las armas a una parte de la guarnición y el resto huyó abandonando armas y bagajes.

Tras un breve descanso siguieron hasta Mompox, una aristocrática ciudad con calles anchas y viviendas importantes, que vinculaba el tráfico costero con los mercados del interior. La población se había declarado independiente y recibió a las fuerzas republicanas con entusiasmo, pues el restablecimiento de la comunicación por el Magdalena le aseguraba la provisión de los artículos de primera necesidad: le aportaron más de trescientos soldados y unas quince *flecheras* o embarcaciones artilladas. Pero entre los "voluntarios" cedidos se produjeron algunas deserciones y Simón ordenó varios fusilamientos para escarmentar a los remisos, lo que generó amargas quejas.

Reforzado en número de tropas, en armas y en ánimo, fue agasajado con almuerzos y cenas por las familias principales, quienes lo recibían en sus amplias residencias de patios floridos. Conoció a una bella francesita, Ana Lenoit, quien vivía con su padre en un pueblo vecino, con la que disfrutó un par de noches de intimidad, placer y culta conversación.

Una mala noticia vino a sobresaltarlo e interrumpió estas jornadas de deleite: molesto por el hecho de que Bolívar hubiera avanzado sin obedecer órdenes superiores, el comandante de las tropas de Cartagena, el francés Pedro Labatut, había pedido que se le formara un consejo de guerra. Pero el presidente Rodríguez Torices, satisfecho con los resultados de la campaña, rechazó el planteamiento y lo confirmó como jefe del distrito del Magdalena.

Fortalecido por la decisión y con un ejército de casi quinientos hombres, Simón resolvió seguir utilizando la táctica de la movilización y la sorpresa y partió hacia la cordillera, rumbo a la frontera con Venezuela. En las primeras estribaciones la vegetación empezó a ralear y el clima se enfriaba. A poco se aproximaron a la ciudad de Ocaña, cuyo dominio lograron tras breve lucha, que provocó la huida de la guarnición española. Los recibió una comisión encabezada por el cura párroco, la que instaló las tropas en un galpón sobre la Plaza Mayor, mientras albergaba al jefe militar en la residencia de un importante funcionario de la Corona que se había incorporado al bando patriota, el juez Miguel Ibáñez, padre de seis hijas rubias cuya belleza impresionó a Simón. La mayor de ellas, Nicolasa, de diecinueve años, le contó que su novio había sido detenido por realista y le pidió que lo liberara para poder casarse, gracia que el jefe republicano concedió de buen grado y, también, con un dejo de envidia.

El propósito de Bolívar era continuar el avance, penetrar en territorio venezolano y recuperar Caracas, pero no recibía la autorización correspondiente del gobernador de Cartagena. Estaba esperándola, cuando le anticiparon que el jefe de las fuerzas realistas con sede en Venezuela, el capitán Domingo de Monteverde, se aprestaba a invadir la Nueva Granada. El gobernador de la provincia neogranadina de Pamplona, Manuel Castillo, le confirmó la noticia y le pidió que avanzara para reforzarlo y poder contener el inminente ataque español desde Caracas.

Al fin llegó la orden y Simón partió con cuatrocientos hombres, tomó Salazar de las Palmas y siguió hasta el valle de San José de Cúcuta, donde vencieron a la guarnición local y él permitió que sus tropas saquearan los negocios de los comerciantes españoles (en su mayoría catalanes). Algunos mercaderes patriotas se quejaron de que también los habían saqueado a ellos y Bolívar dispuso que se los indemnizara.

Instaló su cuartel general y residencia en una de las casas importantes de la ciudad y se sintió vigorizado espiritual y materialmente, pues había logrado apoderarse de armas, municiones y dinero para pagar dos meses de atrasos a los soldados y una gratificación extraordinaria a los oficiales. El gobernador Castillo vino a felicitarlo y agradecerle su apoyo y le propuso que tomase el mando de las fuerzas unidas que avanzarían hacia Venezuela.

Satisfecho con ese honor (Castillo tenía mayor antigüedad), Bolívar envió a su tío político, José Félix Ribas, hacia Santafé de Bogotá y Tunja, con instrucciones de solicitar apoyos y facultades para firmar tratados. A las pocas semanas, Ribas volvió con buenas noticias: desde Bogotá, el presidente Antonio Nariño le enviaba su apoyo y un contingente de ciento cincuenta hombres armados e instruidos; en Tunja, el presidente de la otra Confederación, Camilo Torres, había obtenido la autorización del Congreso para apoyar la invasión a las provincias andinas venezolanas de Mérida y Trujillo.

Simón se sintió muy contento: ahora ya no representaba solamente al gobierno de Cartagena de Indias, sino también al de la Unión, con sede en Bogotá, y al de Tunja; es decir a los tres gobiernos republicanos de Nueva Granada. Además, había sido designado brigadier y ciudadano de la Unión, con expresiones de loa y estímulo, y tenía el comando de las tropas combinadas.

Bolívar y Castillo se encontraban una mañana en el cuartel general cuando se presentó a visitarlos Antonio Nicolás Briceño, el primo político con el que Simón se había peleado alguna vez por los límites de sus propiedades en Yare. Traía un documento titulado "Proyecto de guerra a muerte", en el que se afirmaba que la "guerra se dirige a destruir en Venezuela la raza maldita de los españoles europeos" y que por ello éstos no debían ser "admitidos en la expedición, por patriotas y buenos que parezcan, puesto que no debe quedar ninguno vivo". Proponía también que los bienes de los españoles se repartiesen entre las tropas republicanas y que el soldado que matare a más de veinte peninsulares fuese ascendido a oficial.

—Sugiero, señores —propuso Briceño—, que se adopte este documento como norma de combate.

Luego de una charla sobre el tema, en la que Bolívar se acordó de la severa Ley de los Sospechosos promulgada por los revolucionarios franceses, los jefes resolvieron aprobar las sugerencias de Briceño pero disponiendo que sólo se matara a los españoles "que se encuentren con las armas en la mano, y los demás que parezcan inocentes seguirán con el ejército para vigilar sus operaciones".

Aunque Castillo se había puesto voluntariamente bajo sus órdenes, Simón advertía que esta situación de subordinación lo tenía incómodo y empezó a notarlo díscolo y descontento. Le pidió que avanzara hacia Venezuela y Castillo partió con un contingente, pero luego de cruzar la frontera reunió un consejo de guerra y escribió al Congreso de Nueva Granada manifestando que era "muy peligroso atacar a Venezuela con tan pocas fuerzas" y que las intenciones de Bolívar eran muy temerarias.

Simón se indignó al conocer esta actitud, pero se alivió al saber que el Congreso lo había removido del cargo y, contrariamente a lo solicitado, respaldaba la intención de avanzar hacia Mérida y Trujillo, con la obligación de jurar fidelidad al gobierno de Nueva Granada y restaurar en Venezuela el gobierno republicano.

Marchó al frente de seiscientos hombres y llegó hasta La Grita, donde el contingente de Castillo había quedado al mando de un joven oficial neogranadino: Francisco de Paula Santander. Bolívar le ordenó preparar a su gente para continuar el avance, pero Santander, que compartía las opiniones de Castillo, le expresó que era muy riesgoso enfrentar a las fuerzas de Monteverde.

—Pues no hay opción, señor oficial —lo interrumpió el venezolano—. Es una orden y usted debe avanzar con sus tropas...

Esa misma noche, presintiendo que Francisco de Paula seguía

renuente, Simón lo destituyó del cargo y encargó su comando a un oficial venezolano de su confianza, Rafael Urdaneta. "Ante la menor duda, debo mostrar que soy inflexible", se convenció.

Bolívar sabía que las fuerzas realistas eran muy numerosas, pero basaba sus esfuerzos en la velocidad y la sorpresa. Siguió de inmediato por montañas y mesetas y, al acercarse a Mérida, se enteró de que las tropas españolas se habían replegado. La ciudad había sido construida sobre un valle largo y estrecho, a mil seiscientos metros de altura, y la población los recibió con entusiasmo, pues los jefes realistas habían practicado una política de terror. Simón llegó a la mañana a caballo hasta la sede de la alcaldía, donde declaró que, por orden del Congreso de la Nueva Granada, dejaba restablecida la Constitución de Venezuela. Designó a un gobernador civil pero dejó en claro que, en orden a la guerra, éste recibiría órdenes directas del general en jefe, o sea, de él mismo.

Se enteró de que Briceño, quien se había desvinculado de las fuerzas combinadas, había sido detenido por los españoles camino de Guasdalito, en los llanos occidentales del país. También le llegaron noticias de que las tropas realistas habían fusilado a patriotas en Barinas, lo que lo llenaba de un sentimiento de rabia, preocupación y temor. Para descargar su disgusto, dictó una proclama en la que afirmaba que los españoles eran "tránsfugas y errantes, como los enemigos del Dios-Salvador, que se ven arrojados de todas partes y perseguidos por todos los hombres". Pero nuestra tierra será purgada de los monstruos que la infestan —aseguraba—. "Nuestro odio será implacable y la guerra será a muerte".

Diez días después siguió con sus tropas por terreno montañoso y, al cabo de varias jornadas, hizo su entrada en Trujillo, abandonada por las fuerzas españolas que habían resuelto retroceder hasta Maracaibo. Un importante vecino que se había incorporado como oficial al ejército republicano, Cruz Carrillo, lo alojó en su vivienda, la que contaba con una sala revestida de madera de cedro y galería de baldosas. Imponentes macizos andinos rodeaban el lugar y le daban una particular belleza.

Allí se enteró de que Briceño estaba a punto de ser fusilado y la perspectiva lo conmovió. Desde aquella ríspida disputa sobre los límites entre sus haciendas en Yare la figura de su primo político lo inquietaba y la posibilidad de su ejecución le revolvió el espíritu. Estaba contento con los éxitos obtenidos en el avance pero no podía dejar de evocar su última conversación con Briceño en Cúcuta, en la que había tratado de convencerlo de aplicar la guerra a muerte sin atenuantes. Se quedó nervioso y su desasosiego aumentó al enterarse de que los españoles habían ejecutado a otros vecinos que no habían participado de acciones militares. Hizo poner una hamaca en su escritorio y se subía, se balanceaba por ratos y se bajaba de ella, caminaba preocupado por la habitación y conversaba agitadamente con sus ayudantes. Cuando se comentaba algo sobre las víctimas de los realistas, murmuraba:

—Estos tiranos expiarán sus crímenes...

Una noche llamó a su asistente a su escritorio y, mientras caminaba de un lado a otro, le dictó un largo documento declarando la "guerra a muerte" a los españoles peninsulares. Citó a primera hora a su Estado Mayor y les preguntó su opinión sobre el tema, mientras él se mantenía callado. Todos se expresaron a favor de un endurecimiento. Les agradeció sus manifestaciones y, en silencio, firmó su inclemente proclama, que terminaba diciendo:

Todo español que no conspire contra la tiranía será irremisiblemente pasado por las armas. Españoles y canarios: contad con la muerte, aunque seáis indiferentes. Americanos: contad con la vida, aun cuando seáis culpables.

El gobierno de Tunja lo había autorizado solamente a llegar hasta allí, de modo que para seguir hacia Caracas, como era su intención, debía esperar nuevas órdenes. Pasaban los días y no tenía noticias, hasta que por fin llegaron: Santa Marta había caído en manos de los españoles, que amenazaban también a Cartagena; el Congreso no quería por ello dispersar sus fuerzas y le indicaba que permaneciese en Trujillo.

"Caramba", se dijo a sí mismo cuando leyó el texto de las instrucciones. Reconocía que la situación era difícil, pues a su izquierda los realistas dominaban Maracaibo y Coro y a su derecha habían concentrado un ejército de 2.600 hombres para atacar Nueva Granada, pero pensaba que no había otra alternativa que continuar avanzando y atacando. Algo íntimo le decía que debía seguir adelante y resolvió desobedecer las indicaciones, que le parecieron equivocadas y debidas a una actitud timorata de las autoridades.

Se sentó en la hamaca y dictó a su ayudante algunas comunicaciones al Congreso:

Conozco a Monteverde y sus triunfos no han sido tan constantes y sucesivos como se asegura. Es preciso convenir que las capitulaciones vergonzosas de Miranda no fueron la obra de Monteverde, sino de las circunstancias y de la cobardía del general en jefe del ejército de Venezuela. Mi resolución es obrar con celeridad y vigor: volar sobre Barinas y destrozar las fuerzas que la guarnecen, para librar a Nueva Granada de los enemigos que pueden subyugarla.

Escribió al coronel José Félix Ribas, quien había quedado con una división en Mérida, que siguiera la ruta de Piedras y se le uniera en Guanare, y ordenó a sus oficiales que se preparan para marchar hacia allí. Partió a la madrugada siguiente, reforzado con cien hombres y elementos de guerra. Atravesaron montañas escarpadas con muchas dificultades y, en las cercanías de Desembocadero, derrotaron a una pequeña partida de realistas. Al entrar en Guanare se enteraron de que Ribas, reforzado por Urdaneta, luego de combatir varias horas en Niquitao, había vencido a ochocientos realistas y había tomado cuatrocientos prisioneros.

Alentado por la noticia Simón resolvió no esperar a los vencedores e inició el descenso hacia Barinas. Al acercarse a la ciudad, fue informado de que el jefe realista había resuelto abandonarla precipitadamente la noche anterior, dejando trece piezas de artillería, pólvora, municiones y armas blancas.

Instaló su cuartel general cerca de la plaza y se sintió muy satisfecho: había superado la cordillera y su política de terror, mediante la guerra a muerte, estaba dando resultado; muchos soldados españoles desertaban y huían hacia La Guaira, para evitar ser fusilados.

Pero recibió también un informe que le provocó un sentimiento de celos: el general republicano Santiago Mariño, quien estaba luchando con éxito contra los realistas en el este de Venezuela, se acercaba a Caracas desde el oriente. El tema lo inquietó, ya que quería ser él quien tuviera la gloria de liberar la capital. Así se lo explicó sin ambages al presidente de la Unión de Nueva Granada:

Temo que nuestros ilustres compañeros de armas, los de Cumaná y de Barcelona, liberten nuestra capital antes de que nosotros lleguemos a dividir con ellos esta gloria; pero nosotros volaremos, y espero que ningún libertador pise las ruinas de Caracas primero que yo.

Por ello instruyó a Ribas que avanzase por la izquierda, mandó otra división por la derecha y él partió de inmediato por el centro. Al acercarse a San Carlos, en los llanos centrales y en ruta directa hacia la capital, supo que Ribas había vencido a los españoles en Horcones y que nuevamente habían recibido los realistas orden de repliegue. Entró satisfecho a esta localidad, sintiendo que estaba cada vez más próximo a Caracas y al triunfo, que lo redimía de los anteriores sentimientos de humillación y de derrota. Esperó refuerzos desde la retaguardia y continuó el paso siguiendo al enemigo, al que alcanzó cerca de Tinaquillo.

Ordenó a los infantes que subieran a las ancas de los caballos y dispuso una carga de caballería. Al llegar cerca de los españoles los infantes se apearon y pelearon pecho a pecho, lo que provocó una gran confusión y mortandad. Al cabo de varias horas de combate Simón advirtió que la victoria criolla había sido total: los españoles tenían setecientos muertos, además de pérdidas de armas, tesoro y bagajes; un solo oficial había escapado a caballo y el comandante, malherido, murió a las pocas horas.

Siguió adelante con la idea de asestar en Valencia el golpe final a las tropas de Monteverde, pero en el camino se enteró de que éste había resuelto dejar la ciudad y marchar hacia Puerto Cabello para hacerse fuerte allí. Se llenó de alegría, pues esto significaba que tenía ya la ruta franca hacia Caracas: los españoles huían de las poblaciones y los zambos, habitualmente fieles a los peninsulares, se encontraban desconcertados y aprovechaban para emborracharse y entregarse a los desmanes. Aunque se daba cuenta de que prácticamente había vencido, resolvió no menguar las ejecuciones ni los castigos. Al pasar por Tocuyito, Valencia, Los Guayos, Guacara, San Joaquín, Maracay y Turmero ordenó que los españoles europeos y los canarios, casi sin excepción, fueran pasados a cuchillo. En la ciudad de San Mateo conocía personalmente a todos los oriundos de la península ibérica, pero lo mismo indicó que se los matara. Pasó por su finca, donde saludó brevemente a su gente y aspiró con emoción el dulce aroma de la melaza. Entró al valle de Aragua y al mediodía llegó a La Victoria, cuyo nombre se correspondía con su íntimo sentimiento y donde fue recibido por el olor de los guisados de mondongo que lo llevaron hasta la infancia. La imagen de su odiado tío Carlos le vino a los ojos y, abriendo la mano en gesto de desdén, la reemplazó por el recuerdo de los viajes a San Mateo acompañado por Esteban.

Se alojó en la casa de su amigo Juan de la Madrid. Los vecinos se arremolinaban para reverenciarlo y, antes de que pudiera darse un baño y cambiarse de ropa como era su deseo, le avisaron que querían verlo cuatro enviados del gobierno de Caracas. Dos de ellos eran el español Francisco Iturbe, el hombre que hacía un año había conseguido que Monteverde le diera un pasaporte para poder abandonar Venezuela, y el sacerdote Marcos Ribas, hermano de su tío político José Félix, hábilmente elegidos para lograr una capitulación. Simón los abrazó con toda cordialidad, los hizo sentar y los tranquilizó diciéndoles que tenían garantizada su vida y sus bienes, con olvido de lo pasado.

Firmado el acuerdo de rendición invitó a los delegados a cenar con él y el dueño de casa unas gallinas que las criadas, agitadas, habían desplumado con agua hirviendo en la cocina. Estaba exultante y no dejaba de pensar que, en la misma ciudad que el traidor Miranda había capitulado hacía un año, él obtendría los frutos de la victoria; y el mismo Iturbe que le había conseguido un pasaporte de favor de Monteverde para poder abandonar Caracas y dejar atrás sus miedos, le entregaba ahora las llaves de su ciudad. A los postres Iturbe le explicó que en la capital había mucho temor de que los indios, negros y mulatos desbordados pudieran cometer atentados contra la gente de bien. Bolívar lo llevó hasta un rincón del comedor y, en la intimidad, mientras saboreaban un café con mazapanes, lo tranquilizó:

—No tema usted por las castas. Las adulo porque las necesito, pero la democracia está en mis labios, mientras que a la aristocracia —se señaló el corazón— se la lleva acá.

A la mañana siguiente, antes de que partieran de regreso, entregó a los delegados una carta dirigida al Cabildo de Caracas anunciando que los vencedores americanos mostrarían al universo la moderación con que tratarían "a los enemigos que han violado el derecho de gentes y hollado los tratados más solemnes".

En la capital, sin embargo, la promesa de buen trato no serenó a los peninsulares que vivían un ambiente desolador: aterrorizados ante la posibilidad de degollamientos los padres se despedían de sus hijos y los maridos de sus esposas y se aprestaban a dejar sus viviendas; las ruinas del último terremoto parecían prolongarse en las casas vacías de las familias divididas y los mercados carentes de productos; sumidos en la zozobra y angustiados ante la incertidumbre de la separación, los españoles abandonaban a sus seres queridos y sus bienes para subir la montaña bajo el sol y llegar hasta La Guaira, donde se desesperaban por entrar en los barcos que habrían de conducirlos a la salvación.

Los patriotas, en cambio, recibieron con entusiasmo a Bolívar y sus tropas y los aclamaron como libertadores al entrar a las calles de la ciudad en medio del repique de campanas y salvas de artillería. Mientras cabalgaba hacia la plaza principal vivado por la gente desde los balcones, Simón evocó brevemente el sinsabor de la derrota de Puerto Cabello hacía poco más de un año, pero desechó de inmediato el mal recuerdo, se entregó a la embriaguez del triunfo y se reconoció a sí mismo que, efectivamente, había luchado para lograr estas satisfacciones. Se le había preparado un carro regio al estilo de los emperadores romanos y se subió a él con entusiasmo y empuñó un bastón de mando. Vestido con uniforme de gala y con la cabeza descubierta marchó hasta el edificio del Cabildo, donde doce hermosas doncellas ataviadas de blanco detuvieron el suntuoso vehículo al son de músicas marciales. Descendió y las bellas muchachas coronaron su cabeza con laureles y llenaron sus manos de flores, ante lo cual sintió que la emoción lo embargaba y temió perder el sentido. Antes de cruzar la importante puerta del recinto reparó en la mirada ansiosa de una de las jóvenes, que ostentaba un rostro desafiante, mezcla atrayente de tristeza y resentimiento.

Esa noche fue agasajado con un baile y sus antiguos amigos y relaciones lo acosaron con saludos, brindis y reverencias que le provocaban enorme deleite. Detrás de quienes se agolpaban a cumplimentarlo advirtió la presencia de la muchacha que había llamado su atención. De tez mate y cabello negro, labios carnosos y sensuales, sus ojos oscuros y sugerentes expresaban una vitalidad y encono que Simón, con treinta años de edad y en su momento de mayor victoria, no pudo resistir. Al terminar la fiesta llevó a Josefina Machado a su casa y la amó con singular denuedo, la cabalgó con hondura y desafuero y le expresó un amor reciente y furioso, plasmado en besos sobre la piel y cargado de una ardiente revancha contra la soledad y las humillaciones.

6. POR FIN DICTADOR (1813-1814)

Dirai-je au dictateur, dont l'ordre ici m'envoie,
que vous le recevez avec si peu de joie?

Corneille, *Horacio*

Simón se instaló en un despacho del Cabildo y empezó a ejercer y disfrutar no sólo el mando militar sino también el poder político, pero le molestaba sentirse limitado por algunas circunstancias: en primer lugar su autoridad emanaba del gobierno de Nueva Granada, que le había otorgado la jefatura de un ejército, con el mandato de restablecer la Constitución republicana de Venezuela; asimismo, las ciudades de Maracaibo, Coro y Puerto Cabello, en el oeste, seguían en manos de los realistas, mientras que las provincias del este, Cumaná y Barcelona, estaban dominadas por el republicano Santiago Mariño.

En su Manifiesto de Cartagena Bolívar había expresado que la República Venezolana había caído no solamente por la cobardía y traición de Miranda, sino también por las debilidades propias de una Constitución federal y los vicios del sistema de voto popular. Por ello aprovechó una comunicación al gobernador de Barinas para sentar el principio de que el federalismo no podía ser pleno. "Dejo a su cargo —le anunció— la suprema administración de la justicia civil y criminal, pero me reservo los demás departamentos del poder: la guerra, la paz, las negociaciones con las potencias extranjeras y la hacienda nacional".

Se dirigió también al Congreso de Nueva Granada para asegurarle que, conforme a las instrucciones recibidas oportunamente de ese organismo, en cuanto las circunstancias lo permitieran pondría el poder supremo en manos de una asamblea de notables, para que ésta se encargara de instaurar un gobierno constitucional. Y con el propósito de disipar las sospechas de que intentaba proclamarse Dictador, expresó a los propios venezolanos: "Nada me separará de mis primeros y únicos intentos: vuestra libertad y vuestra gloria. El libertador de Venezuela renuncia para siempre y protesta formalmente no aceptar autoridad alguna que no sea la que conduzca a nuestros soldados a la salvación de la patria".

Designó a José Félix Ribas jefe militar, a Cristóbal de Mendoza gobernador político y a Tomás Montilla (hermano de Mariano, ambos sus amigos desde la infancia) secretario de Guerra, pero dejó bien establecido que, debido a que el estado de beligerancia se mantenía, el mando supremo lo conservaba él.

Para fortalecer la situación militar ordenó detener a časi la totalidad de los peninsulares y canarios que habían optado por quedarse en Caracas. Dos días después Ribas ofreció un almuerzo en su casa a treinta y seis invitados y, a los postres, uno de los presentes ofreció un particular brindis:

—Propongo, para solemnizar la fiesta, que ejecutemos un realista por cada uno de los convidados.

La idea fue aprobada entre gritos y tragos, se elaboró una lista y, al cabo de una hora, se ejecutaba frente a la catedral a los españoles elegidos.

Deseoso de obtener la rendición de Monteverde y tomar Puerto Cabello, Bolívar envió hacia allí una comisión de cuatro peninsulares y un venezolano para negociar con el jefe español. A cambio de la ratificación de la capitulación de la Victoria y la entrega de la plaza el jefe criollo ofrecía inmunidad personal, libre emigración y un canje general de prisioneros, al tiempo que hacía entender que, en caso de negativa o dilación, todos los presos serían exterminados.

Monteverde, sin embargo, se "negó a tratar con insurgentes" y contestó que el "decoro de la nación española le impedía dar oídos a ninguna proposición que no fuera destinada a poner las provincias de su mando bajo su legítima dominación".

Indignado y preocupado, pues temía que el jefe español pudiera recibir refuerzos desde La Habana o Puerto Rico y contraatacar, Simón resolvió marchar hacia Puerto Cabello para activar las operaciones del sitio. Diez días después de haber entrado triunfante a Caracas se despidió de Pepa Machado y partió con un contingente, pasó por Valencia, llegó hasta las inmediaciones del fuerte y pudo tomar Las Vigías y el Mirador de Solano, lo que obligó a Monteverde a abandonar sus posiciones de avanzada y encerrarse en la estacada.

Instalado Simón en su campamento, un lugarteniente trajo a su presencia un valioso prisionero: el vizcaíno Zuazola, quien se había caracterizado por su crueldad en Aragua, donde había hecho cortar las orejas de varios patriotas detenidos para mandarlas como trofeo al comandante de su división.

Estaba a punto de ordenar su fusilamiento de inmediato, pero Zuazola le hizo un pedido:

—Le solicito, señor general Bolívar, el canje de mi persona por la del coronel Diego Jalón, en poder del general Monteverde.

Jalón era un peninsular que había luchado por la república. Simón aceptó la sugerencia y envió un oficio a la fortaleza. A las pocas horas llegó la respuesta:

El señor Capitán General se halla horrorizado de las crueldades cometidas contra los europeos por Don Simón Bolívar. Por tanto se valerá de la recíproca y por cada uno que sea sacrificado ahí lo hará con dos de los que se hallan en estas prisiones. No accede a dar a Jalón por Zuazola y sí a canjear persona por persona de igual carácter.

Bolívar dejó caer el papel y quedó rojo de la rabia. Empezó a caminar por la habitación y dictó a su ayudante:

Horrorizado el General del Ejército Libertador de Venezuela por las perfidias, crueldades, robos y crímenes cometidos por Don Domingo Monteverde, ha declarado la guerra a muerte para tomar, en parte, la represalia a que el derecho de la guerra lo autoriza, cuando el derecho de gentes ha sido violado tan escandalosamente. Si el intruso ex gobernador Monteverde está pronto a sacrificar dos americanos por cada español o canario, el Libertador de Venezuela está pronto a sacrificar 6.000 españoles que tiene en su poder por la primera víctima americana. En cuanto a la desproporción que existe entre el ilustre Jalón y el infame asesino Zuazola, a nadie es desconocida y sin duda el coronel Jalón preferiría gustoso perecer, a ser canjeado tan vilipendiosamente por un monstruo.

Luego se dirigió secamente a su segundo, el general Rafael Urdaneta:
—Remita este oficio y ahorque a Zuazola.
Monteverde no fusiló a Jalón, pero ejecutó finalmente a varios oficiales patriotas.
Al cabo de un mes de sitio Simón recibió dos noticias de índole opuesta: uno de sus lugartenientes había vencido en los Cerritos Blancos a fuerzas españolas; y una flota peninsular, con mil doscientos soldados de refuerzo enviados desde Cádiz, acababa de desembarcar en Puerto Cabello.
Reunió a sus oficiales superiores y les dijo:
—Es posible que ahora, con los refuerzos recibidos, Monteverde se anime a salir a combatir. Mi propósito es atraerlo fuera de la cordillera, donde sus cañones no puedan obrar. Allí compensaremos con nuestros caballos el mayor número de sus soldados...
Dio orden de levantar el sitio y marchó con sus tropas hasta Valencia, donde se dispuso a esperar la avanzada de los realistas.
Efectivamente, Monteverde salió de la plaza con sus refuerzos y marchó hacia Las Trincheras. Desde allí mandó una legión hasta el cerro de Bárbula, la que ocupó las cimas.
Simón pensó que la división de las fuerzas españolas en dos cuerpos era un error grueso que a lo mejor podía entrañar una celada. Durante dos días observó con desconfianza la situación y finalmente se decidió a atacar el cerro. Mandó un escuadrón de dragones al combate, al mando del coronel neogranadino Atanasio Girardot, que logró tomar las alturas, pero su jefe resultó muerto.
Ordenó entonces una carga de mil hombres sobre Las Trincheras, cuyos sinuosos desfiladeros fueron conquistados al cabo de cinco horas de lucha. Monteverde recibió una herida en la quijada y ordenó la retirada hacia Puerto Cabello, donde volvió a hacerse fuerte.
Satisfecho con el triunfo, Bolívar decidió aprovechar la baja de Girardot para congraciarse con el gobierno de Nueva Granada, ratificarle su reconocimiento y, de paso, consolidar la unión de sus huestes. Por ello decretó un mes de luto, además de disponer que los huesos del malogrado coronel fueran llevados hasta Antioquia, su tierra natal, mientras que él personalmente conduciría su corazón hasta la catedral de Caracas.
Regresó a Valencia y luego partió hacia Caracas llevando el

corazón de Girardot. Cabalgaba contento por la victoria, pero también estaba preocupado por las noticias desfavorables que recibía de otras regiones: hacia el oeste, en los confines de Nueva Granada y en los valles de Cúcuta, las guerrillas realistas hacían estragos y habían cortado sus comunicaciones con esa zona; y en el sur, los españoles habían vencido a los republicanos en Calabozo. Para colmo la opinión de los pueblos estaba a favor de los realistas: los sacerdotes ratificaban la fórmula "el rey está en el lugar de Dios" y amenazaban con la excomunión a los patriotas. Como los curas tenían mucha influencia sobre las mujeres a las que confesaban, éstas hacían retornar a sus maridos a la fidelidad hacia la Corona, representada por el Consejo de Regencia.

Al acercarse a Caracas, asustado por la situación, decidió extremar las medidas para conseguir fondos y apoyos para su lucha. Decretó la confiscación de bienes de todos los españoles que habían emigrado, exigió un empréstito forzoso e instruyó a Ribas para que fusilara a algunos venezolanos recalcitrantes para enseñar a los demás a obedecer.

Ya a la vista de la ciudad, dispuso una gran pompa para el depósito de la urna con el corazón de Girardot. Entregó la reliquia al vicario general del ejército y condujo con gran solemnidad el desfile, que fue iniciado por los batidores y seguido por los carabineros, el Estado Mayor y tres compañías de dragones.

Al terminar la ceremonia caminó desde la catedral hasta su casa y convocó a Pepa Machado, con quien se unió en cálido abrazo, la condujo hasta el lecho y experimentó el excitante deleite del amor sobre el miedo vencido y la muerte postergada.

Los sucesos políticos vinieron a prolongarle el goce: el Cabildo en pleno, ampliado por una asamblea de notables, resolvió otorgarle el título de "Salvador de la Patria y Libertador de Venezuela".

—Este título de Libertador es más honroso y glorioso para mí que todos los cetros de la Tierra —contestó—. Pero hay otros que lo merecen más que yo. Ante la confianza que depositó en mí el Congreso de la Nueva Granada sólo he puesto de mi parte el debido celo...

Para premiar a sus colaboradores y obtener el apoyo de los jefes indecisos o díscolos resolvió crear una Orden Militar de los Libertadores de Venezuela.

Pocos días después recibía malas noticias del general Rafael

Urdaneta, jefe de las tropas republicanas en el oeste: el gobernador realista de Coro había descalabrado a una división patriota, mientras que también se había perdido el territorio de Barinas.

Todo esto hacía peligrar el sitio de Puerto Cabello y la posición tomada de Valencia, por lo que decidió partir personalmente para llevar refuerzos a Urdaneta. Mientras cabalgaba a marcha forzada por los caminos flanqueados por palmas y verdes cañaverales pensaba en su particular relación con el general Santiago Mariño, cuya colaboración le era en esa instancia de tanta utilidad. Mariño dominaba el este, se había autoproclamado Libertador y Dictador, y había enviado a Caracas dos delegados para negociar un acuerdo sobre la organización y el gobierno de la Venezuela independiente, pero el tratado se demoraba porque ninguno de los dos jefes quería sujetarse al otro. "Me escatima apoyo naval para bloquear Puerto Cabello porque teme que esa ayuda sea interpretada como un acto de obediencia", rumiaba Bolívar al vaivén del paso de su tordillo.

Molesto por esta sensación de soledad llegó de madrugada a las cercanías de Barquisimeto y unió sus tropas a las de Urdaneta, asumiendo el mando conjunto. Al avistarse el enemigo dio orden inmediata de atacar y dirigió en persona el combate. Al cabo de dos horas de refriega advirtió que sus tropas cedían e iniciaban directamente la retirada, dejando cuatrocientos muertos y otros tantos prisioneros.

Avergonzado, retrocedió hacia Valencia con los restos de su fuerza para rearmarse y, antes de llegar, escribió furioso a Ribas que le enviara desde Caracas a "cuantos hombres hubiera en la ciudad, en especial a los estudiantes, y fusilara a todos los europeos y canarios".

Ya en Valencia recibió a Ribas con los regimientos de estudiantes solicitados y se disgustó al saber que su lugarteniente no había cumplido con la orden de fusilar a todos los españoles.

Enterado de que Monteverde había enviado desde Puerto Cabello a su segundo con mil hombres para reforzar a los realistas y tomar Valencia, Bolívar decidió salirles al encuentro. A la madrugada encontró al enemigo ubicado en los cerros de Vigirima y ordenó atacarlos sin demora. Luego de tres días de combates esporádicos en los que sufrieron nutridos fuegos de artillería e infantería, los patriotas pudieron tomar las cimas.

Resolvió entonces marchar de nuevo hacia el oeste para recuperar Barquisimeto, pero en el camino se enteró de que los españoles estaban reagrupándose en Araure, una zona donde contaban con el apoyo de guerrillas o "montoneras" al mando de caudillos locales y masas de indios hispanófilos. Se dirigió entonces hacia allí, cruzó con sus tropas el río Cojedes y acampó en la llanura, desde donde podía ver a los tres mil quinientos españoles sobre la colina que domina el pueblo, protegidos a la espalda por un espeso bosque y al frente por una laguna.

Con las primeras claridades ordenó el avance de un regimiento de infantes y vio con sorpresa que éstos eran diezmados por los realistas. Dispuso que atacara la caballería y, luego de varias horas de sangrientos combates, los españoles se dispersaron al mediodía dejando más de mil muertos y trescientos prisioneros. Algunos fugitivos pretendían salvarse subiéndose a los árboles pero los patriotas los bajaban a balazos. Simón estaba eufórico y, esa misma noche, dio la orden de que se fusilara a los prisioneros.

Premió a un par de regimientos por su comportamiento, recibió saludos de sus jefes de Estado Mayor, les dio las gracias, y salió hacia Valencia, donde llegó de noche. Seguía preocupado porque advertía que, mientras la parte ilustrada apoyaba a la república, el pueblo seguía siendo partidario de Fernando VII y se sumaba a los ejércitos monárquicos. Además, la situación en el sur seguía complicada y un caudillo realista, José Tomás Boves, había logrado integrar una fuerza de dos mil llaneros y señoreaba las extensas sabanas de Venezuela. "Y Mariño que se resiste a apoyarme", se quejó mientras tomaba un baño de agua tibia en una tinaja y extrañaba la presencia y el carácter de Pepa.

Escribió al Congreso de Nueva Granada para informarle de la victoria de Araure:

> *La Independencia de Venezuela está asegurada y diviso el término de la misión con que V.E. se sirvió honrarme. Preparo la convocación de una asamblea de representantes nombrada por los pueblos y no conservaré ninguna parte de la autoridad, aunque sean los pueblos mismos los que me la confíen.*

También escribió a Mariño para reiterarle el pedido de apoyo militar y manifestarle que no podía dividirse Venezuela en dos jefaturas, sino que más bien había que unirla toda ella con la Nueva

Granada, para formar una sola nación que inspire a las otras una "decorosa consideración". Para disipar la desconfianza del caudillo oriental le sugirió que aceptara la presidencia de la república, aunque sabía que esta alternativa no iba a ser aceptada por las corporaciones y sus amigos de Caracas.

Partió hacia Puerto Cabello para inspeccionar las instalaciones del sitio y luego fue hasta La Victoria. Allí se reunió con el arzobispo, a quien se quejó por la influencia nociva que ejercían los curas de los pueblos, que instaban a la población a enlistarse en los ejércitos del rey. Le exigió al prelado que realizase una visita pastoral a Villa de Cura para difundir los sentimientos patrióticos y partieron juntos hacia esa ciudad, desde donde Simón siguió hasta Caracas. Llegó en los últimos días del año, se enteró de que los propios españoles habían depuesto a Monteverde de la jefatura militar en Puerto Cabello y, algo aliviado, pasó una noche de pasión con Pepa Machado, quien después del amor lo interiorizó de las intimidades ocurridas durante su ausencia de la capital.

Celebró la llegada del nuevo año con los amigos y subalternos y comió las doce uvas mirando a Pepa a los ojos, quien ya despertaba celos en los allegados a Bolívar por su clara influencia sobre las decisiones de su amante. Al día siguiente convocó a una asamblea popular, que se reunió en la iglesia de San Francisco con la presencia de corporaciones, magistrados y vecinos.

Abierta la sesión, Simón se puso de pie y dijo que el amor a la libertad lo había traído de regreso a Venezuela.

> *Yo no os he dado la libertad; la debéis a mis compañeros de armas, a quienes he tenido la gloria de dirigir. Os he dado leyes, administración de justicia y de rentas, en fin, un gobierno. Pero no soy el soberano y anhelo transmitir este poder a los representantes que debéis nombrar; y anhelo, ciudadanos, que me eximáis de un destino que alguno de vosotros podrá llenar dignamente, permitiéndome el único honor al que aspiro, que es el de continuar combatiendo a nuestros enemigos, pues no envainaré la espada hasta asegurar la libertad de mi patria.*

El gobernador político, Cristóbal de Mendoza, pidió la palabra y realizó el elogio de la campaña y de la personalidad de Bolívar, señalando que "el Libertador de Venezuela era un héroe digno de colocarse al lado del inmortal Washington, que al valor y la pericia militar de éste había agregado la sabiduría política de su compañero Franklin". Agregó que la verdadera grandeza de "este hombre incomparable" consistía en la restitución de la autoridad que realizaba en este momento para asegurar al mundo que no sólo en Europa y en la América del Norte se podían producir las virtudes del genio republicano, y propuso que se le encargase que siguiera trabajando para lograr la unión de la Venezuela occidental con la oriental y con las provincias libres de la Nueva Granada.

Halagado, Simón volvió a negarse:

No he podido oír sin rubor llamarme héroe y tributarme tantas alabanzas. Me honráis con el título de Libertador, pero son los oficiales y soldados del ejército los libertadores. Compatriotas: no es el despotismo militar el que puede hacer la felicidad de un pueblo, ni el mando que ostento puede convenir jamás, sino temporariamente, a la república. Un soldado feliz no adquiere ningún derecho para mandar a su patria. Os suplico me eximáis de una carga superior a mis fuerzas. Elegid un gobierno justo y contad con que las armas que han salvado a la república protegerán siempre la libertad y la gloria nacional de Venezuela.

Un jefe comunal contó que los enemigos ocupaban Puerto Cabello, que el facineroso Boves había vuelto a invadir los llanos del sur, y que los tiranos todavía controlaban las provincias de Guayana, Maracaibo y Coro, por lo que era necesario primero expulsarlos y luego establecer el gobierno representativo.

Bolívar, de muy buen grado, advirtió que había llegado ya el momento de conceder:

Me someteré a mi pesar, compatriotas, a recibir la autoridad suprema que las circunstancias dictan, pero solamente hasta que cese este peligro. Más allá, ningún poder humano hará que empeñe este cetro despótico. Os protesto no oprimiros con él y que pasará a vuestros representantes en el momento que pueda convocarlos. Ansío el momento de renunciar a la autoridad, ya que hay ciudadanos que merecen más que yo el Supremo Poder. El general Mariño, libertador del Oriente: ved ahí un digno jefe de dirigir vuestros destinos. Soy un simple ciudadano que prefiero la libertad, la gloria y la dicha de mis conciudadanos a mi propio engrandecimiento. Aceptad mi gratitud por titularme vuestro Dictador, protestándoos que la voluntad general del pueblo será mi suprema ley.

En el acta de la sesión se instruyó al flamante dictador que se dirigiera al Congreso de Nueva Granada para manifestarle su agradecimiento "por la libertad que ha venido de sus manos" y expresarle el deseo de unirse en masa a tan benemérita república.

Esa noche Simón celebró en su casa su designación como dictador. Sobre la mesa principal lucían puercos asados con una manzana en el hocico, aves trufadas y pargos almendrados, mientras los criados uniformados recorrían las salas y los patios entoldados ofreciendo, en bandejas revestidas con lienzos, vinos franceses y rones caribeños. Estaba radiante pues se sentía ya con autoridad propia y no prestada por el gobierno de Nueva Granada y, en el momento de los postres (ambrosías, mazapanes y nueces confitadas), recorrió los ambientes saludando a todos los grupos. En la misma residencia paterna en que se había sentido tantas veces desamparado, ahora se sentía fuerte; en los mismos patios y recintos en que antaño se había visto a sí mismo insignificante, ahora se veía reconocido; donde tantas veces se había percibido falsamente adulado, ahora se sentía realmente admirado. Durante la fiesta llegó un ejemplar del *Boletín* de Puerto Rico, editado en la isla por las autoridades españolas. Tomás Montilla lo hojeó y, muy risueño, pidió leer en voz alta una crónica en la que se narraba la victoria de los peninsulares en Barquisimeto y se lo mencionaba a él mismo entre los muertos. Al final, el periódico realista afirmaba: "Se asegura estar entre los heridos el llamado general de la Unión de Nueva Granada, Simón Bolívar...".

Bolívar rió de buena gana y, cuando los invitados se retiraron, se fue a la cama satisfecho con su Pepa y quiso demostrarle que se encontraba bien vivo.

7. VENCIDO Y ABANDONADO (1814)

*No estamos satisfechos de la libertad
lograda y entramos en luchas civiles en las
que, con tal de mandar, corremos el riesgo
de volver a ser esclavos.*

Tito Livio, *Historia de Roma, Horacios y Curiáceos*

Realizó algunas tareas de gobierno y administrativas, revistó tropas y los parques, visitó La Guaira para imponerse del estado del puerto y, antes de cumplir dos semanas de estadía en Caracas, partió nuevamente para el sitio de Puerto Cabello, alentado por el hecho de que una flotilla de seis goletas mandada por Mariño estaba colaborando con el bloqueo. Cruzó el resplandeciente valle de Aragua, de vegetación generosa y pródigo en cocoteros y, en el de Ocumare, inspeccionó su fortín. Pero al acercarse a Puerto Cabello y recorrer las líneas del asedio tuvo una desagradable sorpresa: Mariño, celoso por la proclamación de Bolívar como dictador, había ordenado el regreso de los buques y había suspendido su propia marcha por tierra en apoyo al occidente.

Simón citó a su campamento al general Manuel Piar, representante de Mariño. Aunque tenía tez blanca y ojos azules Piar era considerado un mulato, pues había sido criado en La Guaira por una negra proveniente de Curaçao y se decía que su padre era un hombre originario de las Canarias. Pero Bolívar, desde niño, había escuchado rumores en su casa, en el sentido de que Manuel, en realidad, podría ser el fruto de amores clandestinos entre Belén Jerez de Aristeguieta y otro miembro de su familia, acaso su propio padre Juan Vicente o el progenitor de José Félix Ribas. La posibilidad de que fueran medio hermanos o parientes les creaba una relación ambigua y algo tensa, pero Simón utilizó una gran cordialidad para pedirle que no moviera la escuadra y le entregó una carta dirigida a su jefe en la que reconocía expresamente su autoridad en las provincias orientales y le renovaba su pedido de colaboración.

A los pocos días supo que su objetivo se había cumplido y que Mariño empezaba a mover sus fuerzas auxiliares, pero temió que este apoyo llegara demasiado tarde. Al frente de su numerosa caballería de los llanos Boves había tomado Calabozo y otro jefe español se había apoderado nuevamente de Barinas y había saqueado la ciudad.

Se sentía rodeado por un anillo de realistas que solamente Mariño podía romper y, además, veía que todo el territorio estaba infestado de montoneras pro españolas que promovían el pillaje y la devastación. Cuando recibió la noticia de que, en su avance hacia el norte con más de tres mil hombres, Boves había vencido en La Puerta, su preocupación se acrecentó. "Caramba", se dijo a sí mismo, "las cosas se complican".

Oriundo de Oviedo, Asturias, José Tomás Boves se había diplomado como marino y hacía la navegación hacia el Caribe, pero había dejado la carrera muy joven, sospechado de favorecer a contrabandistas. Instalado en Venezuela y luego de purgar prisión acusado de introducir contrabando, había montado en la ciudad de Calabozo un negocio de caballos y mulas que vendía a los llaneros, con los cuales había ido identificándose. Aficionado a los equinos que comerciaba, se ganó fama de buen jinete y mercader honrado, por lo cual los indios empezaron a llamarlo *Taita*, o sea, padre o caudillo. Al iniciarse las luchas por la independencia un jefe republicano entró en Calabozo, allanó el almacén de Boves y lo instó a alistarse. José Tomás simpatizaba con la república pero se molestó con el acto de prepotencia y rechazó la exigencia, por lo cual fue detenido, abofeteado, humillado y torturado por el oficial patriota, mientras los soldados incendiaban y saqueaban su negocio.

La llegada de un comandante realista le salvó la vida y, en agradecimiento, Boves formó un escuadrón de ochocientos llaneros y lo puso al servicio de Monteverde, quien le otorgó el rango de capitán de caballería. Duro, resentido, lleno de odio hacia los patriotas a quienes consideraba "blancos mantuanos" ensoberbecidos, y reverenciado por sus llaneros, el caudillo asturiano había ido engrosando sus huestes con indios, zambos y mulatos, a quienes otorgaba altos cargos de oficiales, y su triunfo de La Puerta le abría ahora el paso hacia Caracas.

Preocupado por las dificultades que se le venían encima, temeroso de perder la capital a manos de Boves, Simón envió un mensaje a Ribas en el que le ordenaba que tratara de detener al asturiano en La Victoria. Acosado por la angustia, mandó una orden a Caracas disponiendo que todos los presos de esa ciudad y del puerto de La Guaira fuesen pasados por las armas, y decidió partir con sus tropas hacia Valencia.

En el camino se enteró de que las tropas de Mariño recién estaban cerca de Barcelona, de modo que no podrían llegar a tiempo para colaborar en la resistencia a los llaneros de Boves. Pensó que el caudillo de oriente era un infame que se demoraba deliberadamente, a fin de mantener a sus fuerzas descansadas y arribar a última hora para alzarse con el mérito de haber decidido la guerra. "Ya me las pagará", se prometió. Al llegar a Valencia, una gran noticia lo alivió: tras largo combate, Ribas había logrado vencer a Boves en La Victoria.

Se sentó en una hamaca de su habitación y, mientras se balanceaba, dictó a su asistente una carta de felicitación: "El general Ribas, sobre quien la adversidad no puede nada, será desde hoy titulado 'El Vencedor de los Tiranos en La Victoria' ".

A la mañana siguiente empezaron a llegarle quejas por los casi mil prisioneros españoles que había ordenado ejecutar: en Caracas se había fusilado mañana y tarde en las plazas de San Pablo y La Trinidad; y en La Guaira se había sacado a los presos de dos en dos, unidos por grillos, y se los había conducido entre gritos e insultos hasta ser baleados, acuchillados o muertos a pedradas.

Cuando alguien intentaba insinuarle que habían sido ejecuciones innecesarias que habían creado enormes dolores, se indignaba y les espetaba que eran los europeos quienes habían comenzado los saqueos, pillajes y violaciones; que Boves no perdonaba la vida a ninguno de sus prisioneros; y que la indulgencia sólo aumentaba el número de las víctimas.

—Ante la salud de la patria —se excusaba para cortar el tema— no puedo estar cediendo a mis sentimientos de humanidad.

Boves se había replegado hacia Villa de Cura y aumentaba allí sus fuerzas y disciplinaba su caballería, a la que llamaba "la legión infernal" y le había otorgado una bandera negra o "pabellón de la muerte", aprestándose para volver a atacar. Simón resolvió avanzar hasta su estancia de San Mateo para hacerse fuerte allí y esperarlo. El asturiano era superior en número de efectivos y su caballería muy poderosa en los llanos, por lo cual prefería enfrentarlo en las montañas que conocía desde la infancia, pensando que el terreno iba a igualar a los ejércitos.

Se instaló en la casa de su hacienda, sobre las alturas, y mandó construir trincheras en el bajo, sobre el camino real, cerca del ingenio azucarero. Ansioso por la espera, respondía las consultas cotidianas que le formulaban desde Caracas y mantenía correspondencia con Valencia, con los sitiadores de Puerto Cabello y con las avanzadas de Mariño, a las que esperaba como al Mesías.

Pero primero llegaron las vanguardias de Boves, que intentaron vadear el río pero fueron detenidas por un cuerpo dirigido por Mariano Montilla. Dos días después avanzaron hasta las trincheras y los republicanos, encabezados por Simón, resistieron toda la jornada.

Tras casi un mes de asedio arribó el propio José Tomás: grueso de cuerpo, cabeza grande de frente alta y chata y barba rojiza, hundidos ojos azules de los que emanaba una clara mirada con fulgores primitivos, revistó las tropas y las dirigió personalmente en nuevos ataques contra las posiciones. En una de esas cargas, su negro caballo Antinoo, al cual adoraba, cayó malherido arrastrándolo en su rodada. El asturiano se levantó, se abrazó al cuerpo agonizante de su equino y prorrumpió en sollozos, mientras sus hombres lo rodeaban en silencio, conmovidos por la escena. Mirando a las trincheras, levantó su puño amenazante y de su boca tronó un juramento de venganza.

Recuperado su ánimo, Boves decidió redoblar los esfuerzos para vencer a Bolívar antes de que llegaran los refuerzos de Mariño: dispuso que una columna fuese por la retaguardia hasta la alta casa de la hacienda, a cuyo lado se había instalado el parque de artillería con su consiguiente polvorín, mientras él atacaba las posiciones bajas desde todos los puntos.

A la madrugada Simón dejó la residencia y el parque de artillería a cargo de un oficial neogranadino de Bogotá, Antonio Ricaurte, y bajó a las trincheras para dirigir la resistencia. En el fragor del combate advirtió que una columna descendía por la espalda de la montaña, hacia su casa.

—¡El parque...! —exclamaron varios defensores.

Al verse superado, Ricaurte envió a sus soldados al bajo, puso fuego al polvorín y los siguió por detrás al galope. En el momento en que el oficial recibía un balazo y caía de su cabalgadura, el depósito de pólvora explotó. El pavoroso estruendo y los proyectiles disparados para todos lados detuvieron la carga de los llaneros, quienes, al disiparse el humo, volvieron sobre sus pasos.

En el bajo Boves ordenó la retirada y, dejando en el campo centenares de muertos, optó por marchar hacia oriente para cortar el avance de Mariño. Simón, impresionado por la explosión, subió lentamente hasta su destrozada residencia y encontró en el camino el cuerpo de Ricaurte, boca abajo. Ordenó que se lo levantara para enterrarlo con toda honra y, al llegar a las ruinas del parque, resolvió alentar la versión de que el valiente capitán se había inmolado por la libertad, con el objetivo de estimular el heroísmo en las tropas y satisfacer a los militares y al gobierno de Nueva Granada.

A los pocos días Bolívar se corrió hasta La Victoria para recibir a Mariño, quien llegaba agrandado pues acababa de vencer a las fuerzas de Boves en Bocachica. Simón resolvió ocultar el disgusto que sentía por su demora en llegar con los auxilios y los dos dictadores se estrecharon en un abrazo. A los pocos minutos de animada charla advirtió que detrás de ese hombre seguro y distinguido, alto, rubio y de ojos azules (su madre era inglesa) se encontraba un individuo simple a quien él, si lograba actuar hábilmente, podría dominar. De entrada, decidió halagar la vanidad de su colega: lo felicitó cálidamente por su victoria ante el asturiano y dictó una orden general otorgando un escudo al "valeroso ejército de oriente".

Lo alojó en la mejor residencia de la ciudad y le anunció que él debía partir de inmediato para Valencia, ya que Rafael Urdaneta se encontraba en esa ciudad defendiéndose de un feroz asedio al que acababa de sumarse Boves con sus llaneros. Con un tono íntimo y seductor, le explicó:

—La fortuna apadrina a los valientes. Pero aquélla es como una mujer inconstante: no hay que consentirle ninguna liviandad...

Salió esa misma tarde con sus edecanes y sus jefes de Estado Mayor y llegó a Valencia a la mañana siguiente: gran parte de la ciudad estaba destruida y humeante, pues la noche anterior los sitiadores la habían incendiado y saqueado y se habían retirado, ante la impotencia de no poder tomarla totalmente. Urdaneta y sus fuerzas habían resistido atrincherados en la iglesia y recibieron a Bolívar con regocijo.

Al día siguiente regresó a La Victoria, le contó las novedades a Mariño y trató de convencerlo de que siguiera su marcha hasta Valencia, ya que era necesario fortalecer esas posiciones, amenazadas por los ejércitos y las montoneras realistas. Se ocupó de organizar las provisiones para la subsistencia de ambas tropas, ya que la economía de la zona estaba prácticamente destruida, y se encaminó para Puerto Cabello llevando refuerzos para el sitio. Regresó a La Victoria y notó que Mariño seguía dubitativo: se abstenía de discutirle su título de Libertador y jefe de Estado, pero se mantenía inflexible en su decisión de dirigir con autonomía el ejército a su cargo. Bolívar trató de convencerlo con un gesto de confianza:

—Pongo a su disposición, don Santiago, varios centenares de hombres para que usted, al comando de estas fuerzas combinadas, avance hacia San Carlos para dominar el sudoeste. Yo, con el resto de mis tropas, marcharé a Puerto Cabello para dar el asalto final a la plaza...

Mariño pensó un rato y respondió secamente:
—Acordado, don Simón.

El caraqueño trató de ocultar su satisfacción.

Partió con sus huestes hacia Puerto Cabello, tomó el comando del asedio y logró conquistar varios baluartes. Se aprestaba a lanzar el ataque definitivo cuando su edecán le anunció la llegada de malas noticias:

—El general Mariño ha sido derrotado en la llanura del Arao, a la entrada de San Carlos. Su artillería ha sido destruida...

Quedó demudado y se sentó en silencio sobre su silla de campaña. Tomó un sorbo de agua de su lujosa copa de nácar con forma de concha y a la sorpresa le siguió un sentimiento contradictorio: el contraste haría bajar los humos al pretencioso oriental, pero también lo dejaba a él sin respaldo frente a los poderosos españoles. Al cabo de instantes, reflexionó:

—Estamos solos para contener el torrente de la devastación...

Desistió del asalto a la plaza y regresó deprimido a Valencia, pero allí se enteró de que la derrota de Mariño no había sido tan terminante como lo indicaban las primeras informaciones. Empezó a reorganizar el ejército para continuar la campaña y lanzó una proclama a los venezolanos, a los que pidió que abandonaran los hábitos de esclavitud e hicieran un nuevo esfuerzo para lograr la libertad. Preocupado por la destrucción de las tierras, antiguamente rebosantes de frutos y cosechas (sus propios cañaverales de San Mateo habían sido devastados por la caballería y su casa por la explosión del polvorín), señalaba que estaban atravesando terribles días: "La sangre corre a torrentes; han desaparecido los tres siglos de cultura, de ilustración y de industria; por todas partes aparecen ruinas de la naturaleza o de la guerra".

Recibió noticias de que el reemplazante interino de Monteverde como capitán general, el mariscal de campo Juan Manuel Cagigal, había marchado desde Coro, se había unido a las fuerzas vencedoras de San Carlos y se venía sobre Caracas con seis mil efectivos. Simón optó entonces por regresar hasta la capital, para organizar su defensa. Pepa lo recibió con alegría, pero no pudo disfrutar demasiado de su compañía porque se encontraba inquieto con la situación: Cagigal era un prestigioso oficial de academia y su ejército muy numeroso.

Una visita vino a animarlo: delegados del presidente y el Congreso de Cartagena de Indias le traían copia de su designación como "hijo benemérito" de ese Estado, con la inscripción de su nombre en letras de oro en el archivo oficial, y facultades para que promoviera la unión entre los Estados de la Nueva Granada, Venezuela y Cartagena. Se sintió tremendamente halagado y reconfortado con el honor conferido y les confesó que la oportuna formación de una sola república, integrada por estos tres dominios bajo el nombre de Colombia, formaba parte de sus aspiraciones.

Consiguió pertrechos, algunas vituallas, medicinas y dinero mediante exacciones y marchó hacia Valencia, donde se encontró con Mariño y Ribas, con cuyas fuerzas totalizaba cinco mil hombres. Se reunieron para organizar el comando y Bolívar comprobó, con enorme satisfacción, que el jefe oriental había terminado por subordinarse a su jefatura, acaso apocado por el revés que acababa de sufrir en el Arao. Urdaneta, Mariano y Tomás Montilla, Diego Jalón (quien había sido finalmente liberado mediante un canje) y otros jefes formaron el Estado Mayor.

Una columna de doscientos infantes orientales, aduciendo que sólo comían mala y escasa carne de burro, desertó y terminó extraviándose en el bosque, hasta que fue reducida. Perplejo e indignado, Simón ordenó el fusilamiento de los cabecillas y de un soldado por cada cinco.

Iniciaron el avance: el caraqueño buscaba el suelo quebrado y pantanoso, mientras el español procuraba el llano, para aprovechar su caballería, y se atrincheró cerca de Carabobo, protegiendo sus flancos. El combate comenzó a las nueve de la mañana y, a las cuatro de la tarde, Cagigal comprobó que su infantería había sido deshecha y todo su ejército estaba en desorden. El indiano lo había derrotado y no tuvo otro remedio que huir con sus lugartenientes hacia Barinas.

Simón mandó al coronel Jalón a que lo persiguiera con una división, a Urdaneta tras otro grupo realista y pidió a Mariño que avanzara hacia el sur, a contener un posible avance de las fuerzas establecidas en Calabozo, que estaban al mando de Boves. Luego regresó muy contento a Caracas, donde se reencontró con Pepa y participó en varias fiestas para celebrar la victoria. En banquetes nutridos con pavos trufados y palomas a la craupudine brindó profusamente con vinos de Champagne y de Madeira y bailó intensamente. La danza lo extasiaba y le renovaba las energías: sentía que, al vencer las leyes de la gravedad, eliminaba también las fatigas del cuerpo y las preocupaciones del espíritu. En las pausas de la orquesta dejaba el salón, dictaba algunas cartas en su despacho y volvía a bailar. Disfrutaba enormemente al sentirse halagado y cumplimentado por la gente.

Al cabo de unas semanas resolvió instalarse con Pepa en una quinta de las afueras, para gozar del triunfo en su compañía y descansar de los trajines de la campaña y los vapores de los festejos. Por las noches, en el momento del encuentro de los sexos anhelantes, se lanzaba hacia un abismo que lo conducía desde la tensión de la guerra y la angustia de la muerte hacia el alivio del cansancio físico y el deleite de la distensión corporal.

El arzobispo lo visitó varias tardes y le traía novedades de la situación continental: los realistas habían recuperado Santiago de Chile y habían mejorado las posiciones en México. El prelado le advirtió que Boves había incorporado a sus fuerzas los dispersos de Bocachica y los fugitivos de Carabobo, además de haber recibido armamento y caballos desde la Guayana. Añadió que el caudillo asturiano estaba en condiciones de tomar Caracas y le sugirió buscar un armisticio honorable, que podría incluir su permanencia en el gobierno de la Capitanía General de Venezuela e incluso en el del Virreinato de Nueva Granada, con la promesa de apaciguar a los restantes jefes rebeldes.

Simón empezó a pensar en esta posibilidad y varias tardes, mientras caminaba con Pepa por los jardines de dalias y rosales, llegó a imaginarse a sí mismo con el título de virrey. Ribas también lo visitaba, para advertirle que había hecho mal en dispersar sus fuerzas, subestimando la circunstancia de que Boves se había constituido de hecho en el jefe de los realistas y estaba cada vez más fuerte y amenazante en el sur.

No quiso confesarle que, más que dispersar a sus tropas, lo que realmente buscaba era tener satisfechos a sus generales proporcionándoles mandos independientes, pues tenía claro que el pueblo seguía apoyando al rey y que su poder como Libertador dependía de la lealtad de sus tropas y lugartenientes.

Al cabo de un mes de estas cavilaciones en la placentera compañía de Pepa, recibió una tarde a Ribas, quien se presentó con rostro sombrío:

—Boves y sus zambos están avanzando hacia Villa de Cura y también nos amenazan por Ocumare, Simón...

Bolívar frunció el ceño, se indignó consigo mismo por haber perdido el tiempo y resolvió partir para el frente.

Cabalgó preocupado hasta Villa de Cura y siguió unas dos leguas más, hasta La Puerta, donde Mariño se había instalado sobre un boscoso cerro con más de dos mil hombres, mientras Boves, a la vista, trataba de hacerlo bajar al llano para iniciar la batalla.

Simón saludó a Mariño, se hizo cargo del mando y ambos conversaron con el Estado Mayor. No quedó satisfecho con la forma en que se presentaban las cosas. No era supersticioso y, por el contrario, solía burlarse de quienes confiaban en corazonadas o presentimientos, pero el hecho de que el asturiano hubiera obtenido una victoria hacía unos meses en ese mismo lugar le provocaba cierta inquietud. Pensó en una retirada en busca de otro escenario, pero ya era tarde: los españoles empezaron a atacar su centro con la infantería, mientras el propio Boves emergía de unas leves sinuosidades y arremetía el flanco derecho al frente de sus montados y temibles llaneros.

Tras varias horas de combate Bolívar vio caer muertos a más de un millar de sus soldados, tres de sus coroneles y a su secretario, por lo cual, muy ofuscado, dio orden de retirada y partió de regreso, mientras Mariño huía con un breve séquito en otra dirección.

Al llegar a La Victoria se reunió con algunos jefes que habían huido desperdigados y se enteró de que Jalón había caído otra vez prisionero. Boves lo había invitado a comer a su mesa y, luego, lo hizo ahorcar y envió su cabeza a sus amigos de Calabozo. Todos los heridos y prisioneros patriotas habían sido ejecutados.

Siguió deprimido hasta Caracas, donde se encontró nuevamente con Ribas y con Mariño, a quien su hermana María Antonia Bolívar había alojado en su casa, cuya despensa fue provista por las autoridades con "renglones de boca, dos barriles de la mejor harina" y trescientos pesos para el consumo del jefe oriental. Supo que Boves y sus tropas lo habían seguido hasta La Victoria y se habían desviado hacia Valencia, a la que habían puesto sitio. Estaba claro que, después de tomar Valencia, vendrían hacia la capital. En un primer momento pensó en resistir y mandó a Pedro Gual a las Antillas inglesas para solicitar el apoyo de un ejército de mil soldados británicos a cambio de ventajas comerciales, mientras ordenaba que se hicieran trincheras y se levantaran barricadas en las calles con participación hasta de mujeres y niños. Pero citó a consejo de generales y, admitiendo que la defensa sería inútil y ampliaría el baño de sangre, resolvió abandonar la ciudad.

Dio la orden de preparar la evacuación y citó al arzobispo, a quien le exigió que le entregara el oro, la plata y las alhajas de las iglesias, en virtud del tratado llamado de Concordia entre el Sacerdocio y el Estado, por el cual el clero se había comprometido a apoyar financieramente a la república. Hasta entonces los sacerdotes habían demorado su cumplimiento, pero Simón se puso firme:

—Monseñor, la república necesita de inmediato estos caudales.

En los días siguientes los canónigos entregaron veinticuatro cajas de plata labrada que contenían custodias, cálices y copones de 27.912 onzas de peso. Por concesión especial de Bolívar el prelado pudo conservar los portacirios de la catedral.

Cuando en la ciudad trascendió que las tropas estaban a punto de abandonar la plaza, el pánico y la confusión se generalizaron. Miles de republicanos que temían represalias por parte de Boves, quien solía ordenar que se asesinara a los blancos y se entregaran sus bienes a los pardos, resolvieron emigrar y recorrían las calles recogiendo sus pertenencias y preparando la huida.

En medio de este desorden Simón visitó a Mariño en casa de su hermana y notó una intimidad entre él y María Antonia que lo puso incómodo y le hizo sentir celos. "Me disputa el mando y comienza por seducir a mi hermana", se dijo; se sintió el burlador burlado y lamentó esta naciente relación, que no le sorprendió demasiado en una mujer tan decidida que ya unos años antes, a pesar de estar casada, había tenido un hijo extramatrimonial. María Antonia les dijo que pensaba quedarse en la ciudad y que, como había permanecido siempre leal a la autoridad absoluta del rey que emanaba del Altísimo y era notorio su rechazo al "fanatismo de la igualdad" y su adhesión a las jerarquías, no temía la entrada de los llaneros que representaban a Fernando VII. Bolívar, sin embargo, la instó a marchar al extranjero, con el argumento de que Boves era un personaje feroz que no le perdonaría su parentesco y amistad con los jefes republicanos, y finalmente ella aceptó salir hacia La Guaira, donde se embarcó para Curaçao.

En una madrugada triste, con el cerro Ávila cubierto de nubes sombrías, Simón partió a caballo por el camino de Chacao, hacia el este, precedido por Mariño y acompañado por Ribas y muchos otros jefes, más dos millares de integrantes de sus abatidas tropas. Pepa Machado y su madre participaban de la comitiva y una gruesa columna de civiles de todas las edades y sexos los seguía a pie, llevándose lo que podía.

En la otrora bella capital, de cuarenta mil almas, permanecían sólo unos cinco mil vecinos, algunos frailes, las monjas del Carmen y la Concepción y el arzobispo.

Familias enteras, con mujeres, niños y escasos alimentos, caminaban sin descanso con los corazones acongojados y atravesando ríos caudalosos, pues estaban en la estación de las lluvias. Muchos caían por la fatiga o el hambre y, a veces, las avanzadas realistas que perseguían a los republicanos cobraban también sus víctimas. La marcha fue penosa y les llevó veinte días atravesar los cuatrocientos kilómetros de costa, sorteando ciénagas cubiertas de vapores, hasta llegar a Barcelona, donde les esperaban malas noticias: Boves había entrado en Valencia y había sembrado el terror; aunque había jurado ante el Santo Sacramento respetar vidas y bienes, había permitido que se ejecutara a trescientos soldados, sesenta oficiales y noventa paisanos, y que se saqueara la ciudad.

El capitán general Cagigal había tratado de reasumir la dirección de las operaciones y contener a Boves, ordenándole incorporar sus llaneros a las tropas regulares peninsulares, pero el asturiano ya no le obedecía: se autodesignó "Comandante General del Ejército Español y Capitán General y Jefe Político de Venezuela", y le respondió con petulancia: "He recobrado las armas, las municiones y el honor de las banderas que Vuestra Excelencia perdió en Carabobo".

Había seguido con sus llaneros hasta Caracas, donde entró diez días después de la retirada de Bolívar: decretó un indulto, pero luego ordenó a los jueces que, sin intervención de ninguna autoridad superior, fusilaran a quienes considerasen cómplices de la muerte de españoles. Dejó un gobernador en la capital y marchó hacia el este, en persecución de los republicanos.

Simón tomó rumbo al sur y, en Aragua de Barcelona, se encontró con refuerzos que le enviaba Mariño, quien había partido hacia Cumaná. Las fuerzas combinadas fortificaron la villa y se dispusieron a enfrentar a la vanguardia de Boves. Bolívar quería combatir sobre el río Aragua, en el paso del camino real, pero el jefe de las tropas de oriente prefería hacerlo dentro de la fortificada ciudad y el caraqueño se dejó convencer. A las ocho de la mañana comenzó la batalla con enorme efusión de sangre: Simón vio caer a centenares de sus soldados y decenas de oficiales, entre ellos el llamado Tigre Encaramado, quien manejaba las riendas de su cabalgadura con la boca y luchaba con una lanza en cada mano. Al cabo de siete horas de lucha, ofuscado y avergonzado, ordenó la retirada y marchó derrotado hacia Cumaná.

Llegó a la noche y se reunió con Ribas y con Mariño y su segundo jefe, Manuel Piar, para cenar y decidir los pasos siguientes. Mariño le comunicó que ya había hecho embarcar armas y municiones, parte de la oficialidad y algo de tropa, más los caudales de las iglesias caraqueñas, en la flota de Giuseppe Bianchi, un marino italiano que actuaba como almirante de la república. Su propósito era concentrar los ejércitos en Güiria, donde podrían recibir refuerzos desde Trinidad, y continuar desde allí la lucha.

Simón comía con desgano su carbullón de pargo y pensaba en el tema cuando un sargento entró para comunicar una novedad: Bianchi se hacía a la vela de inmediato con su escuadrilla, pues había logrado sobornar a la guarnición realista que cuidaba la salida. Bolívar y Mariño se miraron y se entendieron sin necesidad de hablar: era muy riesgoso dejar que un aventurero poco confiable como este Giuseppe se llevara el tesoro. Apuraron la última copa de vino blanco, se dirigieron hacia el puerto, transmitieron el mando a sus segundos Ribas y Piar, y se embarcaron en el acto.

Ya en plena navegación Bianchi les manifestó que tenía derecho a apoderarse de los caudales para cobrarse los sueldos y gastos de su flota que la república le debía. Los jefes independentistas le respondieron que en ningún caso esa deuda podía comprender la totalidad de los bienes embarcados, cuya custodia les correspondía. Discutieron un buen rato y, al no ponerse de acuerdo, dejaron pendiente la cuestión hasta que llegaran a la isla Margarita, donde debían reabastecerse de agua dulce y víveres.

A punto de desembarcar en Margarita un bote les trajo una sorpresiva noticia: Ribas y Piar habían considerado una traición a la república la partida simultánea de los generales en jefe, habían reunido a las tropas y a la población y decretado la destitución de Bolívar y Mariño, por haberlos abandonado y dejado indefensos y sin los bienes públicos. Acto seguido, se habían proclamado a sí mismos jefes supremos de occidente y oriente. Piar, además, se había adelantado hasta Margarita y estaba esperando que desembarcaran para detenerlos.

Los destituidos generales en jefe se pusieron lívidos. Al sentir que Ribas y Piar se habían coaligado contra él, Simón se preguntó si esta alianza no confirmaba que estos dos sinvergüenzas eran hermanos y que el verdadero padre de Piar era el padre de José Félix, como tantas veces se había insinuado en su casa. La voz de Bianchi, quien sonreía maliciosamente, lo sacó de esta reflexión:

—Caballeros, creo que debemos sentarnos a negociar...

Acuciados por las circunstancias, los abrumados generales republicanos se pusieron de acuerdo con el almirante: dividirían por tres el tesoro; un tercio se adjudicaba al italiano en pago de las presas que se le adeudaban, y éste facilitaría un buque a cada uno de los jefes para que regresaran con su tercio de caudales hacia Carúpano, en tierra firme, hasta donde se comprometía a custodiarlos con la flota.

Se despidieron con un apretón de manos y Simón marchó en un bote hacia el bergantín *Arrogante*, mientras Mariño se encaminó hasta la goleta *Culebra*. Navegaron juntos hasta Carúpano y, al desembarcar, Ribas los esperaba en el muelle al frente de un grupo de soldados:

—Señores: les informo que quedan detenidos bajo la acusación de deserción y traición a la república.

Simón miró indignado a su tío político: no podía creer que ese imbécil de ojos azules, al que había elevado inmerecidamente al rango de mariscal de campo y titulado como vencedor de los tiranos sólo para halagarlo y por ser su pariente, podía ahora hablarle con tanta arrogancia e inferirle tamaña infamia.

Alojados en la capitanía del puerto, recibieron un rápido alivio: cumpliendo su promesa, Bianchi había enviado a uno de sus oficiales a tierra e intimado la liberación de los detenidos, bajo amenaza de bombardear la población. Tras una breve negociación, se llegó a un acuerdo: Bolívar y Mariño entregarían los caudales a Ribas, para ser destinados a continuar la lucha republicana, y se los liberaría y se les permitiría partir a la mañana siguiente en una de las goletas.

Esa noche, un nuevo dolor se agregaría al desencanto de Simón: Pepa le comunicó que, por presión de su madre, debía desistir de seguir acompañándolo y partiría con ella hacia Saint Thomas.

—Mi deber de hija me lo impone, Simón...

Él contempló con desolación su rostro claro y sus cabellos renegridos y prefirió, por un resto de orgullo, no contestarle.

A la madrugada, abrumado por el sentimiento de fracaso que no lo dejaba dormir, volcó su amargura en un documento de despedida al pueblo de Venezuela:

Una inconcebible demencia hizo al pueblo americano tomar las armas para destruir a sus libertadores y restituir el cetro a sus tiranos. Aunque culpable de la catástrofe de mi patria, instrumento infausto de sus espantosas miserias, soy inocente porque mi conciencia no ha participado nunca del error voluntario de la malicia, aunque haya obrado mal y sin acierto.

Una franja blanca empezó a ampliarse sobre el horizonte y los primeros reflejos sobre el mar le hicieron recuperar el orgullo y sentir nuevas ganas de luchar:

Desdeñando responder a las acusaciones que se me hacen reservo este acto de justicia para el Congreso de la Nueva Granada, augusto cuerpo que me ha enviado con sus tropas a auxiliaros. Entonces sabréis si he sido indigno de vuestra confianza, o si merezco el nombre de Libertador. Os juro que, Li-

bertador o muerto, mereceré siempre el honor que me habéis hecho, hasta volver por segunda vez a libertaros por la senda de Occidente.

Desde el puente del *Arrogante*, acompañado por Mariño y su hermana María Antonia, Simón veía desaparecer la visión de Carúpano y afrontaba los oleajes grisáceos del estremecedor mar de las Antillas, sembrado de sombríos racimos de sargazos que espesaban el elemento natural. Navegaba hacia Cartagena de Indias y se preguntaba qué le esperaría en ese fragmentado y generoso territorio de la Nueva Granada.

8. NO HAY PROFETA EN SU TIERRA
(1814-1815)

Que le Ciel, les enfers et la terre
unissent leurs fureurs a nous faire la guerre.

Corneille, *Horacio*

Los vientos eran calmos y lenta la travesía. En las charlas a bordo Simón se esforzaba por mostrarse optimista ante Mariño y le aseguraba que, con el apoyo del gobierno de la Nueva Granada, en breve plazo iban a regresar a Venezuela para reconquistar su territorio. En su intimidad, sin embargo, estaba sumamente preocupado: sabía que sus adversarios políticos habían intrigado contra él ante las autoridades republicanas neogranadinas, acusándolo de haber sido desleal con ellas una vez que había logrado hacerse consagrar como dictador en Caracas. Además estaba indignado con la traición de José Félix Ribas y no podía digerir la humillación que le había infligido.

No podía dormir bien y, una madrugada, salió a la cubierta del *Arrogante* para tratar de escudriñar el futuro a través de la oscuridad de la noche. Un azul sombrío ocultaba mar y cielo mientras pensaba que acaso había sido algo imprudente al actuar con tanta autonomía de los gobernantes de Tunja. ¿No lo acusarían de traidor? Un tenue resplandor se insinuaba sobre la línea del horizonte y, paulatinamente, se iba convirtiendo en una franja anaranjada, techada por otra amarilla que, a su vez, se transformaba levemente en celeste.

También se le había cuestionado la medida de forzar la emigración en masa de Caracas, causando centenares de muertes por hambre, sed, fatigas y fiebres, desconociendo o subestimando la táctica militar. Veía ampliarse e iluminarse la banda celeste, mientras meditaba si no había sido excesivamente riguroso con la suerte de los prisioneros españoles.

Se sulfuraba al acordarse de Ribas y se sentía un imbécil por haberle dado tantas prerrogativas, hasta el punto de que lo habían acusado de haber permitido que sus parientes se enriquecieran a costa del Estado y lucrando con la sangre humana. "Y resulta que este mequetrefe arrogante todavía me acusa a mí de ladrón y cobarde". Le dolían las derrotas de La Puerta y Aragua de Barcelona, pero mucho más le dolía que lo imputaran de ladrón a él, que había descuidado sus bienes por la campaña. "¿Ribas, este mediocre oportunista, jefe supremo de occidente? ¿Y Piar, bastardo de dudoso origen, jefe máximo de oriente? ¡Válgame Dios!"

Evocaba la firme figura de Pepa y se sentía humillado por su súbita partida.

La claridad empezaba a mostrar el azul del océano y, sobre las nacientes costas, sombras pardas lanzaban destellos vegetales. Vellones de lana parecían suspendidos en el firmamento. Cuando un círculo dorado lo cegó desde la proa se sintió más tranquilo y regresó a su camarote para completar el descanso.

El capitán sugirió detenerse en Curaçao para enterarse de las últimas noticias, pero Bolívar se opuso:

—Nuestra presencia hará suponer que estamos derrotados. Es preferible seguir...

Al cabo de veinte días de navegación llegaron a Cartagena al atardecer y entraron por la boca chica.

Desde el puerto Simón se dirigió a un albergue en la Plaza de la Verdura, inundada de olor a pescadilla, bollos y aceite hirviente. Pero Carlos Soublette, pariente y compañero de lucha que había llegado unas semanas antes desde Caracas huyendo de los realistas, vino a buscarlo esa misma noche. El obispo de Cartagena había abandonado la ciudad y Carlos, con su madre (hermana de Juan Félix Jerez de Aristeguieta, el sacerdote que había beneficiado con un mayorazgo a su primo Simón) y sus hermanas Isabel y Soledad, estaban viviendo en su suntuosa residencia:

—Tus aposentos ya están preparados, Simón, te vienes con nosotros...

Isabel y Soledad recibieron con mucho afecto a Bolívar y éste encontró, en el palacio obispal, un alojamiento digno y un calor femenino que lo reconfortó. Isabel lo colmaba de atenciones y, cuando lo mencionaba frente a terceros, hablaba tiernamente del "pobre Simón". Acostumbrado desde la infancia a la frialdad o a ser apreciado solamente por su dinero, al caraqueño lo conmovían el interés y el buen trato que le brindaba su sobrina.

Cartagena estaba agitada en esos días debido a la inminencia de una elección para renovar al presidente. En uno de los partidos estaba el general Manuel Castillo, quien dos años antes, como gobernador de Pamplona, había obstaculizado la campaña militar realizada por Bolívar. Todavía dolido por aquella actitud, Simón se dispuso a apoyar al grupo contrario. Reunía todas las noches en su residencia a los exiliados venezolanos, a los que trataba de movilizar en favor del partido más jacobino y antiespañol, del que esperaba ser nombrado, en caso de triunfar, jefe militar. Isabel participaba de los encuentros políticos, les hacía servir limonadas con panela y licores, y Simón advertía con gusto que la bella joven, de larga cabellera rubia, estaba cada vez más cerca de él. Al retirarse los invitados solían quedarse charlando hasta la madrugada y, a veces, caminaban hasta la muralla, subían a las gradas y esperaban el amanecer. Una noche cálida y estrellada el caraqueño la acompañó hasta su habitación y, en la puerta, la besó con una dulzura que ella correspondió con creces. Intercambiaron largas caricias y él advirtió que su cariño, inicialmente propio de un pariente, se había trocado en una pasión fervorosa que la sobrina devolvía con calor juvenil. El rito se fue repitiendo y acentuando durante varias jornadas y el toque de prohibición otorgado por el parentesco aumentaba la excitación de Simón. Cuando por fin hicieron el amor sintió que la separación de la carne de su amada, el paradójico y maravilloso reencuentro de las sangres prohibidas, lo llevaba a un abandono infinito y lo recompensaba de las amarguras de la derrota.

A los pocos días resolvió marchar para Tunja, a rendir cuentas al gobierno de Nueva Granada por su fracaso en Venezuela y solicitarle un nuevo apoyo para liberar a su país. Partió río arriba por el ancho Magdalena y, al iniciar el ascenso a Ocaña, se enteró de que el general Rafael Urdaneta había podido salvar una parte del ejército venezolano de occidente, se había retirado hacia Nueva Granada y había llegado a Cúcuta. La noticia lo reconfortó y pensó que su situación mejoraría si pudiera llegar a Tunja al menos con algunas tropas, de modo que se detuvo en Ocaña, donde se alojó nuevamente en la espaciosa casa de su amigo Miguel Ibáñez. Las hijas menores de su anfitrión, entre ellas una rubia llamada Bernardina, asomaban ya a la adolescencia y volvieron a impresionarlo por su belleza.

Instalado en una hamaca de la galería le dictó a su escribiente una carta para Urdaneta, en la que le expresaba que, al haber "salvado el ejército de Caracas, ha salvado usted a la república" y le anunciaba que iría hasta su cuartel general a "tomar parte en sus trabajos, peligros y privaciones". Al compás del balanceo pensó que era conveniente halagar a su subalterno: "Yo aprecio su servicio de salvar al ejército de Caracas como la más grande victoria, aunque —tampoco quería agrandarlo demasiado— algunos tengan que criticar una operación tan prudente y acertada".

Al día siguiente, siempre oscilando sobre su hamaca, dictó una misiva para Camilo Torres, el presidente de la Federación de Nueva Granada:

Al entrar en esta ciudad he recibido muy funestas noticias del ejército que manda el general Urdaneta, anunciándome que mi presencia en él es de absoluta necesidad, para contener los graves males que amenazan a la república con la destrucción próxima de ese ejército. He resuelto entonces marchar primero hacia Cúcuta, a fin de calmar los males que puedan haber producido las deserciones y disgustos de los soldados, ofrecerles los auxilios que espero obtener de V.E. e inspirarles confianza para asegurar la salvación de la patria. Inmediatamente que se hayan cumplido los objetos que me conducen al ejército, volaré a esa capital a dar cuenta de mi conducta al Soberano Congreso, ofreciendo continuar mis servicios en la Nueva Granada contra los enemigos de la libertad.

Siguió viaje hacia el sur y, al acercarse a las inmediaciones de Pamplona, se encontró con oficiales y tropas del ejército de Urdaneta que se habían adelantado para saludarlo y lo recibían con vítores:

—¡Viva el Libertador!

La cálida recepción lo reconfortó y se apeó para abrazar a los más allegados. En el diálogo, le contaron que, aunque su jefe les había ordenado seguir hacia Tunja, habían preferido desobedecerle para ponerse a su servicio y rendirle los honores correspondientes.

Aclamado y rodeado por sus hombres, entró a Pamplona alegre y satisfecho. Se dirigió al cuartel de Urdaneta, quien ocultó la humillación que experimentaba y lo saludó con buenas maneras. Bolívar pensó que sería conveniente ofrecerle una reparación:

—General, disponga una revista para esta tarde, pues deseo hablar a la tropa.

Formados los batallones, el comandante se dirigió a ellos:

—Habéis henchido mi corazón de gozo, pero —simuló estar enojado— ¿a qué costo? A costa de la disciplina, de la subordinación, que es la primera virtud del militar. Vuestro jefe es el benemérito general Urdaneta, y él lamenta como yo el exceso a que os condujo vuestro amor. Soldados: que no se repitan los actos de desobediencia. Si me amáis, probádmelo continuando siendo obedientes a vuestro jefe. Yo no soy más que un soldado que vengo a ofrecer mis servicios a esta nación hermana. Para nosotros la patria es América; nuestros enemigos, los españoles; nuestra enseña, la independencia; nuestra causa, la libertad.

Urdaneta se dio por satisfecho pero Simón advirtió que, en su interior, seguía dolorido. Para expresarle su confianza, le pidió que se adelantara hasta Tunja. "Ahora que ya sabe a quién respetan más las tropas, no me molesta que llegue primero", meditó.

Se instaló en una generosa casa sobre la plaza, adonde vino a saludarlo una delegación de monjas, quienes le obsequiaron dulces y frutas. Les devolvió la visita en el convento y siguió contento hacia Tunja.

Al llegar a Santa Rosa encontró que la ciudad estaba muy conmocionada: unos días antes, al pasar por allí, Urdaneta había hecho prender a cinco vecinos españoles y los había fusilado. La población se había consternado ante lo que consideraba unos crímenes injustificados e insólitos, ya que la guerra por la independencia no había afectado todavía en la Nueva Granada a las poblaciones civiles.

Se preocupó por la reacción del vecindario y temió que la actitud de su subordinado le dificultara las cosas en Tunja, pero al acercarse a esa ciudad se tranquilizó: un enviado del presidente Camilo Torres salió a recibirlo, trayéndole como obsequio, en nombre del gobierno, un fogoso caballo con elegante apero.

Lo interpretó como un excelente augurio, pero aprovechó la ocasión para mostrar un rasgo de humildad:

—Antes de recibir ningún presente —dijo con voz afectada— debo dar cuenta al Congreso de la misión que se me encomendó para Venezuela.

Se instaló en su alojamiento, disfrutó de un baño con agua de Colonia en un tinajón y partió a visitar al presidente Torres, quien lo recibió con gran cordialidad y conversaron sobre la situación general.

Aunque el tema principal era el estado de las luchas contra España, Simón advirtió de inmediato que la gran preocupación de Camilo era el conflicto que mantenía desde hacía un tiempo con Manuel Bernardo Álvarez, el dictador de Cundinamarca, una de las provincias del fragmentado Virreinato de Nueva Granada. La mayoría de las provincias prestaba su apoyo a la Federación presidida por Torres, pero Álvarez, aunque se declaraba republicano, se negaba a integrarse y gobernaba Cundinamarca instalado en Santafé de Bogotá, la antigua capital del virreinato. Cartagena de Indias se había incorporado a la Federación pero mantenía cierta distancia, mientras que Santa Marta permanecía leal a España.

—Álvarez se dice patriota—acusaba Torres—, pero con su actitud secesionista está ayudando a los realistas. En el fondo es un frailón que no se atreve a romper con las jerarquías eclesiásticas y, a través de ellas, sirve a los designios de la Corona...

Bolívar lo tranquilizó sobre el futuro y le hizo ver que si él contara con un buen refuerzo de tropas neogranadinas podría compeler a Álvarez, por la fuerza, a ingresar en la Federación.

—Unificado el frente interno, don Camilo —agregó—, podré marchar hacia Santa Marta y Venezuela, a someter a los gachupines.

Un par de días después, al presentarse ante el Congreso, Simón era consciente de que se había ganado la buena voluntad de Torres y sabía que iba a ser escuchado con benevolencia por los congresistas. Camilo lo hizo sentar a su lado y luego lo invitó a ocupar el estrado, donde el venezolano formuló una larga exposición sobre los triunfos y contrastes que había sufrido desde su inicial partida de Cartagena de Indias, dos años antes. Pidió que se examinara su conducta con esmero y se lo juzgara con imparcialidad, considerándose que la población venezolana en muchos casos se había inclinado hacia los realistas y por ello, para cambiar su condición de servidumbre y constituirse en tierra de libertad, América estaba cubriéndose de sangre.

—General —le contestó Torres—: vuestra patria venezolana no habrá muerto mientras exista vuestra espada; con ella volveréis a rescatarla del dominio de sus opresores. El Congreso neogranadino os dará su protección porque está satisfecho de vuestro proceder. Habéis sido un militar desgraciado, pero sois un gran hombre.

El gobierno lo exoneró de toda responsabilidad por la derrota y le encargó que marchara, al frente de tropas reforzadas, hacia Santafé de Bogotá, para reducir a la provincia de Cundinamarca y forzarla a ingresar en la Confederación de Nueva Granada.

Más que aliviado, Simón no cabía en sí de alegría y se sintió reivindicado de las humillantes acusaciones que había recibido de Ribas y Piar. Se dedicó a preparar su expedición con la esperanza de que, si ayudaba a consolidar la unión de los neogranadinos, obtendría el apoyo para marchar después a reconquistar Venezuela. "Y entonces les daré su merecido a estos dos traidores", se propuso.

Antes de partir recibió una carta del Congreso, en la que se censuraba el fusilamiento de españoles dispuesto por Urdaneta y se le ordenaba abstenerse de medidas crueles. Aunque en su fuero íntimo era partidario de una mano severa, optó por contestar que "se hallaba poseído de la más alta indignación por un hecho tan escandaloso, que no se repetiría por los oficiales" de su ejército.

Ordenó la marcha de sus tropas y luego marchó él también hacia el sur. Avanzó por deslumbrantes zonas montañosas y acampó en la verde hacienda de Techo, a legua y media de Bogotá. La ciudad descansaba sobre un ancho valle, bordeado por bellas montañas azules acariciadas por tenues halos luminosos. Intimó a las autoridades republicanas la entrega de la plaza haciéndoles saber que "nuestro objeto es unir la masa bajo una misma dirección, para que nuestros elementos se dirijan todos al fin único de restablecer al Nuevo Mundo en sus derechos de libertad e independencia".

Pero su ultimátum fue rechazado por Álvarez, quien apeló a los sentimientos localistas y presentó a Simón como a un invasor venezolano que se había caracterizado por su crueldad. Hasta los sacerdotes se volcaron a las calles predicando la resistencia armada y sosteniendo que Bolívar no solamente era un sanguinario sino también un hereje, que venía a destruir los altares. El arzobispo dictó un edicto excomulgándolo y, en la plaza principal, la población se manifestaba contra los sitiadores al grito de "Viva Jesús".

Consciente del rechazo que provocaba en Bogotá, Simón escribió a un amigo que tenía en la ciudad, vecino importante, para solicitarle su intercesión y responder a las acusaciones. Le explicó que en Venezuela se había visto obligado a declarar la guerra a muerte porque los españoles habían cometido muchas crueldades en batallas y los presos de Puerto Cabello lo habían traicionado. Sobre la ejecución de los mil prisioneros que había ordenado en La Guaira, se justificaba: "¿Qué debía hacer con ellos? ¿Esperar la misma suerte infausta de Puerto Cabello, que destruyó mi patria y me quitó el honor?":

He aquí mis decantadas crueldades, mi irreligión y todo lo que me atribuyen los señores que no me conocen. Digo y protesto bajo mi palabra de honor, que ni el gobierno de Tunja ha declarado la guerra a muerte ni yo lo he hecho, ni lo haré nunca en este país pacífico donde los españoles se han portado de manera muy diferente de Venezuela. Las ejecuciones dispuestas por Urdaneta en Santa Rosa han sido reprobadas por el gobierno y por mí.

Al recibir una respuesta negativa, Bolívar anunció a su amigo:

Santafé de Bogotá va a presentar un espectáculo de desolación y muerte: las casas serán reducidas a cenizas, si por ellas se nos ofende. Llevaré dos mil teas encendidas para reducir a pavesas una ciudad que quiere ser el sepulcro de sus libertadores y recibe con oprobios a quien viene a romper sus cadenas.

Fracasadas definitivamente las negociaciones, Bolívar salió a reconocer las entradas a la ciudad y fue atacado por unas baterías. Sintió el silbido de los proyectiles, se indignó y ordenó un feroz ataque de artillería al barrio de Santa Bárbara. La resistencia era encarnizada, pero instruyó a sus hombres para que lucharan por el terreno palmo a palmo, mientras los apoyaba con un permanente cañoneo: los proyectiles martilleaban las paredes, hundían los tejados y el olor a mampostería destruida y a pólvora lo mantenía enardecido. A medida que lograban imponerse, los atacantes se dedicaban al saqueo y a arrasar el observatorio astronómico. Al tercer día un noble local, el marqués de San Jorge, pidió la suspensión del fuego y se ofreció a mediar ante las autoridades, que resistían en la Plaza Mayor y estaban ya casi sin agua. Simón, todavía enfervorizado por el polvillo de cal antigua mezclado con el hedor de los cadáveres, concurrió a su castillo y se iniciaron negociaciones que culminaron con la entrega de la plaza: la provincia de Cundinamarca se subordinaba al gobierno nacional de Nueva Granada, cuyas autoridades se trasladarían desde Tunja hasta Santafé de Bogotá, donde se establecería la capital.

Luego de haber sido derrotado en los conflictos intestinos en su propia patria, el caraqueño se sentía muy satisfecho de haber podido arrasar a Álvarez en las luchas civiles neogranadinas. La multiplicidad, el pluralismo revolucionario, le disgustaban y recordaba que la experiencia del federalismo republicano había sido perjudicial y dañosa.

Envió un edecán a Tunja con su parte de la victoria a Camilo Torres. También dirigió una carta al arzobispo en la que le recriminaba que se lo hubiera excomulgado y le exigió que se reparara el hecho a través de una nueva pastoral en la que se reivindicara su "opinión a los ojos de la multitud". Sintió satisfacción, pero también desprecio, al conocer el texto de un documento rectificatorio en el que el mismo prelado que lo había acusado de impío lo calificaba ahora de buen católico.

Se instaló en una residencia de la destruida pero imponente ciudad virreinal, donde participó de algunos festejos y recibió dos importantes noticias desde Venezuela: los realistas habían vencido a las fuerzas republicanas en Urica, pero el feroz José Tomás Boves había resultado muerto de un lanzazo; entre tanto, luego de otra victoria española en Maturín, su tío José Félix Ribas había sido decapitado y su cabeza, hervida en aceite y burlonamente adornada con un gorro frigio que utilizaba como símbolo de la libertad, fue llevada a Caracas en una jaula y exhibida en la salida hacia La Guaira.

Se alegró de la muerte de Boves pero mucho más con el final de su impetuoso tío político, a quien no podía perdonarle el agravio de haberlo destituido y calificado de ladrón. "Se lo merece por canalla", pensó.

Se propuso fusilar a los españoles que hubieran tomado las armas a favor de Álvarez, pero un enviado del Congreso federal vino a traerle la orden de que se abstuviera de medidas tan drásticas y optara por la conciliación.

—Dígale al Honorable Congreso que será obedecido, pero estoy seguro de que en algún momento se arrepentirá.

Celebró el fin de año con optimismo y recibió con orgullo al presidente Camilo Torres y a los miembros del Congreso, quienes se instalaron en Bogotá y le dieron un voto de aprobación y el grado de capitán general de la Unión de Nueva Granada, a los efectos de que comandara una campaña contra Santa Marta.

El día de la inauguración de las sesiones, Simón habló a los congresistas y señaló que "durante los tres siglos de pupilaje hemos estado privados del comercio del universo y de la práctica de la política. La esclavitud misma ¿ha sido ejercida por nosotros? Ni aun el ser instrumentos de la opresión nos ha sido concedido. Todo era extranjero en este suelo: religión, leyes, costumbres, alimentos y vestidos". Agregó que, terminada la contienda civil, se aprestaba a dirigirse a liberar a Santa Marta y Maracaibo al mando del "soberbio ejército de venezolanos y neogranadinos" que se le había confiado.

Mientras preparaba su expedición recibió una publicación realizada en Cartagena por su antiguo rival, el coronel Manuel Castillo: lo acusaba de haber sido desleal en Venezuela al gobierno de la Unión de Nueva Granada y de haber gobernado como un déspota cruel; decía que había asesinado a prisioneros y a opositores y que, por no haber cumplido las instrucciones que llevaba y por su negligencia y falta de prudencia, Venezuela se había perdido.

Se sintió mortificado por los agravios y preocupado por el futuro, pues Castillo era el jefe militar de Cartagena que debía prestarle apoyo, obediencia y tropas durante la próxima expedición a la vecina provincia de Santa Marta. Pesaroso y taciturno, fue a ver a Camilo Torres para comprobar si la intriga de Castillo había surtido efecto:

—No se preocupe, don Simón, el Congreso y yo nunca hemos dudado de su lealtad y competencia. Pero muévase con prudencia, pues Castillo es muy influyente en Cartagena y usted necesitará su colaboración.

Reconfortado con el apoyo de Torres partió con sus tropas hacia el noroeste. Luego de varias jornadas por atractivas serranías divisaron, al fondo de una luminosa llanura, la antigua ciudad de Honda. El espeso río Magdalena bañaba sus derruidas murallas y un antiguo puente de piedra unía las márgenes del generoso curso que habría de llevarlos hasta el mar Caribe.

Allí se enteró de que uno de los oficiales venezolanos que marchaba en la avanzada había fusilado a varios prisioneros españoles. Temió que esta decisión pudiera crearle problemas con el gobierno de Bogotá y recriminó al responsable de la medida.

También le informaron que Castillo había abandonado la línea del Magdalena, la que estaba obligado a cuidar, para volver a Cartagena y participar en una intensa lucha de facciones que se había desatado para lograr el gobierno de la provincia. Le escribió entonces al presidente Torres pidiéndole que mandase un representante a Cartagena para que, mediando en el conflicto político, evitase que estos embrollos dificultasen el apoyo que necesitaba para desarrollar su campaña en Santa Marta y luego en Venezuela.

Se embarcó con todos sus efectivos e inició el lento viaje fluvial. Las praderas con tornasoles azulados fueron reemplazadas por una selva penetrante, cuyas ramas intrusas empezaron a estrechar al cenagoso río. Simón estaba ansioso y no encontraba tranquilidad ni en el sopor de las siestas: se recostaba en su hamaca, pero el canto de los guacamayos le resultaba agresivo y el ataque de los zancudos lo sobresaltaba.

El calor aumentaba día a día y el Magdalena volvió a expandirse. Al doblar un recodo flanqueado por un destruido borde de cantería el caraqueño apreció las torres de las iglesias de la orgullosa Mompox.

Se alojó en la casa de su amigo Celedonio Gutiérrez de Piñeres, alcalde de la urbe, quien lo impuso de las novedades: Castillo se había constituido en el verdadero hombre fuerte de Cartagena y desde allí desarrollaba una campaña de descrédito hacia Bolívar, a quien recriminaba sus actitudes militares, su conducta política y hasta su comportamiento privado.

Simón le escribió para solicitarle el envío de dos mil fusiles y las tropas que no le fuesen indispensables y, mientras esperaba la respuesta, se dedicó con entusiasmo a concurrir a los bailes, fiestas y cenas con que los vecinos principales lo agasajaban. A los pocos días recibió la contestación: Castillo lo reconocía como capitán general, pero le decía que no estaba en condiciones de remitirle armas ni soldados.

Por comentarios extraoficiales e informes de sus espías, Bolívar tomó conciencia de la situación: Castillo era adversario tanto de él como de su anfitrión Gutiérrez de Piñeres y temía que ambos, actuando en conjunto, intentaran desplazarlo del gobierno de Cartagena. Por ello alentaba una política de rechazo a las tropas venezolanas y alimentaba la creencia de que venían a quitarles las viviendas, las tierras y las mujeres a los neogranadinos.

Bolívar se contrarió, pues veía que el antiguo encono que le dispensaba este hombre entorpecía sus planes. Trató de disipar su desconfianza y le envió un emisario con una invitación a reunirse en Zambrano para limar asperezas y conciliar la estrategia de ataque a los españoles. Sin esperar la respuesta se embarcó otra vez y siguió viaje por el Magdalena hacia aquella ciudad.

Al llegar allí se enteró de que Castillo se excusaba de concurrir, alegando que el arribo de un delegado especial desde Bogotá hacía innecesario el encuentro. A través de este comisionado el cartagenero le hacía llegar una propuesta conciliatoria: si Bolívar le aportaba dinero y soldados, Castillo pondría ochocientos fusiles y colaboraría en la campaña contra Santa Marta, pero reservándose el derecho de fijar él los puntos de ataque.

Simón montó en cólera: se sintió desairado por la ausencia y humillado por el tono y el contenido de la proposición. Se indignó también con la actitud del enviado del presidente Torres: había solicitado su presencia para que convenciera a Castillo de someterse a la autoridad y apoyar la expedición. Pero en vez de instarlo a la obediencia, se prestaba a transmitir unas condiciones que eran francamente insolentes e improcedentes.

"Ambos están desconociendo que soy el capitán general del ejército combinado de la Unión de Nueva Granada y se están interponiendo en mi camino", pensó. Le escribió a Torres para quejarse sutilmente y resolvió avanzar con su ejército hasta Turbaco, un pueblo cercano a Cartagena, situado en una bella y verdosa elevación.

Además de molesto llegó allí muy preocupado: las deserciones y las enfermedades habían disminuido sus tropas, de modo que si no contaba con los refuerzos de Cartagena no podría conquistar Santa Marta y continuar hacia Caracas.

A su vez, Castillo estaba indignado con la presencia de las fuerzas de Bolívar en sus inmediaciones y consideraba que el caraqueño pretendía intimidarlo. Mandó reforzar las murallas de la ciudad y pidió a los agricultores de la campaña que no abastecieran a las tropas venezolanas.

Simón envió a Cartagena al coronel Tomás Montilla para que explicara a Castillo y al delegado del presidente que la presencia de sus fuerzas en Turbaco se debía a que estaban buscando un asentamiento menos insalubre y a la necesidad de facilitar las comunicaciones. Debía ratificarles que sus intenciones eran pacíficas y que sólo buscaba que se le facilitasen los soldados y las armas que necesitaba para conquistar Santa Marta y continuar la campaña a Venezuela. Como Mariano Montilla, hermano de Tomás, era uno de los colaboradores más estrechos de Castillo, Bolívar pensaba que la misión de Tomás tenía bastantes probabilidades de éxito.

Pero volvió pronto, agitado y frustrado:

—Al entrar a la ciudad fui amenazado por el populacho... Si no hubiera sido por la intervención de Mariano creo que hasta la vida me quitaban... Están muy molestos con nosotros...

Simón estalló en cólera y ordenó a su Estado Mayor hacer marchar las tropas hasta Cartagena y sitiar la ciudad amurallada.

—Ahora van a ver quién manda —farfulló.

Partió por detrás a caballo y recorrió un camino húmedo y pleno de samanes de nutrido follaje. Al acercarse al puerto subió hasta el convento de La Popa, donde instaló su comandancia. Desde allí divisaba la cerrada ciudad y el fuerte de San Felipe. Cruzó el patio y, al llegar a su habitación, vio a través de la ventana las puntas de unas cañas que venían desde abajo y, oscilando continuamente, remataban en unas pequeñas bolsas de tela. Se acercó con curiosidad y comprobó que unos niños semidesnudos las sostenían desde el pie de las murallas, mendigando audazmente una limosna.

—Calderilla, calderilla... —reclamaban con simpatía.

Se sonrió, les puso unas monedas y ordenó a su edecán que les enviara algo de comida. Se acostó en su hamaca y pensó que, si bien sus escasas tropas no le alcanzaban para tomar Cartagena por la fuerza, el sitio iba a alentar a los partidarios que tenía en la ciudad a pronunciarse en contra de Castillo y, a la vez, precipitaría una definición del gobierno de Bogotá en su favor. Con esa ilusión, se durmió.

Los días empezaron a transcurrir sin que ninguna reacción se produjera. Ni desde el interior de la ciudad sitiada ni desde la capital le llegaban signos de respaldo. Por el contrario, era la propia situación de los sitiadores la que comenzaba a deteriorarse, porque la población de toda la provincia les era hostil y les mezquinaba los alimentos. El agua de la cisterna del convento había sido contaminada por la gente de Castillo con cueros y animales muertos. Simón fue hasta allí y la probó para demostrar a sus hombres que estaba potable, pero el gusto era desagradable y el mal olor que despedía le resultó un símbolo del momento que estaban viviendo. Debían traer el agua y los pocos víveres que conseguían desde dos leguas de distancia, esquivando los tiros de cañón que les disparaban desde la laguna de Tesca. Además, los disparos de fusiles desde la ciudad y el castillo de San Felipe eran incesantes y los sitiadores vivían sobresaltados. Simón tenía además un motivo familiar de inquietud: su hermana María Antonia residía en Cartagena y temía que la hicieran objeto de agresiones. Desde el retiro de Caracas le habían quedado dudas sobre la relación de ella con Mariño y le disgustaba que siguiera siendo realista, pero a pesar de eso la quería.

Advirtiendo que la situación le estaba haciendo perder el prestigio entre sus propios jefes y soldados, le propuso una reunión a Castillo para tratar de lograr un arreglo, pero éste le contestó que previamente debía retirar las tropas venezolanas a Ocaña y que sólo podrían quedar allí las neogranadinas.

Poco después, desde la misma ciudad le enviaron un pliego para informarle que la situación de los patriotas se comprometía cada día más: una gran expedición con fuerzas españolas al mando del general Pablo Morillo había llegado a las costas de Venezuela desde la península, y en Nueva Granada los realistas habían reconquistado Barranquilla y Mompox.

Se acordó de la historia que había leído en el *Horacio* de Corneille y que tanto le había gustado: los romanos y albos se encontraban en guerra civil pero, al ver que el enemigo exterior, Etruria, se preparaba para atacarlos, decidieron dirimir la querella intestina a través de un duelo entre los tres hermanos Curiáceos y los tres Horacios.

Pidió entonces una entrevista urgente al comisionado del gobierno de Bogotá, con el objeto de soslayar las luchas civiles intestinas y concentrar las energías en los españoles. Se realizó al pie del castillo de San Felipe y asistió también Castillo.

—Es imperioso cesar esta contienda estéril —dijo Bolívar—.

Mi único propósito es marchar a Santa Marta y pido se me apoye para partir de inmediato por mar...

El delegado conversó a solas con Castillo y regresó a la habitación con la respuesta:

—Facilitaremos su partida, pero deberá marchar por tierra. Castillo teme que si lo dejamos entrar al puerto usted aproveche para tomar la ciudad...

Simón volvió desolado a La Popa. El gobierno de Bogotá no lo había respaldado y en Cartagena desconfiaban de él y no le brindaban tropas ni armas. Había tratado de imitar a los pueblos clásicos, pero le tocaba alternar con ignorantes que no conocían historia ni literatura y se movían en un plano de pequeñez. Se reconoció a sí mismo que, con los escasos hombres de que disponía, no podía continuar la campaña. Reunió a sus oficiales y les explicó la situación:

—He decidido sacrificar mi gloria y mis esperanzas de libertar otra vez a mi patria...

Entregó el mando a su pariente Florencio Palacios ("siempre heredan algo de los Bolívar", ironizó amargamente) y, al día siguiente, se embarcó en un buque inglés hacia Jamaica. Desde la cubierta veía alejarse las firmes murallas de la ciudad y unas nubes grises parecían enlazarlas con las cimas de La Popa y el castillo de San Felipe. Las aguas plomizas oscilaban melancólicamente, espejando los sobrios celajes. "Otra vez derrotado", se dijo. Había decretado la guerra a muerte a los españoles, pero los ataques habían venido una vez más desde los jefes criollos y se sentía impotente para superarlos. "Tendría que matarlos sin compasión, como Horacio", pensó.

9. PARA CARTAS, JAMAICA (1815-1816)

*Mourir pour le pays est un si digne sort
qu'on briguerait en foule une si belle mort.*

Corneille, *Horacio*

Los días estaban radiantes y el mar cada vez más azul, pero Simón no lograba disfrutar de la naturaleza. Su ánimo estaba sombrío y no podía asimilar el rechazo que había recibido de la gente de Cartagena ni entendía por qué el gobierno de Bogotá le había retaceado su apoyo. "Quién sino yo puede vencer a los realistas", se preguntaba. "¿Por qué no me aceptan? ¿Por qué no me valoran?"

Una mañana clara divisaron el puerto de Kingston, detrás del cual se mostraban las coloridas viviendas de la ciudad, rodeadas por cocoteros con su generosa carga de frutos.

Desembarcaron y Bolívar se alojó en una modesta posada cerca del muelle, con techo de palmas y paredes blanqueadas con lechadas de sal, a cargo de una mujer de rudos modales.

Jamaica era una posesión inglesa y Simón pidió una audiencia con el gobernador, el duque de Manchester, confiando en que encontraría en él comprensión y acaso algún apoyo. Pero no logró la entrevista y, al encontrarse con dilaciones y excusas, comprendió que el funcionario no quería comprometer la posición británica recibiendo públicamente a los insurrectos contra España.

Molesto, le escribió a Richard Wellesley a Londres para insistir en su idea de que los intereses comerciales británicos coincidían con los planes de independizar las colonias españolas en América. Si Gran Bretaña envía ciencias, artes, industria, cultura —le decía— verá refluir en su país las prosperidades de nuestro hemisferio. Despachó la carta con la esperanza de que su importante corresponsal pudiera influir sobre la conducta del gobernador jamaiquino, mediocre burócrata a quien condenó mentalmente por no otorgarle la importancia que él realmente se merecía.

En esos días de soledad y desazón conoció, en casa de unos amigos ingleses, a Luisa Combler, una criolla madura, oriunda de Santo Domingo, de tez mate, cabellos oscuros y unos profundos ojos verdes que revelaban una atrayente melancolía. Simón quedó muy impresionado por la serenidad de esa mujer experimentada, cuyas nutridas aventuras amorosas en el agitado mundo de las Antillas le habían dejado una buena posición económica y un encanto particular. Ella advirtió, detrás del aparente retraimiento que los golpes de la fortuna le habían producido al joven venezolano, un espíritu valioso e inquieto. Charlaron animadamente y él encontró, en la nostálgica sabiduría con que Luisa le contaba sus recorridos por lugares importantes y la intimidad de personalidades de interés, una madura calidez. No se sorprendió con la invitación con que lo despidió:

—Lo espero mañana a la tarde en mi casa...

Luisa poseía una residencia amplia pintada de blanco, rodeada de un parque en el que estallaban unos árboles llamados flamboyanes, cuyos follajes envueltos por flores carmesíes simbolizaban elevaciones pecaminosas, mientras robustos granados ofrecían sus generosos frutos de topacio. Se sentaron en la veranda y conversaron con largueza mientras el crepúsculo parecía prolongar el tiempo sobre las aguas, el rumor de las olas se suavizaba y la brisa húmeda y el aroma del café difuminaban las humanidades y suavizaban los espíritus. Cuando el intenso azul del firmamento empezó a poblarse con tenues chispas de luz pasaron al dormitorio y se fundieron en el vigoroso lazo de las decepciones mutuas. Simón obtuvo un placer animado y palpitante, que lo reconfortó de hondos pesares y lo remontó a cálidas e infantiles dimensiones. Dormitaron unos minutos, ella se cubrió con una bata clara y ligera y volvieron a un diálogo íntimo y florido que duró hasta la madrugada, mientras permanecían recostados en el lecho. Al despedirse, Simón tuvo la fugaz impresión de que había obtenido un cariño casi maternal.

Las noticias que llegaban desde el continente eran desfavorables al bando patriota: el general Morillo, al frente de su expedición de más de diez mil hombres, había ocupado Caracas y se dirigía por mar hacia Cartagena para tomar la plaza y unirse a las restantes fuerzas realistas de Nueva Granada.

Estas informaciones no desalentaban a Bolívar. Por el contrario, veía que esa mala situación le daría a él una oportunidad para volver a la lucha y reivindicarse de las humillaciones que había sufrido de manos de los propios patriotas. Se puso en contacto con el comerciante inglés Maxwell Hyslop, a quien le manifestó que los independentistas americanos iban a sucumbir si Gran Bretaña no los ayudaba. Añadió que él podría reconquistar la tierra firme si Inglaterra colaboraba con seis a ocho mil fusiles y quinientos mil duros para los primeros meses de campaña.

—Como retribución le entregaríamos Panamá y Nicaragua, para que Inglaterra abra canales que unan los océanos y su comercio impere en el mundo.

Las novedades que lo deprimían, en cambio, eran las que llegaban de Nueva Granada y le mostraban que su figura era rechazada. Un poema panfletario lo pintaba con desprecio y ponía en duda su virilidad:

Con aspecto feroz y amulatado,
de pelo negro y muy castaño el bozo,
inquieto siempre y muy afeminado,
delgado el cuerpo y de aire fastidioso;
torpe de lengua, el tono muy grosero,
y de mirar turbado y altanero.

Mientras otro se burlaba de su última derrota:

Este monstruo voraz, lascivo, inmundo
traidor, inicuo, cruel y sanguinario,
queriendo dominar a todo el mundo,
a Cartagena loco y temerario
se dirigió para ponerle asedio
y allí quedó perdido sin remedio.

Se sentía humillado y ofendido y muchas veces, al visitar a Luisa y acometerla con vigor, encontraba la dulzura de la satisfacción y la seguridad de su hombría en el cuerpo comprensivo de la bella mujer que lo acunaba y lo acompañaba en sus momentos de debilidad.

Los meses pasaban, los fondos de que disponía para vivir menguaban y se vio obligado a vender los objetos de plata que había traído consigo. Cuando el producido de estas ventas se acabó debió pedirle dinero prestado a Hyslop para poder pagar su alojamiento a la dueña de la pensión. Para combatir la inacción redactaba artículos para el diario local, la *Royal Gazette*, y mantenía correspondencia sobre la situación política del continente, lo que le ayudaba a aclarar sus propias ideas.

En una larga carta a un amigo norteamericano le aseguraba que la libertad de la América hispana era irrevocable y que el lazo que la unía a España estaba cortado. Escribía febrilmente para explicarle que España no había dejado a los criollos ningún poder ni siquiera local, es decir, los había privado de "la tiranía activa", por lo cual no tenían ninguna experiencia de gobierno; y la ocupación de España por Napoleón Bonaparte había dejado a las Indias en la orfandad, las había precipitado a la revolución y a la anarquía. Los acontecimientos —añadía— nos han demostrado que las instituciones representativas no son adecuadas a nuestro carácter, costumbres y luces actuales. En Caracas las asambleas populares tomaron el espíritu de partido y ello nos tornó a la esclavitud, en claro ejemplo de la ineficacia de la democracia y el federalismo para nosotros. Hasta tanto no adquiramos las virtudes políticas que distinguen a los norteamericanos, los sistemas enteramente populares serán nuestra ruina. No es posible por ahora hacer una sola y gran república ni una monarquía universal. Es una idea grandiosa formar una sola nación pero climas diversos, intereses opuestos, caracteres desemejantes nos separan. América debe ser dividida en quince o diecisiete Estados independientes regidos por gobiernos paternales que curen las heridas de la guerra y el despotismo.

En relación con las perspectivas futuras aventuraba que, por sus divisiones intestinas y guerras externas, Buenos Aires tendría un gobierno con primacía militar, mientras que Chile estaba en condiciones de ser libre y constituir una república. El Perú estaba luchando contra los independentistas de Chile, Buenos Aires y Quito porque la existencia de oro y esclavos provoca resistencias contra el régimen liberal. Venezuela y Nueva Granada se unirán posiblemente bajo el nombre de Colombia (en honor al descubridor Cristóbal Colón) con una capital que deberá denominarse Las Casas (en homenaje al filantrópico obispo de Chiapas) y su gobierno deberá ser como el inglés, con la diferencia de que en vez de un rey tendrá un Poder Ejecutivo electivo y vitalicio y un Senado hereditario. En México los patriotas han aprovechado el fanatismo religioso de los indígenas para proclamar como reina a la Virgen de Guadalupe, lo que ha producido un fervor vehemente por la sagrada causa de la libertad. Merced a los auspicios de una nación liberal que nos preste su protección y nos ayude a unirnos —concluía— recibiremos las ciencias y las artes que han nacido en Oriente e ilustrado a Europa y cultivaremos los talentos que conducen a la gloria.

Morillo había puesto sitio a Cartagena y la situación de hambre y privaciones dentro de la ciudad amurallada era desesperante. Al cabo de unos meses los propios cartageneros culparon de su miseria a Castillo y lo depusieron.

El caraqueño se alegró al recibir la noticia. "Es un canalla que ahora tiene su merecido", pensó.

Poco después supo con satisfacción que entre las personalidades que gravitaban en Cartagena estaba Luis Brion, un marino y comerciante de Curaçao que había armado una pequeña flota y, en su momento, la había puesto al servicio de los patriotas venezolanos. Brion, descendiente de una familia judeo-holandesa con algo de sangre mulata, era admirador y amigo de Simón y no tardó en influir sobre el nuevo gobernador, el general Francisco Bermúdez, a favor del caraqueño:

—Bolívar es el único caudillo capaz de salvar esta plaza.

—Pero es un ambicioso y aprendiz de déspota, que pretende dominar a todos los jefes republicanos...

—Es reconocido por los demás y las desdichas que ha sufrido le han corregido su carácter altanero y despótico...

A regañadientes Bermúdez aceptó que Brion y el nuevo comandante de la plaza, el francés Doucudray Holstein, enviaran cada uno un buque a Jamaica para convocar al caraqueño.

A las pocas semanas las embarcaciones llegaron al puerto de Kingston. Sus capitanes pidieron hablar con Simón y éste los recibió de inmediato, vestido con su mejor traje militar.

—Nuestros comandantes nos han encargado que vengamos a buscarlo para llevarlo a Cartagena.

Pusieron a su disposición las dos corbetas, le pidieron que las reforzara con armas y tropas y se dirigiera a la ciudad sitiada, para colaborar en su resistencia contra Morillo.

Bolívar se sintió muy honrado con el llamado y resolvió dejar de lado la circunstancia, que conocía muy bien, de que el nuevo gobernador, Francisco Bermúdez, no lo apreciaba demasiado.

—Caballeros, armaré un contingente y partiré con ustedes...

Le hizo un nuevo pedido de dinero a Hyslop con la promesa de pagar toda su deuda desde Cartagena y comenzó los preparativos para la nueva expedición, que lo llenaba otra vez de entusiasmo.

Por las noches visitaba a Luisa y, una jornada, permaneció en casa de ella más de lo acostumbrado. Hicieron el amor y se quedaron charlando, sentados sobre la cama. Luisa comenzó a colocarse unas cremas en el rostro y las piernas. Le pidió a Simón que la ayudara y éste le frotó también los pechos con el ungüento, de agradable olor a almendras, mientras ella le contaba sus impresiones sobre algunos personajes importantes del Caribe que había tratado en su azarosa vida.

Regresó de madrugada a su posada y se encontró con un gran revuelo. Un amigo, Félix Apestoy, había venido a verlo al anochecer y se había quedado a esperarlo. Cansado con la demora, a medianoche se acostó en la hamaca de Simón y se durmió. Poco después entró un criado de Simón, el negro Pío, quien venía con intenciones de asesinar a su patrón. Creyendo que era él la persona que dormía en la hamaca, acuchilló a Apestoy y huyó.

Bolívar quedó demudado. No podía entender que una persona en quien había depositado su confianza hubiera tratado de asesinarlo. Prefirió pensar que las autoridades españolas habían encargado el crimen al negro Pío y así se conjeturó en los corrillos de los exiliados.

Poco después el prófugo fue apresado por la autoridad judicial de la isla y su proceso comenzó. A través de Hyslop, Simón logró una entrevista con el acusado y comprobó que el intento de crimen no había sido inspirado por los realistas hispánicos, pero prefirió dejar que quedase flotando en la opinión pública el beneficio de la duda. Pío fue ejecutado en la horca.

Simón completó la integración del contingente con los venezolanos y neogranadinos que estaban dispersos más algunos mercenarios de otras nacionalidades, se despidió de Luisa y partió con entusiasmo en una mañana soleada. A medida que se alejaba de la costa le pareció entrever sobre la playa, al pie de una verde elevación tropical encendida por los resplandores de los flamboyanes, las blancas paredes de la casa de su amiga. La compañía de la dominicana había sido un armonioso consuelo, pero los días de Jamaica habían sido de tristeza y soledad. A la tarde siguiente se encontraron con el buque corsario *Republicano,* cuyo capitán les informó que Cartagena había caído en manos de Morillo y que Brion, Doucudray Holstein, el gobernador Bermúdez y otros dirigentes patriotas habían marchado a Haití. No lamentó la situación, sino que por el contrario sintió alivio, ya que intuía que era muy difícil salvar a Cartagena. "En Haití podremos organizar una buena expedición, lograré tomar su comando y esta vez triunfaré", se entusiasmó. Meditabundo pero optimista, ordenó al capitán enfilar hacia allí, con la esperanza de que encontraría mayores apoyos que los que había contado en Jamaica.

Al anochecer del 31 de diciembre entraron a un golfo cerrado por montañas, al pie de las cuales descansaba Puerto Príncipe. Desembarcaron para celebrar la llegada del año nuevo y, al oírse las últimas campanadas, comieron las doce uvas y brindaron con ron en una alegre taberna que tenía una jaula de tucanes, soñolientos y sorprendidos, al lado del mostrador.

Al día siguiente Simón fue recibido por el presidente Alexander Petion, un mestizo (hijo de un francés y una mujer negra) que había llegado al poder como consecuencia de una rebelión de esclavos y que acababa de abolir la esclavitud en su país. Petion lo trató con gran cordialidad, le manifestó que lo apoyaría con armas y embarcaciones y se interesó en la situación de los negros del continente. Antes de que Petion le expresara algún pedido o condición, Bolívar se anticipó:

—Una de mis primeras medidas, señor presidente, será decretar la libertad de los esclavos de Venezuela.

Contento con el respaldo prometido, el caraqueño regresó a bordo y ordenó la partida hacia Los Cayos, un abrigado puerto al sur de la isla, donde se organizaría la campaña. Esa noche, echado sobre su hamaca, recordó que el primer Bolívar llegado a América, cuyo mismo nombre llevaba, había obtenido que Felipe II le otorgara una concesión para importar esclavos. Recordó que en su infancia, durante la Semana Santa, solía circular una copla:

Negros no hubo en la Pasión
indios no se conocían,
mulatos no los había,
de blancos fue la función.

"Qué ironía", pensó. "Un descendiente de esos negros es quien me ayuda ahora en Haití para lograr la libertad de mi país".

En Los Cayos se encontró con Luis Brion y Doucudray Holstein, a quienes agradeció que lo hubieran convocado a Cartagena y con los que empezó a trabajar de inmediato para armar la expedición hacia el continente. Con el apoyo oficial y el prestigio de Brion consiguieron tropas, armamento y víveres y Simón designó como jefe de Estado Mayor a Doucudray y como subjefe a Carlos Soublette. Tanto Doucudray como Brion eran extranjeros y Simón no los percibía como rivales, pero en la ciudad portuaria se encontraban exiliados importantes jefes militares venezolanos y neogranadinos (Mariño, Piar, Bermúdez y Zea, entre ellos) y el caraqueño pensó que era necesario establecer claramente que él sería el comandante de la expedición.

Elaboró una estrategia con sus amigos Brion y Doucudray Holstein y citaron a una reunión mediante unas tarjetas firmadas por el propio Simón. Los invitados, al llegar, se encontraron con que la reunión iba a ser presidida por Bolívar, quien se sentó sobre un estrado y en una silla más alta que las demás, casi como si fuera un trono. A su costado se ubicaba un secretario y los demás debieron sentarse al frente, en un nivel más bajo y en sillas ordinarias.

Simón abrió la sesión informando sobre los medios con que ya se contaba y señaló la necesidad de tener una jefatura unificada, concentrada en una sola autoridad militar, y solicitó a la asamblea que se la designara antes de la partida.

Brion pidió la palabra. De tez morena, cabello ensortijado y bigotes poblados, ostentaba su fortuna y su carácter vistiendo pantalones escarlata, guerrera de húsar inglés, botas de dragón con pesadas espuelas de oro y prominente sombrero con pluma prusiana. Habló sobre las virtudes que tenía el caraqueño y propuso que se lo designara jefe.

Luego de unos instantes de silencio, el mismo Brion se dirigió a Mariño:

—¿Consiente usted en que el general Bolívar, como capitán

general de Venezuela y de Nueva Granada, sea nuestro único jefe?

Mariño asintió y Brion fue haciendo la misma pregunta a todos los presentes. Cuando llegó el turno de Piar y éste expresó su conformidad, Simón osciló entre la satisfacción y el disgusto, pues conservaba un gran rencor hacia él y no le complacía tenerlo cerca, aunque fuera bajo su mando. Aprobada por todos la designación, el secretario leyó un documento redactado de antemano que otorgaba plenos poderes al jefe y Simón pidió que nadie se marchara antes de firmarlo. El corsario francés Aury se negó a suscribir el artículo tercero sobre poderes dictatoriales y propuso la formación de un triunvirato.

—No me considero con méritos para ser dictador —respondió contradictoriamente el caraqueño—, pero no estoy dispuesto a admitir que la división del mando afecte el éxito militar.

Alto, enérgico, Brion se puso de pie y fue categórico:

—Sólo aportaré mis barcos y mi crédito si el único comandante es el general Bolívar.

El documento fue firmado por todos, salvo Aury, pero Simón tuvo conciencia de que muchos de los participantes habían aceptado su jefatura de mal grado, sobre todo Bermúdez y Piar. Le molestaba saber que muchos de los dirigentes republicanos, impulsados por los celos, lo calificaban de incompetente y hasta de cobarde.

Mariano Montilla llegó en esos días a Los Cayos con el propósito de sumarse a la expedición y le pidió una entrevista a Bolívar. Simón seguía disgustado con él por su apoyo a Castillo en Cartagena, pero le hizo decir que lo recibiría a las siete de la tarde. El antiguo despecho, sin embargo, se reavivó y fue creciendo toda la tarde, hasta el punto de que quince minutos antes de la hora resolvió salir de su casa para eludir la entrevista y desairar a su ex amigo de la infancia. Además, le sugirió a uno de sus edecanes que hiciera pegar unos pasquines en las calles recordando la traición de Montilla en Cartagena.

Al día siguiente Mariano le envió sus padrinos a Bolívar y éste designó a Doucudray Holstein para que lo representara. El francés arregló el entredicho otorgando a Montilla una carta firmada por Simón expresando que lo consideraba una persona honorable y el duelo no se realizó. Mariano abandonó la ciudad y Bolívar se alegró. "A los que no me apoyaron en Cartagena —pensó— ahora los prefiero lejos".

Empezó a pensar en Pepa Machado y recordaba con nostalgia la belleza de su desolado rostro desafiante. Le escribió a Saint Thomas contándole de la inminencia de la expedición a Venezuela y pidiéndole que viniera a acompañarlo. Recibió una respuesta afirmativa y se entusiasmó con la perspectiva, pero Pepa demoraba su arribo y Brion lo apuraba a zarpar: los embreadores, calafates, carpinteros, pintores y despenseros estaban ya finalizando sus tareas de aprestamiento de las naves.

—No podemos retrasar la partida esperando a su amiga, don Simón.

Ante la presión de Brion dio la orden de salida y dispuso las últimas medidas. El francés Aury había pedido al gobierno que se le entregara la goleta *La Constitución* para atacar a los realistas en el golfo de México, pero Bolívar intercedió ante el presidente Petion para que impidiera esa iniciativa y se le devolviera a él el navío. La exclusión del francés significaba la pérdida de ocho barcos, cuatrocientos marineros y cincuenta oficiales europeos, pero Simón no lo lamentó. "Prefiero esta pérdida antes que ver limitada mi autoridad", pensó.

En cuanto a Francisco Bermúdez, Bolívar sabía que había estado intrigando para excluirlo del mando y asumir él la jefatura, de modo que su participación en la expedición le resultaba indigerible. Lo había aceptado a regañadientes pero, el día de la partida, instruyó al capitán del barco respectivo en el sentido de que no admitiera su embarque y lo dejara en tierra.

La primavera ya había comenzado cuando el venezolano se despidió del gobernador de la ciudad y le prometió que, al tomar Caracas, le enviaría a él y a Petion unos caballos de raza como obsequio. Las seis goletas y el bergantín, con nutrido armamento y hasta una imprenta portátil, partieron luego en dirección hacia la tierra firme. En la cubierta de la nave insignia, con sus arboladuras levemente inclinadas y su bandera flameante, Simón estaba optimista y orgulloso, pero lamentaba la ausencia de Pepa y vivía su demora con un cierto sabor a abandono.

Al aproximarse a la isla La Beata, una embarcación ligera le trajo una noticia que lo conmovió: Pepa, su madre y su hermana habían llegado a Los Cayos poco después de la partida de la expedición. Brion se negaba a esperarlas, pero el caraqueño se empecinó: hacía dos años había tenido que huir de Caracas con Pepa y quería volver a su ciudad con ella. Finalmente convenció al curazoleño y enviaron a *La Constitución* a buscarlas. Al cabo de tres días, durante los cuales algunos oficiales extranjeros expresaron su disgusto, retornó el buque con su femenina y discutida carga. Brion no quería tener mujeres en el buque comodoro, de modo que el caraqueño se bañó con agua de Colonia, se puso sus mejores galas y partió hacia *La Constitución*. El reencuentro con Pepa fue muy dulce: se deslumbró con su belleza agresiva y la profundidad de sus ojos oscuros y la sumergió en el camarote, donde buceó alegremente bajo sus enaguas con olor a agua de azahares, la poseyó con pasión desbordante y experimentó la voluptuosidad del amor ante la inminencia de la guerra. En la placentera batalla de los cuerpos desnudos sintió que la fuerza de su amada le devolvía el vigor y el coraje que precisaba para la campaña.

A la mañana siguiente volvió ojeroso al barco insignia y Brion, con su esplendoroso uniforme, lo recibió con sonrisa indulgente.

Tras dos semanas de navegación, al acercarse a la isla Margarita divisaron dos naves realistas que bloqueaban la parte de la ínsula que había sido recuperada por el jefe republicano Juan Bautista Arismendi. Resolvieron atacarlas y se dividieron las presas: el comodoro y tres goletas acometieron a una, mientras las tres restantes avanzaban sobre el otro barco español.

Doucudray Holstein asumió el comando de la operación: le pidió a Bolívar que se ubicara en un bote encima de la cabina e inició el cañoneo. El estampido de los disparos, el ruido de los proyectiles sobre el agua y el crujido de las maderas alteró la majestuosa y celeste calma del mar Caribe. La superioridad numérica y de potencia era incontrastable y el marino francés se aproximó a la víctima y ordenó el abordaje. Desde su puesto de observación Simón seguía el combate cuerpo a cuerpo y disfrutaba del predominio patriota. El capitán realista fue herido y conducido a una cámara, donde un médico lo atendió, pero los atacantes entraron y remataron al comandante y al propio cirujano. Al sentirse perdidos, unos treinta marineros se tiraron al agua desde la cubierta, para tratar de llegar a nado hasta tierra. Al verlos pasar braceando en el agua debajo de su bote, Bolívar sacó su pistola, disparó contra uno de ellos y vio con satisfacción que había dado en el blanco. El segundo disparo no salió y, en el tercero, le pareció que había vuelto a acertar.

Al volver la calma Simón felicitó a Doucudray y comprobó que

Brion había sido herido. Lo hizo atender y, con ánimo de halagarlo, lo ascendió allí mismo a almirante e improvisó una ampulosa ceremonia. Con restos de sangre sobre su vistoso uniforme con galones de oro, el curazoleño se esforzó para mantenerse erguido y sonrió con orgullo.

Bolívar ordenó seguir la marcha hasta el puerto de Juan Griego, en la parte norte de la isla. No estaba seguro de ser bien recibido por Arismendi, ya que en su anterior divergencia con Ribas y Piar (a raíz de la huida con los tesoros de las iglesias de Caracas), el margariteño los había apoyado a ellos, y él, en represalia, en el documento que redactó en Cartagena lo había calificado de ambicioso e intrigante. Doucudray notó su preocupación y el caraqueño se explayó:

—Arismendi es un bruto de mala estirpe, sin educación ni modales. Pero espero que supere el encono que me tiene y se una a nosotros.

Llegaron de mañana a Juan Griego y los rayos del sol encendían la vegetación de las orillas, llevaban sus colores hacia las playas y penetraban en las aguas iridiscentes. Simón le pidió a Brion que desembarcara primero, para que se hiciera atender sus heridas y hablara con Arismendi, a fin de sondear su ánimo. Al cabo de unas horas el edecán de Brion regresó a bordo para informar a Bolívar que Arismendi se reconciliaba con él y le expresaba su amistad y respeto. El caraqueño sonrió aliviado.

Poco después el propio Arismendi se presentó a bordo. Simón lo recibió con su habitual buen trato, lo presentó a su Estado Mayor y, tomándolo del brazo, lo invitó a bajar a su camarote, donde lo llenó de amabilidades. Puso en sus manos a los prisioneros de los buques españoles y el margariteño los invitó a su cuartel general de Villa del Norte.

Desembarcaron y, mientras esperaban los caballos, se escucharon unos disparos. Doucudray miró interrogativamente a Simón:

—No es nada, amigo —respondió el caraqueño—. Arismendi está haciendo ejecutar a algunos prisioneros.

Atados entre ellos, los peninsulares habían sido obligados a arrodillarse frente a una fosa y eran fusilados por la espalda.

Simón subió a su cabalgadura y partió con Mariño, Piar, los otros jefes y las mujeres hacia Villa del Norte, donde fueron recibidos en la plaza con una formación militar y bandas de música. Por la noche se los agasajó con una cena de ostras ahumadas y cochinillos rellenos que remató con un baile. Simón danzó con Pepa y otras damas hasta la madrugada y, en los ratos de descanso, se retiraba para dictar algunas cartas y regresaba despejado al salón.

Aunque faltaba reconquistar una parte de Margarita, prefirió seguir con la expedición hasta tierra firme, pues estaba ansioso por tomar Caracas. Ordenó dar la vela hacia el sudeste para desembarcar en el pequeño puerto de Carúpano, rodeado por serranías plenas de vegetación que teñían de verde las bahías. Los cañones de la flota desbarataron la resistencia de las baterías realistas sobre la playa y, una vez en tierra, ocuparon las alturas contiguas y se alojaron en el pueblo.

Carúpano estaba casi vacío. Piar y Mariño se ofrecieron para ir hacia el este, con el objetivo de enrolar tropas. Los dejó marchar de buen grado, pues no le resultaba cómodo tenerlos cerca. Dictó una proclama declarando la libertad de los esclavos, pero obligándolos a alistarse en el ejército patriota dentro de las 24 horas. Al cabo de varias semanas ni los hombres libres ni los flamantes libertos regresaban al pueblo ni se sumaban a sus tropas, por lo cual emitió un ultimátum: si los criollos no retornaban a sus casas en 24 horas, quemaría el pueblo y destruiría todo "cuanto pertenezca a sus habitantes, sin que jamás pueda ser reedificado". Volvieron algunos hombres blancos, pero muy pocos negros, quienes preferían seguir a los españoles o embarcarse en barcos ingleses para continuar como esclavos en las colonias vecinas. "Han perdido el deseo de ser libres", le escribió al gobernador de Los Cayos.

Molesto porque Mariño y Piar no le mandaban refuerzos desde oriente (solamente había recibido unos pocos negros), Bolívar se puso nervioso y comenzó a dudar sobre la lealtad de Doucudray Holstein. El francés había organizado un cuerpo integrado por todos los oficiales extranjeros dispersos en la tripulación, y Simón sospechaba de este propósito.

—Me parece —le confió a Pepa— que quiere deponerme y nombrar a Brion como jefe de la expedición.

—No me gusta el franchute este —su amiga le alentaba la desconfianza.

Doucudray, al advertir que había caído en desgracia, presentó su renuncia y se marchó.

Por su parte, Brion, que había aportado 3.700 fusiles a cambio de una fanega de cacao por arma, quería partir a alguna zona donde pudiese cobrar su crédito, pues en Carúpano no existía este producto.

Preocupado por la posibilidad de un ataque español combinado por mar y tierra, Bolívar resolvió partir hacia el oeste, para acercarse a Caracas. Al pasar frente a la isla Margarita, tendido sobre su hamaca en la cubierta, dictó una carta a Arismendi:

Marcho al corazón de Venezuela a terminar la guerra. El suceso justificará la empresa. Si soy desgraciado en ella no perderé más que la vida, porque siempre es grande emprender lo heroico. Voy a desembarcar en Ocumare a la cabeza de mil hombres y, antes de ocho días, tomaré la capital y marcharé al Oriente, a auxiliar a los hermanos de causa.

Al terminar esta frase pensó que a Mariño y Piar, sus "hermanos de causa en el Oriente", quienes estaban actuando allí con autonomía, no sólo los auxiliaría sino que también les haría comprender quién era el verdadero jefe de la expedición libertadora sobre el continente. Se acordó del Horacio de Corneille, que había ejecutado a su hermana Sabine por ser amante de uno de los hermanos Curiáceos, sus enemigos de Alba.

Al pasar frente a La Guaira intuyó las enormes barrancas amenazando al edificio de la Compañía Guipuzcoana, se emocionó con la proximidad de Caracas y ansió poder llegar pronto a esa capital tan deseada. Una madrugada divisaron Puerto Cabello, lugar de su antigua derrota que le traía los peores recuerdos, y retrocedieron hasta Ocumare, donde desembarcaron al mediodía.

Desde el puerto se dirigieron a la contigua ciudad y el comandante comprobó con satisfacción que los españoles la habían abandonado. "Me parece que Caracas ya es nuestra", se ilusionó. Ocupó una casa importante sobre la plaza e hizo venir a Pepa y sus acompañantes. Participando de su optimismo, Brion le anticipó que iba a desembarcar el armamento en la playa, dado que quería cargar los barcos con cacao y otros frutos para ir a venderlos a Curaçao. Simón aceptó la proposición.

Envió a Carlos Soublette con una avanzada en dirección hacia Caracas y éste le hizo avisar que había llegado a Maracay, pero que importantes fuerzas realistas se preparaban para atacarlo. Percibió que su intención era retroceder y le mandó un mensajero con la orden de que enfrentara al enemigo: "La audacia debe salvarnos. Lo que parezca a usted temerario es lo mejor, pues la temeridad en el día es prudencia".

Aprestó un contingente y marchó a reforzar a Soublette, pero cuando llegó al sitio del combate la suerte estaba favoreciendo a los españoles y su participación no logró alterar el resultado. Contrariado, regresó con Soublette y sus huestes derrotadas hacia Ocumare, donde reunió en su casa a los jefes de su Estado Mayor.

La situación era difícil. No encontraban apoyo en las poblaciones locales y los realistas, agrandados con la victoria y controlando toda la costa, se les venían encima. La retirada de toda la expedición por mar no era posible, pues Brion se había llevado casi todos los barcos cargados con cacao hacia Curaçao para recuperar su inversión. Simón se dio cuenta de que había cometido una imprudencia al ser tan optimista y autorizar prematuramente la operación comercial del almirante.

Soublette y otro de los jefes, el coronel escocés Gregor Mac Gregor, le dijeron que ellos, como oficiales, no podían marcharse y dejar a sus tropas abandonadas a su suerte.

—Embárquese usted, general —le sugirieron—. Nosotros lucharemos acá y trataremos de pasar las líneas enemigas para llegar a los llanos.

La tarde había avanzado y el sol descendía sobre el horizonte, pero el calor no disminuía. Bolívar se pasó la mano por la frente para secarse la transpiración.

—Iré hasta la playa para verificar el embarque del parque y efectivos. Estaré de regreso a la medianoche...

Pasó por la habitación de Pepa y le confió sus dificultades:

—Me siento un imbécil por haber autorizado el viaje de Brion...

Ordenó que se preparara su equipaje y el de ella, para ser embarcado. Como su propósito era quedarse con sus oficiales y la tropa, dejó en una maleta de mano sus ropas y enseres imprescindibles. Los rayos púrpuras combatían ya con las primeras sombras cuando partieron hacia la playa. El armamento estaba diseminado sobre la arena y el chirrido de las cureñas y el ruido de las poleas tiradas por los artilleros aumentaban la confusión. Un oficial francés trataba de poner orden en el presuroso embarque hacia los tres únicos navíos que quedaban y algunas mujeres pugnaban con los soldados por lograr lugares en los botes. Era ya noche cerrada cuando llegó el edecán de Soublette desde la ciudad y le informó que los realistas habían ocupado las montañas adyacentes y se aprestaban a tomar la plaza. Aunque el calor no disminuía, Simón sintió un frío repentino sobre su rostro, que se fue difundiendo por todo el cuerpo. Se desesperó al darse cuenta de que se encontraba atrapado, que los enemigos estaban al llegar, lo detendrían y posiblemente lo fusilarían. Pensó fugazmente en pegarse un pistoletazo, pero entrevió la mirada de Pepa y cambió de idea.

—Vamos —le ordenó, y la dirigió hacia el último bote, al que subieron presurosamente.

Llegaron callados hasta el barco y ordenó dar la vela. Sobre la oscura playa quedaban decenas de cañones, fusiles y una muda imprenta.

Al día siguiente, cuando el jefe de las tropas realistas llegó a la desierta playa de Ocumare, reinaba allí un ambiente de silencio y desolación. Derrames de brea, algas marchitas, sogas desflecadas, racimos de pisoteados mejillones que exhalaban desagradable olor y algún cangrejo vuelto para arriba moviendo las patas lentamente testimoniaban la huida de los insurrectos. Un solitario alcatraz se abalanzó sorpresivamente desde el aire, planeó sobre la arena, alzó un resto de alimento con el pico y, sacudiendo satisfecho su plumaje, siguió su vuelo con ondulante orgullo. El oficial contempló calladamente los pertrechos abandonados y, poco después, sentado en su tienda de campaña, le escribió al general Morillo:

Esta banda de hombres delincuentes, que llegaron hasta la playa de Ocumare creyéndose poseedores absolutos de Venezuela, y orgullosos y desordenados penetraron hasta el mismo Maracay sin acordarse de que las armas del rey castigarían sus delitos, han desaparecido como el humo.

10. LAS ANCHURAS DE ANGOSTURA
(1816-1817)

> *Ils ont assez longtemps joui de nos divorces,*
> *contre eux dorénavant joignons toutes nos forces.*
>
> Corneille, *Horacio*

A bordo del *Indio Libre* Simón se sentía bastante mal. Una vez más se alejaba derrotado de Venezuela y, para colmo, esta vez había dejado abandonada allí a una parte de su ejército. Contaba solamente con la goleta en que viajaba y dos balandras mercantes, que surcaban morosamente el mar enturbiado por algunos sargazos. Su malhumor era permanente y reñía a menudo con Pepa. Todo le molestaba.

Ordenó al capitán dirigirse a la isla de Bonaire, cerca de Curaçao, y allí se encontró con Brion, a quien le recriminó el haberse marchado con el grueso de los barcos dejándolo aislado. El almirante rechazó el cargo, le recordó que había partido con su conformidad, y lo contraatacó manifestándole que era inadmisible que el jefe supremo hubiese huido de Ocumare utilizando los buques, mientras dejaba a sus subordinados a merced del enemigo.

Entre reproches recíprocos y lamentos variados recibieron noticias de que Soublette y Mac Gregor habían podido escapar de Ocumare con sus tropas y habían llegado hasta el pequeño puerto de Choroní. Decidieron navegar hasta allí, pero encontraron que toda la costa estaba dominada por los españoles y supieron que los patriotas habían marchado hacia el interior.

De vuelta en Bonaire, Simón no sabía qué hacer. Deprimido, sin dinero ni pertrechos, no podía quedarse mucho tiempo en ese puerto y Curaçao estaba cerrado para los patriotas. La presencia de

Brion le molestaba y lo autorizó a partir hacia México y Nueva Orleans, con el objetivo de buscar apoyos para la causa.

Lo lógico era marchar hacia el este para unirse a Mariño y Piar, pero no quería presentarse derrotado ante estos subordinados con ínfulas de rivales. Además, no tenía dinero suficiente ni pertrechos. Se le ocurrió navegar hacia el norte y, durante unos días de indecisión durante los cuales boyaron sin rumbo fijo, las verdes algas que rodeaban al barco crecían en volumen y colorido y le parecían pantanos vegetales en los que se encontraba chapoteando. En sus primeros viajes por el Caribe los sargazos le habían significado belleza y vitalidad, pero ahora los veía como los brazos de unas húmedas enredaderas que lo ataban, lo demoraban y lo llenaban de angustia. Al llegar cerca de Puerto Rico ordenó al capitán que se dirigiera hacia la pequeña isla de Vieques, que seguía en poder de los españoles, con objeto de saquearla y hacerse de víveres.

La maniobra de aproximación fue muy desafortunada y el navío encalló. Bolívar regañó al capitán y, al tratar mal a Pepa debido a su malhumor, volvió a reñir con ella. Un velero español pasó por allí y fue apresado por los dos buques republicanos que conservaban su movilidad. Su comandante fue llevado hasta Simón y éste lo dejó libre, pero le hizo un pedido:

—Llevará usted a la señora Pepa, su madre y hermana hasta Saint Thomas...

Se sintió aliviado al despedirse de la muchacha: creía amarla, pero en esos momentos de desaliento su compañía le resultaba una carga. Se sentía mejor entre hombres, ya que entre ellos no se sufrían los ardides femeninos ni había que estar en guardia contra la duplicidad, las traiciones de las mujeres o las pérdidas dolorosas.

Reabastecido de vituallas y aligerado de damas, ordenó partir hacia el este de Venezuela. Al cabo de varios días desembarcaron en Güiria, donde se encontraba Mariño y acababa de llegar Bermúdez.

Se alojó en una posada cerca del puerto que estaba inundada por olor a pescado, aceites y podredumbres marinas, y advirtió de inmediato que contaba con la indiferencia de Mariño y la clara hostilidad de Bermúdez. En una primera entrevista ambos le censuraron "la derrota y la huida" de Ocumare y calificaron de "cobardía" el abandono de sus tropas. Bermúdez, en lo personal, le enrostró la "bajeza" de haberle impedido embarcar en Los Cayos.

Simón rechazó los cargos, defendió su comportamiento y, a su vez, los calificó de insurgentes. Pero en las reuniones siguientes prefirió eludir la confrontación y sugirió unir todas las fuerzas y llamar a Piar para acordar una reapertura de las operaciones. Sin embargo, se daba cuenta de que sus dos camaradas no reconocían su jefatura ni consideraban su propuesta, por lo cual les anunció que dejaría la ciudad.

A la mañana siguiente sintió un tumulto cerca de su albergue. Un conjunto de civiles y militares se había reunido allí y lo acusaban de dictador, de haber provocado el fracaso de la república y de pretender ahora abandonar con sus tropas la ciudad, dejándola a merced de las represalias de los españoles.

Trató de hablarles a los amotinados, pero éstos lo amenazaron y algunos prorrumpieron en gritos:

—¡Muera Bolívar! ¡Vivan Mariño y Bermúdez!

Esto último lo indignó y lo hizo sentir humillado. Se dio cuenta de que no tenía otra alternativa que precipitar su viaje y sacó su espada para amedrentar a los revoltosos, mientras retrocedía de espaldas hacia el muelle. Bermúdez emergió del grupo, desenvainó la suya e intentó atacarlo, pero fue detenido por algunos circunstantes.

Avergonzado, dolido, se refugió en un bote con el que llegó hasta el *Indio Libre*, ordenó dar la vela y se hundió en su camarote. Mientras oía las voces de los tripulantes, el crujir de las tablas, y percibía las primeras oscilaciones de la navegación, sentía que la ignominia le inundaba el cuerpo y el mundo se desmoronaba bajo sus pies. ¿Adónde ir con su rabia? Regresó a la cubierta, miró hacia la costa que dejaban y le indicó al capitán que enfilara hacia Haití.

Los días de navegación corrían muy lentos y por las tardes el sol parecía detenido sobre el firmamento. Las algas empezaron a aparecer con su perfil de rémora y retraso y, en los prolongados momentos de meditación, pensaba que los inconvenientes le venían siempre de su propio bando. Eran sus camaradas quienes solían quitarle el aire a las velas de su ambición: dos años atrás Ribas y Piar lo habían humillado y obligado a exiliarse desde Carúpano; el año anterior Castillo lo había rechazado en Cartagena; ahora eran Bermúdez y Mariño quienes lo habían expulsado de Güiria. Se sentía desalentado, oprimido, y cuando bajaba a su cámara le parecía estar en una cárcel: las maderas del techo y las paredes lo cercaban, le achicaban su espacio y le robaban el vital oxígeno.

Solía buscar amplitud en la cubierta y allí, una tarde, un círculo de nubes lo inundó de gris. Un rayo surgió desde un cúmulo opaco y buscó, en brillante zigzag, su unión con el horizonte. El cielo volcó su carga plomiza, los vientos impusieron su ritmo oscilante y las primeras gotas gigantescas levantaron un intenso olor salino, mientras el piso de tablas devoraba sus líquidos dones. Las ráfagas acuosas dejaron de ser caricias sobre su rostro, agradables alfilerazos sobre la piel, para convertirse en amenazas a su estabilidad, en las causantes de soberbios vaivenes que jugaban con la embarcación. Se refugió en su camarote y los truenos le reventaban en el oído, opacando por un instante las sacudidas del velamen y los crujidos de la madera que denunciaban la debilidad de lo humano. Las maldiciones de muchos marineros se convirtieron en plegarias a Santa Bárbara y otras invocaciones y, durante horas, la sinfonía de las furias del mar Caribe esclavizó al *Indio Libre* y cautivó a sus tripulantes mediante el excitante hechizo de los sonidos y la infalible emoción del movimiento y el temor.

Recuperado por la angustia, renovado por la incertidumbre, expandido por las dudas sobre la existencia, Simón volvió a sentirse vivo y poderoso y comprobó, al cabo de la eternidad de tres días de tormenta, que el retumbe lánguido de las explosiones se iba marchando con las nubes mientras la extraña claridad de la mañana hacía surgir un mar inmaculado, irisado, calmo como las postrimerías del amor ya satisfecho. El barco surcaba ahora un oceáno dócil, tan transparente que se podía contemplar el deslizamiento de los pejerreyes y las ondulaciones de los espadones; tan silencioso que se oía la zambullida de alguna tonina voladora que culminaba su pirueta. Sobre la popa, una mansa estela se negaba a desaparecer.

Algunas raíces le hicieron intuir la presencia de tierra: el olor a pasto húmedo, a melazas y fogatas le confirmó que se aproximaban a Haití y le devolvió la posibilidad de una revancha. La bahía de Jacmel le mostró su abrigo y, al desembarcar, sintió un hálito de esperanza. Siguió por tierra hasta Puerto Príncipe, donde se alojó en una posada y, al día siguiente, almorzó en la taberna con la jaula de tucanes junto al mostrador. Le pareció que los pájaros estaban alegres; por ello, levantando su copa de sidra inglesa, los miró y, en imaginario brindis, les deseó: "Salud".

Pidió una entrevista con el presidente Petion para darle cuenta de la situación y solicitarle otra vez su apoyo. Le explicó el desarrollo de su expedición en la forma más decorosa posible y, al contener su indignación para tratar de minimizar la conducta de los jefes republicanos que lo habían resistido, se sintió balbuceante y poco convincente. Sin embargo, percibió que el mandatario lo había escuchado con la simpatía de siempre y, como colofón, lo consoló con palabras de aliento:

—¡Estas cosas suceden en la vida! La próxima vez triunfaréis...

Le reconfortó saber que seguía contando con un soporte tan importante y salió de la casa de gobierno decidido a organizar una nueva expedición. Días después una noticia llegada desde España lo conmovió: Francisco de Miranda había muerto en la prisión de La Carraca, cerca de Cádiz, luego de permanecer más de cuatro años engrillado en las bóvedas subterráneas de La Guaira y Puerto Cabello, y luego detenido aunque en mejores condiciones en el Castillo del Morro de Puerto Rico, hasta su traslado a la península. Había sentido en su momento una extraordinaria admiración por la figura de ese personaje libertario con ribetes paternales y, luego, un gran rechazo que derivó en encono, hasta el punto de haberlo apresado y entregado a los españoles en La Guaira. Pero la desilusión había ido transformándose en un sentimiento ambivalente: de comprensión hacia algunas de sus actitudes, y de arrepentimiento por haberlo detenido en un episodio que no se atrevía a reconocer como una traición. La evocación de esa época le hacía revivir la amargura de su rendición en Puerto Cabello y se alegró de que el viejo romántico hubiera desaparecido de la escena.

Petion fue consagrado presidente vitalicio mediante un plebiscito y Simón le hizo llegar sus felicitaciones: "Está usted llamado por el destino a hacer olvidar la memoria del gran George Washington, abriéndose una carrera tanto más ilustre por ser los obstáculos superiores a todos los medios".

Desde la isla Margarita llegó un enviado especial del general Arismendi, quien le informaba sobre algunos progresos en la situación y le pedía que regresara para encabezar la causa patriótica, pues el poder se encontraba diseminado entre todos los generales venezolanos. Se alegró sobremanera con la solicitud y, a las pocas semanas, llegó otro emisario de Arismendi, don Francisco Antonio Zea, un botánico originario de Nueva Granada con mucho prestigio en las filas republicanas. Zea le explicó que no sólo Arismendi le encarecía su retorno, sino que también Bermúdez, José Antonio Páez (un joven militar que estaba ganando prestigio en los llanos) y varios otros caudillos regionales estaban de acuerdo con someterse nuevamente a su autoridad, pues se esperaba un avance del ejército español a cargo del general Morillo desde Bogotá y la presente dispersión del mando exigía una jefatura unificada. Añadió que posiblemente Mariño y Piar podrían también subordinarse a él si se les garantizaba que Simón sólo se encargaría de las operaciones militares sin pretender el poder político de la república, para cuya definitiva constitución debería convocarse a un congreso.

 Le molestó sobremanera la actitud de Mariño y Piar de desconocer su condición de jefe supremo de la república, que le había sido otorgada hacía ya tres años por el Cabildo de Caracas constituido en asamblea popular, pero le expresó al emisario su conformidad con las condiciones y se dedicó a apresurar el armado de la nueva expedición. Estaba en eso cuando recibió carta del almirante Luis Brion, quien, de regreso de Estados Unidos, le anticipaba que venía a sumársele. Consiguió varias embarcaciones, adquirió armamentos, arroz, bacalao y galletas y partió optimista desde el puerto de Jacmel. Al cabo de una semana de navegación, llegó a Margarita, donde saludó a Arismendi con reconocimiento, lo felicitó vivamente por el hecho de controlar ya la totalidad de la isla y conversaron sobre la situación en el continente. Se confirmó en la idea de que debía ganarse el apoyo de Mariño y Piar, evitar los recelos de ambos, y de que sería conveniente que éstos permaneciesen separados. Le escribió una larga carta a Mariño, en la que le recordaba que, desde el comienzo de las luchas de la independencia, habían sido compañeros y "un modelo de amistad" y lo exhortaba a conservar "esta virtud hasta la muerte":

> *General, yo soy el mejor amigo de usted, pero desgraciadamente los de usted no lo son míos. De aquí nacen todas las alteraciones que hemos sufrido y que espero no volveremos a sufrir, tanto para salvarnos como para salvar a nuestra patria querida. No puedo persuadirme de que usted sea capaz de degradarse al infame rango de traidor, como el general Castillo. Acuérdese siempre de él. Sólo porque Castillo fue disidente, usted no debe serlo jamás. Acuérdese usted de Ribas, que fue tan desgraciado como fue inicua la conducta que tuvo con usted. Querido*

amigo: no crea que yo deseo mandarlo. Por el contrario, deseo someterme a un centro de autoridad que nos dirija a todos. Deseo que nuestro jefe común sea inflexible e imparcial, para no tener que sufrir por los partidos, que se aumentan siempre en razón de las desgracias y del tiempo.

Siguió viaje hacia el continente y, el último día del año, desembarcó en Barcelona. Se instaló en una residencia de la ciudad, colgó su hamaca en la galería y, mientras se balanceaba, dictó a su escribiente cartas para todos los jefes republicanos, haciéndoles saber la llegada de "Su Excelencia el General en Jefe" con ocho embarcaciones artilladas y provisto de armas y municiones para continuar la campaña contra los españoles. Su propósito no solamente era restablecer las comunicaciones con todos los frentes de operaciones, sino también tantear la actitud de los caudillos locales y reforzar la vigencia de una autoridad que algunos jefes retaceaban y temía que Mariño y Piar trataran de desconocer. Soñaba con reconquistar Caracas y sentirse reivindicado y fortalecido en su propia ciudad, por lo cual partió de inmediato hacia allí con el grueso de sus hombres. Al pasar por Clarines intentó tomar el pueblo, pero encontró una gran resistencia. En medio del combate los soldados patriotas sintieron voces y disparos a sus espaldas y, sintiéndose cercados, se aterrorizaron, se desordenaron y huyeron. Indignado por esta actitud, Simón emprendió, ofuscado, el regreso hacia Barcelona, lamentando la mala fortuna que lo perseguía. Llegó avergonzado a la ciudad, se alojó en el convento de San Francisco y envió un emisario a Mariño pidiéndole refuerzos para resistir un inminente ataque realista. Como este apoyo se demoraba, hizo desembarcar seis cañones de la flota que estaba en el puerto, fortificó el monasterio y dio refugio allí a la población. Las avanzadas realistas entraron a la ciudad y asediaron a las tropas patriotas, hasta que los combates recrudecieron, la batalla se hizo más encarnizada y Simón sintió que estaba a punto de capitular. En ese momento llegaron los refuerzos enviados desde Cumaná por Mariño, encabezados por el general Bermúdez, que se sumaron a la lucha y, tras varias horas de combate, los españoles se retiraron dejando atrás el humo de fusilería y las calles llenas de heridos y cadáveres. Simón salió a recibir a los recién llegados y, para darle a entender a Bermúdez que no le guardaba ningún rencor, exclamó en medio de la plaza:

—Vengo a abrazar al libertador del Libertador...

La lisonja agradó mucho a Bermúdez, que abrazó a su antiguo rival sin prevenciones. Al cabo de unos días llegó también Mariño. El caraqueño lo saludó con igual cordialidad y conversaron, sin recelos aparentes, sobre la situación militar: el general realista Pablo Morillo había regresado desde Nueva Granada a Venezuela y había ordenado el avance de un ejército, desde Caracas, para atacarlos; y desde Puerto Cabello había partido también una flota española para impedirles la retirada por mar. Bolívar dio por sentado que la actitud de Mariño implicaba un acatamiento tácito de su autoridad y se sintió conforme, pero empezó a pensar que no sólo tenía que lograr la subordinación de los caudillos patriotas, sino que también debía cambiar su estrategia para poder reconquistar Venezuela. "Antes de tomar Caracas", reflexionó, "deberé hacerme fuerte en el este, en la Guayana, y poseer como base el río Orinoco". La alternativa tenía sus riesgos, pues ésa era precisamente la zona de Piar y Simón podía meterse en la boca del lobo y quedar a su merced, pero contaba también con dos elementos importantes a su favor: el parque de artillería y la flota de Brion. Sin estos elementos, Piar no estaba en condiciones de resistir el avance de las treinta y seis embarcaciones que Morillo había enviado para defender las ciudades de Angostura y Guayana la Vieja. "Al unirme a Piar y reforzarle su área no sólo obtendré una sólida base de operaciones contra los gachupines de la que ahora carezco", pensó Simón, "sino que también podré dominar al taimado Manuel".

Ordenó que se embarcara de regreso a la isla Margarita todo lo que no pudiera transportarse por tierra con facilidad, le encargó a Mariño que desde Cumaná resguardase Barcelona y toda la costa oriental, le pidió a Bermúdez que marchara con el parque de artillería hacia El Chaparro, y se dispuso a partir por tierra hacia la Guayana para entrevistarse con Piar.

La mayoría de los oficiales de su Estado Mayor le expresó su desacuerdo con la división de las fuerzas y alguno de sus allegados, en la intimidad, le previno que no confiara demasiado en Mariño, Bermúdez y menos en Piar, a quien consideraban un mulato con ínfulas de nobleza, debido a los rumores que circulaban sobre su dudosa filiación y a su carácter altanero. Aunque una versión aseguraba que Manuel era hijo de Belén Jerez de Aristeguieta con un príncipe portugués, de la casa de los Braganza, Simón había oído durante su infancia, en su casa, el rumor de que su propio padre Juan Vicente Bolívar o el padre de José Félix Ribas podrían haber sido los seductores que habían embarazado a Belén, y que la versión "principesca" era meramente fantasiosa.

Dejó de lado estas prevenciones y partió a caballo, con un séquito de quince oficiales y edecanes. La vegetación empezó a espesarse y, al segundo día, al llegar a Curataquiche, le avisaron que una partida realista estaba actuando sobre la ruta y atacaba los pueblos de la zona. Pocas horas después el coronel que encabezaba la marcha echó pie a tierra y descargó su carabina sobre unos soldados que pretendían emboscarlos. Simón se acercó, aprestó también su arma y, con la intención de hacer creer que disponía de fuerzas de caballería, gritó:

—Adelante, cazadores, a derecha e izquierda...

Tras un breve tiroteo los realistas liberaron la senda. Bolívar y su corto séquito dejaron a un herido en el pueblo siguiente, para que fuera atendido por los vecinos, y supieron que estaban acercándose a Angostura, sitiada por Piar y sus tropas. Era ahora una naturaleza tupida, una húmeda maraña de troncos gruesos y follajes derramados, lianas enredadas, helechos arborescentes y fragantes musgos lo que les dificultaba el paso, circunstancia que parecía alegrar el canto de los guacamayos, cada vez más alborotados. La presencia de unos cañaverales de bambú les anticipó la existencia de un sonoro curso de agua y una bandada de garzas, haciendo mohínes con sus elegantes pescuezos, les mostró la inmensidad del Orinoco, paradójicamente en su lecho más angosto. El caraqueño cruzó esa misma noche el río en una pequeña curiara que, de regreso, fue apresada por dos canoas españolas que vigilaban el paso. A la mañana siguiente se encontró en su campamento con Manuel Piar.

Recio aunque no alto, de piel blanca, cabello rubio y ojos celestes, la contradicción entre su supuesta condición de mulato y su aspecto europeo le daba a Manuel un aura de leyenda, acentuada por el misterio de su origen. Simón sentía cierta envidia por el halo de fortaleza que emanaba del jefe patriota, y la posibilidad de que fueran parientes, e incluso hermanos, acentuaba su sentimiento de rivalidad.

Conversaron con fingida cordialidad y Piar le explicó que su estrategia consistía en realizar operaciones sobre la línea del

Orinoco, desde Angostura hasta Guayana la Vieja, en oriente, hasta lograr la toma de estas dos ciudades, a las que mantenía sitiadas. Simón le sugirió concentrar los dos ejércitos en un punto intermedio, a fin de resistir la llegada de los refuerzos realistas y luego, con el apoyo de la flota de Brion, apoderarse de las urbes. Manuel aceptó la propuesta y, ajustaron los últimos detalles para ejecutarla. Aunque había reconocido la autoridad suprema de Bolívar, éste sintió que Piar era un hombre arrogante y ambicioso, que no se subordinaba de buen grado ni menos definitivamente a su comando. "Es un taimado", pensó, recordando que hacía dos años él y Ribas lo habían acusado de traidor y lo habían desplazado del mando. ¿Serían Piar y Ribas efectivamente medio hermanos, como decían las habladurías de Caracas? Más de una vez había advertido entre ellos una manifiesta complicidad, que lo había dejado con el disgusto de sentirse dejado afuera de la relación. ¿Sería su propio medio hermano? Algo impreciso lo alejaba de ese hombre en el que encontraba un temple del que desconfiaba.

Se despidieron con amabilidad, pese a las reservas recíprocas, y Simón partió con sus oficiales hacia El Chaparro, para reunirse con el parque de artillería. Al llegar a El Pao se encontró con Francisco de Paula Santander, quien venía desde el norte con otros oficiales trayéndole noticias: Santiago Mariño había convocado a un congreso de jefes republicanos en Cariaco, un pequeño puerto sobre la costa oriental, para elegir un gobierno provisional; y aprovechando el descuido de Barcelona, los realistas habían atacado la ciudad costera y se habían apoderado de ella, ejecutando a la guarnición del fuerte, mujeres y sacerdotes.

Indignado y herido en su orgullo, Simón explotó:

—¿Hasta cuándo este canalla de Mariño seguirá dañando a nuestra causa con sus ansias de poder?

Santander le renovó su adhesión y le explicó que él y sus subalternos le habían dado la espalda a Santiago, pero que Zea, Brion y varios otros, al parecer, estaban dispuestos a concurrir a Cariaco.

El caraqueño no se sorprendió con la actitud de Mariño, dado que Zea le había adelantado el propósito de convocar a una asamblea y él mismo había propulsado el año anterior esa idea para restablecer al "gobierno republicano en receso de 1811" y lograr el reconocimiento de Inglaterra. Pero consideró que intentar instrumentarla a sus espaldas era una cobarde traición de Santiago tendiente a afectar su autoridad y la atribuyó a la rivalidad que los había distanciado desde el comienzo de la guerra. Se sintió abandonado y empezó a temer que otros jefes importantes lo dejaran solo y apoyaran al caudillo oriental. Reanudó el viaje atenazado por esa angustia y, al llegar a El Chaparro, le alivió saber que Bermúdez se había mantenido leal y lo esperaba allí con el parque de artillería.

Recibió también una noticia relevante: Piar había obtenido, en San Félix, un triunfo contundente sobre las tropas realistas que comandaba el general Miguel La Torre, el segundo de Morillo, a quien le había producido casi seiscientas bajas, se había apoderado de fusiles y municiones y había ejecutado a cientos de prisioneros. Se alegró por la buena nueva, pero temió que esta victoria agrandara a Manuel, mientras él estaba debilitado por la defección de Mariño.

Al frente nuevamente de las tropas y el parque, y secundado por Bermúdez, partió a reunirse con las fuerzas de Piar. Al llegar al Orinoco organizó el cruce del ancho río y, en la mitad de la operación, la llegada de unas flecheras españolas interrumpió la maniobra y las fuerzas quedaron divididas en ambas orillas. Sin víveres y desorientado en medio de la espesura, la oscuridad lo sorprendió sin encontrar a las avanzadas que debían recibirlo. La incertidumbre de los sonidos de la selva, el rigor de los mosquitos y las dudas sobre la fidelidad de Piar lo carcomieron toda la noche y no pudo conciliar el sueño. El amanecer no disipó totalmente su angustia, pues los machetes no alcanzaban para abrir una pica y el hambre en medio de la impenetrable abundancia vegetal acosó a las tropas. A la jornada siguiente sacrificó a los caballos de los jefes para alimentar a los soldados y finalmente respiró aliviado: un coronel enviado por Piar les dio la bienvenida, los proveyó de víveres y los guió hasta su campamento, en las afueras de Angostura.

Fue muy cordial con Piar, le expresó su reconocimiento y coordinaron los detalles de la unión de los ejércitos. Lo confirmó como comandante general de las fuerzas venezolanas, pero dejando bien claro que él seguiría ejerciendo la suprema autoridad en materia de guerra y política.

Desde Cariaco le llegaban noticias sobre el congreso convocado por Mariño: se había declarado caducas a las autoridades republicanas elegidas en Los Cayos, se había resuelto constituir un gobierno ejercido por un triunvirato que debía instalarse en Margarita, uno de cuyos integrantes sería Bolívar, y se había nombrado a Santiago como general en jefe de la república. Aunque sus corresponsales se ocupaban de aclararle que el propósito de la asamblea no era sustituir su jefatura política, sino más bien reformarla otorgándole una suerte de senado o consejo para que lo respaldara, Simón interpretó que se intentaba disminuir su autoridad política (tendría que compartirla con otros dos triunviros) y afectar su mando militar, por lo que rechazó las resoluciones y se propuso destituir a Mariño.

La presencia de Brion en Cariaco lo tenía molesto, no sólo porque convalidaba una asamblea constituida en su perjuicio, sino también porque le impedía contar con su flota para controlar el río Orinoco. Para no mostrarse debilitado ante Piar, ordenó la construcción de lanchones, fortaleció el sitio de Angostura para provocar el hambre en la población y se dedicó a entrenar a las tropas, lo que lo puso en contacto con la geografía y los hombres de los llanos, cuyas personalidades rudas todavía no conocía debidamente. Muchos de los llaneros montaban potros mal domados, cabalgaban semidesnudos y se alimentaban de carne cruda, que usaban como montura para salarla con el sudor de sus cabalgaduras.

Una mañana Simón advirtió desde su tienda que uno de sus edecanes, exaltado por el ambiente de relinchos y corcoveos, olor a bosta fresca y transpiración de ijares, había apostado a sus camaradas que brincaría a su caballo desde la cola, lo pasaría libremente y caería más adelante de su cabeza. Así lo hizo el oficial y Bolívar, acercándose, le expresó que eso no era ninguna hazaña y se propuso imitarlo. Tomó espacio, saltó y cayó sobre el pescuezo del animal, pegándose un fuerte porrazo. En un segundo intento llegó hasta las orejas y volvió a golpearse. Picado en su amor propio brincó nuevamente, esta vez con éxito, y se retiró satisfecho sintiendo que se había ganado el respeto de sus hombres.

Otro día partió temprano a inspeccionar a un grupo de sitiadores que armaba unas baterías. Se encontraba en esa tarea cuando fueron atacados a tiros de fusil por tropas españolas que, acuciadas por la falta de víveres, habían abandonado la ciudad en procura de algunas vituallas. A punto de ser atrapado, el sorprendido jefe debió huir a pie hasta su campamento abandonando su mula y su equipaje.

Reforzado por tropas españolas que venían de España hacia el Río de la Plata, a las que ordenó detenerse en Venezuela, el general Morillo presionó sobre las costas orientales y logró desalojar a

Mariño de Carúpano, Güiria y Cariaco. Simón se alegró con la noticia, pues lo liberaba de un empecinado y duro rival, y recibió con satisfacción a los oficiales que abandonaron al jefe oriental y vinieron a ponerse a sus órdenes, entre ellos Rafael Urdaneta y Antonio José de Sucre. Poco después, Brion le anunciaba en una carta que venía con su flotilla a ponerse a su disposición.

Fortalecido por estas novedades, el caraqueño resolvió operar contra Piar. Lo citó a su tienda y le anunció una importante decisión:

—Don Manuel: en ejercicio de mis atribuciones como general en jefe he resuelto dividir el ejército en dos divisiones. Usted marchará con una de ellas a tomar Guayana la Vieja, mientras que el general Bermúdez quedará acá al frente de la otra, hasta que tomemos Angostura.

Piar palideció y parecía que iba a estallar de la indignación. La actitud de Bolívar significaba el fin de la sorda confrontación que se venía desarrollando entre ellos, sustraerle parte de su mando y enfrentarlo con Bermúdez. Estuvo a punto de resistir la orden y hacerle saber a Bolívar que él era el verdadero jefe de ese territorio, pero optó por callar y abandonó la carpa en silencio.

Esa noche y el día siguiente transcurrieron en tensa calma. Manuel auscultó la opinión de los jefes y, al comprobar que no tenía grandes apoyos para desacatar las instrucciones, optó por partir con sus hombres hacia Guayana la Vieja.

Simón respiró satisfecho y, a la tarde, se fue a bañar al río para disipar el calor y la tensión de la jornada. El sol empezaba a caer y el agua albergaba sus rayos y los devolvía reflejados en vahos multicolores. Se encontraban allí varios de sus oficiales, uno de los cuales se ufanaba de sus condiciones de nadador.

—Pues vea —lo desafió el eufórico comandante—, con las manos atadas soy capaz de llegar a la cañonera antes que usted...

El oficial no sabía qué responder y Bolívar, sin perder tiempo, ordenó a otro de los presentes que, con el tiro de sus calzones, le amarrase las manos a sus espaldas. Luego se tiró al agua y, utilizando solamente los pies, nadó con gran esfuerzo hasta la embarcación artillada, que estaba fondeada en la mitad del cauce del Orinoco. Para evitar que pudiese ahogarse, uno de los jefes presentes había enviado a dos buenos nadadores para que lo auxiliasen en caso de ser necesario, pero el amor propio del caraqueño primó y no recurrió a ellos. Aunque llegó después del desafiado, Simón quedó agotado pero extremadamente contento.

Desde las proximidades de Guayana la Vieja, Piar le envió una carta en la que le decía que, para evitar las rencillas entre los jefes que dificultaban las luchas por la independencia, optaba por renunciar al mando y pedía un pasaporte para salir del país. Simón prefería tener a Manuel subordinado y controlado antes que dejarlo libre con capacidad de crearle problemas, por lo que le pidió que no dejara su jefatura, pero ante la insistencia de éste le aceptó la renuncia y le otorgó de mal grado el salvoconducto.

Al enterarse de que Brion se acercaba con su flotilla, se alegró y decidió ir a recibirlo. Partió en una lancha con algunos oficiales de su Estado Mayor, pero de pronto avistaron una división española que se disponía a interceptarlos. Ante la superioridad de los enemigos, optaron por abandonar la embarcación, cruzaron nadando uno de los tributarios del Orinoco y se ocultaron al borde de una laguna, en medio de unos cañaverales. Mojado y avergonzado por haber incurrido en una imprudencia que comprometía a los jefes principales, escuchaba los ruidos de una patrulla adversaria que los buscaba por las cercanías. Remordido por su imprevisión, angustiado ante la posibilidad de ser maltratado, humillado e incluso fusilado, sintió la tentación de suicidarse, pero los sonidos fueron cesando y se dio cuenta de que el peligro se alejaba. Decidieron permanecer allí sin hacer fuego y la noche llegó con su concierto de croares, chic chacs, imaginarios peines metálicos, aparentes serruchos sobre troncos y algún silbido de lechuzas. La música nocturna le hizo recuperar el optimismo y, siempre en la oscuridad, empezó a hablar a sus camaradas y fue exhibiendo una creciente locuacidad. Cuando les dijo que no iba a detener sus acciones hasta liberar la Nueva Granada y el Perú y que quería enarbolar las banderas de la regeneración sobre las torrecillas de Potosí, sus subalternos pensaron que había contraído fiebres que lo estaban llevando a delirar.

A la mañana siguiente recuperaron la lancha y se encontró con Brion, quien venía con ocho barcos y cinco lanchones. Lo recibió con distinción y, como necesitaba sus buques, no le mencionó el tema de su participación en el congreso de Cariaco ni le formuló ningún reproche. Regresaron a las proximidades de Angostura, donde Simón había construido un pequeño fuerte, frente al cual las naves podían fondear sin peligro.

Desanimados por el fortalecimiento del bloqueo, diezmados por las pestes y acosados por el hambre, los españoles decidieron evacuar Angostura. Bolívar ordenó no atacarlos para facilitarles la retirada y, desde las proximidades, contempló sonriente las tareas de embarque y el lento alejamiento de los buques que conducían a las tropas, jefes militares, sacerdotes, el obispo y mil cuatrocientos civiles.

Al día siguiente, ocupó con su ejército la abandonada ciudad, ubicada sobre una colina formada por la acumulación de las generosas arenas del Orinoco. Las calles, pobladas con casas bajas, corrían paralelas al caudaloso cauce y sobre la plaza se alzaban la catedral, la alcaldía y un local que servía como cuartel. Dos fortines descansaban sobre el río, mientras un fuerte elevado y una laguna le cuidaban las espaldas. Se instaló en una de las residencias principales y se dio un baño con agua de Colonia. Hundió un momento la cabeza bajo el líquido y un quieto bienestar lo invadió. Estaba muy contento: había logrado controlar el Orinoco y eso ponía por fin, bajo su dominio, una vasta extensión de territorio que se extendía desde el oeste hacia el océano Atlántico. Además, parecía haberse librado de Piar. Se acordó del *Horacio* de Corneille y emergió de la tina con optimismo.

11. EL PIAR DE LAS DESGRACIAS
(1817-1818)

*Et le plus innocent devient soudain coupable
quand aux yeux de son prince il parait condamnable.*

Corneille, *Horacio*

A los pocos días de estar instalado en Angostura, Simón supo que Piar no dejaba de darle sobresaltos: el caudillo no se había ido de Venezuela, sino que se había dedicado a recorrer las zonas orientales explicando que había sido licenciado del ejército por su condición de mestizo. "Yo he sido elevado a general en jefe por mi espada y mi fortuna, pero soy mulato y por ello no se me permite gobernar la república", se quejaba ante sus camaradas, tratando de lograr su adhesión. Les pedía que lo apoyaran con armas en su lucha contra "los cuatro mantuanos que, con la ambición de mandar en todo, privaban a los mestizos de los derechos más santos y naturales".

El caraqueño se indignó y, de inmediato, ordenó a Bermúdez que saliera a capturar a Manuel.

Los españoles abandonaron también la ciudad de Guayana la Vieja y Bolívar controlaba ya toda la zona fluvial, pero la rebeldía de Piar no le permitía disfrutar de la situación. Cada noticia que recibía de sus andanzas lo ponía más inquieto: había dejado Maturín y se había marchado a Cumaná, donde esperaba convencer a Mariño de que lo acompañara en su sedición. Éste lo había recibido con benevolencia, pero al parecer no estaba de acuerdo en sublevar a las castas.

Esa noche Simón no pudo dormir y se revolvió hora tras hora en su hamaca, pensando en la canallada que significaba acusarlo a él —que había decretado la libertad de los esclavos— de intentar discriminar a los mulatos.

Se levantó al alba, llamó a un escribiente a su despacho y comenzó a dictarle una proclama denunciando "a la faz de la nación el crimen más atroz que puede cometer un hombre contra la patria, para sumergirnos en el piélago atroz de la anarquía".

Mientras caminaba a pasos largos por la habitación, aferrando la solapa de su chaqueta con las manos, se desahogó condenando a "la conjuración destructora del sistema de igualdad" y quiso herir a Manuel en lo más hondo:

> *Engreído el general Piar de pertenecer a una familia noble de Tenerife, negaba desde sus primeros años ¡qué horrible escándalo!, negaba conocer el infeliz seno que había llevado en sus entrañas a este aborto. Tan nefando en su desnaturalizada ingratitud, ultrajaba a su madre por no ser aquella respetable mujer del color blanco que él había heredado de su padre. Quien no supo amar a la autora de sus días, no podía someterse a los deberes de ciudadano y militar.*

Exaltado, explicaba que antes de la revolución los blancos tenían todos los derechos y alcanzaban las más altas jerarquías de la monarquía, incluso las de grandes de España, mientras los pardos estaban privados de todo, aun del estado sacerdotal. Añadía que los blancos, los ricos, los "títulos de Castilla" como se llamaba a los miembros de la nobleza, habían sido los actores de la revolución, pero no se habían reservado derechos para ellos, sino que los habían renunciado a favor de la justicia y los derechos del hombre.

Bolívar había decretado la guerra a muerte de americanos contra españoles. Le indignaba que Manuel pretendiese una lucha de negros o pardos contra blancos. Con un golpe de puño sobre la mesa, enfatizó:

> *El general Piar pretende una guerra de hermanos en que se degüelle al inocente niño o la débil mujer por haber nacido de un color más o menos claro. Así, él se ha puesto fuera de la ley: su aniquilación es un deber y su destructor será un bienhechor.*

Piar fue apresado una madrugada en una casa de Aragua de Maturín. Sus fusileros intentaron defenderlo, pero el jefe de la patrulla les manifestó que estaban luchando por las mismas banderas, que simplemente quería llevarlo para conciliar las divisiones entre los jefes, y los disuadió de utilizar las armas.

Cuando el detenido llegó a Angostura, Simón sintió una íntima satisfacción. Ordenó en el acto que se le abriera proceso por "insurrección a la autoridad suprema, conspirador contra el orden, sedicioso y desertor".

Manuel pidió ser recibido por Bolívar, pero éste se negó a concederle una entrevista. Para tranquilizar a Bermúdez, le dijo que si el tribunal condenaba a muerte al reo, él le conmutaría la pena.

Tras un breve procedimiento, el consejo de guerra condenó a Piar a ser pasado por las armas, previa degradación, y elevó la causa a Bolívar.

La mayoría de los jefes de su Estado Mayor le recomendaron a Simón conmutar la pena de muerte por prisión perpetua. Le recordaron los méritos revolucionarios de Manuel, le expresaron el temor a un levantamiento de los oficiales o un motín de los soldados el día de su ejecución, y argumentaban que la condena por desertor era muy cuestionable, pues se lo había autorizado a dejar el ejército.

Bolívar simulaba escucharlos, pero en lo íntimo se indignaba con estas contemplaciones y estaba decidido a ser implacable: la única forma de dominar a todos los caudillos republicanos y someter del todo a Mariño era el miedo. La mayoría de las dificultades que había tenido habían venido de sus propios camaradas. Había que terminar con las rebeldías y disidencias. Se acordó de una frase que su maestro y amigo, Simón Rodríguez, le había atribuido a Napoleón: "Ganarse los hombres o deshacerse de ellos".

Para aplacar posibles resistencias, ordenó distribuir entre los oficiales del ejército y las tropas los bienes expropiados a los españoles y criollos realistas: 25.000 pesos al general en jefe, 20.000 a los generales, 15.000 a los tenientes coroneles y 500 a los soldados. Contentos con la recompensa, un grupo de oficiales lo invitó a una excursión de caza, en la que obtuvieron unos cochinillos salvajes que asaron al mediodía a la vera del río, bajo la sombra de unas palmas. Los cocineros echaban sal, limón y pimienta a los puercos abiertos sobre las parrillas y el calor de las brasas iba tostando sus pieles, que se encogían y quebraban con súbitos chasquidos. Los aceitosos jugos caían sobre el fuego provocando chispas y levantando un aromático fulgor, que le trajo a la memoria el ritual del sacrificio de los cerdos realizado por romanos y albanos al acordarse el duelo entre los hermanos Horacios y Curiáceos, según la crónica de Tito Livio. El sol sacaba destellos dorados a los bordes de las hojas de las palmeras, que semejaban lomos de iridiscentes dinosaurios, y los rayos se fragmentaban entre las ramas y caían en difusas diagonales opacadas por el humo. El crepitar de los cueros que se endurecían alternaba con el alegre diálogo de las aves, cuyos altisonantes piares —la palabra evocaba a la vez el canto de los pájaros y el apellido de su prisionero— le resultaban melancólicos.

Volvió pensativo a la ciudad y una nublada mañana se levantó, tomó un frugal desayuno y marchó a su despacho. Se quedó un rato meditando y se acordó de la severidad y entereza del Horacio de Corneille, que no había dudado en atravesar con su espada a su propia hermana Camille cuando ella, por amor a su marido Curiáceo, tuvo palabras desleales hacia su patria. Tomó el expediente del consejo de guerra con la sentencia de muerte y escribió: "confirmada, sin degradación". Luego estampó su nombre y apellido y lo rubricó, sin hesitar.

Piar estaba en su celda cuando entró un oficial para comunicarle que Bolívar había ratificado su sentencia de muerte. Se puso pálido, se rasgó la camisa y se sentó abatido sobre el camastro. No podía creerlo.

A la madrugada siguiente, ya repuesto, pidió permiso para comandar su propio pelotón de fusilamiento, pero le fue denegado. A media mañana tomó su chaqueta y le dijo al oficial que venía a ejecutarlo:

—No tengo un gran uniforme para morir, como el general Ney, pero me basta esta esclavina. ¿Qué le parece, capitán?

—Déjese de eso, por Dios, general, y piense en su alma.

Se confesó, tomó el crucifijo, rezó de rodillas y lo besó. Luego marchó con serenidad hasta el sitio de la ejecución. Oyó la lectura de la sentencia con aire de desprecio, una mano en el bolsillo del pantalón, moviendo el pie derecho y mirando a los mudos circunstantes.

Se negó a que le vendasen los ojos, pero el jefe del pelotón le colocó igualmente el trapo. Entonces se abrió la chaqueta, se escuchó el atronar de los disparos y cayó bajo las balas.

Simón, en su despacho, fue sacudido por los estampidos y el rostro claro de Manuel se le clavó en los ojos. Una vez más se dijo a sí mismo que esa muerte era necesaria para castigar a un traidor y consolidar la autoridad, pero a la tarde su seguridad se fue debilitando y no podía alejar de sus retinas la imagen de Piar. No cenó y se fue apesadumbrado a su dormitorio, donde no pudo conciliar el sueño: al pensar que acaso había derramado su propia sangre los ojos se le humedecieron y sintió que unas lágrimas se le deslizaban por las mejillas. Pasó un par de días taciturno, pero las actividades cotidianas y la atención del despacho lo ayudaron a recuperar su habitual firmeza. Ordenó la detención de Mariño, designó a Bermúdez para reemplazarlo en el mando de la división de Cumaná y envió al oriente al joven coronel Antonio José de Sucre. Santiago se quejó e intentó resistirse, pero al comprobar que no tenía sustento, aceptó la situación y terminó subordinándose a Bolívar. Seguro ya de su mando, Simón optó por amnistiarlo y mantenerle el grado.

El general Pablo Morillo se encontraba en el puerto de Juan Griego, en la isla Margarita, cuando se enteró de que sus fuerzas habían abandonado la Guayana y de que toda esa zona del este era controlada por el "bandido" Simón Bolívar.

Hijo de un humilde labrador, Morillo había seguido la carrera militar y se había destacado en la guerra contra los franceses, por lo cual había sido elegido como jefe de la expedición contra los rebeldes americanos. Robusto, bien plantado, había entrado a Venezuela hacía más de dos años por esa misma isla Margarita y, luego de dominarla, había indultado al caudillo rebelde Arismendi, pese a que le habían advertido que no podía confiar en sus promesas de lealtad futura. Desde allí se había dirigido a tomar Caracas y después marchó hacia Nueva Granada. Tras de un largo y penoso sitio había conquistado Cartagena de Indias, por lo cual Fernando VII lo había recompensado con el título de conde de Cartagena. Había ocupado Santafé de Bogotá, la capital del virreinato, pero al enterarse de que los insurrectos estaban operando nuevamente en Venezuela, había cruzado los Andes de regreso con sus tropas, para retomar el país. Decidió primero reconquistar Margarita, pues consideraba que era la vía de comunicación estratégica para recibir refuerzos o logística desde España y además quería castigar a Arismendi por su traición.

Ahora, la noticia de que se había perdido el área oriental lo conmovió y le hizo ver que, concentrado en dominar la isla norteña que significaba el acceso a Venezuela y en castigar a un ingrato, acaso había descuidado aquella zona continental. Al advertir que desde la Guayana podía amenazarse a Caracas, decidió abandonar la isla y regresar a la capital.

Acallada la oposición interna, Bolívar pensó que debía dar una satisfacción a la opinión pública y convocó a un congreso de delegados de las provincias para constituir un gobierno central.

Hasta tanto el congreso se reuniera quería avanzar en la campaña militar, y se sintió animado por el arribo de los primeros contingentes de tropas inglesas e irlandesas y algunos oficiales franceses, alemanes, polacos y hasta españoles desde Londres, donde habían sido contratados por Luis López Méndez. Las recientes derrotas lo habían afianzado en la idea de que la superioridad española se debía a sus tácticas de combate, propias de profesionales de la guerra, ya que los infantes realistas sabían luchar "culo contra culo", es decir, en escuadrones cerrados, con la frialdad de las tropas experimentadas que se mostraban indiferentes ante los muertos o heridos. Simón dispuso que las fuerzas británicas, que portaban vistosos uniformes y equipos eficaces, formasen unidades mixtas con sus muchas veces desarrapados camaradas americanos, de modo que pudieran instruirlos, a la vez que recibir enseñanzas de indios y mulatos sobre cómo afrontar las inclemencias de la naturaleza tropical.

Su ala derecha, es decir las regiones costeras del este, estaba controlada por sus oficiales, por lo que decidió marchar hacia el oeste, las zonas llanas del río Apure dominadas por el caudillo patriota José Antonio Páez, para intentar desde allí llegar hasta Caracas.

Debido a que los llaneros le habían conferido el mando, desplazando a través de un motín a Francisco de Paula Santander, y a su reciente victoria en Las Mucuritas sobre las tropas españolas, Páez se había constituido en uno de los personajes prominentes del movimiento revolucionario. Había reconocido la jefatura de Simón, pero éste tenía conciencia de que, ahora que Mariño había optado por inclinar la cabeza, Páez era el único que podía hacerle sombra. Optó entonces por ir hasta su feudo para matar dos pájaros de un tiro: ratificaría con su presencia su jefatura suprema, uniría sus fuerzas con las de Páez y, con los ejércitos unidos, podría recuperar la capital, objetivo que lo obsesionaba.

Dictó la ley marcial para reclutar a todos los individuos de entre catorce y sesenta años y, en los primeros días del año, embarcó el parque y parte de las tropas en las naves de la flota de Brion y partió por el Orinoco, mientras la caballería y la infantería marchaban por tierra sobre la ribera sur. En tres semanas recorrieron más de ochocientos kilómetros y arribaron a La Urbana. Cruzaron el río Arauca y, acompañado de unos pocos jefes, Simón se adelantó a caballo hasta Caujaral, donde le anticiparon que Páez venía a encontrarlo. Poco después lo divisó junto a sus hombres sobre la sabana: los jinetes oscilaban levemente sobre sus monturas, los caballos parecían flotar sobre un tenue mar de paja y pastos, y los elegantes movimientos de patas, cascos, pescuezos y bridas salpicaban la escena con cambiantes tonos verdes y amarillos. De tez blanca y cabello castaño, nariz recta con fosas abiertas, ojos de color indefinido y contextura corpulenta, el jefe venía seguido por unos jinetes desarrapados, pero parecía menos rudo de lo que le habían anticipado. Ambos desmontaron y Bolívar lo abrazó con calor, que el llanero retribuyó cordialmente. Cambiaron algunas frases amables y se dirigieron a San Juan de Payara, donde Páez había establecido su campamento. Al entrar en la población los jinetes del llano abrieron un arco de lanzas y la gente aclamó a los comandantes. A la noche, Simón fue agasajado con una gran cena con cochinillos asados y "bienmesabes" de postre, que se coronó con abundantes brindis, y se sintió muy satisfecho con el recibimiento.

Al día siguiente iniciaron las conversaciones y el caraqueño se dio cuenta de que Páez era un hombre simple pero a la vez difícil, pues parecía desconfiado y se expresaba con reticencia. De origen humilde y modales toscos, fuerte y temerario, se sentía cómodo en los llanos y su objetivo principal era quedarse a dominar la zona del Apure, para lo cual quería recuperar la importante ciudad de San Fernando, en la confluencia del río Apure con el Apurito, donde los españoles habían instalado una guarnición y la habían fortificado. Simón le ofreció apoyarlo con la flotilla de Brion para tal cometido, a cambio de su colaboración para tomar Caracas, y así quedó acordado.

Marcharon a caballo hacia San Fernando y, al llegar al Apure, las falúas de la flota que habían sido citadas para facilitar el cruce de las tropas no habían arribado todavía. Simón se sintió incómodo con su falta, pero Páez vio que al frente había unas embarcaciones españolas y lo tranquilizó. Ordenó a cincuenta jinetes que fueran por ellas y éstos, aferrándose de las crines y con las lanzas en la mano, cruzaron el caudaloso río, se apoderaron de los barcos y volvieron con ellos.

Poco después llegó la flota y se estableció el asedio. Bolívar aseguró a Páez que, controlando el río e impidiendo a los españoles el arribo de víveres, los realistas terminarían por abandonar la ciudad. Partieron entonces hacia el norte, rumbo a Caracas, y al cabo de tres jornadas se aproximaron a Calabozo, donde el general Morillo había montado su cuartel general. Éste mandó unas divisiones para detenerlos, pero las avanzadas llaneras se impusieron y los realistas se atrincheraron en la ciudad. Simón no cabía en sí de alegría y le devolvió unos prisioneros, junto con una intimación a la rendición: "Usted y toda la guarnición caerán bien pronto y ninguna esperanza puede lisonjearlos. Yo los indulto en nombre de la República de Venezuela y al mismo Fernando VII lo perdonaría si estuviese, como usted, reducido a Calabozo".

Aunque el conde de Cartagena ni siquiera respondió la intimación, el caraqueño estaba muy satisfecho y quiso mostrarse magnánimo: dio instrucciones a sus oficiales para que, a partir de ese momento, respetasen la vida de los prisioneros. Marchó con el grueso de las tropas hacia El Rastro, a unos pocos kilómetros de allí, donde había más facilidades para acampar, y dejó alrededor de la ciudad a un regimiento de caballería, con la misión de que avisase si los sitiados intentaban escapar. Como los españoles sólo tenían infantería, pensaba que siempre podrían ser alcanzados por las caballerías criollas.

Dos días después, a la tarde, recibió una desagradable sorpresa: Morillo había partido sigilosamente con sus tropas durante la noche anterior y los encargados de vigilarlo lo habían advertido tardíamente; los sitiados marchaban hacia Caracas y habían ganado ya una distancia considerable. La noticia lo indignó: no podía entender la negligencia de su gente, que lo estaba dejando mal parado frente a Páez. ¿Cómo unos infantes habían logrado alejarse frente a tropas montadas?

Partió con sus jinetes en persecución de los españoles, pero éstos habían obtenido una favorable ventaja y habían entrado en la región de las montañas boscosas, donde el follaje los protegía. Simón debió marchar con precaución y, al enterarse de que los realistas habían llegado a Villa de Cura y se habían unido a las guarniciones que venían a apoyarlos desde el norte, admitió contrariado que debía suspender la persecución.

Se sentía mortificado por la oportunidad perdida, y las críticas de Páez aumentaban su malestar. Éste sostenía que había que desgastar a los españoles con golpes continuados, más que con un ataque frontal, y manifestaba su intención de regresar con sus tropas al sitio de San Fernando, con el argumento de que allí podría renovar los caballos de sus llaneros, que se habían cansado con las últimas marchas. Bolívar se daba cuenta de que esto último era un mero pretexto, y que lo real era que José Antonio prefería permanecer en su habitual base de operaciones de los llanos, ya que ni él ni sus fieles soldados, que lo llamaban el Tío Antonio, se sentían cómodos operando en las zonas montañosas que desconocían.

—Está bien, don José Antonio —terminó concediendo, para evitar una insubordinación masiva—. Pero una vez que San Fernando capitule, lo quiero acá de inmediato con sus llaneros para que sigamos juntos hasta Caracas.

—Volveremos lo antes posible, don Simón.

Cuando Bolívar, en las semanas posteriores, recibió informes de que Morillo estaba reuniendo fuerzas en la laguna de Valencia y tenía el propósito de unir sus tropas a las de Caracas, decidió atacar y capturar la capital antes de que el conde de Cartagena lograra su propósito. Le escribió a Páez pidiéndole que regresara o al menos le enviara parte de su caballería, pero el caudillo llanero le respondía con demoras y evasivas. Impaciente, resolvió no esperarlo y marchar solo, y ordenó el avance de sus tropas hacia el norte. Las praderas fueron dejando lugar a las montañas y Simón empezó a sentirse en su elemento y a emocionarse ante la inminencia de la entrada a su ciudad natal. El apabullante verde de los samanes y, en las radiantes madrugadas, el aroma de las arepas con queso y huevos y el pan recién horneado que se quebraba entre las manos como el de la infancia le brindaban una clara excitación. Al llegar a Villa de Cura le alegró saber que Morillo seguía en Valencia y continuó entusiasmado hasta El Consejo, un pueblo conocido que le anticipaba su próximo triunfo. Ordenó acampar para disponer las últimas órdenes y emitió una optimista proclama prometiendo perdón a los arrepentidos que se sumaran a su bando. Mas esa tarde, mientras estaba reunido con su Estado Mayor, llegó un ayudante con malas noticias: Morillo había recibido refuerzos, había destruido las avanzadas patriotas y se les venía encima con tropas convergentes y superiores.

Le costó aceptar la realidad de una nueva frustración, pero sus oficiales le hicieron ver que no podían luchar en inferioridad numérica. Dispuso una inmediata retirada y, al salir malhumorado de la reunión, advirtió que unas nubes oscuras habían convertido el ocaso en un universo acerado. Enfilaron por la Cuesta de la Muerte y las primeras sombras fueron alteradas por fuegos zigzagueantes y truenos amenazadores, seguidos por unas inmensas gotas que vulneraban los follajes, se desplomaban sobre jinetes y cabalgaduras y horadaban las sinuosidades de las resbalosas sendas. Cubierto con sombrero y capote, Simón afrontaba la inclemencia de las ráfagas de agua sin inclinar la cabeza y, cuando los relámpagos le brindaban una súbita pero fugaz claridad, intentaba mirar hacia la retaguardia, no tanto para observar la marcha de las tropas rezagadas sino para intuir la renovada ausencia de una ciudad familiar.

El amanecer les trajo el alivio de la claridad y el cielo despejado y, a eso de las once de la mañana, arribaron a Villa de Cura. Descansaron un par de horas y, a las tres de la tarde, continuaron la marcha. Dos jornadas después fueron alcanzados por las tropas españolas y Simón ordenó atrincherarse cerca de La Puerta para dar batalla, aprovechando las ondulaciones del sitio y el límite natural del riachuelo del Semen. El lugar le inspiraba malos augurios, pues era el mismo de la derrota de años atrás, pero se ilusionó con la perspectiva de poder modificar los vaticinios, rechazados por su categórica racionalidad. Durante varias horas observó los ataques realistas sobre sus líneas, que terminaban diezmadas y plagadas de cadáveres, y trató de alentarlas moviéndose de un punto a otro. Morillo llegó al campo de batalla y, dejando su puesto de observación, se puso al frente de una división mientras, al grito de "Viva el Rey", "Viva España", inició una nueva ofensiva. El caraqueño vio quebrarse a sus líneas y, con creciente angustia, se dio cuenta de que no podían resistir más: sus soldados empezaron a dispersarse y huir y eran masacrados por los españoles.

Frustrado, ofuscado, se vio obligado a abandonar precipitadamente el campo de batalla, acompañado por su edecán y unos pocos oficiales y, gracias a que el conde de Cartagena fue herido por una lanza en una pierna y detuvo las persecuciones, logró dificultosamente llegar hasta Calabozo. Allí esperó durante algunos días a los restos dispersos de su ejército que habían logrado sobrevivir al desastre: había perdido casi un millar de hombres, toda la infantería y hasta el archivo con sus papeles personales. Sus hombres susurraban que una sombra fatídica lo perseguía y los más supersticiosos murmuraban que era víctima de un mal augurio que le impedía triunfar. Contrariado al enterarse de estos rumores, marchó hacia el campamento de Páez, cercano a San Fernando, adonde arribó apocado y molesto. Cuando el jefe llanero manifestó que había sido un error avanzar hacia las montañas, lo interrumpió:

—Usted habría tenido que estar allá, peleando con su gente; y no acá, realizando críticas desde lejos...

Intercambiaron algunas recriminaciones y Bolívar instaló su campamento en la pradera de Rincón de los Toros, desde donde trató de coordinar las resistencias que algunos de sus hombres ofrecían a los españoles, los que se encontraban en franco avance. Una noche, un grupo realista llegó hasta allí y, conociendo el santo y seña, avanzó hasta la propia tienda de Simón con la intención de asesinarlo. Al caraqueño le gustaba dormir en su hamaca, a la intemperie, junto a un capellán y dos coroneles, y en ese momento se había levantado para hacer sus necesidades junto a una mata. Escuchó que su subjefe de Estado Mayor, Francisco de Paula Santander, cambiaba voces con los intrusos, y unos súbitos disparos hirieron de muerte en sus literas a sus tres acompañantes.

Buscó su mula para alejarse, pero la confusión ganó el lugar y advirtió que su acémila, asustada con los estampidos, había escapado, mientras varios jinetes pasaban huyendo a su lado y se negaban a llevarlo en las ancas. Finalmente un soldado le cedió su yegua y, seguido por unos pocos oficiales, escapó hacia Calabozo, adonde llegó físicamente exhausto y anímicamente humillado, pensando en la distancia entre sus aspiraciones juveniles y el estado en que se encontraba: había intentado triunfar y estaba derrotado; había buscado ser admirado entre los grandes de España y tenía que discutir de igual a igual con un caudillo analfabeto como el Tío Antonio; había deseado el respeto que logran los magnánimos y tenía que buscar comprensión para sus errores. Hizo montar una hamaca en su residencia y se echó de inmediato. Su edecán se dio cuenta de que tenía fiebres, convocó al médico y quiso llevarlo a una cama cómoda, pero se negó. Permaneció en su hamaca varios días transpirando profusamente, alternando entre el sueño y la vigilia y delirando a veces, deprimido por los contratiempos, abrumado por las dificultades y abandonado en ocasiones a una sensación de vacío, de anonadamiento, de olvido, que le ayudó a encontrar una cierta conformidad. Poco a poco fue recuperando la lucidez y con ella las preocupaciones; empezó a alimentarse mejor, a levantarse por ratos y a hacer breves caminatas.

El optimismo también regresó, aunque las circunstancias eran difíciles: en el este seguían igual; en el oeste Páez había sido nuevamente confinado a los llanos del Apure; y los realistas conservaban Caracas y todas las ciudades importantes. Decidió regresar a Angostura y se embarcó en una falúa que lo llevó por el río Apure y después por el Orinoco. Volvía con las manos vacías, después de medio año de campaña, a recibir a los delegados que iban a constituir el congreso nacional de los territorios liberados. Mientras tanto, Fernando VII otorgaba al general Pablo Morillo un nuevo título de nobleza por sus méritos militares al combatir a los insurrectos en las Indias: al de conde de Cartagena agregaba ahora el de marqués de la Puerta. En su parte luego de la batalla del Semen o de La Puerta, Morillo había informado a su monarca que Simón Bolívar había tenido la insólita pretensión de que, al entrar en Caracas, "lo proclamasen rey con la denominación de Simón I, rey de las Américas".

La exuberante vegetación de las orillas y los pensamientos sobre la forma de organizar el nuevo gobierno le ayudaron a olvidar las derrotas militares y el estancamiento de la situación, que cada vez más atribuía al empecinamiento de Páez en recuperar San Fernando, en vez de haber esperado el resultado del bloqueo. Con habitantes salvajes como los llaneros, con caudillos primitivos y anárquicos como el Tío Antonio, con odios de casta como los que había intentado preconizar Piar, ¿podía establecerse un régimen representativo y liberal?

Al llegar a Angostura restableció las comunicaciones con todos sus comandantes y los exhortó a mantener sus posiciones, con defensa de sus territorios y esporádicas acciones de guerrilla. Su ánimo iba mejorando y compartía las cenas en el cuartel con sus oficiales. Una noche, algunos jefes ingleses e irlandeses, rubios y de ojos celestes, se emborracharon y empezaron a comportarse con grosería. Simón se disgustó al ver a esos Adonis en actitudes vulgares y se marchó molesto a su residencia. Cuando ya estaba acostado sintió que algunos ebrios lo habían seguido y le golpeaban la ventana:

—Bolívar, Bolívar, ven a beber con nosotros...

Asqueado al imaginar a esos mozos rebajados por el alcohol, percibió que la guardia los estaba obligando a retirarse. Se durmió incómodo, desasosegado, y a la mañana siguiente los amonestó severamente en la formación.

Después del almuerzo hizo llevar a una amante ocasional a su dormitorio y la posesión placentera de la bella muchacha le hizo olvidar su disgusto con los apuestos ingleses.

Como los diputados al congreso demoraban su llegada, resolvió inspeccionar otra vez la zona del Apure, pues se había preocupado al enterarse de que uno de los militares británicos había alentado a Páez a desconocer su jefatura y asumir el comando supremo de las fuerzas republicanas. Al llegar allí el Tío Antonio lo tranquilizó, le aseguró que no abrigaba ninguna intención de rebeldía y Bolívar, para alentarlo y a la vez ratificar su autoridad, lo ascendió a general de división y puso bajo su mando a toda la caballería.

De regreso, mientras el barco se deslizaba aguas abajo por el Orinoco y el calor era intenso, meditaba sobre la situación política y el futuro congreso. Había sido acusado de ignorar al pueblo y postergar la organización de un gobierno representativo. Aceptaba la conveniencia de promover la instalación de un régimen democrático, pero pensaba que debía adoptarse un gobierno fuerte que evitara las tendencias anárquicas y garantizara la unidad de la nación. Sentado en la hamaca o caminando por la cubierta con una mano en la barbilla, mientras los mosquitos zumbaban, los cocodrilos se deslizaban en las orillas y enormes pájaros multicolores expandían sus vuelos y trinos sobre las riberas generosas, empezó a dictar a su escribiente las ideas del discurso con que pensaba abrir las deliberaciones. Le parecía estar navegando por una profunda hendidura que dividía una enorme alfombra verde y, al mismo ritmo, los pensamientos fluían con naturalidad.

A poco de su arribo a Angostura empezaron a llegar los delegados de las provincias de Caracas, Barcelona, Cumaná, Barinas, Guayana, Margarita y Casanare. Una mañana soleada caminó hasta la sede del gobierno y, en presencia de algunos invitados especiales —un representante de los Estados Unidos y un observador de Gran Bretaña, entre ellos—, dejó abiertas las sesiones del congreso. Pidió a los diputados que eligieran un presidente interino y, una vez designado Francisco Antonio Zea, le presentó su bastón:

—Devuelvo a la república el bastón de general que me confió...

Zea tomó la palabra y, luego de elogiar la grandeza de Bolívar de renunciar al poder en el momento en que éste comenzaba a tener algunos atractivos y de compararlo con los benéficos emperadores romanos Vespasiano y Marco Aurelio, pidió que se lo confirmara en su cargo.

—No, no —fingió Simón—, jamás volveré a aceptar una autoridad a la que para siempre he renunciado de todo corazón por principios y sentimientos...

Pidió permiso para retirarse y fue acompañado hasta la puerta por diez delegados. El congreso lo ratificó como jefe supremo y le comunicó esta decisión, pero volvió a negarse. Dos días después la asamblea insistió en su nombramiento como presidente de la república y, finalmente, aceptó y regresó al recinto para exponer sus ideas:

La época de la república que he presidido —dijo— no ha sido solamente de guerra y anarquía, sino un torrente infernal que ha sumergido a Venezuela. Un hombre como yo, ¿qué diques podía oponer? No he podido hacer ni bien ni mal, porque fuerzas irresistibles han dirigido los sucesos y atribuírmelos sería darme una importancia que no merezco. Pero mi conducta y mi vida están sujetas a la censura del pueblo y vosotros debéis juzgarme. Si me aprobáis recibiré el título de buen ciudadano, superior al de Libertador que me dio Venezuela y al de Pacificador que me dio Nueva Granada. En cuanto a la forma de gobierno a adoptar, tengamos presente que nuestro pueblo no es el europeo ni el americano del norte, sino un compuesto de África y de América, pues por su sangre africana, sus instituciones y su carácter, España no es europea. Debido a esta mezcla, es imposible saber a qué familia humana pertenecemos. La me-

trópoli nos había colocado en un grado inferior al de la servidumbre, porque no solamente se nos había robado la libertad, sino también la tiranía activa y doméstica. Hemos consagrado ahora la igualdad política, pero nuestra diversidad de origen requiere un pulso firme, un tacto delicado para manejar esta sociedad heterogénea. Estudiemos entonces el sistema británico, una monarquía que reconoce la soberanía popular, la división de poderes, la libertad civil, de conciencia, de imprenta y todo cuanto es sublime en la política. Adoptemos un Poder Legislativo análogo al inglés: su Cámara de los Comunes es la verdadera imagen de la voluntad del pueblo. Y si nuestro Senado, en vez de ser electivo, fuese hereditario, sería la base, el alma de nuestra república; y entre los primeros senadores deberían figurar los Libertadores de Venezuela. Este Senado hereditario no sería contrario a la igualdad, porque los sucesores de los Libertadores serían educados en un colegio especial. En cuanto al Ejecutivo, el británico es el más perfecto modelo: apliquese a Venezuela este Poder Ejecutivo en la persona de un presidente, nombrado por el pueblo y con carácter vitalicio, y habremos dado un paso hacia la felicidad nacional. Por exorbitante que parezca la autoridad del Poder Ejecutivo de Inglaterra, quizá no sea excesiva en Venezuela, porque en las repúblicas el Ejecutivo debe ser el más fuerte, porque todo conspira contra él; en tanto que en las monarquías el poder más fuerte debe ser el Legislativo, porque todo favorece al monarca. En cuanto a la extensión de nuestro país, la unión de Nueva Granada y Venezuela en un solo Estado ha sido el voto uniforme de los pueblos.

Con gesto teatral, se alejó del estrado y concluyó: "Señores: empezad vuestras funciones, yo he terminado las mías".

Fue despedido por una ovación y se retiró satisfecho y halagado. Había obtenido respaldo para seguir estando al frente de una causa cuya victoria le parecía inexorable, pero intuyó que los aplausos del momento no significaban que los congresistas estuvieran dispuestos a aprobar sin más trámites una presidencia vitalicia diseñada a su medida y un Senado hereditario integrado por los generales de la independencia y sus descendientes.

12. OTRA VEZ LA CORDILLERA (1819-1820)

*Je vaudrais déjà voir tes troupes couronnées,
d'un pas victorieux franchir les Pyrénées.*

Corneille, *Horacio*

Más tranquilo con su ratificación como presidente, Simón volvió a pensar en conquistar Caracas y envió a Urdaneta hacia oriente para que coordinara una nueva ofensiva sobre la capital. Se quedó muy ansioso y pronto recibió alarmantes noticias: Arismendi se resistía a sacar sus tropas de Margarita; Mariño estaba dispuesto a entrar en campaña pero solamente para tomar Cumaná; y Brion se encontraba realizando operaciones de corso en el Caribe y manifestaba que, por el momento, las necesitaba para reponer la economía de su flota.

Se sintió como en un pantano y advirtió que sus últimos contrastes militares habían tenido efectivamente un costo: los congresistas lo habían respaldado en el mando, pero no seguían sus orientaciones políticas; y los jefes militares lo reconocían como supremo comandante, pero tampoco acataban prestamente sus instrucciones.

Esta situación exigía nuevas victorias y, acaso, otra estrategia. Partió con sus oficiales y tropas, reforzadas por mayores contingentes británicos, nuevamente hacia el oeste, para operar en la zona del Apure. Navegó por el Orinoco y, al cruzar el Arauca a caballo, una ráfaga de viento y un mal paso de su cabalgadura hicieron caer su sombrero de artillero al río. Los soldados ingleses, que sostenían burlonamente que esa gorra era un símbolo de mal agüero y la causa del fracaso de la anterior campaña, comenzaron a gritar "hurras" que lo hicieron sonreír, y dejó que las corrientes se la llevaran.

Entró en contacto con Páez y le expuso su propósito de atacar a Morillo para tomar Caracas, pero el Tío Antonio insistía en que era preferible desgastarlo con marchas y contramarchas. Cruzó de todos modos el Arauca y atacó a los realistas en La Gamarra, pero sus fuerzas fueron vencidas y perdió cuatrocientos hombres. Le mortificó aceptar la derrota y reconocer que un hombre tan primitivo como Páez tuviera razón. Poco después, el Tío Antonio venció a fuerzas de Morillo en Las Queseras del Medio y le sugirió a su comandante dirigirse hacia el oeste y operar sobre la Nueva Granada. Simón empezó a reflexionar que, si por el mar, por el este y por el sur había fracasado en llegar a Caracas, acaso fuese conveniente dominar primero Nueva Granada y, con esa base, intentar un nuevo operativo desde allí. Cuando recibió noticias de Francisco de Paula Santander, quien le confirmaba que había logrado retener los llanos neogranadinos de Casanare y que disponía de unos buenos contingentes, se terminó de convencer de que, si lograba disponer de los recursos económicos y militares del rico virreinato, podría desequilibrar de una buena vez la situación de Venezuela. Pensó en aprovechar el factor sorpresa y el hecho de que, como se venía la estación de las lluvias, Morillo había instalado sus cuarteles de invierno en Calabozo para evitar que las inundaciones afectaran sus tropas. Ordenó la partida hacia Casanare y marcharon por los llanos todavía con mucho calor, sin el alivio de ninguna nube y con pocos árboles que proporcionaran sombra. Cuando encontraban algún bosquecillo solían detenerse para comer y descansar y Simón aprovechaba para sentarse en su hamaca y dictar algunas cartas. Al pasar por Cañafístola le escribió a Santander para pedirle que reuniera todas las tropas que pudiera en el punto más cómodo para entrar al interior, de tal modo de poder "ejecutar una operación que medito sobre la Nueva Granada". En el pueblo de Setenta convocó a una reunión de su consejo de oficiales y se encontró con ellos en una humilde choza, donde por escasez de sillas algunos se sentaron sobre los cráneos de unos bueyes. Expuso su plan de cruzar la cordillera hacia Nueva Granada con celeridad, para no dar tiempo a Morillo a que les tomara la espalda.

—Cuando él se entere y quiera emprender algo contra nosotros, ya habremos vuelto sobre él con fuerzas dobles o triples...

Algunos oficiales dudaban de si los hombres de los llanos ardientes aguantarían el paso de las cumbres heladas, pero el coronel inglés Rooke expresó su apoyo y terminó de decidir a sus camaradas.

Prepararon rápidamente armas y pertrechos, caballos y ganado, además de todos los botes disponibles, pues las lluvias solían convertir en lagos buena parte de los llanos. Alistaron también mantas de lana y botas para el cruce de las montañas, pese a que en esa zona tan cálida no había abundancia de ropa de abrigo ni de calzados de cuero.

Simón partió montado y contento, pues había encontrado en sus tropas menos resistencias de las que esperaba. La mayoría eran jóvenes, les gustaba movilizarse, estaban acostumbrados a las dificultades y los acompañaban algunas mujeres a quienes se denominaba "juanas". A poco de andar comenzaron las precipitaciones, pero los alfilerazos sobre el rostro al principio le resultaron agradables, por el entusiasmo de sentirse ya en marcha. Cruzaron el Arauca con dificultades, pues la lluvia había aumentado su caudal y los terrenos adyacentes se habían convertido en pantanos. Los aguaceros no cesaban, las nubes estaban cada vez más bajas y debieron marchar por ciénagas, muchas veces con el agua hasta la cintura de los infantes. Al llegar al pie de los Andes siguieron vadeando ríos que bajaban crecidos por los chubascos y arrasaban sus cauces. Los botes se utilizaban para las armas y para quienes no sabían nadar, de modo que la mayoría debía cruzarlos nadando. Vio ahogarse a muchas mulas y caballos y le informaron que se había perdido la mitad del ganado, pero se negaba a dar la orden de detención, pues prefería desperdiciar recursos antes que perder tiempo. Al aproximarse a Betoyes recibieron con vítores un cargamento de plátanos y sal que les enviaba Santander, pese a lo cual continuaron hacia Tame en estado lastimoso.

Cerca de allí se encontró con Santander, a quien saludó con alegría y alivio, pues le aportaba cuatro batallones y, por ser nativo de Nueva Granada, era conocedor de la zona y contaba con arraigo y prestigio. Joven y buen mozo, fornido de hombros y de modales distinguidos, con ojos claros, penetrantes y algo rasgados que denotaban una tenue sangre indígena, Francisco de Paula lo puso al tanto de la situación y decidieron cruzar la cordillera por el Páramo de Pisba, el paso más arduo y por ello el menos esperado por los realistas. Descansaron tres días, Santander tomó el comando de la vanguardia y recorrieron otros ciento cincuenta kilómetros al pie de las montañas, afrontando aguaceros y cruzando nuevos ríos desbordados por la estación. Al aproximarse a Pore iniciaron el ascenso de la cordillera y, como las lluvias continuaban en forma intermitente, los senderos estaban resbaladizos y peligrosos. Las cumbres eran barrancas hostiles, enormes filos ocres que afrontaban veloces cortinas de agua, conducidas por un viento demoledor y tornadizo que se escindía y huía por los desfiladeros con silbidos ululantes. Los criollos de los cálidos llanos marchaban ateridos por el desusado frío y los ingleses, acostumbrados a las bajas temperaturas, se veían afectados por el aire liviano de los pantanos andinos. Castigados todos por la abundancia de humedad y la falta de oxígeno, lograban doblar alguna montaña con esfuerzo y se desanimaban al comprobar que los esperaba otra cuesta más alta y picos más abruptos que parecían imposibles de sortear. Adormilados por el sopor que produce el soroche, casi no podían ver el pedregoso escenario habitado por adustos frailejones nacidos sobre la tierra escasa y debían golpearse entre ellos mismos para recuperar el uso de los sentidos abotagados, cuya fugaz ausencia los había aproximado al estado vegetal. Montado sobre una mula, Bolívar trataba de recorrer las formaciones para controlar y dar aliento a los infantes que, atemorizados por las dificultades, descuidaban el parque y los pertrechos y empezaban a desertar, pero hasta su propia movilidad se hacía cada vez más dificultosa por la escabrosidad de las sendas. Le parecía que las largas columnas de soldados se empequeñecían paulatinamente a medida que las montañas se agrandaban y dejaban entrever enhiestos picachos cubiertos con hielos. Al cabo de largos cinco días le alivió comprobar que las nubes iban quedando abajo y las veía deslizarse por las quebradas y posarse sobre las cañadas y las bases de pequeños valles, lo que significaba que habían hecho una buena parte del arduo camino.

 Entraron en una breve meseta flanqueada por cerros y la vanguardia encontró un fuerte ocupado por cien efectivos realistas, que fueron desalojados sin necesidad de lucha. Simón aprovechó para emitir una proclama a la población civil, donde le anunciaba que "un ejército de Venezuela, reunido a los bravos de Casanare a las órdenes del general Santander, marcha a libertaros" acompañado por "una legión británica que ha dejado la patria de su gloria para adquirir el renombre de salvadores de América"; y le decía que nada debían temer de estas fuerzas libertadoras.

Tras un descanso de cinco días reanudaron la marcha y encararon el último ascenso: la subida era cada vez más dificultosa y los equipos resultaban más pesados. Se perdieron hombres, caballos y armamento y, paradójicamente, una de las mujeres parió una criatura y continuó su camino al día siguiente. Al cabo de tres jornadas empezaron el descenso y, estirando las piernas hacia delante y sosteniendo el cuerpo sobre los estribos, Simón dejó que su cabalgadura apresurara el paso y entró con las avanzadas al valle del río Sogamoso, animado por tachones de pasto verde, sauces de clara vitalidad y el ambiente algo menos frío por el resguardo de las montañas que lo encerraban. Sobre el fondo de cerros azulados, cortinas de granizo opacaban tramos diagonales, enmarcados a veces por cristalinos rayos de sol que habían logrado inmiscuirse entre los celajes. Llegaron al pueblo de Socha y ordenó acampar: estaban en la provincia neogranadina de Tunja y, al bajar de su cabalgadura y aliviar sus asentaderas, aspirar el aroma de hierbas y mirar atrás las montañas nevadas que acababan de cruzar, sintió una enorme alegría. Se recogió un rato en una galería y percibió que el viento se deslizaba entre las chacras y se convertía en suave rumor.

Dispuso un par de días para el descanso y la recomposición de las diezmadas huestes: la población local, que cultivaba maíz y papa, les proveyó pan, alimentos frescos, tabaco y chicha. Se enteró de que el virrey Juan Sámano había enviado dos divisiones al mando del general Antonio Barreiro para esperarlo y, pese a que el grueso de su caballería y la legión inglesa no habían terminado de arribar, resolvió atacarlo de inmediato para utilizar el factor sorpresa que pudiera restar. Avanzó y sus fuerzas se trabaron en combate por varias horas, pero no pudieron lograr una clara definición. Retrocedió entonces hasta Tasco para esperar a los británicos y, una vez llegados, cruzó el río Chicamocha con balsas improvisadas, flanqueó a las fuerzas españolas y marchó hacia el Pantano de Vargas para abrirse camino a Bogotá, pero las tropas realistas lo aguardaban allí formadas sobre una loma y con pleno dominio del camino. Sintió que se había metido en un aprieto pues su posición era claramente desfavorable, pero dispuso igualmente que se armaran las tiendas y se formaran posiciones. Se cambió de ropa, se cubrió con una vistosa capa escarlata y ordenó atacar: sus llaneros y los legionarios ingleses emergieron de los pantanos, treparon hacia los cerros e hicieron cargas muy sólidas. Al aproximarse la noche los bandos habían sufrido tantas bajas que ambos resolvieron retirarse del campo y Bolívar encabezó el repliegue sobre Corrales de Bonza. Aunque había perdido muchos hombres, entre ellos al valiente y alegre coronel británico Rooke, intuía que los golpes que había logrado asestar a Barreiro eran contundentes y lo estaban minando, y decidió seguir el avance. Proclamó la ley marcial decretando el reclutamiento de todos los hombres de entre catorce y cuarenta años bajo pena de fusilamiento y, con sus fuerzas acrecidas, inició una marcha forzada durante día y noche, volvió a sortear a las fuerzas realistas y entró a Tunja, cuya guarnición se rindió sin combatir.

Durmió brevemente y, al amanecer, se calzó unos pantalones de grana con bordados de oro y un dormán, pues quería estar bien vestido para el combate. Recibió los informes de sus oficiales y sus espías, hizo colocar sus fuerzas en la plaza mayor de la ciudad y se dirigió a los cerros adyacentes, desde donde observó con largavista los movimientos de las tropas españolas. Todo parecía corroborar que, admitiendo la insuficiencia de sus efectivos, Barreiro estaba optando por retirarse hacia Bogotá para unir sus fuerzas con las del virrey y librar entonces la batalla decisiva. Simón decidió entonces atacarlo nuevamente y ordenó a sus jefes avanzar por el camino real, que descendía hacia el fondo de un barranco rodeado por montes de frondosa arboleda. Cerca del mediodía sus fuerzas llegaron al puente de Boyacá y cargaron sobre los realistas, que se habían detenido allí para almorzar. Al llegar tardíamente al campo de batalla, Bolívar observó con satisfacción que, tras una corta lucha, el general Barreiro se rendía y entregaba sus armas y sus numerosos batallones, muchos de ellos formados por criollos venezolanos, a los cuales el caraqueño integró a su ejército. Cuando se enteró de que entre los oficiales prisioneros estaba Francisco Fernández Vinoni, el hombre que siete años atrás, en Puerto Cabello, había entregado el castillo a los realistas y lo había hecho huir vencido de allí, recordó el momento de ignominia que había vivido en esas circunstancias. Ordenó que se lo ahorcara sin más trámite y, muy alegre con la venganza y por la conciencia de que su victoria le había abierto las puertas de Bogotá, partió con sus fuerzas en esa dirección. Marchó a buen paso y los tallos velludos de los frailejones, otrora severos, le parecían cisnes que inclinaban sus cuellos para beber o jirafas atentas a los rumores de los vientos.

Al cabo de tres días de marcha recibió información de que en la capital había cundido el pánico y los civiles realistas huían y dejaban abandonadas sus casas y tiendas, pues pensaban que Bolívar al entrar tomaría fuertes represalias, como su antecedente del decreto de guerra a muerte permitía anticipar; familias enteras marchaban desoladas hacia Honda u otros puertos fluviales; y el virrey Sámano había huido de la capital hacia el río Magdalena disfrazado de indio, vistiendo una ruana y un sombrero rojo, acompañado por sus principales funcionarios. Simón aceleró su paso y, seguido por una corta guardia, ingresó a media tarde en la ciudad, incómodo por no haberse podido cambiar de ropa por el apuro, pero contento por las aclamaciones de alguna gente que veía con buenos ojos el vuelco de la situación. Desmontó frente al palacio virreinal y subió las gradas con prontitud: ingresó a la sala principal donde recibió los primeros saludos y, moviéndose con desenvoltura, preguntaba a sus conocidos de hacía cinco años sobre los detalles de las muertes de su antiguo amigo Camilo Torres y de su rival republicano Manuel Bernardo Álvarez, ejecutados en su momento por los realistas, que escuchó con los brazos cruzados. A la noche se dio por fin un baño en una tina con agua de Colonia y el calor del líquido y los vahos del perfume lo relajaron con voluptuosidad: sumergió también la cabeza y un agradable rumor le hizo pensar con regocijo en que, en poco más de dos meses, había cruzado la cordillera, había destruido el ejército enemigo y había logrado ocupar la capital.

Una semana después, se realizó la entrada solemne en la ciudad de los vencedores de Boyacá. Simón se puso su uniforme de gala y salió hacia San Diego, donde se reunió con sus oficiales y, a la cabeza de los granaderos, rifleros y la legión británica, ingresó de vuelta en Bogotá cruzando arcos de estilo romano que se habían armado en las calles. Desde las ventanas engalanadas con estandartes republicanos y banderas se arrojaban flores, mientras el repicar de las campanas de las iglesias hacía de fondo musical a los vítores de los vecinos. El desfile se detuvo frente a la Catedral, donde asistió a un tedéum con los jefes principales y luego salió a la plaza, en la que lo esperaba una multitud y se había levantado un palco con un dosel de damasco tricolor. Al sentarse en el estrado miró las seis improvisadas estatuas que, colocadas como sitial, representaban las virtudes del héroe, y sintió que la emoción lo embargaba. Se hizo un breve silencio, se cantó un himno en su honor y veinte doncellas vestidas de blanco trajeron en cestillos de plata condecoraciones y una corona de laurel, que una de ellas colocó sobre sus sienes. Temió ser presa de un leve desvanecimiento, pero se irguió y, quitándose la corona, la colocó sucesivamente sobre los dos jefes que lo flanqueaban (Santander y Anzoátegui) y la arrojó luego en dirección a los rifleros, exclamando: "Son los soldados quienes la merecen".

Durante el resto de la ceremonia, dejó clavada su vista sobre una de las jóvenes, por la impactante belleza de su rostro claro, con oscuros ojos grandes, enmarcados por cabellos rubios y abundantes, y porque tenía la certeza de haberla visto antes en alguna otra parte. Uno de sus edecanes locales le confirmó que se trataba de Bernardina Ibáñez, la hija menor de su amigo Miguel Ibáñez, el republicano de Ocaña en cuya casa se había albergado hacía siete años durante su primera campaña, a quien había conocido cuando todavía era una niña pero ya impresionaba por su hermosura. "¡Es ella!...", se dijo a sí mismo. En la cena de esa noche bailó con Bernardina, quien le comentó las novedades de su familia: habían debido emigrar de Ocaña por su republicanismo y su padre, condenado luego a muerte en Bogotá, había podido fugar pero murió igualmente en la selva amazónica; y su hermana mayor Nicolasa, esposa de un realista a quien Bolívar había liberado antaño para que pudiera casarse, estaba ahora sola pues su marido había huido cuando ingresaron las tropas republicanas. Simón se enterneció ante la moza, la llenó de requiebros y la llevó a su lecho, donde la amó con prolongados ímpetus y tuvo la sensación de que sus muslos juveniles y su espíritu adolescente se fundían con su pasión de héroe y lo sumergían en un piélago de transgresión paternal, agradable soberbia y postergadas victorias.

Gozoso, pleno, se instaló en su despacho oficial y dictó una orden por la que se establecía en Nueva Granada un gobierno provisional bajo su presidencia y se confiaban los asuntos corrientes a un vicepresidente, cargo para el cual designó a Francisco de Paula Santander. Nombró a un gobernador militar al frente de cada provincia, dejó a los civiles locales la administración de las alcaldías y la justicia, y decretó la confiscación de bienes de los vecinos realistas y de quienes hubieran abandonado el territorio, para sostener y avituallar al ejército republicano. El virreinato era rico en ganado, cereales, papa, tabaco y metales y no había sufrido la guerra de independencia sino que su economía se había conservado sólida, y hasta se había activado una cierta industria textil de modo que sus habitantes habían continuado su vida tranquila, por lo cual Simón pensaba que podría obtener allí el dinero, los hombres y las armas necesarias para reconquistar Venezuela y poder tomar su anhelada Caracas. Decretó el reclutamiento de todos los esclavos con la promesa de que, al cabo de servir dos años en el ejército, obtendrían su emancipación, pero Santander le previno que esta medida estaba creando muchas resistencias en los propietarios republicanos y que hasta los propios negros se oponían a su militarización, por lo que había que esmerarse en ser prudentes.

—Pues no es justo que sean solamente los hombres libres los que mueran para libertar a los esclavos, como ha ocurrido en Venezuela —solía responder Simón. Y argumentaba:

—Los negros deben ganar sus derechos en el campo de batalla. Y es bueno que su amenazante número vaya disminuyendo por métodos fuertes y legales...

Al conversar sobre este tema volvía invariablemente a su oído la copla que había escuchado en su niñez, la que afirmaba que no había habido negros, indios ni mulatos en la Pasión de Cristo, sino que de "de blancos fue la función".

Recibía quejas cotidianas por robos y latrocinios de los funcionarios locales, a los que generalmente tenía que apañar para no entorpecer la tarea de recaudación de fondos, todo lo cual aumentaba su rechazo a las labores de escritorio. Necesitaba consolidar la situación militar en las provincias de Nueva Granada, aspiraba a liberar Venezuela y unir ambos territorios en un solo país, y a completar la liberación del continente emancipando Quito y Lima, y lamentaba tener que pasarse la jornada lidiando con tareas burocráticas o mezquinas denuncias sobre actos de corrupción.

Por otro lado, las noticias llegadas de Angostura eran preocupantes: el Congreso había rechazado su sugerencia de establecer en la Constitución un presidente vitalicio y había limitado su mandato a cuatro años; y un grupo de congresistas no había visto con buenos ojos su partida sin autorización hacia la campaña de Nueva Granada, y se había distanciado del vicepresidente Zea, quien también era resistido por los caudillos militares. Zea había terminado por dimitir y el Congreso había designado en su reemplazo al general Arismendi, quien había nombrado a Mariño como jefe del ejército del este.

Visitaba por las noches a Bernardina en su casa de la calle Santa Clara, donde vivía con su madre y sus diez hermanos en condiciones austeras, pues la mudanza desde Ocaña y la muerte del padre los habían dejado en mala situación económica. Santander y algunos oficiales lo acompañaban en esas visitas y notó que Francisco de Paula se mostraba muy interesado en Nicolasa, la bellísima hermana mayor de las Ibáñez, quien tenía dos hijos pero se encontraba sin su marido. Advertía que las conversaciones y, sobre todo, las miradas entre ellos eran cada vez más significativas.

Con el paso de los días, o mejor dicho de las noches, comenzó a apreciar que Bernardina estaba rara y esquiva, y a sospechar que se interesaba en Ambrosio Plaza, uno de sus más importantes oficiales, que lo secundaba desde los tristes días de la rendición en Puerto Cabello. En las tertulias los sorprendía mirándose en forma comprensiva y, una tarde, Bernardina le contó que Plaza quería solicitarla en matrimonio. Aunque ella se mostró remilgada y le manifestó que no tenía intenciones de aceptar, la noticia le cayó como un balde de agua fría y se sintió muy molesto, pero decidió no mostrarle su disgusto y menos sus celos. El hecho de que Nicolasa se mostrara cada vez más inclinada hacia Francisco de Paula lo terminaba de mortificar. "Santander, joven y buen mozo, está conquistando a todas luces el amor de la estupenda Nicolasa, mientras que yo, el héroe del momento, ni siquiera logro retener a esta chiquilina".

Escribió una carta al virrey Sámano ofreciendo la libertad de Barreiro y los otros oficiales en canje por los prisioneros republicanos y, a un mes y diez días de haber arribado a Bogotá, partió hacia Angostura, para solucionar los planteamientos contra Zea (advertía que se trataban de tiros por elevación contra él mismo) y dedicarse a los afanes que tenía en mente.

Al pasar por Tunja y las demás ciudades del camino lo agasajaron con flores, banquetes con elogiosos discursos y coronas colocadas en sus sienes por hermosas doncellas, lo que lo llenaba de satisfacción y lo compensaba de la decepción amorosa que acababa de sufrir. En Piedecuesta lo recibieron con un gran baile popular, en el que danzó con una moza coqueta y dicharachera, peinada con dos largas trenzas, que lo acompañó al lecho y, en el momento del placer, sintió que los rostros de Bernardina y Nicolasa se hundían con él en el olvido. A la madrugada, al despedirse, la muchacha le manifestó que se llamaba Ana Rosa Mantilla.

Como notaba que los sacerdotes solían ser monárquicos o al menos reticentes, le escribió a Santander pidiéndole que gestionara del obispo y demás autoridades de la Iglesia una declaración que afirmara que "el gobierno de la república es legítimo, es santo porque Dios ha establecido entre los hombres el derecho y el deber para consagrar la propiedad de las cosas. De estas cosas que digan muchas, más bonitas y con la unción de su compungido lenguaje".

Se detuvo en Pamplona y recibió la versión de que Santander había fusilado en la plaza pública, de rodillas, engrillados y por la espalda, a Barreiro y a los treinta y ocho oficiales realistas que estaban prisioneros en Bogotá, lo que había provocado consternación. La noticia lo preocupó, pues lo dejaba desairado para el caso de que el virrey aceptara la propuesta de canje que le había formulado y provocaría críticas entre los países civilizados de Europa. Un par de días después recibió una carta del vicepresidente, en la que le confirmaba el hecho y también trataba temas íntimos:

Mi respetado general: Al fin fue preciso salir de Barreiro y sus treinta y ocho compañeros. Las chispas me tenían loco, el pueblo estaba resfriado y no esperaba nada, nada de mantenerlos arrestados. El expediente está bien cubierto, pero como usted (por desgracia de la América) no es eterno ni yo puedo ser siempre gobernante, es menester que su contestación me cubra para siempre. Otro asunto: Ambrosio Plaza se quiere casar con Bernardina; está loco y desesperado, me ha pedido licencia y se la he negado porque creo que es usted el que debe darla. Me interesa que se le consiga y con este objeto escribo sobre tal negocio. En caso de que se casara, bien podría Plaza servir por estas provincias aun cuando su batallón fuera preciso por otras zonas.

La noticia sobre Bernardina lo dejó helado y sintió que algo se le clavaba en el pecho. Le parecía mentira que ella prefiriese a Plaza antes que a él y le dio enorme fastidio que Francisco de Paula, siendo su vicepresidente, hubiese ganado el favor de la mayor y la más bella de las Ibáñez y a la vez le comunicase que él había sido desplazado del amor de las dos, pues ambas le habían gustado desde niñas. Hasta le pareció que había un dejo de suficiencia en sus palabras.

De todos modos, decidió respaldarlo en el tema de los fusilamientos y le escribió para decirle que le daba "las gracias por el celo y actividad con que ha procurado salvar a la república con esta dolorosa medida. Nuestra reputación padecerá, pero el aplauso de los pueblos será nuestro consuelo". En cuanto a lo de Bernardina, prefirió disimular la humillación que sentía: "Me alegro porque amo a los jóvenes consortes", le respondió.

Se consoló con la esperanza de que, al llegar a Angostura, se encontraría con Pepita Machado, a quien había convocado a esa ciudad pese a que le habían informado que en Saint Thomas le había sido infiel; y empezó a pensar en ella con ansias, pero sufrió otra cruel desilusión: al no encontrarlo en Angostura, Pepita había seguido viaje con su madre y había muerto en el camino.

Siguió su ruta apesadumbrado y llegó a Angostura sobre el fin de año. Su victoria en Boyacá y la toma de Bogotá habían potenciado su poder militar y político y, sintiéndose seguro, decidió moverse en ese plano con inteligencia y magnanimidad. Simuló indiferencia ante los desplantes del Congreso e ignorancia de que los ataques contra Zea (anteriores a su triunfo en Nueva Granada) habían significado en realidad críticas contra él y trató con amabilidad a todos los revoltosos. Recibió a Arismendi en el gran salón de la Casa de Gobierno y lo estrechó repetidas veces contra su pecho, mientras exclamaba:

—Mi querido general, mi querido general...

Esa noche se celebró un gran baile de recepción y, después de los brindis con ruptura de las copas, Bolívar condujo a Arismendi a un salón privado. Le dijo que quería tenerlo como jefe de las fuerzas del este, dado que no confiaba en Mariño, y le aconsejó renunciar a la vicepresidencia cuanto antes y marchar para allí de inmediato. Arismendi obedeció sin chistar y Mariño quedó sin mando de tropas.

Simón convocó al Congreso y, al mediodía del día fijado, se vistió con uniforme de gala de mariscal francés y salió de la Casa de Gobierno saludado por tres cañonazos. Al llegar a la plaza fue honrado con otras veintiuna salvas y fue recibido con aclamaciones de la multitud. Entró al recinto y fue ovacionado también por los congresistas, lo que lo llenó de satisfacción. Empezó a hablar y los vítores del público y de los asambleístas no cesaban, hasta el punto que sintió que estaba a punto de desvanecerse y se derrumbó en un estado de plácido abandono, sin conciencia de lugar ni tiempo. Cuando recuperó el sentido se vio atendido por sus edecanes y principales autoridades, quienes le habían ajado la camisa y la chaqueta. Se retiró a su residencia, se puso un nuevo uniforme similar a los que usaba Napoleón y, ya repuesto, regresó para pronunciar el discurso que había preparado. Manifestó que la reunión de Nueva Granada y de Venezuela "es el objeto único que me he propuesto desde mis primeras armas; es el voto de los ciudadanos de ambos países y es la garantía de la libertad de nuestra América". Sugirió que el nuevo país se llamara Colombia, como homenaje a Cristóbal Colón, y su capital llevara el nombre de Bartolomé de Las Casas, el sacerdote defensor de los indígenas, "dos bienhechores de la humanidad que pertenecen a la América, para probar al mundo que no solamente tenemos derecho a ser libres, sino también a ser considerados justos".

El Congreso aprobó la moción: Bolívar fue designado presidente de la nueva república y Zea vicepresidente. Francisco de Paula Santander sería el vicepresidente de la república componente de Nueva Granada y Juan Germán Roscio de la de Venezuela. En cuanto a la presidencia de Quito, se prefirió primero emanciparla y luego designar su vicepresidente. Los nombres de Nueva Granada y Santafé se cambiaron por Cundinamarca y Bogotá, por ser de origen indígena, y se convocó a un congreso de la Colombia unificada a reunirse en Cúcuta, en la cordillera neogranadina, por ser una ciudad equidistante entre Bogotá y Caracas.

Simón asistió a varias fiestas y banquetes que se realizaron para celebrar el nacimiento de la nueva nación y bailó mucho en ellos, pero su mente estaba en los pasos a seguir: ¿había que poner el peso militar en completar la toma de Venezuela, de Nueva Granada o de Quito?

Su amigo de juventud, Mariano Montilla, había llegado en esos días a Angostura con Rafael Urdaneta y, debido a los desencuentros que habían tenido años antes en Cartagena y Haití, no sabía cómo iba a recibirlo el flamante presidente de la recién inaugurada Colombia. Simón lo invitó a su casa, lo saludó con un cálido abrazo como si no hubiera pasado nada, y compartieron varios brindis en los cuales, vertiendo algunas lágrimas, se prometieron olvidar el pasado.

Luego le pidió que se reincorporara a las filas republicanas y marchara hacia la isla Margarita, para ponerse al frente de una legión irlandesa que estaba a punto de arribar y, en combinación con la flota de Luis Brion, tomar Río Hacha y Santa Marta, en la costa norte de Nueva Granada. Escribió también a sus parientes y amigos de la juventud, el marqués Francisco del Toro y su hermano Fernando, para invitarlos a regresar del extranjero y sumarse al gobierno patrio. "Jamás pienso en ustedes sin gemir, jamás les escribo sin llorar", les manifestó. Dispuso el envío de otro ejército hacia el sur, para conquistar Quito y las otras provincias ecuatoriales, y le pidió a Zea que viajara a Estados Unidos e Inglaterra para obtener el reconocimiento de la nueva nación y un empréstito de tres millones de pesos. Como también iba a Francia, le dio una carta de presentación para su prima y amiga Fanny de Villars, a quien recordaba con cariño.

Dispuestas estas medidas y, al cabo de dos semanas de permanencia en Angostura, Simón partió la víspera de Navidad, al frente de otro contingente, hacia la zona del Apure. Recibió el nuevo año en viaje y en San Juan de Payara se encontró con Páez, a quien le propuso unir fuerzas y atacar al conde de Cartagena. El Tío Antonio lo recibió con cordialidad, pero le explicó que su caballería estaba muy menguada por una epidemia y su infantería disminuida por la deserción, por lo cual se veía imposibilitado de entrar en campaña.

—Debemos actuar con prontitud, don Antonio —lo apuraba el caraqueño—, antes de que Morillo reciba refuerzos desde España...

—Me temo, don Simón —retrucaba Páez—, que la aparente pasividad del godo sea una táctica para atraernos hacia las montañas que rodean Caracas, donde se siente más seguro que en los llanos.

Ante la reticencia del Tío Antonio optó por seguir hasta las montañas de Nueva Granada, donde el ejército del norte, al mando de Urdaneta, iba a intentar liberar el valle y el río Magdalena hasta su desembocadura, para juntarse con las tropas de Mariano Montilla. Como se trataba de una zona equidistante entre Bogotá y Angostura, desde allí podría atender las situaciones de ambas repúblicas.

Se estableció en Rosario de Cúcuta, donde comprobó que la población no tenía demasiado ánimo de colaborar económicamente con los ejércitos republicanos y le escribió repetidamente a Santander encareciéndole que "exprimiera" a las provincias para obtener aportes mensuales. Se franqueaba con él sobre diversos temas y, en algún momento, haciendo referencia al pasado, le reconoció que era "necesario ser justos: sin el valor de Piar, la república no habría contado con tantas victorias".

Ambrosio Plaza, sin haber obtenido la licencia de casamiento, vino con su batallón a reunirse con el ejército de Bolívar y seguía noviando a la distancia con Bernardina. Desde Bogotá, en sus cartas, Santander le daba noticias a Simón sobre la muchacha y, aunque le gustaba recibirlas, sentía que sus celos se exacerbaban. "¡Qué interesante estará la sentimental Bernardina suspirando, leyendo y hablando del ingrato Plaza!", le contestó el caraqueño. Intentaba mostrarse magnánimo y a la vez le intrigaba saber cómo continuaría la relación de Francisco de Paula con Nicolasa, la que había trascendido en Bogotá y originaba toda clase de comentarios maliciosos, pues su marido seguía ausente, exiliado por realista.

Marchó hacia Bogotá, donde un congreso constituyente había aprobado la formación de la nueva república y donde debía asistir a los actos de instalación formal. Francisco de Paula lo recibió con una proclama y celebró varias fiestas en su honor. Una mañana le anunció que Nueva Granada había resuelto obsequiarle, como retribución por su labor como inspirador de la nueva nación a la que se había integrado, una quinta que había sido confiscada al contador de la renta de tabaco en las afueras de la ciudad, y le pidió que lo acompañara para conocerla. Partieron hacia el lugar llamado La Toma de la Aduana donde, recostada sobre uno de los cerros y con una magnífica vista sobre el bajo, rodeada por un variado jardín, se encontraba la amplia finca con dos galerías, varias habitaciones y techo de tejas. Simón agradeció encantado el regalo, pidió que le pusieran una estufa en una de las salas de adelante y le construyeran un comedor detrás de la galería del fondo, y regresó a la ciudad desde donde partió poco después otra vez hacia Cúcuta.

Al llegar allí recibió una carta de Santander en la que le decía que últimamente no cobraba su sueldo, debido a que le parecía poco honroso percibirlo cuando los soldados no cobraban por las dificultades de la tesorería, y le pedía que le regalara la casa que se había confiscado a un español en Bogotá. Simón le contestó que habiéndose constituido el Congreso no podía disponer ya de los bienes nacionales, pero que tratándose de servir a los amigos estaba dispuesto a ejercitar en forma retroactiva aquellas facultades, a fin de poder otorgarle algo que valiera diez veces más que la vivienda solicitada. "Si me entiende, rompa usted mi carta", le recomendó.

Visitaba a menudo la provincia vecina de San Cristóbal y notaba que no había en la zona ningún entusiasmo por la república. En sus misivas a Santander le detallaba la mala voluntad y la malicia que encontraba a su alrededor, la decepción que tenía con Zea por sus desobediencias y su avaricia, la desconfianza que les tenía a Páez y a Mariño, con quienes no sabía ya qué hacer. En algún momento de desaliento, le escribía: "Ni la libertad, ni las leyes, ni la más brillante ilustración nos harán republicanos y verdaderamente patriotas. Amigo, por nuestras venas no corre sangre sino el vicio mezclado con el miedo y el error".

La relación con los otros poderes republicanos también tenía sus dificultades: Simón había decretado la confiscación de bienes de todos los bandidos, ladrones y desertores y de quienes no los denunciaran, pero Santander le hacía saber que le resultaba difícil aplicar la medida pues el Congreso había dispuesto una amnistía general. "Los indultos y órdenes del Congreso no se pueden llevar a efecto rigurosamente —insistió Bolívar— porque aquellos señores están en paz y nosotros en guerra. A mí se me han concedido facultades ilimitadas, y éste es el caso de usar de ellas".

La situación militar tampoco progresaba. Mariano Montilla le informaba que, al llegar a Río Hacha, los irlandeses se habían amotinado y exigían alimentos y vestuarios, argumentando que estaban cansados de servir a un Estado que no cumplía sus promesas. El comandante los licenció para impedir que contagiaran a los nativos, pero aquéllos se emborracharon, incendiaron parte de la ciudad y se apoderaron de algunos barcos para navegar hacia Jamaica. "Nada me extraña lo que usted me dice de la Legión Irlandesa —contestó molesto Simón—. Todo lo temía de esos verdugos que, si no les pagan, no matan; y que son como aquellas cortesanas que no se rinden sino después del cohecho".

Sufrió unas fiebres muy intensas, que lo sumieron en un estado de sopor y algunas noches deliraba y mezclaba las figuras de Miranda y de Santander. La evocación del caraqueño lo trastornaba y lamentaba que una personalidad tan destacada se hubiese rendido, mientras que Francisco de Paula, guapo y exitoso, lo exasperaba por su éxito con las mujeres y la arrogancia con que parecía tratarlo.

Las noticias sobre una rebelión liberal ocurrida en España lo ayudaron a restablecerse y recuperar el entusiasmo. Fernando VII había congregado un ejército de diez mil hombres en Cádiz, para someter a los rebeldes americanos, pero la resistencia a marchar a las Indias y la difusión de las ideas liberales provocó un movimiento de protesta encabezado por el coronel Rafael Riego. El militar rebelde prendió al general en jefe, proclamó la restitución de la Constitución de Cádiz y la chispa revolucionaria se expandió por toda la península. Cuando el monarca advirtió que en todas las regiones se formaban juntas que destituían a las autoridades reales y juraban la Constitución, y que todos los generales se pronunciaban en igual sentido, dictó un decreto aceptando su vigencia y convocando a las Cortes.

Exultante, Simón le escribía a Francisco de Paula:

Las noticias de España no pueden ser mejores y han decidido nuestra suerte, porque ya está resuelto que no vengan más tropas a América, con lo cual se inclina la contienda a nuestro favor. Además, debemos esperar otro resultado más favorable. Convencida la España de no poder mandar refuerzos contra nosotros, se convencerá igualmente de no poder triunfar, y entonces tratará de hacer la paz para no sufrir inútilmente.

A un amigo sajón, le comentaba:

La América del Norte, siguiendo su conducta aritmética de negocios, aprovechará la ocasión de hacerse de las Floridas, de nuestra amistad y de un gran dominio de comercio. Es una verdadera conspiración de la España, de la Europa y de la América contra Fernando. Él la merece, mas ya no es glorioso pertenecer a una liga tan formidable contra un imbécil tirano. Yo, que siempre he sido su enemigo, veo con desdén combatir contra un partido expirante y arruinado.

El general Pablo Morillo se encontraba en Valencia cuando le avisaron que dos vecinos de Caracas venían a entrevistarlo en nombre del Cabildo de aquella capital. Los recibió de inmediato y le comunicaron que, teniendo en cuenta los sucesos de la península, los miembros de la corporación deseaban que se jurase la Constitución de Cádiz. El conde de Cartagena les respondió que regresaría de inmediato a Caracas y, luego de marchar durante toda una jornada, llegó hasta allí de noche y se entrevistó con los cabildantes. Se trataba de un pedido que no entrañaba deslealtad con la metrópoli, sino que se adecuaba a las circunstancias que se vivían allí, pero advirtió que significaba que se estaban produciendo modificaciones en la opinión pública. Poco después, recibía una serie de instrucciones enviadas desde Madrid por el ministro de Ultramar: se le ordenaba promulgar la Constitución de Cádiz y crear una Junta de Pacificación para negociar armisticios con los insurrectos de las Indias.

Morillo era un liberal moderado, que veía con buenos ojos el progreso social y el movimiento constitucional, pero se sintió afectado por la última indicación. Se veía fuerte en el terreno militar pues, a pesar de la pérdida de Nueva Granada, estaba al frente de un poderoso ejército de 11 mil hombres y seguía dominando casi toda Venezuela, salvo Guayana, el Apure y la isla Margarita.

—¡Están locos! —pensó—. ¡No conocen el país, ni los enemigos ni los acontecimientos. Me ordenan que pase por la humillación de tratar con los insurrectos a quienes combato!

Sin embargo, como militar disciplinado, envió comunicaciones a Bolívar, Páez, Mariano Montilla y otros jefes republicanos, en las que les informaba que había instruido a sus generales para que suspendieran las hostilidades durante un mes a partir del día de la aceptación por parte de los adversarios.

Simón se encontraba en San Cristóbal cuando llegó un coronel enviado por el segundo comandante de Morillo, el general Miguel La Torre, con objeto de proponerle un armisticio. Se alegró al ver que sus predicciones se cumplían y que ello entrañaba perspectivas halagüeñas, pero le molestó que se hubieran dirigido comunicaciones paralelas a otros jefes republicanos y no se lo reconociera como máxima y única autoridad. Atendió al comisionado con cortesía durante tres días y le pareció que mostraba franqueza y buena fe, por lo cual, al despedirlo, le entregó una "mula mocha" para que la llevara como obsequio para La Torre, quien estaba casado con Concepción de Vegas y Toro, pariente de la difunta esposa de Bolívar y también de éste. Sin perjuicio de este gesto de cortesía, le respondió que lamentaba que se hubieran dirigido con rodeos en busca de su cuartel general y que, si bien aceptaba en principio el cese del fuego, toda negociación debería tener como base el reconocimiento de Colombia como un Estado independiente, libre y soberano.

Aunque creía que las negociaciones culminarían seguramente en la terminación efectiva de la guerra, quería de todos modos que el armisticio lo encontrara en la mejor situación militar, por lo cual escribió a Mariano Montilla para pedirle que apresurara su operación tendiente a controlar el río Magdalena y tomar Santa Marta. En relación con Cartagena, que se encontraba sitiada por las tropas republicanas, le sugería utilizar las tratativas del armisticio para sobornar con 100 mil pesos y un grado militar al jefe realista que entregara la plaza.

Recibió una nueva comunicación de Morillo haciéndole saber que enviaba dos delegados para iniciar las conversaciones formales y se alegró al ver que lo trataba de "Presidente del Congreso", aunque su título verdadero era presidente de la República de Colombia. Uno de los comisionados realistas era Juan Rodríguez del Toro, amigo y pariente de Bolívar, miembro de esa familia a "la que quiero más que a la mía", solía decir Simón. Juan le escribió para anticiparle su cometido y el caraqueño le contestó que su carta le había traído "muchos recuerdos y sentimientos. Al saberte al alcance de mi vista he olvidado que vienes empleado por el enemigo y sólo he sentido que eres el antiguo, bueno y compasivo Juan Toro".

Entendiendo que Cartagena estaba a punto de ser tomada, decidió dejar como representantes a Antonio José de Sucre y a Ambrosio Plaza ("¿Bernardina seguirá sufriendo por él?") para que negociaran con los enviados de Morillo, y partió hacia allí para tener la satisfacción de entrar personalmente en la ciudad fortificada, cuyo título condal, precisamente, el rey había otorgado a su adversario. A medida que dejaba la zona cordillerana y se acercaba a Cartagena, la vegetación magra era reemplazada por profusos matarratones de claro follaje y por flores del paraíso cuyos pétalos fucsias simulaban la presencia de pájaros, mientras auténticos guacamayos alegraban la foresta con sus simpáticos movimientos y sonidos. Llegó hasta Turbaco, se alojó en la casa con amplias galerías en la que había vivido anteriormente, sobre la plaza y frente a un gran árbol de caucho, y se contrarió al saber que la situación militar estaba empantanada y que sus fuerzas no lograban doblegar ni corromper a los defensores de la magnífica plaza amurallada. El gobernador realista que defendía Cartagena le mandó un enviado ofreciéndole suspender las hostilidades sobre la base de la Constitución de España. Indignado y meciéndose en la hamaca que había hecho colgar en su despacho sobre la esquina, Simón dictó su respuesta:

¿Cree usted, señor gobernador, que la vieja y corrompida España puede aún dominar el Nuevo Mundo? Diga usted a su rey, a su nación, que el pueblo de Colombia, por no sufrir la mancha de ser español, está resuelto a combatir por siglos y siglos contra los hombres, y aun contra los inmortales, si éstos toman parte en la causa contra España. Prefieren los colombianos descender a los abismos, antes que ser españoles.

En las negociaciones que se desarrollaban en San Cristóbal, los enviados de Morillo habían formulado proposiciones parecidas: si los territorios disidentes juraban la Constitución de Cádiz, los jefes insurrectos continuarían en sus cargos, pero subordinados al general en jefe español o directamente a las autoridades de Madrid.

Bolívar escribió a sus representantes para ratificarles que debían mantener sus exigencias de independencia y, frustrado por no haber podido concretar la toma de Cartagena, partió de regreso hacia su base de operaciones. Al llegar a Mahates supo que los realistas habían contestado que sólo las Cortes, en España, podían conceder la independencia, y habían propuesto que se enviaran delegados a éstas. Les escribió entonces para que sugirieran que, para poder firmar un armisticio sin el reconocimiento de la independencia, los realistas entregaran Cartagena, Maracaibo, Barcelona y Cumaná.

Llegó a Cúcuta molesto por no haber podido ganar posiciones y ordenó a sus oficiales alistar a las tropas para efectuar algunos avances. Partió en su mula al frente de los contingentes, y la marcha por las montañas fue difícil: sufrieron problemas de abastecimiento, pero lograron tomar Mérida y, cinco días después, Trujillo. Se sintió más seguro y envió una comunicación a Morillo ofreciendo negociar un armisticio de seis meses. Éste resolvió estrechar la distancia, avanzó con un poderoso ejército hasta Carache y se situó frente a Trujillo, pero aceptó las tratativas y envió sus representantes.

Simón los recibió con cordialidad en su cuartel general y, al comienzo de la entrevista, uno de los delegados le hizo saber que el conde de Cartagena pensaba que las negociaciones se facilitarían si el jefe republicano regresaba a sus posiciones de Cúcuta. Bolívar se irritó:

—Diga usted al general Morillo que él se retirará a sus posiciones de Cádiz antes que yo a Cúcuta —respondió.

Esa noche se acostó con fiebre, indignado ante lo que consideraba una grosera impertinencia del comandante español, pero Morillo desautorizó a su delegado y ratificó su voluntad de lograr un entendimiento. Los representantes siguieron negociando y finalmente llegaron a un acuerdo: ambas partes conservarían los territorios ganados; se establecía un armisticio por seis meses; y, para contribuir a la humanización de la guerra, se regulaba el canje de prisioneros, el entierro de las víctimas y el trato a los civiles. Si alguna de las partes decidiera reabrir las hostilidades, debía comunicarlo a la otra con cuarenta días de anticipación.

En la misma residencia de Trujillo en que siete años atrás había firmado el decreto de guerra a muerte a los españoles, Bolívar rubricó el tratado de regularización de la contienda para evitar nuevos "horrores y crímenes como los que habían inundado de lágrimas y de sangre" el territorio, según su propio reconocimiento. Su ánimo ahora era distinto: estaba más tranquilo, pues avizoraba que el porvenir se presentaba favorable para las aspiraciones de independencia, y pensaba que este acuerdo iba a servir para que los ingleses vieran con mejores ojos a los republicanos y pudieran reconocer la existencia de Colombia.

El conde de Cartagena lo invitó a mantener una entrevista personal en el pueblo de Santa Ana, a mitad de camino entre ambas líneas, y Simón, entusiasmado con las perspectivas, aceptó de buen grado. La noche previa al encuentro casi no pudo dormir: estaba ansioso por conocer a su rival de varios años, el hombre que representaba al poder que quería destruir, pero que también ejercía sobre él una excitante fascinación.

13. VOLVER A CASA (1820-1822)

> *Albe, où j'ai commencé a respirer le jour*
> *Albe, mon cher pays et mon premier amour.*
>
> Corneille, *Horacio*

A la madrugada Simón seguía dando vueltas en la cama y meditaba sobre cuál sería la mejor manera de impresionar al general Pablo Morillo y conquistar su admiración. Amaba los fastos y las ceremonias pomposas, con casacas rutilantes, pero tras pensarlo mucho decidió que no era ésa la forma de impactar a su adversario español, sino la contraria: la sencillez. Se levantó, se vistió con una simple levita azul, ordenó que se ensillara su mula habitual y partió con sombrero de campaña y acompañado solamente por una comitiva de diez personas.

Morillo fue el primero en llegar a Santa Ana, a caballo y vestido con brillante uniforme, custodiado por sus ayudantes y un escuadrón de húsares. Al saber que Bolívar estaba en camino con una modesta escolta, ordenó que se retiraran los húsares, como gesto de reciprocidad. Poco después, sobre la colina que dominaba el pueblo, apareció la delegación republicana.

Los dos jefes se reconocieron, echaron pie a tierra y se estrecharon en un abrazo. Se presentaron recíprocamente a los acompañantes (La Torre integraba la comitiva española) y conversaron con mucha cortesía. Cuando Bolívar vio que su adversario lo trataba como a un viejo amigo, se propuso superarlo en gentilezas y le brindó una duplicada calidez. Se congratularon por haber podido lograr el armisticio y el convenio de humanización de la guerra y eludieron con elegancia el punto que los distanciaba: la monarquía peninsular pretendía que los principios liberales de la Constitución de

Cádiz satisficieran los requerimientos de los criollos americanos que se habían insurreccionado; pero el "mantuano" caraqueño aspiraba ahora a lograr una completa independencia de la metrópoli, que le otorgase el ejercicio total del gobierno americano.

En la mejor residencia del pueblo el conde de Cartagena agasajó con un almuerzo a Simón y sus acompañantes y el clima fue de total confianza y alegría, sentimientos que se fueron acentuando con el calor de los vinos. A los postres, los brindis abundaron y fueron seguidos por abrazos y mutuas expresiones de afecto, que llegaron a enternecer a Simón:

—Por los colombianos y españoles —auguró La Torre—, que si es necesario marchen unidos hasta el infierno contra los déspotas y los tiranos...

—Castigue el cielo —Morillo alzó su copa— a quienes no estén animados de los mismos sentimientos de paz que nosotros...

—Odio eterno —Bolívar miró con lágrimas en los ojos a su flamante amigo— a los que deseen sangre y la derramen injustamente. Por la heroica firmeza de los combatientes de uno y otro ejército...

La exaltación alcanzó niveles superlativos y el jefe español sugirió levantar una pirámide en el sitio en que se habían dado el primer abrazo, como homenaje a la reconciliación. El venezolano aceptó de inmediato y ambas comitivas volvieron al lugar, donde colocaron una improvisada piedra fundacional, designaron dos oficiales ingenieros para continuar la obra, y renovaron las expresiones de cariño y los deseos de una paz fecunda a la sombra de los nuevos vientos liberales. Se había previsto que ambos comandantes ocuparan la habitación más importante de la residencia, de modo que esa noche durmieron prácticamente juntos. Simón se quitó la ropa y, en el momento de meterse en la cama, pensó: "Tantas veces nos hemos quitado recíprocamente el sueño, ¡y hoy venimos a compartirlo!".

Se dio vuelta en el lecho y se durmió profundamente. Se despertó con algo de resaca, pero la enorme satisfacción que experimentaba disipó de inmediato la sequedad de garganta y el leve dolor de cabeza. Tomó un ligero desayuno de café y arepas, se despidió de Morillo y sus ayudantes con la misma cordialidad de la víspera y partió de regreso a Trujillo. Al llegar, todavía conmovido por las emociones del encuentro, dictó una carta al conde de Cartagena para manifestarle que "no hay momento que no recuerde algunas ideas, alguna sensación agradable originada en nuestra entrevista. Mi corazón se ha mudado con respecto a mis nuevos amigos; y me doy la enhorabuena por haber conocido a hombres tan acreedores a mi justo aprecio y que, debido a los prejuicios de la guerra, no podíamos ver sino a través de las sombras del error". También le escribió a Santander y le comentó que Morillo era un hombre de buenas intenciones, que le había gustado; que tanto él como su segundo La Torre se habían expresado en contra de los tiranos y a favor de la libertad; y le pidió que manejara con discreción estas impresiones, para no comprometer a los españoles.

Partió hacia Barinas, al pie de los Andes venezolanos, con el propósito de establecer una fuerte brigada, y designó dos delegados para que viajaran a Madrid a negociar con la Corona, sobre la base de la independencia de Colombia, la que incluía a Nueva Granada, Venezuela y Quito. En caso de que no se aceptara la inclusión de Quito, estaban autorizados a ofrecer en cambio la entrega de Panamá; y en reciprocidad por la cesión de los derechos españoles, podían reconocer la soberanía y propiedad de España sobre México y cualquier otro territorio que no alcanzara la independencia por los mismos medios que Colombia. No estaban facultados para aceptar ninguna monarquía, ni bajo un Borbón ni bajo cualquier otro príncipe europeo, pero podían ofrecer a Inglaterra ventajas comerciales análogas a las que rechazara España.

Escribió también a Fernando VII para "felicitarlo por el advenimiento al trono del imperio más libre y grande" de Europa y señalarle que, si se mostraba tan grande como su gobierno, "Colombia entraría en el orden natural del mundo político". La existencia de Colombia —agregaba— "es necesaria, señor, al reposo de V.M. y a la dicha de los colombianos. Es nuestra ambición ofrecer a los españoles una segunda patria, pero erguida y no abrumada de cadenas. Vendrán los españoles a recoger los dulces tributos de la virtud, del saber, de la industria, mas no a arrancar los de la fuerza".

Recibió informaciones de que el ejército chileno al mando del general José de San Martín, que en su inicio había sido patrocinado por el gobierno independiente del Río de la Plata, había desembarcado en las costas de Pisco, en el Perú, con el objetivo de derrotar a las fuerzas españolas y tomar Lima. Al conocerse su arribo, la provincia de Guayaquil se había insurreccionado y había expresado su apoyo a los republicanos.

La circunstancia lo alegró, por cuanto significaba que los realistas se estaban debilitando en el continente (en México, el general Agustín de Iturbide había proclamado en Iguala un plan para lograr la independencia), pero le originó también un doble resquemor. En primer lugar, prefería ser él quien tuviese el privilegio de conquistar el rico y poderoso Virreinato del Perú, con capital en Lima, como lo venía expresando desde hacía años. Además, el levantamiento de Guayaquil parecía indicar que esa provincia estaba manifestando la intención de incorporarse a un futuro Perú independiente, pese a que tradicionalmente había estado subordinada políticamente al Virreinato de Nueva Granada.

La situación de las provincias del sur, particularmente Pasto y Patia, acérrimamente realistas, le preocupaba desde hacía un tiempo, pues dificultaban el paso de sus fuerzas hacia Quito, Guayaquil y Lima. "Pasto y Patia —le había escrito a Santander— son pueblos terribles, el muro donde se han estrellado todos nuestros esfuerzos desde el año once. Yo voy a instruir que los principales cabecillas, sean ricos, nobles o plebeyos, sean ahorcados en Pasto, y todo el resto de la población, extraída de sus pueblos para enviarla a Venezuela; que no queden sino las mujeres y los niños, que no nos harán daño y pueden cambiar de opinión".

El general que había enviado hacia esa zona le escribía que no podía avanzar sobre los españoles por causa de la cordillera de los Andes, a lo que Simón le contestó que era "un axioma militar desde hacía siglos que por donde pasa una cabra pasa un ejército", como lo había hecho él varias veces. Contrariado por estas dificultades, decidió enviar hacia allí al general Antonio José de Sucre para que asumiera el comando de la ofensiva sobre Quito.

Marchó hacia Cúcuta para tratar de acelerar y mantener bajo su control la reunión del Congreso de la Colombia unificada y, al llegar el fin de año, siguió hacia Bogotá y se alojó en la quinta que le habían regalado, la que había sido ampliada mediante la construcción de un gran comedor en el fondo y mejorada su sala norte con la colocación de una estufa. Instaló allí su despacho y lo amuebló con un *secrétaire* de caoba y un elegante reloj de mesa de cobre repujado, con la esfera flanqueada por dos grupos escultóricos de los guerreros cruzando sus espadas pintados por Jacques-Louis David en *El juramento de los Horacios*, los hermanos que habían salvado a Roma y habían sido llevados a la historia por Tito Livio y a la literatura por Corneille, en la obra que había leído en París durante su juventud y cuyo recuerdo le traía un toque de melancolía.

En ese ambiente dictó una carta para el general San Martín en la que lo halagaba con elogios a su campaña, le decía que se hallaba en marcha para cumplir sus ofertas de reunir el Imperio de los Incas al imperio de la libertad y le anunciaba que "la Divina Providencia, que ha reunido hasta ahora los estandartes de la Ley y la Libertad, nos reunirá en algún ángulo del Perú, después de haber pasado por sobre los trofeos de los tiranos del mundo americano".

Recibió noticias de que, poco después del encuentro en Santa Ana, Morillo había insistido en su pedido de regresar a España, donde tenía intenciones de casarse: su salud seguía afectada por la herida en su pierna; la falta de refuerzos militares desde la península lo desalentaba; y no tenía esperanzas de que los republicanos aceptaran la paz sin el reconocimiento de la independencia. "Es un delirio pensar que esta parte de la América quiera unirse a ese hemisferio, adoptando la Constitución de la monarquía española", había escrito a Madrid antes de ceder el mando al general La Torre y aprestarse a embarcarse en La Guaira. La Torre trataba de "hermano" a Bolívar, lo consideraba un amigo y veía con cierta benevolencia al movimiento republicano, por lo cual al caraqueño no le disgustó el relevo. "Es menos activo, menos capaz y menos militar que el conde de Cartagena y está casado con una parienta mía. Parece —ironizó en una carta— que el ejército expedicionario está a punto de incorporarse al libertador, y prefiere una patria joven y bella antes que una vieja y caduca". Le escribió al conde de Cartagena para expresarle "el sentimiento de no haber recibido ninguna comunicación en que usted me participe su marcha a Europa, y sólo la idea de algún retardo inesperado me consuela de este silencio", y a la vez felicitarlo por "su retorno a España para recibir los favores de himeneo".

El venezolano no estaba seguro de que los españoles reconocieran la independencia de Colombia y firmaran la paz definitiva, de modo que quería aprovechar el armisticio para tener mejorada su situación militar en el momento en que se reanudaran las hostilidades. Le escribió a Santander para que instase un avance en el sur que sirviera para tomar Quito, antes de que entrara allí en vigencia el cese del fuego. "Hay muchos medios de retardar la notificación del armisticio —le sugería—: se puede perder el pliego; enfermarse el conductor al llegar; o no creerse nuestro general sujeto a usted en Quito. Desenvuelva usted estas ideas que no hago más que indicar".

En Maracaibo, que había quedado en poder de los españoles, se produjo un "levantamiento espontáneo" a favor de los republicanos y las tropas de Rafael Urdaneta ocuparon la provincia en respaldo a los rebeldes. Bolívar felicitó a su lugarteniente por el éxito, se alegró de contar con un territorio que era vital para una futura ofensiva sobre Caracas y, cuando recibió una protesta del general La Torre por el quebrantamiento del armisticio, le contestó:

Debe usted hacerme la justicia de creer que yo no he tenido parte alguna en la presente insurrección de esta anhelada ciudad. Jamás me habría colocado voluntariamente en un caso que, bajo todos respectos, es extremo. ¿Cómo comprometer a un amigo respetable como usted a tomar medidas en todo contrarias a sus sentimientos, y cómo abandonar a un pueblo, ya amparado por nuestras armas y protegido por la ley fundamental de Colombia? Para mí, uno y otro son motivos de sumo sentimiento, sin añadir el más cruel de todos: la sospecha de nuestra buena fe.

Argumentó que, desde el alzamiento de Maracaibo, este territorio había dejado de pertenecer a España, por lo que Colombia había ocupado un país que ya estaba fuera del dominio y las leyes españolas, y que por ello éste tenía el derecho de incorporarse a Colombia y ésta de recibirlo. Concluía manifestándole que le resultaba imposible devolver la plaza, dado que se encontraba muy presionado por las resistencias internas al armisticio que había firmado, y sugería recurrir a un arbitraje.

Efectivamente, algunos congresistas de Angostura habían criticado el cese del fuego, pero Simón se había limitado a ironizar: "Las altas autoridades de Angostura están sobre el Orinoco, pero creen estar en el Támesis. Y pertenecen a la raza de los indígenas manaures, pero se creen todos unos Pitts".

La negativa a devolver Maracaibo dificultó las negociaciones de paz y, en Madrid, el secretario de Estado de Fernando VII, debido a "la falta a la palabra de honor que envilecía la honrosa profesión de las armas", se negó a recibir a los enviados del presidente de Colombia.

Tomó a un jardinero español para que mejorara el parque y la huerta de su quinta, le encargó varias tareas y partió de Bogotá en mula. Marchó varios días por las montañas y, al iniciar el descenso, las vistas de los llanos venezolanos le parecían un océano vegetal cuyos oleajes oscilaban entre el oro y las esmeraldas. Al llegar a Barinas instaló su cuartel general. Se sentía fortalecido con la posesión de Maracaibo y consideró que, si lograba unir los tres ejércitos del oeste (los de Páez, Urdaneta y el de él mismo) para atacar Caracas, mientras también convergían las fuerzas del este, al mando de Bermúdez, para obligar a los españoles a dividir sus tropas, podría lograr la anhelada toma de su ciudad natal. Decidió entonces reanudar las hostilidades y escribió a La Torre para anunciarle su decisión, argumentando que el armisticio había provocado una escasez de ganado que había afectado a sus tropas. La falta de carne era real, pero en gran parte se debía a que las haciendas confiscadas habían sido distribuidas entre los jefes republicanos, quienes preferirían liquidarlas a bajo precio antes de verlas requisadas por el Estado.

Envió a sus generales la orden de movilizarse e inició su propia marcha hacia el nordeste. En el camino se enteró de que La Torre había abandonado San Carlos y, de inmediato, dispuso que ése sería el lugar de su convergencia con los ejércitos de Urdaneta y Páez. Se entusiasmó al ir reconociendo la geografía más próxima a la de su infancia y, al cabo de un par de semanas, entró en San Carlos y fue recibido con beneplácito por parte de la población. Se instaló en una residencia de la ciudad y le escribió a La Torre proponiéndole un nuevo armisticio, con el propósito de ganar la opinión pública, vulnerar la moral del enemigo provocándole deserciones y hacer tiempo hasta la llegada de sus fuerzas. El comandante español desechó el acuerdo y, al cabo de unos días, Simón recibió con alegría a Páez, quien llegaba al mando de su ejército. Nueve días después ingresaban las fuerzas de Urdaneta, aunque sin su jefe, que se había quedado muy enfermo en el camino.

Fortalecido su ánimo, Simón dio órdenes de proseguir la marcha, cruzaron montes y desfiladeros y una madrugada ocuparon los cerros de Buena Vista. Al disiparse la niebla matinal divisó, sobre las amplias y verdes llanuras de Carabobo, al ejército español, desplegado para impedirle el paso. Reinaba un tenso silencio, algunos bellos samanes adornaban los campos y el ambiente caluroso y húmedo empezó a alegrarse con el piar de los pájaros y algunos sones de chicharras. Deliberó con su Estado Mayor, le alivió comprobar que sus fuerzas eran superiores y le informaron que, por el oeste, había un paso que desembocaba en el llano, por lo cual instruyó a Páez que se atacara por allí. Se vistió con su mejor uniforme de estilo napoleónico y poco después se iniciaba el combate: desde la colina en la que se instaló para dirigir las operaciones sentía los ruidos y el fragor de la batalla y pudo ver que los llaneros quedaban en un lugar más bajo y eran diezmados por los realistas, ante lo cual la legión inglesa debió intervenir para atraer el fuego. Los llaneros insistieron por la retaguardia y Bolívar ordenó avanzar por el frente, lo que vulneró las filas españolas y provocó su retroceso general. En medio del desbande, Simón observó que el regimiento Valencey se retiraba en forma marcial y ordenada protegiendo a La Torre y, además de la satisfacción por el triunfo propio, sintió una mezcla de orgullo y envidia por la disciplina europea de los vencidos. Ambrosio Plaza y un camarada, jefes de divisiones que no habían entrado en batalla, le pidieron permiso para perseguirlos y los autorizó. Los vio caer a ambos y, al acercarse, comprobó que Plaza estaba muerto y tuvo una sensación contradictoria: era uno de sus coroneles más importantes y lo había acompañado en muchas campañas, pero también era el rival que había conquistado a su amada Bernardina. Uno de sus perros favoritos, Nevado, también había muerto de un lanzazo en la refriega y lo lamentó.

Cinco días más tarde entraba de noche a su ciudad natal, después de más de siete años de ausencia, acompañado de su Estado Mayor y el ejército de llaneros. Había poca gente en las calles y la urbe estaba silenciosa, pero al llegar a su casa un grupo numeroso de personas lo esperaba en la puerta. Desmontó emocionado y trató de ocultar alguna lágrima que se le deslizó al abrazar a los parientes y amigos que habían venido a saludarlo. Entró con ellos en su vivienda, compartió una ligera colación plena de noticias y comentarios y, entrada ya la madrugada, se acostó todavía conmovido y recordó con tristeza que había abandonado la ciudad con Pepita Machado y no pudo retornar con ella. Tuvo un último pensamiento para Bernardina y se adormeció confortado con el delicado olor a madera y alcanfor de su antigua habitación que, reconoció ya aletargado, era el aroma de su infancia.

Al día siguiente ordenó que se realizaran banquetes, bailes, funciones de teatro y corridas de toros para celebrar la victoria, levantar el ánimo de la población y mitigar el pesar por las destrucciones de la guerra, el desabastecimiento y los saqueos, la división de las familias, las usurpaciones de propiedades y tantos muertos y heridos en combate: improvisados poetas escribieron sonetos para ensalzar el triunfo, se redactaron felicitaciones al "Libertador" en las que se lo designaba como "Simón, el enviado del cielo" y se realizaron representaciones alegóricas.

Aunque no confiaba del todo en ninguno de sus generales, resolvió repartir el poder entre ellos y nombró a Páez al frente de las provincias de Caracas y Barinas; a Mariño de las de Mérida, Trujillo, Coro y Maracaibo en el oeste; y a Bermúdez de las de Margarita, Guayana y Cumaná en el este. Para contrarrestar a estos caudillos díscolos designó a su pariente y amigo, el general Carlos Soublette como vicepresidente. "Éste es un caos asombroso de patriotas, godos egoístas, blancos, pardos, federalistas, centralistas, republicanos, aristócratas buenos y malos, y toda la caterva de jerarquías en que se subdividen las diferentes partes —le escribió a Santander—; de modo que he tenido muchas veces que ser injusto por política".

Viajó hacia San Mateo y se emocionó al retornar al lugar de los recuerdos infantiles y de la juventud, pero lo encontró muy deteriorado. La casa principal estaba descuidada, las instalaciones del ingenio abandonadas y los cañaverales destruidos, casi sin esclavos para trabajarlos. Pensó que se trataba de un símbolo de los daños causados por la guerra y resolvió conceder la libertad a los pocos esclavos que conservaba, a la vez que otorgó un poder a su sobrino Anacleto Clemente para que se ocupara de sus asuntos personales, tratara de recuperar unos trapiches que oportunamente había comprado en el Guaire y reclamara la devolución de sus antiguas propiedades. Su situación patrimonial se había deteriorado no solamente por los saqueos y el abandono, sino también porque un pariente, José Ignacio de Lecumberri, había demandado que se le entregara la posesión de los bienes del mayorazgo Aristeguieta, argumentando que Simón, al aceptar la herencia del mayorazgo Bolívar después de la muerte de su hermano, había perdido su derecho a aquél. Las haciendas de Santo Domingo y Aragüita estaban mal arrendadas; las de Macaita, Suata y Caicara abandonadas; la morada de la Cuadra con las tapias derrumbadas y los techos en mal estado; y las casas de La Guaira estaban alquiladas pero necesitaban reparaciones. Las minas de Aroa, a su vez, habían sido reclamadas por una ocupante y se encontraban en litigio. Simón quiso contar con la presencia de su hermana María Antonia y le escribió a La Habana, donde vivía con una pensión otorgada por Fernando VII, pidiéndole que regresara con sus hijos y nietos a Caracas, para lo cual le envió el dinero de los pasajes.

Al enterarse de que Soublette había dispuesto que las haciendas confiscadas a los españoles y que debían otorgarse a los jefes militares fueran administradas por parientes o herederos de los emigrados, mandó la orden de que se suspendiera toda innovación, pues quería reservarse con exclusividad el manejo del tema. Conocía la codicia y las ambiciones de sus generales y quería conservar plenamente uno de los instrumentos principales para mantener al ejército bajo su control. Preocupado por el asunto, sobre todo por el carácter de Páez, había escrito a su ministro de Hacienda, en Bogotá:

¡No sabe usted el espíritu que anima a nuestros militares, hombres que han combatido largo tiempo, que se creen muy beneméritos pero se sienten humillados y miserables y sin esperanza de recoger el fruto de las adquisiciones de su lanza! ¡Yo mismo, aunque siempre he estado a su cabeza, no sé aún de lo que son capaces! Los trato con consideración suma, pero no basta para inspirarles la confianza y la franqueza que debe reinar entre camaradas y conciudadanos. Estamos sobre un abismo, o sobre un volcán pronto a hacer explosión. Yo temo más a la paz que a la guerra, y con esto le doy la idea de todo lo que no digo ni puede decirse.

Uno de los españoles emigrados era Francisco Iturbe, el hombre que en 1811 lo había presentado ante el jefe realista Monteverde y le había conseguido un pasaporte para marchar al exilio, en retribución de cuyo gesto intercedió ante el Congreso para evitar que se le quitaran sus caudales. "Si los bienes de don Francisco Iturbe se han de confiscar, yo ofrezco los míos como él en su momento ofreció su vida por la mía", señaló.

Había pensado descansar un par de semanas, pero la situación de la presidencia de Quito empezó a tornársele una obsesión: Venezuela y Nueva Granada estaban bajo control en su inmensa mayoría, pero el departamento del sur del virreinato seguía dominado por los españoles, que tenían el apoyo de la población, y los territorios de Pasto y Patia les servían de escudo hacia el norte. Además, el ejército chileno que venía bajo el mando del general San Martín se había ubicado al norte de Lima y estaba a punto de tomarla. Simón temía que la zona de Quito siguiese el ejemplo de Guayaquil y pudiese intentar una anexión con el nuevo Estado del Perú, por lo cual resolvió partir hacia allí y ponerse al frente de la campaña.

Antes, sin embargo, debía pasar por Cúcuta, donde había empezado a deliberar el Congreso de Colombia, al que había enviado una comunicación pidiendo que se dividiera el mando político y militar y por ello había presentado su renuncia a la presidencia. "Nombrado por el Congreso de Venezuela presidente interino del Estado, y siendo vuestra representación ahora la de toda Colombia —había puntualizado—, no soy el presidente de esta república porque no he sido nombrado por ella; porque no tengo los talentos que ella exige; porque mi oficio de soldado es incompatible con el de magistrado; porque estoy cansado de oírme llamar tirano por mis enemigos; y porque mi carácter y sentimientos me oponen una repugnancia insuperable".

Había recibido noticias de que algunos diputados habían expresado críticas a ciertos abusos del gobierno militar personalizado por él y de que otros querían establecer un régimen federal, todo lo cual lo exasperaba. "Querer hacer una federación es un delirio", le había escrito a Santander:

> *Esos señores piensan que la voluntad del pueblo es la opinión de ellos, sin saber que en Colombia el pueblo está en el ejército, que ha conquistado el país de manos de los tiranos; todos los demás son gente que vegeta con más o menos malignidad, más o menos patriotismo, pero todos sin derecho a ser otra cosa que ciudadanos pasivos. Esta política no es la de Rousseau, pero será necesario desenvolverla para que esos señores no nos vuelvan a perder. Piensan que Colombia está cubierta de lanudos, arropados en las chimeneas de Bogotá, Tunja y Pamplona. No han echado sus miradas sobre los caribes del Orinoco, los pastores del Apure, los marineros de Maracaibo, los bogas del Magdalena, los bandidos de Patia, los indómitos pastusos, los*

guajibos de Casanare y sobre todas las hordas salvajes de África y América que, como gamos, recorren nuestras soledades. ¿No le parece a usted, mi querido Santander, que esos legisladores más ignorantes que malos, y más presuntuosos que ambiciosos, nos van a conducir a la anarquía, después a la tiranía, y siempre a la ruina?

Partió hacia Nueva Granada y, al ascender la cordillera, se detuvo en el Tocuyo, desde donde volvió a escribirle a Francisco de Paula:

Su carta y su proclama celebrando la batalla de Carabobo me han confirmado que usted es mi mejor amigo. Voy a Cúcuta y luego a Bogotá, de paso para Quito. Pero cuide, amigo, de tenerme adelante 4.000 o 5.000 hombres, para que el Perú me dé dos hermanas de Boyacá y Carabobo. No iré, si la gloria no me ha de seguir, porque ya estoy en el caso de perder el camino de la vida o de seguir siempre el de la gloria. El fruto de once años no lo quiero perder con una afrenta, ni quiero que San Martín me vea si no es como corresponde al hijo predilecto de la gloria, como alguna vez me llamó usted. A propósito de la guerra, se está esperando la paz por momentos, y la independencia de México y del Perú, porque todo se ha acumulado a favor de la libertad de América.

Siguió en mula por las montañas hacia Trujillo. Se alojó una vez más en casa de su camarada Cruz Carrillo y, sentado allí sobre su hamaca, volvió a escribirle a Santander para encarecerle que juntara tropas y dinero para la expedición hacia el sur:

Haga usted prodigios, mi querido Santander, si usted ama mi gloria y a Colombia como me ama a mí. Realice los cuatrocientos mil pesos que ha decretado el Congreso, porque es un necio el que desprecia las bendiciones que la Providencia derrama sobre él. Se necesita de nuevos sacrificios, amigo, para reunir las tres hermanas de Colombia. Fórmeme un ejército que enseñe el camino de la victoria a los vencedores de Maipú y libertadores del Perú. ¡Quién sabe si la Providencia me lleva a dar la calma a las aguas agitadas del Río de la Plata y a vivificar las que tristes huyen de las riberas del Amazonas! Todo esto es soñar, amigo.

Dictó una carta al director supremo de Chile, Bernardo O'Higgins, para confirmarle que, después de la victoria de Carabobo, sus miradas se habían dirigido al sur, hacia el ejército chileno que, al mando del general San Martín, se dirigía a libertar el Perú, con objeto de facilitar los medios de reunir esa fuerza con las de Colombia, lo que haría nacer una fuente de libertad para todos los ángulos de América.

Envió también a uno de sus edecanes con cartas de igual tenor para ser entregadas a San Martín y al almirante Cochrane, jefe de la flota chilena, a este último para pedirle que viniera a las extremidades de Colombia a dar su bordo a los soldados que querían volar a los Andes del Sur para aniquilar el imperio del mal en el Nuevo Mundo.

Pasó por Maracaibo y continuó hasta Cúcuta, donde el Congreso había aprobado la unión de Nueva Granada y Venezuela, constituyendo la República de Colombia, y lo había confirmado como presidente y a Santander como vice. Le disgustó que la Constitución aprobada hubiera eliminado a los senadores vitalicios, limitando su mandato a ocho años; que mantuviera el mandato del presidente de la república en cuatro años en vez de la condición de vitalicio que él sugiriera; y que le prohibiera ejercer el mando político mientras estuviera en campaña militar. De todos modos, se mostró cortés con los parlamentarios y con los secretarios del Congreso, uno de los cuales era el marido de Nicolasa Ibáñez, Antonio José Caro, quien de prófugo realista había pasado a la condición de republicano importante y había sido designado diputado por Santa Marta. Simón recibió el comentario de que el sorprendente nombramiento se había debido a la influencia de Santander, quien continuaba en Bogotá su romance con Nicolasa y que había buscado beneficiar a su marido, pero manteniéndolo alejado de su esposa.

Se dirigió al Congreso para manifestarle que, cuando había tomado las armas, no lo había hecho con el ánimo de encargarse del gobierno, sino con la firme resolución de no ejercerlo jamás. Agregó que era incapaz de gobernar Colombia y que, soldado por necesidad e inclinación, su destino estaba en el campo o los cuarteles y que el bufete era para él un lugar de suplicio. "Si el Congreso persiste en encargarme el Poder Ejecutivo cederé por obediencia, pero sólo por el tiempo que dure la guerra y a condición de que se me autorice para continuar la campaña a la cabeza del ejército, dejando el gobierno en manos del general Santander".

Juró la ley fundamental y asumió la presidencia de la república, escribió al general Agustín de Iturbide para felicitarlo por sus triunfos en la tarea de conquistar la independencia de México, y siguió viaje en mula hacia el sur. Al llegar a Soatá recibió la buena nueva de que Mariano Montilla había logrado tomar Cartagena, continuó hasta Tunja y llegó contento a Bogotá.

Se alojó en su quinta, que le recordaba una "villa" italiana por su edificación, sus paredes interiores con pinturas murales, su armoniosa vegetación y el agradable rumor del curso de agua, y comprobó con satisfacción que el jardinero había sembrado geranios, verbenas, hortensias y floripondios de lánguidos bonetes amarillos cruzados con alas rojas. En la sala norte, frente al reloj con las escenas de *El juramento de los Horacios*, leyó una carta recibida desde París de su prima y antigua amante Fanny de Villars, quien a su pedido había recibido allí al representante de Colombia, Francisco Antonio Zea, y su esposa. Fanny le recordaba que "todo el mundo sabe acá que os pertenezco y que me glorio de mi abnegación por vos", que esa influencia representaría ventajas para Colombia dada la gravitación de los salones parisinos sobre los sucesos universales, y le pedía que pusiera un capital a su disposición o, en su defecto, le comprara su casa de la rue Basse de Saint Pierre, para que sirviera de residencia al embajador de la flamante república.

Zea había esbozado en Europa un plan para formar una confederación de naciones independientes entre España y sus colonias americanas (en tiempos de Carlos III y Carlos IV, el conde de Aranda y Manuel Godoy habían sugerido algo similar con un infante al frente de cada reino), pero el gobierno español había rechazado la propuesta y, ante las perspectivas de una victoria militar, también Simón lo había reprobado.

Le escribió a su sobrino y administrador, Anacleto Clemente, para ratificarle que era propietario de la mitad de la hacienda de Chirgua y para encargarle que, con la ayuda del vicepresidente Soublette, cobrara el correspondiente arrendamiento. "Dile al general Soublette que te proteja en la defensa de mis bienes, pues no es razón de que me quieran quitar lo poco que me ha dejado la revolución. Mañana, que se hará la paz, dejaré la presidencia y no tendré nada de qué vivir, no siendo mi intención recibir sueldos del gobierno".

Visitó a Bernardina con el propósito de consolarla por la muerte de Plaza en Carabobo y, además, intentar reiniciar su relación con ella. La vio afectada y triste, por lo cual la colmó de caricias, le expresó su cariño renovado y sus deseos de amarla y protegerla. La muchacha le confirmó que su hermana Nicolasa estaba enamorada de Santander y que su relación ilícita con el vicepresidente era notoria y había suscitado muchos comentarios en la ciudad. El político de Cartagena y teniente gobernador y juez asesor del Socorro, Ignacio Guzmán, había sostenido que el romance del vicepresidente era con las dos hermanas Ibáñez, Nicolasa y Bernardina, por lo cual Francisco de Paula lo había reconvenido.

Nicolasa y Bernardina eran las mujeres más lindas de la familia y siempre habían atraído a Simón, quien se puso muy celoso al enterarse de la posibilidad de que las dos hubiesen caído en los brazos de Santander. Quiso asegurarse el amor y el reconocimiento de las Ibáñez y, para garantizar su situación económica, compró al Estado con sus sueldos atrasados la casa de la calle Santa Clara en la que vivían con su madre, y firmó una escritura de donación a esta última.

En conocimiento de que el general San Martín había tomado Lima, declarado la independencia del Perú y se había proclamado Protector, le dirigió una carta para manifestarle que, aunque no había recibido directamente los "partes gloriosos" de sus últimos triunfos, lo congratulaba por su "grande obra". Le anunciaba que marchaba hacia Guayaquil para asegurar su situación y liberar al resto de las provincias del sur y le señalaba que, en México, Iturbide había firmado un tratado de independencia con el virrey para consagrar como emperador a Fernando VII; y que si este u otro príncipe europeo se trasladara a América alteraría el sistema adoptado por los nuevos gobiernos libres y podría tener iguales pretensiones sobre ellos. Lo instaba entonces a terminar la expulsión de los españoles del continente y a "estrecharnos y garantirnos mutuamente para arrostrar a los nuevos enemigos y a los nuevos medios que puedan emplear".

Se entristeció al recibir una carta con la noticia de que el almirante Luis Brion había muerto de tuberculosis, en Curaçao, al día siguiente de llegar enfermo a su ciudad natal. "Mi primer compañero en la obra de libertar Colombia no existe", le respondió al amigo común que le había enviado la mala nueva. "Más amante de la humanidad y de sus nuevos conciudadanos que de su propia fortuna, lo aventuró todo por satisfacer sus nobles sentimientos y saciar su sed de gloria".

Aunque todavía no tenía noticias del resultado de la campaña de Sucre en Quito, partió hacia el sur con una expedición compuesta por varios batallones, pero menos de los que hubiera querido. Pese a esto, marchó contento de entrar de nuevo en campaña, pues no le gustaban las tareas de escritorio ni las administrativas; no era hombre de cuentas ni expedientes, sino que se sentía bien en movimiento, en la lucha y entre militares. Desde Purificación remontaron el río Magdalena y luego marcharon varios días por difíciles caminos de montaña, celebraron la llegada del nuevo año en la hacienda de Japio y, al día siguiente, llegaron a Cali, donde Bolívar estableció su cuartel general. Desde allí le escribió al jefe del gobierno de Guayaquil para exigirle el reconocimiento de su integración a la República de Colombia, "dado que mi entrada en ella sin tal declaración sería un ultraje para mí y una lesión a los derechos de mi país". Una ciudad con un río no puede formar una nación —le advertía— y su pueblo sólo puede aspirar a una representación en la Asamblea Nacional; y le recordó que "la política y la guerra tienen sus leyes que no se pueden quebrantar sin dislocar el orden social".

Permaneció detenido un par de semanas, pues las perspectivas para un avance eran difíciles: el clima en las alturas era muy inclemente, ya que sufrían el fuerte sol de día y fríos intensos de noche; el reclutamiento se demoraba y aumentaban la deserción y las enfermedades; escaseaban las vituallas y desde Pasto le informaban que la población apoyaba mayoritariamente a los realistas. Las noticias de Guayaquil también eran desfavorables y le pintaban un ambiente de "caos, ingratitud y mala fe". Pensar en Bernardina lo sacaba de esta atmósfera de pesimismo y le escribió de puño y letra:

Mi adorada y melindrosa Bernardina: ¡Lo que puede el amor! No pienso más que en ti y en tus atractivos. Tú sola, ángel celeste, animas mis sentidos y deseos más vivos. La distancia y el tiempo se combinan para poner en mayor grado las deliciosas sensaciones de tus recuerdos. No me acuses más de indiferente y poco tierno. Es justo no culparme por tus vanas sospechas. Escríbeme mucho; ya estoy cansado de hacerlo yo y tú, ingrata, no me escribes. Hazlo, o renuncio a este delicioso alivio. Tu Enamorado

En conocimiento de que había una flota española en el Pacífico, descartó la idea de avanzar por mar y siguió por tierra hasta Popayán, una bella ciudad entre montañas, donde instaló su cuartel general a la espera de los progresos que pudiera lograr el general Sucre en el sur.

Envió un edecán de vuelta a Bogotá con instrucciones de que, con la colaboración de Santander, falsificara documentos y supuestos periódicos que informaran sobre el inminente reconocimiento por parte de España de la independencia de sus colonias, y regresara con ellos dejando trascender las noticias apócrifas para desconcertar a los comandantes realistas. "El objeto de esta barahúnda —le explicaba al vicepresidente— es persuadir al enemigo de que debe tratar conmigo y que, para ahorrar sangre, necesito tomar Quito. En este tiempo ganaré a los pastusos y quizás a muchos jefes españoles que disolverán sus tropas con la esperanza de que va a acabarse la guerra".

Trató de seducir al obispo de la ciudad, realista acérrimo, enviándole la Constitución de Colombia firmada por el prelado de Maracaibo e indicándole que también los obispos de Santa Marta y Panamá habían expresado su sumisión a los republicanos, mientras que era ahora el gobierno español el que había tomado un tinte antirreligioso.

Uno de los vecinos más ricos y prominentes, José María Mosquera, republicano decidido y hermano de uno de los regentes en Madrid durante el cautiverio de Fernando VII, ofreció un baile en su honor y Simón asistió de buen grado. Danzó toda la noche y obsequió a una de las damas un pañuelo desgarrado con sus dientes, pero al regresar al cuartel general le volvieron las preocupaciones. Le angustiaba no recibir noticias de Sucre y no dormía pensando en las dificultades: aumentaba el número de los enfermos y el clima iba a ir empeorando a medida que siguieran hacia el sur; los reclutas no tenían espíritu ni disciplina; los caballos y mulas estaban flacos y las reses eran pocas; el dinero escaseaba; y los pastusos seguían acérrimamente leales a la monarquía española y a Dios y pensaban que los republicanos eran destructivos y demoníacos. "Por más que cavilo —le escribió Bolívar a Francisco de Paula— no encuentro el modo de quedarnos aquí, de realizar nuestra marcha por Pasto ni de embarcarnos para Guayaquil".

Acuciado por las enfermedades y deserciones, y para evitar que éstas diezmaran a su ejército, se decidió a continuar el avance. Cabalgaron por montañas desnudas y grises a través de estrechos desfiladeros plenos de precipicios, afrontando vientos, lluvias y tremendos fríos nocturnos. El sol de mediodía lograba acalorarlos, pero el silencio era siempre sobrecogedor y él extrañaba los sonidos y los colores tropicales de su infancia. Los paisajes eran imponentes: las crestas de los cerros eran altísimas y estaban cubiertas de nieve, en tanto que los deshielos habían cavado profundos lechos y abierto estrechas hondonadas entre las paredes rocosas. Sentía que el aire era escaso y el menor movimiento físico le exigía esfuerzos renovados. Cruzaron el río Juanambú y, el Domingo de Pascua, avistaron a las tropas españolas en Bomboná, al mando del coronel Basilio García. Simón dio orden de ataque, y le desalentó advertir que los realistas cruzaban un barranco y arrasaban uno de los campamentos, del que se llevaron armas y pendones. Un batallón republicano tomó la derecha española y provocó la fuga de realistas y, al caer la noche, los bandos siguieron combatiendo con encarnizamiento. El jefe español ordenó la retirada y Bolívar también dispuso el repliegue de sus tropas y marchó hacia su tienda muy afectado, pues había tenido cientos de muertos y casi mil heridos.

Intimó al coronel García a que le abriera el paso hacia el sur, pero ante la negativa de éste optó por volver a cruzar el Juanambú y retroceder hasta Trapiche, donde acampó bastante deprimido. Allí dictó un decreto para organizar una Guardia del Libertador, con sus principales generales, al estilo de Napoleón Bonaparte, y recibió una carta del general San Martín, desde Lima. Éste le expresaba sus respetos y era muy cordial, pero le manifestaba que Guayaquil debía tener autonomía para decidir sus destinos con toda libertad.

Molesto por la respuesta de San Martín, por las bajas de Bomboná y por las arideces de una geografía en la que no se sentía cómodo, Simón descargó su encono enviando una misiva al coronel

García manifestándole que, dado que el pueblo de Pasto les hacía la guerra, él tenía el derecho de tratarlo como enemigo, tomarlo prisionero y confiscarle sus bienes, aunque para evitar esto lo intimaba a capitular. Para desalentarlo le advertía que ya no podía esperar auxilios desde España, porque la península estaba en insurrección contra Fernando VII y no quería seguir con la confrontación.

En esas instancias llegaron noticias desde el sur que informaban que el general Sucre había vencido a los realistas en Pichincha y había entrado triunfante en Quito. Ante ello, el comandante español envió dos parlamentarios a manifestarle a Bolívar que aceptaba la capitulación.

Acordada ésta y sin esperar a que se ratificaran los documentos, Simón cabalgó contento hasta Pasto y, en las afueras, lo recibieron el secretario del obispo y el edecán del jefe militar, quienes le preguntaron qué homenajes solía recibir como protocolo. "Cuando entro victorioso se me rinden honores de emperador romano", contestó orgulloso el caraqueño.

Ya en la ciudad, García le entregó su espada y el bastón de mando, que Bolívar devolvió:

—Consérvelos, señor coronel, porque se ha hecho digno de ellos. Pero a su regreso a España diga usted al rey que los descendientes de los conquistadores de Granada han humillado al monarca de Castilla, defendido por los vencedores de Napoleón.

Luego entró al tedéum en la catedral bajo palio, contento por recibir un privilegio que el clero reservaba habitualmente a los miembros de la Corona.

Se alojó en una de las viviendas principales y estaba muy aliviado por la situación, pero esa noche, al acostarse, lo asaltó el temor de que la repercusión de la victoria de Sucre opacara su prestigio en Bogotá y Caracas. Durmió inquieto y se levantó al alba para dictar una carta a Santander:

Había pensado escribirle a usted de Pasto o del otro mundo, si es que el infierno no quema las plumas. Y le escribo lleno de gozo porque hemos terminado la guerra y asegurado la suerte de la república. La capitulación de Pasto es una obra extraordinariamente afortunada porque estos hombres son tenaces, la voluntad del pueblo está contra nosotros, y al obispo le hicieron tiros porque aconsejaba la rendición. No quiero que atribuyan a Sucre el suceso de mi capitulación y me parece que sería muy oportuno que se haga un preámbulo en La Gaceta de nuestras glorias respectivas. Sucre tenía mayor número de tropas que yo y menor número de enemigos; el país le era muy favorable y nosotros estábamos lidiando con los demonios. La victoria de Bombará es mucho más bella que la de Pichincha. El general Sucre no sacó más ventajas que yo porque nosotros hemos tomado el baluarte del sur y él se ha cogido la Capua de nuestras conquistas. Yo creo que con un poco de delicadeza se le puede hacer mucho honor a nuestra Guardia sin deprimir a la división de Sucre.

El obispo lo visitó para confiarle que tenía miedo de quedarse en Popayán y le pidió apoyo económico para viajar hasta Cuenca.

—Cuente usted con los fondos, monseñor —lo interrumpió Simón—, pero le sugiero que vaya a Bogotá, donde su ministerio será más apreciado.

Le entregó el dinero prometido y le escribió a Santander para explicarle que "el obispo nos será allí muy útil, porque será capaz de predicar nuestra causa con el mismo fervor que lo hizo a favor de Fernando VII, con principios de derecho público de mucha fuerza. En fin, nuestro obispo es muy buen colombiano ya. Yo soy el protector de mis conquistas y veo al obispo de Popayán como una de ellas".

Partió con su escolta en dirección al sur y, al aproximarse a Otavalo, se encontró con una guardia de honor que Sucre le enviaba desde Quito, integrada por granaderos a caballo del regimiento de Buenos Aires que el general San Martín le había remitido desde Lima. Siguió otros dos días por zonas elevadas, con un ambiente diáfano y el cielo semejando una superficie de lapislázuli. Al doblar algún recodo, el silencio impenetrable de las hondonadas se interrumpía por el rumor del agua y el murmullo del viento. Ascendieron aún más por sendas escarpadas y, en un recodo del pedregoso camino, Simón divisó allá abajo un valle rodeado de volcanes donde se extendían las calles de la ciudad de Quito, cuyas blancas casas se prolongaban y llegaban a trepar el pie de las laderas.

14. CRUZAR EL ECUADOR (1822-1823)

> *Qui veut mourir ou vaincre est vaincu rarement:*
> *ce noble désespoir périt malaisement.*
>
> Corneille, *Horacio*

En las puertas de Quito fue recibido por Antonio José de Sucre, acompañado de religiosos y miembros del Cabildo, quienes lo saludaron calurosamente, le anticiparon que habían ordenado colocar una pirámide en lo alto del Pichincha con la inscripción "Los hijos del Ecuador a Simón Bolívar, el ángel de la paz y de la libertad americana" y que habían preparado una festiva entrada en la ciudad, pues la población quería expresarle su adhesión. Le tranquilizó saber que Sucre no lo descuidaba ni intentaba eclipsarlo y, al entrar a la calle principal, una salva de cañonazos celebratorios lo animó aún más. Un jinete de ceremonial se adelantó para anunciar su inminente paso y, a los costados de la acera, indios con ponchos coloridos y criollos bien ataviados lo vitoreaban, mientras atravesaba improvisados arcos de triunfo, se escuchaban aires andinos con violín y guitarra y las damas lo saludaban desde los balcones arrojando rosas y agitando ramas verdes.

En la Plaza Mayor, ornada con una gran fuente de piedra, se había levantado un estrado donde lo esperaban seis doncellas vestidas de blanco, una de las cuales le colocó sobre las sienes una corona artificial de laurel cerrada con un broche de diamantes. Simón se la quitó y se la entregó a Sucre:

—Le corresponde —fingió cortésmente— al vencedor de Pichincha...

—Permitid entonces, general —la joven tenía preparada una respuesta—, que os corone con otra de laureles naturales.

Ingresó halagado a la Catedral, donde se celebró un tedéum, y a la noche hubo un baile en la casa de un vecino acaudalado, uno de los primeros republicanos. En la sala del piso alto, bajo un dosel de seda, el anfitrión recibía a los invitados y los presentaba a Bolívar. Éste los saludaba amablemente y tenía una palabra para los principales, mientras buscaba con la mirada a la joven que lo había coronado. De pronto le tocó el turno a una vistosa mujer de rostro ovalado y cutis moreno, facciones salientes, labios voluptuosos y mirada más que audaz, a quien le pareció haber visto en un balcón durante el desfile de la mañana. Su cabellera oscura, deliberadamente húmeda, estaba recogida con una tiara con flores y su escotado vestido de organdí se ajustaba bajo los pechos con una banda de moiré rojo y blanco, de la que pendía una medalla de oro que representaba el sol. La presentaron como Manuela Sáenz de Thorne, una quiteña recién llegada desde Lima, donde había sido condecorada con la recién creada Orden del Sol.

Simón devolvió su mirada provocativa, le dijo una frase amable y poco después averiguó su historia: hija natural de una vecina ilustre y de un funcionario realista que ya estaba casado, había sido criada en un convento de monjas, del cual había huido a raíz de un romance con un joven oficial español. Se había casado luego con un comerciante de origen inglés, James Thorne, quien, al comprobar que su esposa había reanudado relaciones con el militar, optó por llevarla a Lima. Allí había realizado una intensa vida social y cultivado amistad con la joven guayaquileña Rosa Campusano, amante del general San Martín, quien les había otorgado a ambas —junto con otras ciento diez patriotas— la condecoración con los colores de la flamante bandera peruana. Acababa de regresar de Lima y a Simón le atrajo su agresiva belleza, su porte enérgico, su encantador acento ceceoso y un ligero aspecto de extravío que le resultó perturbador.

La invitó a bailar, le pidió que le contara sus experiencias en Perú y al finalizar la fiesta la invitó a sus aposentos, adonde Manuela lo siguió de buen grado y en forma ostensible, desafiando los comentarios maliciosos de los concurrentes. A Simón le encantó esta actitud de valentía, pues le gratificaba que su entorno admirara sus conquistas varoniles. Cuando llegaron al lecho la poseyó con fuerza y, en el momento en que la imagen de Bernardina se le atravesó como un relámpago, se produjo la explosión del placer y se hundió en el abandono.

Se levantó temprano y de buen humor y dictó una nota al general San Martín para anunciarle que "la guerra de Colombia está terminada y que su ejército está pronto para marchar donde quiera que sus hermanos lo llamen, muy particularmente a la patria de nuestros vecinos del sur, a quienes por tantos títulos debemos preferir como los primeros amigos y hermanos de armas".

Después le escribió a Santander para decirle que estaba preocupado solamente por Guayaquil, pues si la forzaban a anexarse a Colombia podía envolverlos en una guerra con el Perú; y si la dejaban independiente podía traerles complicaciones con las provincias rebeldes del sur colombiano. "El Perú está blando con nosotros —agregaba— porque espera nuestra ayuda en su lucha contra España; y porque su gobierno, en sus negocios domésticos, no está muy afirmado". Voy a intentar la incorporación de Guayaquil a Colombia —le anunció— y permaneceré mucho tiempo en el sur para no perder el fruto de nuestros sacrificios. Y si Guayaquil se somete mandaré un par de batallones al Perú, para no ser menos generosos que nuestros vecinos y por economía, pues no tenemos cómo mantener tanta tropa y estamos viviendo de exacciones violentas en un país que se queja de mil otras exacciones.

Participó de varias fiestas y bailes acompañado de Manuela y confirmó que a ella le complacía mostrarse en su compañía y desafiaba las críticas que condenaban su notoria infidelidad matrimonial. Le halagaba el coraje con que ella le demostraba su adhesión, pero también empezó a sentir que lo abrumaba con su estridencia. Manuela solía recorrer la ciudad a caballo, vestida con uniforme militar con charreteras doradas y quepis verde, acompañada por dos esclavas negras que también usaban ropas masculinas, con quienes llegaba hasta el palacio de gobierno y entraba al despacho de Simón haciendo sonar las espuelas sobre sus botas de charol. Los rumores decían que mantenía relaciones sexuales "particulares", es decir lesbianas, con las sensuales mulatas, pero el caraqueño sonreía despreocupado ante estos chismes y empezó a llamarla "mi amable loca".

Presidió un banquete que ofrecía la ciudad a los vencedores de Pichincha y, a los postres, realizó un brindis en el que, entusiasmado, manifestó que estaba dispuesto a llevar la bandera colombiana hasta el Perú y el Río de la Plata. Uno de los oficiales presentes, oriundos de este último lugar, el capitán Juan Lavalle, le respondió con unas palabras en las que le recordó que hacía ya seis años las provincias del Río de la Plata habían declarado su independencia.

El coronel Basilio García vino a despedirse con motivo de su regreso a España y Simón le dio una carta para el general Morillo:

Me tomo la libertad de recomendarle a este oficial para que usted pueda asegurar que su conducta ha sido muy distinguida. Ha hecho más de lo que se podía esperar pues, a pesar de la desventaja en que se hallaba, defendió Pasto con una audacia y un acierto que harían honor al mejor general. En fin, señor general, este coronel hace honor al ejército expedicionario. El estado de guerra en que nos hallamos no me permite extenderme sobre nuestros sentimientos personales, porque la revolución puede haber colocado a usted en una situación en que mis expresiones lo comprometan, pero debe contar con que mis ofertas de Santa Ana son y serán eternas.

Recibió una carta del general San Martín, atrasada por las dificultades en el tránsito, en la que le sugería consultar a la población de Guayaquil sobre su futuro y realizar una entrevista entre ellos.

Le respondió que no compartía su opinión de "que el voto de una provincia debe ser consultado para decidir la soberanía nacional, porque no son las partes sino el todo del pueblo el que delibera en las asambleas generales". Añadió que no iba a tolerar en Guayaquil el espíritu de facción que retarda la guerra y promueve el desorden, por lo cual no iba a permitir más el funcionamiento de la Junta que es el azote de su pueblo y no el órgano de su voluntad; y le aseguró que su espada de Libertador no tenía otro objeto que asegurar la integridad del territorio de Colombia y extirpar la tiranía y la anarquía. "No es el interés de una pequeña provincia —concluía— lo que puede turbar la marcha majestuosa de América de la mano de sus protectores y libertadores, por lo que espero con impaciencia la entrevista que me ha ofrecido".

Resolvió marchar hacia Guayaquil y sintió cierto alivio al despedirse de Manuela, pues el amor significaba celos y requerimientos, mientras que la camaradería militar le brindaba compañía y comodidades sin mayores compromisos. Cruzó alegres valles llenos de sembradíos y a veces, en las quebradas, los loros esparcían por las barrancas su desordenada algarabía, que añadía musicalidad al rumor de los arroyos. Al cabo de varias jornadas comenzó un descenso por sendas en zig-zag en las que los follajes crecían y el clima era cada vez más benigno. Al llegar al río Guayas recuperó la vegetación lujuriosa y el ambiente cálido a los que estaba acostumbrado desde la infancia y cuyos colores había añorado mientras atravesaba las zonas pedregosas. Se embarcó en una nave que se deslizó aguas abajo bajo un sol ecuatorial y los contraluces creados por las generosas plantas de las riberas y los vistosos plumajes de los papagayos levantaban reflejos púrpuras y dorados sobre las espejadas superficies y le recordaban las travesías por el Orinoco y el Magdalena. Varias cañoneras anunciaron con salvas su llegada al puerto de Guayaquil y, al desembarcar, le alegró cruzar un arco alegórico con la leyenda "Al rayo de la guerra, al iris de la paz". Le complació ver que algunos barcos izaban la bandera de Colombia, pero el rostro se le congeló al advertir que, en respuesta, muchas de las personas que celebraban su arribo empezaron a corear "Viva Guayaquil independiente".

Se alojó en la Casa de la Aduana y su humor mejoró al recibir una delegación de vecinos, partidarios de la anexión a Colombia, quienes le manifestaron que habían solicitado esa medida a la Junta de Gobierno, pero que ésta dilataba su decisión.

Se acordó de que Alejandro Magno había desatado el nudo gordiano cortándolo simplemente con su espada:

—Pues señores, he resuelto asumir el mando político y militar de la provincia, y le comunicaré a la Junta esta decisión.

El general José de San Martín navegaba río arriba por el Guayas, a bordo de la goleta *Macedonia*, rumbo a Guayaquil, para seguir desde allí a Quito, donde pensaba que estaba todavía el general Bolívar. Había salido de Lima preocupado, más que por la sorda disputa en relación con Guayaquil, por su propia situación militar y política. Hacía un año que ocupaba Lima y se había proclamado Protector del Perú, pero los generales españoles controlaban las montañas, duplicaban las tropas que él tenía y habían reanudado las comunicaciones con el Alto Perú. No tenía el apoyo del gobierno del Río de la Plata, pues en su momento había desobedecido sus instrucciones de regresar a Buenos Aires para contener las invasiones de las rebeldes provincias del Litoral, y había partido desde Santiago de Chile a Perú con bandera y fondos chilenos. También se había debilitado ahora el respaldo chileno, pues al tomar Lima se había negado a pagar los sueldos adeudados a la flota comandada por el almirante Cochrane y el Director Supremo, brigadier Bernardo O'Higgins, tambaleaba en su cargo. Los realistas peruanos lo detestaban por su dureza, pues había mandado al exilio a la gran mayoría, con pérdida de la mitad de sus bienes: mientras don José y sus altos funcionarios festejaban en un baile la creación de la Orden del Sol, con la presencia de algunas damas entre las que se contaban su amante, la guayaquileña Rosa Campusano, y la quiteña Manuela Sáenz de Thorne, las tropas sacaban de sus casas a los españoles que no habían jurado la independencia y los llevaban a pie, en la oscuridad y a medio vestir, hasta el puerto de El Callao. Los republicanos, a su vez, al enterarse de que San Martín había enviado dos delegados a Europa para buscar un príncipe para establecer una monarquía constitucional, le habían retirado su apoyo.

Al llegar a la isla de Puná subieron a bordo miembros "peruanistas" de la Junta de Guayaquil, quienes le informaron que Bolívar había llegado a la ciudad con sus tropas y había tomado el mando. En los hechos la provincia estaba ya anexada a Colombia. La sorpresa se tornó en indignación y se sintió atropellado, humillado. "Caramba —pensó— yo venía a discutir esto y este demonio me ganó de mano". Pero no solía expresar sus sentimientos y permaneció impasible.

Pensó en regresar a Lima y defender Guayaquil por la fuerza, pero le avisaron que un edecán del general Bolívar había subido a la goleta y pedía ser recibido.

—Señor general —le anunció—, le traigo los saludos más respetuosos del general Bolívar, quien me ha pedido le entregue esta misiva.

San Martín abrió el sobre lacrado y leyó:

Es con suma satisfacción, dignísimo amigo y señor, que doy a usted el título que mi corazón le ha consagrado. Amigo le llamo y este nombre será el que sólo debe quedarnos de por vida, porque es el único vínculo que corresponde a hermanos de armas, de empresas y de opinión; así yo me doy la enhorabuena, porque usted me ha honrado con la expresión de su afecto. Tan sensible me será que usted no venga hasta esta ciudad como si fuéremos vencidos en muchas batallas; pero no, usted no dejará burlada el ansia que tengo de estrechar en suelo de Colombia al primer amigo de mi corazón y de mi patria. ¿Cómo es posible que usted venga de tan lejos, para dejarnos sin la posesión positiva en Guayaquil del hombre singular que todos anhelan conocer y, si es posible, tocar? No es posible respetable amigo; yo espero a usted y también iré a encontrarle donde quiera que tenga la bondad de esperarme; pero sin desistir de que nos honre en esta ciudad. Pocas horas, como usted dice, son bastantes para tratar entre militares, pero no serán bastantes para satisfacer la pasión de la amistad que va a empezar a disfrutar del objeto caro que se amaba sólo por opinión, sólo por la fama.

Ordenó que se sirviera un almuerzo al comisionado y se quedó meditando. "Este Bolívar es un ladino. Pero lo que a mí verdaderamente me interesa es obtener tropas de apoyo para poder vencer a los españoles y fortalecerme frente a la oposición interna peruana". Resolvió tragarse la rabia y continuar viaje hacia Guayaquil.

Vestido con uniforme de gala y sombrero con plumas sostenidas por un tejido de oro, Simón esperó a San Martín, bajo el sol del mediodía, en la puerta de la residencia donde habría de alojarse, a cuatro cuadras del puerto. Lo vio acercarse con su comitiva: llevaba chaqueta azul con botones dorados y era alto, de piel morena, cabello muy oscuro y ojos vivaces. Lo saludó con exquisita cordialidad, lo llenó de halagos y lo invitó a subir al primer piso, donde se había preparado un amplio salón en el que ya estaban las autoridades y personalidades locales. Se encontraba también un grupo de damas y una joven, Carmen Garaicoa, lo agasajó con frases amables y le colocó una corona de flores esmaltadas en la frente.

—No merezco esta distinción y hay quienes tienen más méritos —el Protector del Perú miró al venezolano—, pero la acepto por el patriotismo que la inspira.

Los visitantes y ayudantes se retiraron y Bolívar y San Martín se quedaron solos y se sentaron.

—Supongo que usted estará muy sofocado con estas pellejerías de Guayaquil —arrancó José.

Simón respondió abriendo los brazos, en un gesto de resignación. Le sorprendió la vulgaridad del término "pellejerías" y recordó que le habían anticipado que San Martín era un hombre de escasa educación. Se decía que era hijo ilegítimo de una india guaraní con un importante marino español que había prestado servicios en el Río de la Plata y luego había sido gobernador de Cádiz, don Diego de Alvear, quien lo habría entregado al matrimonio San Martín para que lo criara.

El Protector le aseguró que no tenía intenciones de intervenir en el asunto de Guayaquil, y Bolívar le respondió que se había cumplido su deseo de que se consultara al pueblo, y que la Junta de Gobierno adoptaría su decisión en los días siguientes.

José mencionó la necesidad de complementarse recíprocamente en el terreno militar y el caraqueño simuló generosidad:

—Puede usted contar con mil ochocientos soldados colombianos, más la devolución de los mil trescientos suyos que nos ayudaron en Pichincha.

San Martín se decepcionó al ver que eran menos de los que necesitaba, pero permaneció pétreo. "Tiene el rostro impenetrable de los indios", pensó Bolívar.

José, íntimamente desolado, pretendió seducirlo invitándolo a entrar en el Perú con su ejército:

—Me ofrezco a servir como general bajo sus órdenes directas —insinuó.

—¡Señor General —lo regañó cálidamente el caraqueño—, mi delicadeza no me permitiría perturbar el comando de un jefe de su rango! Y el Congreso de Colombia no me ha autorizado a abandonar nuestro territorio.

Después del almuerzo y la siesta, Bolívar lo recibió en su residencia y charlaron de la situación del continente. San Martín le anticipó que estaba decidido a renunciar al mando, pero que antes quería dejar arreglado el sistema de gobierno:

—No conviene al Perú el sistema democrático, por lo cual he mandado a buscar un príncipe a Europa.

El caraqueño pensaba que San Martín quería instalar un monarca europeo para después ocupar él mismo una regencia.

—Cada Estado puede elegir la forma de gobierno que desee, pero estimo que los príncipes europeos son extraños a nuestro sentir. En mi discurso de Angostura he postulado una presidencia vitalicia, una Cámara de Representantes populares y un Senado hereditario compuesto por los generales libertadores.

Al día siguiente Bolívar lo obsequió con una opípara cena y, después, se realizó un baile en la Alcaldía, animado por una orquesta integrada por indígenas. Simón eligió como compañera a Carmen Garaicoa, la jovencita que el día antes había coronado a San Martín, y danzó con ella toda la noche. La bautizó como "la gloriosa" y se insinuó rápidamente con frases galantes, acompañadas de leves presiones sobre la mano y avances sobre el talle; en los minués le hizo reverencias, la halagó con requiebros; y en los intervalos de la contradanza ensayó caricias exploratorias.

San Martín estaba taciturno y había hecho preparar su embarcación para esa misma noche, y así evitar problemas con la marea. En algún momento se dirigió a su ayudante:

—No aguanto más este bullicio. Nos vamos...

Salió por una escalera lateral, para no alterar el desarrollo de la fiesta y evitar las despedidas formales.

Esa madrugada Simón condujo a Carmen a su residencia y la amó con demorado deleite, con ritos de triunfo y posesión infinita.

Dos días después, la Junta de Guayaquil votaba su anexión a Colombia y los representantes opuestos a esta postura marchaban al exilio. Bolívar recibió la novedad con satisfacción y le escribió a Santander:

He logrado, mi querido general, con mucha fortuna y gloria, cosas bien importantes: la libertad del sur; la incorporación de estas provincias de Quito y Guayaquil; la amistad de San Martín y del Perú para Colombia; la formación del ejército aliado, que va a darnos en el Perú gloria y gratitud. Ya no me falta más, mi querido amigo, si no es poner a salvo el tesoro de mi prosperidad, escondiéndolo en un retiro profundo, para que nadie me lo pueda robar: quiero decir que no me falta más que retirarme y morir. Por Dios, que no quiero más: es la primera vez que no tengo nada que desear y que estoy contento con la fortuna.

Visitó un par de noches a Carmen Garaicoa, quien vivía con su madre y hermanas, pero la vida social de la ciudad se le hizo algo agitada y prefirió instalarse en las inmediaciones de la vecina ciudad de Babahoyo, en una quinta llamada El Garzal, para disfrutar de la placidez campestre. Hasta allí había llegado desde Quito Manuela Sáenz, quien se había presentado con sus dos esclavas y varios baúles, con su estridencia habitual. Se alegró con su presencia, hizo con ella el amor y le contó las alternativas de la entrevista con el general San Martín.

Volvió a escribirle a Santander para pedirle que le enviara dos mil soldados y municiones, para "armar un nuevo ejército en caso de que el enemigo triunfe sobre San Martín, lo que, según todas las noticias, puede muy bien suceder". Le anunció también que iba a permanecer en el sur hasta que la situación se afianzase, pues el general Sucre no era muy enérgico para resistir las presiones locales y "en cuatro días no se pueden conquistar los corazones de los hombres, que es el fundamento sólido del poder. A pesar de la aparente tranquilidad en que nos hallamos aquí, yo comparo a este país con el volcán del Chimborazo, que exteriormente está muy frío mientras que su base está ardiendo".

Decidió seguir hacia el sur y se despidió de Manuela, quien regresó a Quito. En Guayaquil saludó a Carmen Garaicoa y su familia y siguió hasta Cuenca, donde fue bien recibido por la población, pero le preocupó comprobar que era un sitio pobre, que sólo tenía granos, donde sería difícil obtener dinero y reclutar soldados.

Esperaba con interés las noticias y, desde México, le informaron que Agustín de Iturbide se había ya coronado como Emperador Agustín I. Desde Lima, a su vez, le comentaban que San Martín había regresado de Guayaquil y había reasumido el Protectorado, pero había tenido un gran disgusto al enterarse de que durante su ausencia se había destituido a su ministro y hombre de confianza Bernardo de Monteagudo, acusado de ladrón y monárquico. Su corresponsal en Perú le comentaba que los independentistas eran corruptos, incapaces e indisciplinados y que San Martín pensaba en coronarse y descuidaba las labores militares, por lo que su situación política era precaria y estaba a punto de ser vencido por los españoles.

Las perspectivas lo alegraron, puesto que estaba decidido a marchar hasta el Perú para tener la gloria de conquistar un segundo virreinato, pero en su correspondencia con Santander prefirió mostrarse cauto:

Me tiene usted lleno de ansiedades, cavilando día y noche sobre los medios que debo emplear para adelantar un grande ejército y realizar una gran expedición al Perú. Creo que el general San Martín ha tomado el freno con los dientes y piensa lograr su empresa como Iturbide la suya, es decir, por la fuerza; y así tendremos dos reinos a los flancos, que acabarán probablemente mal, como han empezado mal. Lo que yo no deseo es que ni uno ni otro pierdan su tierra por estar pensando en tronos.

Convencido de que la derrota militar de San Martín era inminente, ofreció a los ministros de Estado y Relaciones Exteriores del Perú y de Chile enviarles cuatro mil hombres más de los que se habían remitido ya. Les sugirió también que, en el caso de que el ejército aliado sufriese un infortunio, enviaran los restos hacia el norte peruano, de tal modo que él pudiese remitirles un refuerzo de otros seis mil a ocho mil soldados.

Recibió carta de Carmen Garaicoa en la que le expresaba su amor y le transmitía cariños de sus hermanas. Le contestó a su amiga y dictó otra carta para sus hermanas, en las que ironizó sobre su situación:

La iglesia se ha apoderado de mí: vivo en un oratorio; las monjas me mandan la comida; los canónigos me dan de refrescar; el tedéum es mi canto y la oración mental mi sueño, meditando en las bellezas de la Providencia dotadas a Guayaquil, y en la modestia de las serranas que no quieren ver a nadie por miedo al pecado. En fin, amigas, mi vida es toda espiritual y cuando ustedes me vuelvan a ver ya estaré angelicado.

Su pariente y amigo desde la infancia, Fernando Toro, primo de su extinta esposa, quien acababa de regresar a Caracas luego de un prolongado exilio, le contó en una carta las enfermedades derivadas de una herida en las primeras batallas por la independencia y le pedía que volviera a esa capital para liquidar la resistencia que las tropas españolas seguían ofreciendo en el este de Venezuela:

Nada puede serme más doloroso que tu salud destruida por la mala suerte de tus heridas, eternamente lamentables; ellas han privado a tu patria de su mejor ciudadano. Tú te pintas un muerto caminando y mi aflicción te representa lo mismo. Perdona, querido Fernando, a la ternura de una amistad que es mucho más pura que antigua. Tú me pides que vuelva a Caracas sin demora. Conozco los privilegios que tiene el suelo nativo sobre sus hijos, pero oye: yo pertenezco ahora a la familia de Colombia y no a la de Bolívar; ya no soy de Caracas solo, soy de toda la nación que mi constancia y la de mis compañeros han formado, creyendo que debemos asirla a la Nueva Granada, que llega hasta estas afortunadas regiones. Yo imagino que Venezuela es nuestra vanguardia, Cundinamarca nuestro cuerpo de batalla y Quito nuestra reserva, que debe adquirir los elementos que ahora no tiene. Siento mucho no volar a estrecharte en mis brazos y participar de tus dolores, pero tú sabes que el hombre social es un monstruo de la naturaleza, que no obedece sino al fantasma del deber.

Sus tareas se limitaban a atender la logística y la correspondencia, mientras esperaba respuesta a los ofrecimientos que había efectuado al Perú, y esa inactividad le provocaba una intensa ansiedad.

Santander, en una misiva, le pidió que regresara a Bogotá, junto con el general Sucre, para asistir a las sesiones del Congreso, que estaba cada vez más quejoso por la expedición al sur. Se negó rotundamente:

Las razones que usted da para ir son buenas, mas las que nosotros tenemos para no ir son mejores. El general Sucre es único para intendente de Quito, pues es un pueblo descontentadizo, suspicaz y chino. ¿Cómo quiere que nos vayamos yo y Sucre, dejando a nuestra espalda cuatro provincias de Colombia flamantes? Estas provincias están en la frontera de la guerra y de la insurrección. El Perú quiere usurparlas y el ejército español, si puede, las conquistará. El miedo que usted le tiene a la Legislatura, lo tengo yo a los enemigos y a los flamantes colombianos. Un congreso se reforma con otro, pero una guerra o una insurrección no tienen remedios baratos.

Le comentó también sobre la situación en México del "nuevo monarca Agustín I, por la gracia del sargento Pío, aunque parece que ni el Congreso ni los oficiales y jefes han querido tal emperador":

¡Qué locura la de estos señores, que quieren coronas contra la opinión del día, sin mérito, sin talentos, sin virtudes! En estos momentos se está pensando en México, en Chile y en Buenos Aires, en sostener facciones con la fuerza armada, mientras los enemigos están obrando para destruir a los nuevos reyes y demagogos. Por esto no quiero ir yo a Bogotá a luchar contra facciosos, en tanto que hay españoles contra quienes combatir.

Al paso de los días y semanas, la falta de respuesta de Lima lo angustiaba cada vez más y le produjo una enfermedad de los "nacidos o diviesos", forúnculos que derivaron en un intenso constipado que lo retuvo en cama. Finalmente se levantó y decidió avanzar un poco más hacia el sur, hasta Loja, donde se instaló y, por fin, recibió importantes novedades: San Martín había presentado su renuncia y se había marchado hacia Chile; y el Congreso había designado un triunvirato, encabezado por el general José de La Mar, para dirigir la administración.

Escribió a La Mar para felicitarlo y aprovechó para quejarse del hecho de que algunos periódicos de Lima lo hubiesen calificado de ambicioso y de tener pretensiones hegemónicas no sólo sobre Guayaquil, sino también sobre Perú. Le pidió que tratara de impedir "las murmuraciones, pues no es razonable que la moderación de Colombia se retribuya con ultrajes".

Regresó a Cuenca, desde donde le reiteró a La Mar su ofrecimiento de tropas y se quejó amablemente por no haber recibido respuesta a su oferta. A Santander le confesó que "no pienso más que en levantar cuatro mil hombres para mandarlos o llevarlos al Perú. Digo llevarlos porque no sé a quién confiárselos en un país difícil y enredado; que no tiene qué comer y es carísimo; que no tiene agua y está helado; que no tiene gobierno y todos mandan".

Siguió viaje hacia el norte, hasta Quito, donde llegó al caer la tarde, se reencontró con Manuela Sáenz y pasó una noche de pasión. Se levantó de buen talante, pero el panorama hacia el norte no era bueno: en Pasto se había producido una rebelión de los habitantes, que seguían siendo realistas acérrimos; en Venezuela el jefe realista Morales seguía controlando el este; y el Congreso de Cúcuta intentaba restringir las facultades del Poder Ejecutivo.

Se indignó ante las pretensiones de los legisladores y se descargó dictando una carta al vicepresidente Santander:

A esos señores del Congreso se les puede decir muy fácilmente que ni el gobierno ni yo reconoceremos jamás las alteraciones que hagan en las leyes fundamentales que hemos jurado cumplir; y en caso de insistir, nosotros quedaremos libres de hacer nuestro deber. Yo tengo en el Sur cerca de 5.000 hombres con que hacer respetar la ley, la justicia y el orden; y a usted no le faltan muchos recursos con que hacer lo mismo.

Poco después, insistía en el tema:

Yo no serviré la presidencia sino en tanto que ejerzo las facultades ilimitadas que me concedió el Congreso, porque la República de Colombia no se gobierna sino con un poder absoluto. Yo no tengo la culpa de que los españoles, desde la eternidad, hayan sido esclavos y de que nosotros hayamos sido los últimos en la escala de la esclavitud. Para Colombia se necesita un ejército de ocupación para mantenerla en libertad, como se necesitó en Francia para mantenerla en sujeción.

Manuela Saénz vino una mañana a su despacho acompañada de Bernardo de Monteagudo, un abogado nacido en Tucumán y educado en el Alto Perú, que había sido sucesivamente hombre de confianza de los directores supremos del Río de la Plata, Carlos de Alvear; de Chile, Bernardo O'Higgins; y últimamente del Protector San Martín en Perú.

—Mi amigo Monteagudo está de paso a Bogotá y he querido que lo conozcas, Simón...

Con rasgos de mulato pero muy elegante y cuidado en el vestir, Bernardo le describió con lucidez y lujo de detalles la situación militar y política del Perú y al final lo halagó sutilmente:

—Si usted no acude a salvarlo, don Simón, el Perú se pierde para la libertad.

A la noche, en el lecho, Manuela elogió a Bernardo, le contó que para San Martín había sido un colaborador inestimable y le sugirió que lo retuviera a su lado. A Bolívar le había resultado un hombre muy talentoso y seductor, de modo que respondió con el silencio y se dispuso a complacerla. Luego se sumergieron en los rituales del amor.

Envió a Sucre hacia Pasto con un regimiento para sofocar la rebelión y, a los pocos días, se despidió de Manuela y partió tras él, pues estaba ansioso por exterminar ese foco de conflictos. Al llegar a la ciudad de Ibarra lo invadió la angustia, pues no tenía noticias de Lima ni tampoco de la situación militar al este de Caracas. De todos modos, prefería quedarse en el sur para afrontar la campaña del Perú que volver a Bogotá o a Venezuela. Recibió una carta de Santander en la que le contaba que algunos congresistas, ante la vastedad de Colombia y las dificultades en las comunicaciones, querían dividir la república en varios Estados, cada uno con una legislatura.

Esta idea lo exasperaba y así se lo hizo saber:

Anoche leí a Rousseau, quien, hablando de la pequeña república de Ginebra, dice que "la mole de un gran Estado se conserva y marcha por sí misma; pero en uno pequeño la menor falta lo arruina". Colombia está rodeada de extranjeros y por ello de enemigos. Tenemos dos millones y medio de habitantes, derramados en un dilatado desierto: una parte es salvaje, otra esclava, los más son enemigos entre sí y todos viciados por la superstición y el despotismo. ¡Hermoso contraste para oponerse a todas las naciones de la tierra! Ésta es Colombia, ¡y después la quieren dividir!

Siguió viaje hacia el norte por el camino montañoso, pasó el fin de año en Tulcán y llegó a Pasto un par de días después. La ciudad había sido ya tomada por las tropas de Sucre, que se habían entregado al saqueo por tres días, habían matado a un gran número de paisanos y habían destruido los archivos públicos y los libros parroquiales. Simón confiscó las propiedades de los vecinos rebeldes y ofreció un indulto a todos los soldados que entregaran sus armas.

Le informó las novedades al vicepresidente y le contó que "en Buenos Aires ha habido una nueva conspiración en agosto y todo está peor de lo que estaba. Eso es lo que quieren los bochincheros: gobiernitos y más gobiernitos para hacer revoluciones y más revoluciones. Yo no; no quiero gobiernitos. Estoy resuelto a morir entre las ruinas de Colombia peleando por su ley fundamental y la unidad absoluta. Dígaselo así al Congreso".

La demora de los peruanos en invitarlo a entrar en su territorio para luchar contra los españoles, más la intención de los congresistas en Cúcuta de desmembrar Colombia, no lo dejaban dormir de noche. Le pidió a Santander que le enviara su sueldo de presidente ("estoy viejo, no sé vivir de limosna y debo alimentar a mi familia que se ha arruinado por seguir mis opiniones") e, impaciente, partió de regreso a Quito.

El reencuentro con Manuela lo alegró, pero se decepcionó al saber que acababa de llegar a la ciudad la división colombiana que había marchado a auxiliar al Perú, que había regresado por los desentendimientos con las autoridades de Lima. Su jefe le comentó que éstas, ante la experiencia que habían tenido con San Martín, temían que otro jefe militar extranjero volviese a tomar el poder político basándose en la fuerza de su ejército.

—Por eso dudan en convocarlo a usted, don Simón.

Se sintió herido en su amor propio y le molestó saber que en Lima lo consideraban más un enemigo que un aliado. Se consoló pensando que, a lo mejor, había que resignarse con que el Perú quedase en manos de los españoles. "Para no recibir los miasmas contagiosos de la permanente anarquía de nuestros hermanos de Chile y el Río de la Plata —le escribió a Santander—, pongamos un lago de tiranía entre ellos y nosotros".

Partió otra vez hacia Guayaquil para procurar recursos económicos y, en el camino, se ilusionó al recibir una carta de José de Riva Agüero, presidente del departamento de Lima, con expresiones de amistad y adhesión. Aunque sabía que éste era precisamente el hombre que había promovido la expulsión de Monteagudo del Perú, le preguntó su opinión al tucumano:

—Riva Agüero es un canalla, pero es el hombre llamado a mandar en el país.

Simón pensó que, acaso por ese lado, había nuevas esperanzas de que lo convocaran a entrar con su ejército.

Llegó a Guayaquil y, al comprobar que todavía no había respuesta de La Mar, se indignó aún más con el gobernante peruano. "Es un infame que, por celos hacia mí, se comporta más como godo que como patriota", pensó. "Debido a la forma pacífica en que he logrado anexar a Guayaquil, los peruanos tienen miedo de que los conquiste".

La molestia con los peruanos lo llevaba a ser cada vez más duro con los habitantes de las provincias ecuatorianas que lo rodeaban, a quienes consideraba unos mezquinos que no querían colaborar con la revolución, por lo que impuso una política de exacciones basadas en "lágrimas y sangre" para conseguir fondos y reclutas. "He agotado el manantial de mi rigor y todo ha sido violencia sobre violencia —le explicó al vicepresidente—. Los campos y las ciudades han quedado desiertos para tomar 3.000 hombres en los templos y en las calles y conseguir 200.000 pesos. Yo sé mejor que nadie hasta dónde puede ir la violencia y toda ella se ha empleado". Para aumentar la recaudación fiscal restableció el impuesto de alcabalas y el tributo de los indígenas.

Al enterarse de que los españoles habían triunfado en Moquegua, decidió enviar un ejército de 3.000 hombres para "defender a Lima y El Callao" aun sin pedido ni permiso de las autoridades locales, y luego marchar él mismo hacia Perú con un segundo contingente.

Las tropas partieron hacia el sur y recibió una buena noticia: ante un alzamiento militar, el Congreso peruano había depuesto a La Mar y había designado presidente a Riva Agüero.

Poco después, llegaba a Guayaquil un enviado del nuevo presidente peruano y Simón lo recibió de inmediato:

—He sido comisionado para rendir homenaje al genio de América, proponerle una alianza para expulsar a los españoles y pedirle el envío de un ejército con cuatro mil soldados y cuantos auxilios sean posibles.

Las palabras del delegado le parecieron una música celestial y respiró aliviado:

—Diga a su presidente que la expedición ya está en camino, que completaré seis mil hombres y que personalmente pasaré al Perú cuando necesite mis servicios.

A la tarde, ilusionado, se echó en su hamaca y dictó una carta a Santander para comentarle las novedades:

> *El general La Mar se está muriendo en Lima del disgusto que ha tenido por su caída. Chile, Buenos Aires y México están en grandes apuros, por lo que no podemos contar con ellos para nada. Chile ha depuesto a O'Higgins y el general Freyre lo reemplazará probablemente. Ambos son lo mismo y peores que San Martín, si es posible. Usted no puede imaginar la necesidad que tienen en Lima de un hombre que los dirija en todo y por todo. Lima vive como aquellos cuerpos muertos animados por los espíritus vitales: la esperanza de mi ida lo ha reanimado. Nadie sueña, nadie piensa, nadie imagina que puede existir el Perú sin mí.*

Estaba ansioso por partir hacia Lima, pero prefirió mostrarse algo remilgado y demorar un poco más su partida, en espera de que la situación política se siguiera deteriorando y le rogasen que fuera. Le pidió a Sucre que viajara para allá, se acreditara ante Riva Agüero como diplomático y como militar, y le entregara una misiva en la que le explicaba que, antes de viajar para terminar la guerra, debía esperar el permiso del Congreso de Cúcuta:

Tengo además la aprensión íntima de que mi marcha a Lima puede ser mirada por mis enemigos con muy mal ojo. Hubo un Bonaparte y nuestra propia América ha tenido tres césares. Estos perniciosos ejemplos perjudican a mi opinión, pues nadie se persuade de que, habiendo seguido la carrera militar como aquéllos, no me halle animado de su odiosa ambición. Ya mis tres colegas, San Martín, O'Higgins e Iturbide, han probado su mala suerte por no haber amado la libertad; y no quiero que una leve sospecha me haga padecer como a ellos.

Argumentaba también que, dado que la situación europea favorecía a los revolucionarios americanos e Inglaterra reconocería la independencia de estos países, era conveniente esperar unos meses y no comprometerse por ese tiempo en una acción militar.

A Sucre, en coincidencia, lo instruyó en el sentido de que no entrase en campaña en el Perú hasta que él no llegase, que tratara de lograr un armisticio o una tregua con los jefes españoles, y que procurara dividir y enfrentar a los gobernantes locales.

Su sobrino y administrador, Anacleto Clemente, desde Caracas, le contaba sobre la marcha de sus propiedades y la llegada a la ciudad de su madre, María Antonia, luego de un prolongado exilio en Cuba. "He celebrado la noticia —le contestó— porque no anduviese deshonrando mi apellido al vivir entre españoles, pudiendo haber seguido el ejemplo de su hermana Juanica, que prefirió todo a la vergüenza de vivir entre enemigos de su nombre". Le encargó que le pasara a la recién llegada 100 pesos mensuales y otros 30 a su antigua niñera la negra Hipólita, "para que se mantenga mientras viva".

Echado sobre la hamaca, disfrutando por anticipado su inminente partida para el Perú a continuar su campaña, Simón evocó con melancolía los días de su infancia y no pudo dejar de relacionarlos con su presente, todavía lleno de porvenir.

Una mañana, al llegar a su despacho, se encontró con correspondencia desde Lima: tanto Sucre como el presidente Riva Agüero le manifestaban que la mejor manera de contener el avance de las tropas españolas era atacarlos en el sur y en el Alto Perú. Aprobó el plan, aprestó otros dos mil soldados para enviarles y se dispuso a marchar tras ellos una vez que le llegara la autorización del Congreso para dejar el país. Empezó a ponerse nuevamente ansioso y decidió partir igual, aunque el permiso no llegara, pero una mala noticia vino a complicarle las cosas: en Pasto había estallado una nueva rebelión a favor de los españoles, encabezada por un indio llamado Agualongo, quien había logrado tomar esa ciudad al frente de unas huestes armadas con piedras y palos.

La novedad destruyó su proyecto de viaje y le amargó la vida: hacía ya un año que esperaba iniciar esta campaña crucial, con la que pensaba ganar un nuevo virreinato. Montado sobre las faldas del Pichincha, dilataba la vista y le parecía contemplar las inmensidades de su gloria desde la boca del Orinoco hasta el cerro de Potosí. ¡Y ahora debía rebajarse a retroceder otra vez hacia el norte para sofocar a estos infames pastusos, acaudillados por un indígena analfabeto!

Partió hacia allí poseído de furia y dispuesto a aplastar a sangre y fuego el levantamiento de estos malditos criollos, que se empecinaban en seguir siendo españoles y se dejaban manejar por un salvaje. Marchó por áridas montañas suavizadas a veces por algún valle verdeado por álamos y sauces y, al pasar por Riobamba, se enteró de que los pastusos habían ganado una batalla y les habían producido trescientos muertos y doscientos prisioneros. "Quince mil soldados me esperan en el Perú para que los conduzca a gloriosos triunfos; y tengo que ocuparme de estos seiscientos bárbaros que nos quieren quemar la casa", se lamentó.

Pasó por Quito, siguió avanzando por las zonas serranas y, al aproximarse a la ciudad de Ibarra, avistaron a los realistas y dio orden de atacarlos. Sus tropas vencieron con facilidad a los "insurrectos" (la denominación de "rebelde" se había invertido en la zona) y el campo quedó sembrado de cadáveres. Persiguió personalmente a los fugitivos hasta que se hizo de noche y ordenó su exterminio mediante fusilamientos y órdenes de exilio que debían incluso extenderse a las mujeres, a quienes ahora consideraba peligrosísimas. A la mañana le informaron que los realistas habían tenido seiscientos muertos, pero que Agualongo había logrado escapar con cincuenta sobrevivientes.

Lamentó esta última noticia, pero inició el regreso hacia el sur más tranquilo, con una sensación de revancha satisfecha.

Al llegar a Quito disfrutó de la compañía de Manuela y tuvo otra satisfacción. Dos diputados peruanos venían a informarle que el general realista Canterac había sitiado Lima durante unas semanas y a pedirle, en nombre del Congreso, que viajara hasta allí:

—Las tropas del Plata, de Chile, las colombianas y las locales —lo halagaron— están esperando una voz que las una, una mano que las dirija, un genio que las lleve a la victoria.

—Mi corazón me impele hacia el Perú —se sinceró ampulosamente— y la inacción me desespera. Por ello he implorado al Congreso de Colombia el permiso para satisfacer a los hijos de los Incas, pues me he propuesto no reposar hasta arrojar al mar a todos los opresores del Nuevo Mundo.

Siguió de inmediato hacia Guayaquil y allá lo esperaban otras novedades: el Congreso peruano había depuesto a Riva Agüero, pero éste había resistido la medida y había marchado hacia Trujillo para ejercer desde allí el mando; y Sucre, basado en la fuerza militar y favorito del Congreso, había rechazado el poder político y había propiciado la designación como presidente del marqués de Torre Tagle.

Le alegró saber que el Perú estaba sumido en la anarquía, pues eso hacía imprescindible su inmediata partida para allí. Un edecán de Torre Tagle llegó a la ciudad para reiterarle su pedido de que viajara para allí:

—Haga saber al presidente que me dispongo a partir.

Ordenó que se preparara una embarcación y se levantó al alba. Dictó una carta al vicepresidente Santander informándole que partía hacia el Perú para garantizar la seguridad de Colombia, la firmó e hizo sellar, y en ese momento le informaron que acababa de llegar correspondencia desde Bogotá. Venía entre ella la autorización del Congreso.

—Menos mal —se dijo a sí mismo. Y ordenó aliviado a su amanuense:

—Rompa mi carta, pues ya no es necesaria.

Una hora después, se embarcaba en el bergantín *El Chimborazo*, contento y optimista.

—Se cumple un aniversario de Boyacá, buen presagio para la campaña —observó uno de sus edecanes.

Simón no creía en augurios, pero le resultó una grata coincidencia. Entrar en campaña le devolvía la vitalidad.

15. ALFARERO DE NACIONES (1823-1825)

Ainsi, nos deux états ne feront qu'un empire.
Il semble qu'a ces mots notre discorde expire.

Corneille, *Horacio*

Durante los monótonos días de navegación evocó con frecuencia el viaje que, siendo adolescente, había realizado hasta México, en camino hacia España. La ciudad de los aztecas y Lima eran las dos grandes capitales del Imperio Español que, durante su infancia caraqueña, se mencionaban en su casa con veneración por su importancia y opulencia. Después de haber conquistado Bogotá, capital del tercer virreinato, las vicisitudes de su existencia lo acercaban ahora a Lima y algunos espisodios de la infancia le venían a la memoria: el despotismo de su tío Carlos Palacios; el desprecio de éste hacia la posible sangre mestiza o "longaniza" de los Bolívar, mientras se aprovechaba de sus riquezas; y las veladas alusiones de Carlos y de la servidumbre, con distinto tono, a los abusos de su padre con las mujeres de San Mateo.

En contraste con la magnificencia que esperaba encontrar en Lima, se sorprendió con los arenosos desiertos de la costa peruana y las secas montañas que se avistaban y los comparó con los verdes panoramas de su Venezuela natal o de las islas caribeñas. Un mediodía atracaron en El Callao y se envió un correo hasta la vecina Lima. Poco después llegaban a recibirlo el presidente Torre Tagle, funcionarios y una multitud de curiosos, quienes lo cumplimentaron y lo acompañaron hasta la ciudad por un camino flanqueado por álamos. Especie de oasis urbana en medio del desierto, Lima tenía un magnífico trazado y sus residencias con elegantes balcones voladizos de madera torneada eran bellísimas y suntuosas. Los edificios públicos eran imponentes y sus iglesias más grandes que las españolas, de modo que quedó encantado con la capital. Fue alojado en una de las principales viviendas y dos delegados del Congreso vinieron a darle la bienvenida. Los recibió en compañía de Torre Tagle y, al día siguiente, el cuerpo legislativo facultó al "Libertador y presidente de Colombia" para solucionar el entredicho que se mantenía con el depuesto presidente Riva Agüero, quien aprestaba tropas en Trujillo para recuperar la plenitud de su mando. A la noche fue agasajado con un banquete al que concurrió el general Bernardo O'Higgins, el renunciante Director Supremo de Chile, quien se había exiliado en el Perú para ocuparse de las dos estancias confiscadas a los realistas que el Protector San Martín le había regalado en el valle de Cañete. Simón consideró significativa su presencia, lo saludó con deferencia y le manifestó que sería un honor que se incorporara al ejército en operaciones. En el momento de los brindis, dirigió su vista hacia el chileno y levantó su copa:

—Brindo por el general San Martín, por el buen genio de América que lo trajo al Perú y por el general O'Higgins, que generosamente lo envió desde Chile.

Advirtiendo que para consolidar su situación debía primero sofocar a Riva Agüero, Bolívar le escribió una carta para manifestarle que, dado que su designación como presidente había sido realizada por el Congreso, mal podía él pretender revocar el mandato de esa representación legislativa. Agregaba que Bonaparte en Europa e Iturbide en América habían sido hombres prodigiosos, pero que no habían podido evitar su ruina por el sacrilegio político de haber profanado el templo de las leyes; le decía que el suceso de Trujillo era una mancha negra y que no lograría mandar en Lima porque "todos nos armaremos en defensa del Perú"; no obstante lo cual le ofrecía su amistad y en prueba de ello enviaba a Trujillo dos delegados para transar con él.

Mandó en efecto dos comisionados con facultades para amnistiar a Riva Agüero y ofrecerle, en caso de que aceptara subordinarse, el mando de las tropas peruanas o una misión diplomática en Europa.

El Congreso le concedió a Bolívar la suprema autoridad militar en el territorio de la república, con facultades ordinarias y extraordinarias, y lo invitó a presentarse en su seno. Quedó satisfecho con el otorgamiento de los plenos poderes y respondió que concurriría a reconocer la soberanía nacional representada por el cuerpo y prestarle sumisión. La mañana del día fijado dejó su residencia y se dirigió al palacio legislativo a través de calles que rebosaban de gente que lo saludaba. Al entrar al colmado edificio, los presentes se pusieron de pie y lo vivaron con entusiasmo, lo cual lo llenó de emoción. "Haré por el Perú más de lo que admite mi capacidad. El Congreso será mi antorcha y el presidente mi diestra y el instrumento de mis operaciones", señaló.

Regresó a su casa acompañado de Torre Tagle y trató de ser amable con él, aunque en su interior pensaba que se trataba de un hombre mediocre e infatuado, que se creía importante y poderoso pero aceptaba un triste papel.

Convocó a los principales comerciantes y banqueros y les pidió prestados trescientos mil pesos, para solucionar los problemas del erario y alistar nuevas tropas. Solicitó también a Chile y a Inglaterra empréstitos por montos mucho mayores y el aporte de dinero lo alivió.

Manuela Sáenz arribó en un barco a El Callao y llegó luego a Lima con una de sus esclavas negras, Jonatás, y su proverbial aparatosidad. La sociedad tradicional limeña ya la conocía y renovó las críticas hacia sus "costumbres libertinas": la versión de que durante la travesía había permanecido encerrada varios días en su camarote con la sensual mulata, y que no había salido ni para ir al retrete, escandalizó en los salones y generaba comentarios sobre la "particular" relación que mantenía con su criada. Indiferente a los rumores y hasta complaciéndose con ellos, Simón la acogió con entusiasmo, hicieron el amor en forma apasionada y fueron de paseo hasta La Magdalena, un simpático pueblo ubicado a unos doce kilómetros hacia el noroeste, próximo al mar y matizado con cuidados jardines, huertas generosas y alegres palomares.

Contento con Lima y su tren de vida, le escribió a Santander para contarle sus impresiones:

> *Esto es muy agradable: los hombres me estiman y las mujeres me quieren. La mesa es excelente, el teatro regular, muy adornado de lindos ojos y de un porte hechicero. Coches, caballos, paseos, toros, tedéum, nada falta sino plata para el que no la tiene, que a mí me sobra con mis ahorros pasados.*

Enterado de que el dictador paraguayo Gaspar Rodríguez de Francia había detenido al sabio francés Aimé Bonpland, el colaborador de Alexander von Humboldt a quien había conocido durante su juventud en París, le escribió para interceder por su libertad. "Los cuatro millones de americanos libertados por el ejército bajo mi mando —le suplicó— imploran clemencia en obsequio del señor Bonpland".

José de Riva Agüero se encontraba en su despacho de Trujillo cuando le anunciaron que venían a verlo dos enviados de Bolívar. Los recibió de inmediato y leyó la carta que le enviaba Simón:

—Al demonio con este Libertador —pensó—. Le pido que venga a ayudarme contra los realistas y, cuando llega, se une a los enemigos políticos que quieren echarme...

Les respondió que no estaba dispuesto a resignar su cargo, pero que ello no obstaba a continuar negociando para lograr un acuerdo.

En conocimiento de que Riva Agüero había entrado en comunicaciones con los jefes españoles, Simón ordenó "fabricar" unos documentos que probaban estos vínculos y se los facilitó a su principal lugarteniente, el general Antonio Gutiérrez de la Fuente, para fomentar divisiones en su frente interno.

Se despidió de Manuelita y partió con un contingente de 4.000 soldados hacia Trujillo para someter a Riva Agüero, pero al llegar a la ciudad del norte peruano (homónima de la neogranadina) se encontró con que éste ya había sido depuesto por su subordinado Gutiérrez de la Fuente, quien lo había enviado al exilio. Bolívar hubiera preferido que se lo fusilara, pero se conformó con el destierro. "Ahora me falta eliminar a Torre Tagle", pensó.

Partió de regreso hacia Lima y, en el primer día del año, llegó a Pativilca con fiebre y dolores de cuerpo, por lo que decidió detenerse en el pueblo y guardar cama. Se sentía muy débil y entró en una especie de delirio, un sueño del que no podía salir, con escasa conciencia de la realidad. Los días pasaban, se levantaba por ratos y, muy delgado y con las piernas huesudas, se sentaba en el huerto de la casa, a la sombra de una higuera, donde permanecía melancólico y callado. Las noticias lo desalentaban y entristecían: el gobierno de las provincias del Río de la Plata, inspirado por Bernardino Rivadavia, había firmado una convención de cese de hostilidades y reanudación de relaciones comerciales con las autoridades españolas y confiaba en terminar la guerra de la independencia por esa vía; un enviado de Buenos Aires había llegado a Lima para informar sobre el tema y muchos congresistas querían adoptar el mismo temperamento.

Simón, en cambio, quería vencer a los godos por las armas y sólo aceptaba un armisticio como recurso para ganar tiempo hasta que llegaran refuerzos de Colombia y se organizaran las tropas del Perú.

Los sucesos de Europa también lo preocupaban: ayudado por fuerzas francesas, los cien mil hijos de San Luis comandados por el duque de Angulema, Fernando VII había aplastado a los liberales y había restaurado el llamado "gobierno de los serviles". Simón temía que esto alentara a los godos americanos y le angustiaba comprobar que las tropas prometidas por Chile se demoraban.

Sentía fastidio con la situación, no quería ver a nadie, prefería comer solo y la presencia de cualquier persona lo mortificaba. En carta a Santander, le expresaba su desánimo:

> *En todo tiempo las obras de los hombres han sido frágiles, pero ahora parecen embriones nonatos y siento que mi época es de catástrofes. Ya que la muerte no quiere acogerme bajo sus alas protectoras debo apresurarme a esconder mi cabeza entre las tinieblas del olvido y del silencio, antes de convertirme en polvo, en ceniza, en nada. Bonaparte, Morillo, Iturbide, San Martín, O'Higgins y Riva Agüero, han caído derribados por la infamia o el infortunio. ¿Y yo de pie? No puede ser, debo caer.*

La guarnición de El Callao, encabezada por un sargento oriundo del Río de la Plata, se sublevó por falta de pago y malos tratos y entregó la fortaleza a los españoles. El Congreso, conmovido por la situación y ante la inminencia de un ataque desde ese puerto tan próximo, suspendió la vigencia de las garantías legales y designó dictador a Bolívar.

El nombramiento lo animó y ayudó a restablecerlo, pero la mayoría de sus colaboradores, incluyendo a Sucre, pensaban que el Perú estaba perdido y era conveniente retirarse a Colombia. Simón escribió a Bogotá y a Lima anunciando que si no le enviaban tropas y dinero renunciaría a su cargo y, ante la actitud remisa del jefe militar de Lima, el rioplatense Mariano Necochea, se permitió regañarlo:

> *Todo el mundo está allá encantado con usted, pero yo estoy furioso contra su bondad, su política y su parsimonia. La guerra no vive sino de actos de violencia y de destrucción; no se hace por el amor de Dios. Usted y yo somos militares y no tenemos otro oficio más benéfico. Sin dinero no recuperamos El Callao, no quemamos los buques de guerra enemigos ni pagamos nuestro ejército. Quisiera verle a usted menos bueno y más fuerte.*

Recibió noticias de que su antiguo preceptor en Caracas y compañero de aventuras en Europa, Simón Rodríguez, había llegado a Bogotá, y se apresuró a escribirle:

> *¡Oh mi maestro! ¡Oh mi amigo! ¡Oh mi Robinson! Usted en Bogotá, y nada me ha escrito. ¿Se acuerda cuando fuimos al Monte Sacro, en Roma, a jurar la libertad de la patria? Con qué avidez habrá usted seguido mis pasos, dirigidos anticipadamente por usted mismo. Usted formó mi corazón para la libertad, para lo grande, para lo hermoso. Usted habrá visto mi conducta y no habrá dejado de decirse: "Yo sembré esta planta, yo la regué". Presente esta carta al vicepresidente Santander, pídale usted dinero de mi parte, y venga a encontrarme.*

Se encaminó otra vez hacia Trujillo, para organizar un ejército que le permitiera cruzar la cordillera hacia el este y dar la batalla final contra los españoles, que dominaban esa zona al mando del virrey La Serna y el general Canterac. Ya en ruta, se enteró de que Manuelita y Monteagudo, que habían huido de Lima al ser ocupada por los realistas, se encontraban en viaje hacia allí. Como la presencia de una mujer en campaña disgustaba sordamente a sus colaboradores y, por otro lado, quería estar tranquilo y libre de sus estridencias a veces agobiantes, despachó un emisario con la orden de que Manuelita se detuviera en Huamachuco y, desde allí, se ocupara del archivo con sus papeles y correspondencia.

Al llegar a Trujillo se enteró de que el general realista Olañeta, que estaba en el Alto Perú, había proclamado el dominio absolutista de Fernando VII, en actitud de rebeldía hacia La Serna y Canterac, a quienes se consideraba liberales. La situación alegró a Bolívar, pues consideraba que las divisiones entre los jefes españoles venían a a beneficiar a los patriotas; y le escribió a Olañeta para ofrecerle su amistad y, con el ánimo de sembrar cizaña, decirle que la Constitución española había hollado la religión y el trono y no había logrado sembrar la libertad.

Recibió tropas desde Colombia, dispuso el almacenamiento de pertrechos y ropas de abrigo y decidió marchar hasta Huaylas, donde lo agasajaron en una de las principales casas y, al anochecer, le trajeron a una adolescente de unos doce años a su habitación: se llamaba Manuela Madroño y sus inocencias juveniles en el lecho, casi infantiles, lo fascinaron, hasta el punto de que la invitó a que siguiera viaje en su comitiva.

Continuó camino y a su arribo a Huamachuco se encontró con Manuelita Sáenz, quien al conocer la "infidelidad" con su joven tocaya de Huaylas le hizo una tormentosa escena, llena de reclamos estentóreos. Simón le reprochó que hubiera venido sin su autorización y las recriminaciones recíprocas se fueron convirtiendo en una tierna reconciliación que terminó en la cama, donde las delicias del sexo volvieron a unirlos.

Le escribió a Santander para urgirle el envío de tropas y comentarle que el oficio de "alfarero de repúblicas" en que se había metido era muy trabajoso, puesto que los peruanos eran bastante inútiles; los chilenos no habían mandado recursos ni los mandarían; y Buenos Aires haría lo mismo, "porque esa republiqueta no sabe más que enredar, maldecir e insultar".

Dispuesto a continuar la marcha se despidió de Manuelita, pero ésta, desafiante, le anunció que marcharía con él. Simón cubrió su rostro de besos y la llenó de halagos por su valentía y lealtad, pero sólo le permitió que lo siguiera con sus papeles a una distancia más que prudencial y protegida por un regimiento de lanceros colombianos. "Más que cuidarla del enemigo —bromeó consigo mismo, aliviado—, los soldados deberán protegerme a mí de sus celos y acosos".

Dividió las fuerzas en tres partes y ordenó la marcha hacia el valle de Jauja. Ascendieron por senderos estrechos que serpenteaban las macizas moles andinas y no permitían sino el avance individual. Los integrantes de la caballería montaban mulas y llevaban sus corceles de batalla de las riendas; los infantes caminaban con dificultad debido al peso de sus fusiles; y los indios cerraban la marcha llevando los pertrechos sobre sus hombros. Un sistema de cornetas que resonaban en las rocas y multiplicaban sus ecos en los abismos servía de comunicación. Todos los días se desbarrancaba alguna mula con su jinete y los cuerpos caían al precipicio arrastrando piedras y polvo ante el horror de sus camaradas, que se detenían y esperaban con unción el ruido sordo que, elevándose seca y tristemente, anunciaba el final de la tragedia. Por las noches el frío era glacial y amanecían ateridos. Fue un alivio llegar al altiplano del Cerro de Pasco, cultivado, populoso y con abundante ganado, desde donde Simón divisó, a la lejanía, las tropas enemigas al mando de Canterac.

Ordenó una formación en la llanura, al pie de cerros nevados alumbrados por un sol brillante que resaltaba el intenso azul del firmamento. Realizó una exhortación a los soldados y, a la noche, ofreció un banquete a sus oficiales en una de las viviendas del lugar. El jefe de Estado Mayor, el irlandés Francis Burdett O'Connor, ofreció un brindis:

—Por la victoria de nuestro ejército colombiano, que ha venido a libertar al Perú contra la voluntad de los mismos peruanos...

Desde la cabecera Simón sonrió y se acordó de su hermana María Antonia, que le había escrito para aconsejarle que "no se empeñara en liberar a los peruanos si ellos no quieren". Desechó el pensamiento, exclamó "éste es mi brindis" y se subió a la mesa y empezó a caminar sobre ella pisando platos y copas y ofreciendo un alegre pero desafinado concierto de porcelanas y cristales. Al llegar al borde opuesto bebió el vino de su copa y arrojó ésta contra la pared del recinto, entre los gritos de alegría de los jefes.

Al día siguiente dos oficiales vinieron a informarle que se avecinaba el ejército español, pero luego comprobaron que se trataba de una simpática tropa de llamas, de afinados cuellos y miradas curiosas.

Simón ordenó el avance y al llegar a Rumichaca, mientras almorzaba sobre el parapeto de un puente de piedra, le avisaron que las tropas realistas marchaban hacia el Cerro de Pasco. Ordenó formar a su caballería sobre los altos de Junín, al borde de unos pantanos que flanqueaban la laguna, y dispuso el ataque. Los jinetes combatieron durante un par de horas sin disparar un tiro y Bolívar siguió la batalla con ansiedad y luego con preocupación. Al caer la tarde su ánimo se ensombreció al comprobar que sus hombres estaban siendo derrotados, pero uno de sus edecanes vino a comunicarle que los españoles se retiraban: dejaban centenares de muertos sobre el campo y caballos sin jinetes pisoteaban a los heridos. El caraqueño respiró aliviado y ordenó que los persiguieran hasta liquidar a todos los que se pudiera.

Avanzó hasta Tarma, donde ofreció un agasajo a sus oficiales para celebrar la victoria y les anunció que partiría hacia la costa para recibir a los refuerzos colombianos e intentar recuperar la fortaleza de El Callao, por lo cual dejaba en su reemplazo, como general en jefe, a Antonio José de Sucre. Instruyó a éste que se dirigiera a la retaguardia para recuperar el parque de artillería y asistir a los heridos y marchó en dirección a Lima. En las proximidades de Jauja se encontró con Manuelita, quien le recriminó la presencia de Manuela Madroño en la comitiva. Trató de apaciguarla y continuó con la nueva favorita hasta Huamanga.

Allí se encontró con una carta de Sucre, que le expresaba que había cumplido la misión de marchar a la retaguardia y agregaba que ese cometido de atender a enfermos y rezagados, impropio de su rango, lo había ofendido y "había servido de burlas y sátiras a los que no son amigos y de sorpresa a los que me estiman", quienes a raíz de ello lo reputaban como un imbécil o un inútil. Simón se sonrió, pues estimaba a su subordinado, y le respondió que "el honor y la gloria consisten en hacer triunfar a Colombia; y hacer algo útil no puede ser ofensivo".

Siguió viaje hasta Huancayo, donde se encontró con Bernardo O'Higgins y el rioplatense Tomás Guido, ex ministro y hombre de confianza de San Martín, quienes llegaban para incorporarse a sus tropas. Le complació verlos e integrarlos a su Estado Mayor, pues implicaba un nuevo reconocimiento a su ya extendida autoridad, y experimentó cierto dejo de desprecio por la ironía de que arribaran después del combate y la victoria.

Recibió una comunicación de Santander en la que le informaba que el Congreso colombiano había derogado sus plenos poderes en los territorios en guerra y el derecho de conceder ascensos sin consultar al gobierno central. Le indignó saber que, en los momentos de triunfo, le eran restringidas sus facultades y le adjudicó al propio vicepresidente la responsabilidad por esta medida. "Esto está inspirado por sus celos", pensó. Hacía tiempo que venía disgustándose con Santander porque le escatimaba el envío de tropas y dineros para la campaña del Perú escudándose en la vigencia de la ley o en su carencia de facultades. "Usted puede hacer lo que quiera en el

Perú porque ha sido nombrado dictador, pero yo acá soy solamente el vicepresidente y debo acatar al Congreso", era el tenor de sus últimas comunicaciones, por lo cual Simón había dejado de escribirle.

Envió de regreso a su hogar a Manuela Madroño, escoltada por un escuadrón de húsares, y prosiguó hasta Chancay. Muy dolido, le escribió a Francisco de Paula para manifestarle la ironía de que, mientras él se vanagloriaba de que la Constitución y la ley reinaban plenamente en Colombia, el Senado le había quitado al presidente sus derechos. "En lugar de darme las gracias por mis servicios, se quejan por mis facultades", se lamentó, por lo cual le reiteraba la renuncia a la presidencia y le anunciaba que, una vez terminada la guerra del Perú, se alejaría de Colombia y de América.

Le escribió a Sucre para contarle estas novedades y le pidió que las pusiese en conocimiento de las tropas. Su propósito era producir una reacción favorable a la consolidación de sus facultades, pero con el fin de guardar las formas le pidió que se moviera con cautela, "para no provocar actos de indisciplina". Efectivamente, los oficiales firmaron una carta de adhesión a Bolívar y la enviaron al Congreso de Colombia.

Recibió noticias de que uno de sus coroneles había sido emboscado y vencido por los realistas cerca de El Callao, pese a que contaba con mil quinientos soldados. Molesto por todas estas circunstancias, ordenó que se hiciera un consejo de guerra y sugirió que se fusilara a quienes se hubieran comportado con cobardía, cosa que se ejecutó sin más trámite. También hizo fusilar y descuartizar a un sargento y dos soldados que habían violado a una campesina; y amenazó con la ejecución al director de un hospital que descuidaba su función.

Advirtió que el pueblo peruano era muy religioso y decidió atender a tal característica: dispuso la fundación de escuelas bajo la dirección del clero; castigó a curas que habían cometido abusos y obligó a retornar a los conventos a otros que habían colgado los hábitos y vivían en forma disoluta.

Con el propósito de reconocer los alrededores de El Callao avanzó con una escolta hasta Lima y, ya de noche, entró a la ciudad, que estaba desierta y apagada. Al conocer su presencia algunos vecinos salieron a las calles para saludarlo y pedirle que se quedara en la zona. Simón aceptó la tesitura y resolvió instalarse en el vecino pueblo de La Magdalena, en la importante residencia de verano ubicada sobre la plaza que, por haber sido construida por un virrey y habitada por el general San Martín durante su Protectorado, había sido bautizada como "el palacio". Poseía dos galerías algo elevadas al frente y al fondo, una excelente iluminación interna que fluía de las claraboyas incrustadas en los techos de pino, y dos salas con murales pintados con motivos clásicos que le recordaron los de su quinta de Bogotá. Pocos días después llegó Manuelita con su esclava Jonatás y se alojaron en una vivienda vecina.

Estaba preocupado por la suerte de Sucre y su ejército en la sierra, pues sabía que el virrey La Serna había partido desde el Cuzco para enfrentarlo. Pensaba que ésta iba a ser la batalla definitiva de la campaña americana, pues si los españoles eran derrotados no tendrían ya otras fuerzas importantes para seguir combatiendo, y por ello se sentía algo incómodo de no participar y dirigir la lucha personalmente. La ausencia lo preservaba de los inconvenientes de una posible derrota, pero a la vez le dejaba a Sucre todos los méritos de una victoria casi tan segura como ciertamente gloriosa.

Dos buenas noticias vinieron a aliviarle su malestar: recibió un nuevo refuerzo de tropas colombianas y el importe de tres millones de pesos para el erario peruano, provenientes de un empréstito contraído con Inglaterra.

Resolvió entonces dirigirse a los gobiernos de Colombia, México, el Río de la Plata, Chile y Guatemala para convocarlos a una reunión en el istmo de Panamá, a fin de consolidar una confederación (ya firmada entre Colombia, Perú y México) y conformar una asamblea para que sirviera de consejo en los grandes conflictos, punto de contacto en los peligros comunes y de "conciliador, en fin, de nuestras diferencias".

Las semanas pasaban y estaba cada vez más ansioso, esperando las noticias de Sucre, desde las montañas. Una mañana, cerca de fin de año, mientras se encontraba en reunión con algunos oficiales y se paseaba nerviosamente por la habitación, le avisaron que había llegado un correo desde Ayacucho. Lo hizo pasar de inmediato, abrió el sobre que le enviaba Sucre y leyó las primeras líneas:

Está concluida la guerra, mi general, y completada la libertad del Perú.

Suspiró aliviado y, con más calma, siguió leyendo los pormenores de la batalla. Al final, Sucre le detallaba los ascensos que había concedido a los oficiales victoriosos y concluía:

Por premio para mí, pido a usted me conserve su amistad.

Se quitó la chaqueta, la tiró al suelo y dio rienda suelta a su alegría bailando alrededor de la habitación mientras gritaba: "¡Victoria, victoria, victoria!".

Mandó un parlamentario a El Callao para iniciar negociaciones tendientes a lograr la entrega de la fortaleza y, por la tarde, se echó en su hamaca de la galería del fondo y dictó una carta a Santander:

Sucre ha ganado la más brillante victoria de la guerra americana y he vuelto a mi estado de alegría. Todo el mundo me está quemando con que soy ambicioso, que me quiero coronar; lo dicen los franceses, en Chile y en Buenos Aires, sin mencionar el anónimo de Caracas. Pero con irme respondo a todo: estoy resuelto a dejar este gobierno y el de Colombia. No quiero más glorias, poder ni fortuna y sí quiero mucho, mucho, mi reposo. Sólo me detendrá un negocio particular: no he recibido nada de la ley de recompensa y pido a cambio cien mil pesos depositados en Londres, para irme del país. Si usted no puede concederla solo, pase esta pretensión al Poder Legislativo añadiendo que ofrezco a cambio las minas de Aroa, que son mías y costaron a mis antepasados cuarenta mil pesos en tiempos de la Conquista. Como dan cobre y maderas, puede hacerse con ellas un arsenal en Puerto Cabello.

Se fue a la cama todavía eufórico e hizo el amor con Manuela, pero en el letargo posterior su mente viajó hasta el Alto Perú. Quería llegar hasta allí, seducir o derrotar el último foco realista representado por el general Pedro Olañeta, y hacer realidad sus ansias de gobernar una confederación que se extendiera desde Panamá hasta el Río de la Plata. "Ni el leguleyo de Santander con sus formalismos legales ni el analfabeto de Páez con sus estrechos divisionismos me lo van a impedir", pensó.

En la víspera de Navidad le escribió al general Olañeta manifestándole que se había terminado la guerra y agradeciéndole "la diversión que ha hecho usted del ejército español en el Alto Perú". Añadió que enviaba a Sucre para lograr una transacción con él y lo amenazó sutilmente al decirle que "si usted burlase nuestras esperanzas nos sorprenderíamos de un modo muy desagradable".

Instruyó a Sucre para que marchara hacia el Alto Perú, tomara el control de su territorio sobre la base de la independencia y soberanía del pueblo, y dejase pendiente su futuro a un acuerdo entre los Congresos de Lima y Buenos Aires. Lo instó a que avanzara con su ejército a la vez que negociara y a que no tuviera miedo a su destino: "Mi querido general, ceda usted a la fortuna que lo persigue y no sea como San Martín e Iturbide, que han desechado la gloria que los buscaba".

Una noche, su edecán lo despertó para avisarle que Bernardo de Monteagudo acababa de ser asesinado en una calle de Lima: su cuerpo, con el olor a sangre fresca mezclado con su habitual perfume de agua de Colonia, había sido encontrado sobre la acera con un puñal en la espalda.

Se levantó sobresaltado y pensó que podía tratarse de una conspiración contra el gobierno y contra su propia persona, pero los informes lo tranquilizaron: podría haber sido un intento de robo o la venganza de un marido celoso. A los pocos días fue detenido el asesino y Bolívar, inquieto e intrigado, lo entrevistó en la cárcel para tratar de conocer quiénes había sido los instigadores.

Resolvió visitar el Congreso, a cuyos principales representantes adelantó que intentaba renunciar, con el objetivo de que se lo respaldara en el poder. La mañana prevista se inició con veintiún salvas de artillería y una comisión de congresistas, integrada además por militares y eclesiásticos, vino a su residencia para acompañarlo hasta la sede del Legislativo: partió por calles cubiertas con tropas y un público que arrojaba flores a su paso, lo que lo llenaba de satisfacción.

Entró al recinto y quiso impresionar de inmediato a los representantes:

—Séame permitido felicitar al pueblo, porque se ha librado de la guerra con la victoria en Ayacucho; y del despotismo por mi dimisión...

El Congreso le rogó que permaneciese como presidente perpetuo, le otorgó nuevas facultades, honores de Libertador y un millón de pesos. Bolívar rechazó el dinero pero aceptó seguir en el cargo. "He cedido por complacencia, no por convicción —le escribió a Santander—, para completar la obra en el Alto Perú. Yo soy el hombre de las dificultades, usted el de las leyes y Sucre el de la guerra".

Recibió una carta de Sucre desde Puno, que le informaba que militarmente no había tenido dificultades en el Alto Perú y que había resuelto convocar a un congreso para que decidiera la organización política del territorio.

Se molestó por la autonomía con que se manejaba su subordinado, a quien el Congreso había designado Gran Mariscal de Ayacucho y le había otorgado una hacienda, y resolvió ponerlo en su lugar: "Usted no tiene nada que hacer sino lo que yo le mando", le respondió. Le recordó que la base del derecho público era que los gobiernos republicanos se fundaban sobre los límites de los antiguos virreinatos, capitanías generales o presidencias, y que el Alto Perú había dependido últimamente de Buenos Aires, por lo que debía limitarse a ocupar el territorio y a esperar las instrucciones del gobierno peruano que él personalmente le llevaría en breve.

Alojado en la casa de La Magdalena, atendía allí los asuntos militares y las tareas del gobierno peruano, muchas de las cuales solía delegarlas en los colombianos Tomás Heres y José Gabriel Pérez, su secretario privado, lo que despertaba celos y resistencias y había originado la frase "Heres más malo que Pérez". No le faltaban adulones y la Iglesia se había sumado al coro de elogios, pues en las misas, entre la epístola y el Evangelio, se rezaba en coro:

De ti viene todo,
lo bueno Señor:
nos diste a Bolívar,
gloria a ti, gran Dios.

Un antiguo miembro de la Audiencia del Cuzco, al observar que Simón tenía dificultades para subir a un caballo de alta talla, no vaciló en agacharse y ponerse en "cuatro pies" para que el dictador pisase sobre su espalda. Bolívar lo designó luego presidente de la Corte Suprema, lo que originó comentarios desfavorables en los sectores que rechazaban al caraqueño y lo calificaban como un extranjero de malos modales que gobernaba a un país ajeno, con facultades dictatoriales y valiéndose de un círculo áulico; mientras que hacía las campañas militares acompañado por dos o tres favoritas, como un sultán oriental.

Le gustaba la pompa con reminiscencias virreinales que se respiraba en Lima y solía marchar por las tardes para allá, donde disfrutaba de las tertulias y bailes con bellas mujeres en las suntuosas residencias, pero percibió que algunas orgullosas limeñas lo tenían a menos. A través de las conversaciones que mantenía con un agente de Inglaterra, Mister Maling, advirtió que la Santa Alianza de los países europeos favorecía el establecimiento de gobiernos monárquicos en América. Las circunstancias le mostraban además que no era tan fácil constituir sistemas republicanos:

—Nuestra población está integrada por indios y negros todavía más ignorantes que la vil raza de los españoles —le comentó una tarde al representante inglés.

Respaldado por el Congreso de Colombia, que una vez más le había rechazado su renuncia, Simón empezó a pensar que acaso debía aceptar el consejo de ceñir una corona, para lo cual sería conveniente hacerlo con el título de Inca, y empezó a mencionar a Manco Cápac en sus documentos y correspondencia.

Recibió entonces informaciones de que Francia estaba a punto de mandar 20 mil soldados a sus islas del Caribe y le preocupó la posibilidad de que pudieran colaborar con un intento español de recuperar Venezuela. Le escribió a Santander para sugerirle que declarara "una cruzada contra los herejes y ateos franceses, destructores de sus sacerdotes, templos, imágenes y de cuanto hay de sagrado en el mundo. El obispo de Mérida y todos los fanáticos pueden servir en los púlpitos y en las calles".

Manuela también iba a veces a Lima y una noche regresó desde allí con novedades:

—Thorne ha regresado a la ciudad y quiere que reiniciemos la vida marital...

Simón se sintió algo celoso, pero la presencia y las pretensiones del marido de Manuela le añadían un toque de peligro e interés a su relación y, a la vez, le proprocionaban independencia para poder gozar de las alternativas de la vida mundana.

Informado por su hermana María Antonia de que su sobrino Anacleto Clemente (hijo de ella) era un tarambana que despilfarraba el dinero en el juego, llevaba una vida muy desarreglada y descuidaba sus intereses, le revocó el poder de administración y se lo otorgó a María Antonia, con instrucciones de que arrendase a la firma inglesa Cochrane y Dundas la explotación de las minas de Aroa y pidiera que el alquiler que le correspondía a él se depositase directamente en el Banco de Londres, en la capital británica.

Aunque la vecina fortaleza de El Callao seguía en manos de las tropas realistas, Simón decidió partir hacia el Alto Perú. Disfrutaba del teatro, la vida social y la actividad galante en Lima, pero lo fatigaba la actividad de escritorio y la atención de los asuntos administrativos y gubernativos ordinarios. Prefería la movilidad de las campañas, participar en la caída del último bastión español en América y gozar con la expansión de los territorios que estaba señoreando.

16. EL SUEÑO DE LA CONFEDERACIÓN
(1825-1826)

La gloire en est pour vous, et la perte pour eux;
Il vous fait immortel, et les rend malheureux.

Corneille, *Horacio*

Partió hacia el sur, con un importante séquito, por el camino de la costa. El mar los acompañaba por la derecha con olas que pasaban alternativamente del verde hacia el azul, mientras las playas se prolongaban en blancos arenales que, luego de ser atravesados durante horas a buen paso de caballo, se interrumpían de vez en cuando por algún río que bajaba de la cordillera y generaba estrechos oasis con verdes sauces y algunos sembrados de maíz en sus márgenes. A pesar del calor de las marchas y la aridez de los paisajes, volvió a sentir la grata sensación de libertad y aventura. Al llegar a Ica se acordó de Manuela y le escribió:

Gimo porque debes reconciliarte con quien no amas; y porque debo separarme de quien idolatro. Mi propia determinación me ha puesto en el tormento de arrancarme de tu amor. En el futuro tú estarás sola aunque al lado de tu marido y yo solo en medio del mundo. La gloria de habernos vencido será nuestro consuelo y el deber nos dirá que ya no somos más culpables. No, no lo seremos más.

Siguió camino por los desiertos albos y se alegraba al entrar en los pequeños pueblos donde era recibido por indígenas que se ponían sus trajes más coloridos y vistosos para agasajarlo. Los días eran calurosos por el intenso sol y las noches frías por las brisas marinas, pero disfrutaba del periplo y del reconocimiento que encontraba en las poblaciones. La guerra había devastado la agricultura y disminuido el comercio y los habitantes se quejaban y solicitaban medidas de promoción y ayuda, que Bolívar trataba de satisfacer. Para mejorar las condiciones sanitarias prohibió las inhumaciones en las iglesias y ordenó construir cementerios en las afueras de las poblaciones.

En Nazca se encontró con correspondencia de Sucre, quien le comunicaba su triunfo ante Olañeta (muerto a consecuencia de las heridas recibidas) y, a la vez, le expresaba su dolor ante el maltrato recibido de su propio general en jefe. El mariscal de Ayacucho reconocía que se había equivocado al convocar a un Congreso del Alto Perú sin previa autorización, pero justificaba su conducta recordándole que él (Bolívar) lo había dejado sin instrucciones.

Simón se sonrió satisfecho, pues precisamente lo que había buscado era disciplinar y hasta molestar a su subordinado. Le explicó que su anterior silencio se había debido a que entonces todavía no sabía qué determinación iba a tomar y que Rousseau, en esas circunstancias, aconsejaba la inacción. Agregó que su profesión era "el culto popular y la veneración a las leyes y a los derechos", y lo halagó manifestándole que "usted está llamado a los más altos destinos y yo preveo que es el rival de mi gloria, pues me ha quitado ya dos magníficas campañas".

Al acercarse a Arequipa fue recibido por una delegación de vecinos, que venían a darle la bienvenida y obsequiarle un caballo enjaezado con estribos, bocado y adornos de oro macizo. Le impresionó la importancia de la ciudad y la belleza de los paisajes de los alrededores pero consideró que su moderna opulencia —al contrario de lo que le habían anticipado algunos colombianos— no podía competir con la finura y elegancia de la Lima virreinal y su distinguido toque antiguo. Se instaló en una lujosa residencia y fue agasajado con una cena por Pío Tristán, un peruano que había servido como general realista y, unos trece años atrás, había sido derrotado en Tucumán por las tropas republicanas del Río de la Plata al mando de Manuel Belgrano. Al terminar el banquete Simón se sintió eufórico y, al responder a los repetidos brindis, se subió a la mesa y la recorrió pisando copas y platos que, al quebrarse, salpicaron las ropas a algunos comensales. Tristán se mostró algo molesto por lo que consideró una actitud poco elegante de su agasajado y muchos invitados compartieron este sentimiento.

Recibió la noticia de que había arribado al Alto Perú un representante del gobierno de Buenos Aires con instrucciones de respetar el derecho de aquellas provincias a decidir su futuro e intereses, por lo cual le escribió a Sucre enviándole un decreto de convocatoria a un Congreso para que lo pusiera, ahora sí, en ejecución. Le indicó que permaneciese con sus tropas a veinte leguas de la sede de la asamblea, para evitar toda influencia militar; y que anunciase que él (Simón) no iba a visitar el lugar hasta que concluyeran las sesiones, y que las resoluciones adoptadas no serían válidas hasta tanto el Congreso peruano no dispusiese darles vigencia.

Aunque contento por la marcha general de las cosas, le disgustaba saber que algunos venezolanos querían romper la unidad de Colombia y separar al país de ella. "Juro a usted —le escribió a Santander— que más miedo le tengo a mi querida patria que a toda la América entera. Los porteños del Río de la Plata y los caraqueños, que se encuentran en los extremos de la América meridional, son, por desgracia, los más turbulentos y sediciosos de cuantos hombres tiene el continente".

Desde Bogotá le informaron que Gran Bretaña había reconocido la independencia de Colombia, por lo cual se alegró y partió satisfecho hacia el Cuzco, la mitológica capital de los Incas. Al promediar el ascenso fue atacado por el soroche, que le dificultaba la respiración y le provocaba dolores de cabeza y zumbidos en los oídos. Poco a poco se fue acostumbrando a las alturas y empezó a disfrutar de los coloridos paisajes y de las recepciones que le brindaban los habitantes de los poblados indígenas, que lo recibían con arcos triunfales. Le impresionaron las cordiales manadas de llamas, vicuñas y alpacas que alzaban sus cuellos para observarlos y se acercaban sin resquemores hasta los viajeros. Tras once días de marcha por quebradas imponentes y valles soleados fue recibido por el prefecto del departamento y otros funcionarios, con quienes realizó las cuatro últimas jornadas por las montañas de singular belleza. Al entrar a la ciudad encontró nuevos arcos de triunfo y los frentes de las casas adornados con colgaduras nutridas de oro y plata. Se llenó de gozo al recibir las flores y coronas de laurel que bellas mujeres de rasgos algo aindiados le arrojaban desde los balcones, mientras una multitud lo vitoreaba desde la acera. Al llegar a la entrada de la municipalidad lo recibió el alcalde, Agustín Gamarra, un general mestizo cuyo conocimiento del quichua le daba mucho predicamento entre los soldados indios, quien le entregó un caballo con jaez de oro y las llaves de la ciudad del mismo metal precioso. Asistió a un tedéum en la Catedral y, los días siguientes, acompañado de Gamarra y su bella esposa Francisca Zubiaga, se dedicó a conocer las ruinas de los templos, palacios y jardines de la antigua monarquía incaica, que lo dejaron maravillado por su importancia, lujos y originalidad.

Trató de beneficiar a los indios aboliendo no sólo el trabajo forzoso del régimen de la mita, sino también eliminando los servicios domésticos que prestaban a sacerdotes y corregidores y reduciendo los emolumentos eclesiásticos por la administración de los sacramentos, a la vez que confirmó el derecho de los indígenas de sangre real a las tierras que les correspondían por herencia. Ordenó construir un colegio en el edificio de los jesuitas y dispuso la construcción de un cementerio.

En los paseos y banquetes, Francisca estaba cada vez más cerca de él, y Simón, siempre sensible a las atenciones, empezó a corresponder a sus insinuaciones y a disfrutar de la equívoca situación. Desenvuelta, altanera y amiga del poder, con una bella y alargada nariz que remataba en un respingo, su belleza contrastaba con el rudo aspecto de su marido, de piel oscura y de quien se burlaban por sus brazos de simio. De cutis trigueño y cabellos negros, en los fugaces momentos de intimidad ella no abandonaba su postura dominadora, casi imperial, lo que al caraqueño le resultó aún más atractivo.

El regocijo de sentirse celebrado y amado hizo renacer en Bolívar la idea de recrear una monarquía con reminiscencias incaicas pero con instituciones liberales modernas, como las que había conocido en Inglaterra. Se imaginaba a sí mismo proclamado rey o emperador y recorriendo constantemente un dilatado imperio americano, el más extenso del universo, ocupándose solamente de las medidas generales y las grandes orientaciones exteriores, mientras la administración de los territorios y la aburrida atención de los asuntos burocráticos quedase en manos de los funcionarios locales.

Pensó que este sistema podría apoyarse en una alianza o bajo el protectorado inglés y le escribió a Santander:

Mil veces he intentado escribir a usted sobre un negocio arduo: nuestra federación americana no puede subsistir si no la toma bajo su protección la Inglaterra; por lo mismo, sería muy con-

veniente que la convidásemos a una alianza defensiva y ofensiva. La Inglaterra no podrá jamás reconocerme a mí por jefe de la federación, pues esta supremacía le corresponde virtualmente al gobierno inglés. Por consiguiente, nada es tan generoso como este dictamen, pues ninguna mira personal puede lisonjearme con él. Así, mi querido general, consulte al Congreso y si esos señores aprueban mi pensamiento, sería conveniente tentar el ánimo del gobierno británico sobre el particular.

Les confió a Gamarra y a Francisca su proyecto de monarquía y ellos le expresaron su respaldo y le manifestaron que los departamentos del Cuzco, Arequipa y Puno podrían constituirse en un territorio independiente del Perú:

—Podrían ser un ducado —los ilusionó—, al que no le faltaría un buen duque con su duquesa...

Como testimonio de amistad y reconocimiento, ordenó que se entregara al alcalde una hacienda en Vilque.

Se emocionó al recibir una carta de la negra Hipólita, la niñera de su casa natal, quien le contaba novedades (su tío Esteban había regresado a Caracas) y le pedía alguna ayuda económica. Le escribió a su hermana María Antonia para que le diera a Hipólita todo lo que ella quisiera: "Haz por ella como si fuera tu madre. Su leche ha alimentado mi vida y no he conocido otro padre que ella".

Invadido por los recuerdos de la infancia y las circunstancias del presente, le escribió a su tío Esteban:

Ayer supe que vivía usted y que vivía en nuestra querida patria. Todo lo que tengo de humano, lo que está más cerca de las primitivas impresiones, se removió en mí. Mi madre, mi buena madre tan parecida a usted, resucitó de su tumba, se ofreció a mi imagen. La dilatada y hermosa familia que dejó usted ha sido segada por una hoz sanguinaria y usted lo encuentra todo en escombros. Los campos regados por el sudor de trescientos años han sido agostados por una fatal combinación de meteoros y de crímenes. Caracas no existe, pero sus cenizas, sus monumentos, la tierra que tuvo, han quedado resplandecientes de libertad; y este consuelo repara todas las pérdidas. Yo he recibido los favores de la fortuna y se los ofrezco a usted con la efusión más sincera de mi corazón.

Le escribió a Santander para que le concediera un empleo a su tío Esteban e insistió con el tema del protectorado inglés: "Toda la Santa Alianza tiembla delante de la Inglaterra. ¿Cómo hemos de existir nosotros si no nos ligamos a ella?".

Le halagó recibir una carta del poeta José Joaquín de Olmedo, a quien había designado ministro plenipotenciario del Perú ante Londres y París, quien le enviaba un poema dedicado a la victoria de Junín y le pedía que le formulara sus críticas. Lo leyó cuidadosamente y le respondió que no parecía muy convincente que el Inca Huaina Cápac alabara la religión cristiana o considerara vengadores a los patriotas, dado que éstos no eran sino descendientes de los españoles; le aconsejó que se inspirara en poetas ingleses más que en un Inca que sólo sabría cantar yaravís; pero de todos modos le manifestó que había logrado un canto maravilloso y bien sostenido, con dulces versos, altas ideas y pensamientos filosóficos, de un calor vivificante y sublime.

Asistió a varias fiestas y agasajos, visitó las cercanas ruinas de Ollantay Tambo y quedó encantado con los habitantes de la zona, los verdaderos descendientes de los incas, que le parecieron los mejores pobladores peruanos, por contraste con los de Arequipa, que le habían resultado "godos y egoístas". Al cabo de un mes de regocijo se despidió de Gamarra y Francisca y notó al intendente bastante frío, como si de golpe hubiera entrado en sospechas sobre las notorias simpatías entre su esposa y él.

Partió para Puno, donde visitó el bello lago Titicaca y fue agasajado con profusión. Allí se enteró de que el gobierno de Buenos Aires enviaba dos delegados para arreglar la cuestión del Alto Perú y solicitar ayuda para un inminente enfrentamiento con el Imperio del Brasil, provocado por un diferendo sobre el territorio de la Banda Oriental del Río Uruguay.

Siguió viaje hacia el sur y, al llegar a Zepita, se encontró con Sucre y su comitiva, quien lo interiorizó de la buena marcha de la Asamblea Constituyente reunida en Chuquisaca, y continuaron juntos hacia La Paz. En la plaza central le entregaron un caballo enjaezado, las llaves en oro de la ciudad y, a través de un grupo de bellas señoras, una corona cívica de oro con diamantes incrustados.

—Esta corona la merece el vencedor —contestó Simón, y se la entregó a Sucre. Se alojó en una importante residencia y, a la mañana siguiente, recibió una comunicación de la Asamblea Constituyente notificándole que se había declarado la independencia del Alto Perú, se le había dado al país el nombre de Bolívar y se le había concedido el Poder Ejecutivo supremo; también se había cambiado el nombre de Chuquisaca, la capital, por el de Sucre, y se había otorgado un millón de pesos al ejército libertador.

Se llenó de orgullo y, durante el almuerzo integrado por un sabroso picante de gallina acompañado de vinos de las Canarias, no pudo dejar de pensar en el honor que significaba que el flamante país hubiese sido bautizado con su apellido. Generalmente no comía con muchos picantes, pero advirtió que debido a la altura le caían bien y le sorprendió ver que también las damas los ingerían con gusto, por lo que pidió a los camareros que trajesen más. Por la tarde tuvo una nueva alegría: le avisaron que la misión de Buenos Aires, a punto de llegar, venía a felicitarlo y a pedirle que pasara al Río de la Plata a arreglar sus negocios. Satisfecho e ilusionado, le escribió a Santander: "Todo el pueblo argentino, todos los buenos patriotas y hasta el gobierno mismo, no esperan nada bueno sino de mí".

Decretó que las minas perdidas y abandonadas pasaran al Estado nacional para afrontar la deuda existente y le escribió a Santander para que hiciera lo mismo en Colombia y se vendieran luego a una compañía inglesa, a cuenta de los intereses que se debían por los empréstitos.

Partió rumbo a Potosí para encontrarse con los enviados de las Provincias Unidas del Río de la Plata y se detuvo en Oruro, desde donde les escribió a los generales José Antonio Páez y Mariano Montilla para saludarlos, contarles la creación de la nueva república con su nombre y manifestarles que "su brazo derecho estaría en el Orinoco, el izquierdo en las márgenes del Plata, pero su corazón estaría siempre en Caracas, donde recibió la vida y quería rendirla; y donde mis caraqueños serán siempre mis primeros compatriotas".

Extrañaba a Manuelita Sáenz y, como no tenía noticias de ella, le escribió a Tomás Heres para pedirle que la visitara de su parte y le preguntara cómo estaba.

Siguió viaje y, al entrar en Potosí, se impresionó por sus edificios suntuosos y sus simpáticas calles irregulares decoradas con arcos triunfales, como por la vista del famoso cerro, generoso en metales, del cual tanto había oído hablar desde su niñez y que parecía un volcán de cercana presencia. Mientras avanzaba a caballo por la calzada y era saludado por la gente, en la pródiga montaña se hicieron estallar petardos de bienvenida cuyos ecos se multiplicaban por el valle, mientras le venía a la mente una lectura de su infancia que la mencionaba como "la riqueza del mundo, terror del Turco, freno de los enemigos de la fe, asombro de los herejes y silencio... (¿silencio de qué era?)... silencio... silencio... ¡Ah!, silencio de las bárbaras naciones". Fue recibido por el general Guillermo Miller, un militar inglés que había luchado bajo las órdenes de San Martín y después en el ejército colombiano, y que se encontraba como prefecto del departamento. En la pequeña pero elegante plaza principal se había levantado un ornamento que representaba un templo griego y, al son de los acordes de una banda de música, las autoridades comunales le entregaron medallas de oro y plata que habían acuñado en su homenaje y le anunciaron que habían resuelto cambiar el nombre de la urbe por el de Bolívar, pero Simón rechazó este último honor. Doce ninfas le obsequiaron coronas de rosas y laureles y una bella mujer de atractivo rostro ovalado, ojos soñadores y boca pequeña dijo unas bellas palabras, le entregó un ramo de flores y le susurró con voz anhelante:

—Cuidado, general, quieren asesinarlo...

La volvió a ver esa noche, en el baile. Se trataba de María Joaquina Costas, esposa de un importante militar rioplatense, Hilarión de la Quintana, tío político del general San Martín. Bailaron contradanza y María Joaquina, quien no veía a su ausente marido desde hacía tres años, le explicó que el jefe del complot era un oficial realista pariente de ella y le recomendó que tomara precauciones y se cuidara. Simón se enterneció ante el interés manifestado por la muchacha, la envolvió con palabras galantes, giró con ella alegremente al compás de la música y, a la madrugada, la condujo a sus habitaciones y la amó con dulzura, con la fruición del peligro arrostrado.

En los días siguientes volvieron a compartir gratos momentos. De noche hacía un intenso frío, pero un sol pleno solía iluminar los mediodías y disfrutaron de gratos almuerzos al aire libre, hasta que el viento seco empezaba a destemplarlos.

El nuevo romance le despertó la coquetería y una mañana, al advertir que empezaban a aparecerle canas en la barba y los cabellos, decidió afeitarse el bigote y las patillas.

Los enviados del Río de la Plata, Carlos de Alvear y José Miguel Díaz Vélez, arribados en forma simultánea, le pidieron una entrevista para presentar sus credenciales.

Bolívar estaba ansioso por recibirlos, pero les hizo decir que las relaciones exteriores habían quedado a cargo del ministro respectivo en Lima, por lo que no podía tratar nada oficialmente con ellos. Complacido ante la insistencia de los representantes, accedió a atenderlos privadamente en su despacho en la Real Casa de Moneda, un imponente edificio de una cuadra de ancho por dos de fondo y con varios patios que le recordaba los palacios españoles y le traía reminiscencias del monasterio de El Escorial, pero con la alegría que proporcionan las riquezas.

—Tenemos el encargo de felicitarlo por sus triunfos —comenzó Alvear— y solicitarle apoyo en nuestro conflicto con el Brasil.

Simón simpatizó con Alvear, en quien reconoció un hombre de educación cuidada y gran mundo, y trató a los dos delegados con deferencia y simpatía, tratando de desplegar sus dotes más lisonjeras.

—Nuestra patria, señor —agregó Alvear—, solicita la protección del gran Bolívar, cuyo regreso triunfal a Colombia por la vía de Río de Janeiro sería la justa culminación de su gloria.

Simón se llenó de satisfacción y les prometió su apoyo, aunque haciéndoles saber que necesitaba el respaldo de los Congresos de Colombia y del Perú.

—Acaso un buen comienzo sería —pensó Bolívar en voz alta, para seducir a sus contertulios— penetrar con nuestras tropas a Paraguay, compeliendo al tirano Francia a liberar a sus habitantes bajo pena de obligarlo a reinsertarse en el seno de las Provincias del Río de la Plata.

Alvear y Díaz Vélez quedaron encantados con la sugerencia y se retiraron satisfechos con las perspectivas.

Simón quedó muy contento y esa noche hizo llamar a María Joaquina a su residencia, dotada de lujosos damascos, cómodos divanes, sugerentes celosías y perfumes orientales. La amó con fervor y sintió que a través de su carne conquistaba el resto del altiplano y volaba hasta las inmensas llanuras del sur y a las riberas de un río amarronado, al que imaginó más ancho que el Orinoco. En la larga duermevela posterior, con la desnuda mujer reposando a su lado en su opulenta habitación con espejo, araña de plata y alfombra carmesí, se imaginó señoreando el Río de la Plata y Chile; organizando una expedición marítima para marchar por el Pacífico hasta las islas Filipinas, de modo de completar la liberación de todo el Imperio

Español; y culminando su vasto dominio americano con la expulsión de los portugueses del Brasil.

Se levantó al alba y, al iniciar su jornada y caminar hasta la Real Casa de Moneda, las radiantes luces de la mañana y el ritmo de sus actividades habituales le hicieron advertir que estos proyectos no eran tan fáciles de realizar y tenían sus riesgos. En su momento, cuando el gobernador realista de Chiquitos había solicitado la protección de las autoridades del Mato Grosso, Sucre le había sugerido invadir en represalia el territorio del Imperio del Brasil. Pero él se había negado, para no brindar a la Santa Alianza europea la impresión de que los gobiernos independentistas de América querían derrocar al único trono existente en el nuevo continente; y le parecía prudente mantenerse en esa posición.

De todos modos, dictó una carta para Santander en la que le decía que los delegados argentinos le habían propuesto que destinara una expedición militar para libertar el Paraguay, oprimido por Gaspar Rodríguez de Francia.

Quiso subir al gallardo cerro que albergaba la plata e invitó a Sucre, Miller, sus oficiales de Estado Mayor y a los delegados del Río de la Plata para que lo acompañaran. Partieron en mulas a la madrugada pero el camino era muy escarpado y la ascensión dificultosa. Cerca ya de la cima tuvieron que dejar las acémilas y proseguir a pie, con dificultades para respirar por la escasez de oxígeno, hasta que llegaron a la cumbre yerma y desolada, sin ninguna clase de vegetación. Simón miró hacia el norte de donde había venido y sintió que tantos años de lucha y aventura lo habían llevado a poseer las riquezas y el poder de casi todo el continente, simbolizado por el legendario monte que había llenado de metal a la Corona Española. El viento le helaba el rostro, pero experimentó una profunda sensación de dominio, de felicidad, de plenitud política y económica. El silencio era sobrecogedor (a intervalos llegaban unos lejanos ladridos), disfrutó de una vista maravillosa sobre el valle y los tejados de la ciudad y la imponencia de las montañas y páramos vecinos lo llenó de emoción. Plantó las banderas de Colombia, Perú y el Río de la Plata y, necesitando expresar sus sentimientos, se refirió largamente al acontecimiento y manifestó que la opulencia de la mole de plata no era nada en comparación con la gloria de haber traído victorioso el estandarte de la libertad. Advirtió complacido que su pompa y elocuencia habían impresionado a los presentes y que Sucre estaba al borde de las lágrimas. Luego comieron un rico asado de cordero con vino francés y se ocupó personalmente de sazonar las ensaladas, conforme se lo había enseñado Fanny de Villars en París: pródigo con el aceite, generoso con la sal, mezquino con el vinagre. De postre comió una manzana y, contrariamente a su costumbre, probó un poco de dulce de membrillo y ambrosía y, bajo el intenso sol que la altura y el ambiente seco potenciaban, compartió una agradable sobremesa con sus contertulios y los alegró con la evocación de algunas de las extravagancias de sus jornadas de campaña.

Le gustaba la noche potosina con sus cálidos figones y misteriosos encuentros. Visitaba la casa de María Joaquina y hasta se sintió tentado de conocer el burdel de la calle de la pelotita.

Una mañana, mientras todavía estaba en la cama, su edecán le trajo una carta de Heres, quien le contaba que había visitado a Manuelita y que ésta le había manifestado que estaba bien y viviendo "con el bendito de su marido, como Simón se lo había pedido".

Se quedó pensando en ella y luego, al empezar a atender su correspondencia, dictó una carta para su amante diciéndole que, si quería huir de los males que temía, podía llegarse hasta Arequipa, donde había dejado a algunos amigos a quienes les encargaría que la protegieran.

Bien entrada la primavera y disminuidos los intensos fríos nocturnos, se despidió de María Joaquina con una noche de pasión y partió rumbo a Chuquisaca. Al mirar las moles ocres del cerro que dejaba atrás, los desmontes mineros de múltiples colores y los caminos soleados que afrontaba, se emocionó al pensar que iba hacia la capital del flamante país que, en caso sin precedentes en la historia de la humanidad, había adoptado su apellido como denominación y donde se encontraba sesionando la Asamblea Constituyente que moldearía, a la medida de sus ideas y aspiraciones, las instituciones por las que empezaría a regirse.

El camino de descenso le deparó temperaturas más cálidas y se admiró de las rocosas montañas azules que enmarcaban bellos valles tachonados de verde, con ranchos con techos de tejas que mostraban la riqueza de la zona. Cruzó anchos ríos y, tras dos días de marcha, llegó a Chuquisaca, construida en un valle de tierras rojizas y cuyos cedros y nogales lo mostraban más fértil que Potosí. La ciudad le resultó muy agradable y, recién alojado, vino a saludarlo una delegación del Congreso Constituyente:

—Nuestro deseo, señor Libertador, es que usted, a nombre del Perú, reconozca la independencia de Bolivia y formule la Constitución que habrá de regirnos.

—No tengo facultades para tal reconocimiento, pero emplearé mi influencia ante el Congreso peruano en ese sentido. En cuanto a la Constitución, será un honor hacerles llegar mis ideas al respecto.

Recibió con alegría a su antiguo maestro y amigo Simón Rodríguez, el "Samuel Robinson" de los años de juventud en París. Lo designó director de Instrucción Pública para que pusiera en marcha sus ideas renovadoras al respecto, pero Rodríguez pronto entró en conflicto con Sucre y muchas veces tenía que mediar entre ambos.

Tomó como amante a una bella muchacha, Benedicta Nadal, y se dedicó a preparar un proyecto de Constitución en el que volcó las ideas que había sugerido sin éxito al Congreso de Angostura: una sociedad republicana por la vigencia de los derechos cívicos de los ciudadanos, pero protegida contra las borrascas de las elecciones periódicas a través de la firme autoridad de un presidente vitalicio y la estabilidad de un Senado hereditario.

Le apasionaba esta tarea de legislador y se sentía como Napoleón cuando revisaba los textos del Código Civil francés. Una tarde, mientras dictaba las disposiciones de la futura norma fundamental, recibió una carta de Manuela, quien le contaba sobre las presiones de su marido, James Thorne, para que retornara con él. Ella había imaginado una carta de respuesta:

Déjame en paz, mi querido inglés. Nos casaremos de nuevo cuando estemos en el cielo, pero en esta Tierra, no. En nuestro hogar celestial todo será muy inglés, porque la monotonía está reservada para tu nación (en amor, claro está, porque sois muy ávidos para los negocios). Amas sin placer, conversas sin gracia, caminas sin prisa, te sientas sin cautela y no te ríes ni de tus propias bromas.

Simón se sonrió ante las desfachatadas ocurrencias de su amiga, pero no dejó de preocuparse por su íntima libertad y le contestó:

Mi amor: Sabes que me ha dado mucho gusto tu hermosa carta. Lo que me dices de tu marido es doloroso y gracioso a la vez.

Deseo verte libre pero también inocente, porque no puedo soportar la idea de ser el robador de un corazón que fue virtuoso y no lo es por mi culpa. No sé cómo hacer para conciliar mi dicha y la tuya, con tu deber y el mío: no sé cortar este nudo de amor puro y culpable con Manuela la bella.

Los delegados del Río de la Plata lo habían seguido hasta Chuquisaca e insistían en lograr su apoyo para la guerra contra el Brasil, sobre la base de una alianza orientada por el caraqueño. Como Simón continuaba pensando en constituir una gran confederación americana en el congreso que iba a realizarse en Panamá, la idea lo tentaba y le escribió a Santander para que obtuviera del Congreso de Cúcuta un permiso para quedarse con su ejército en los pueblos del sur del Perú:

Debe hacer usted todos los esfuerzos para que la gloria de Colombia no quede incompleta y se me permita ser el regulador de toda la América meridional. Chile y Buenos Aires me desean ardientemente y todo se perderá yéndome yo. Allá no hay peligros urgentes y quedándome afuera con un ejército de 20.000 hombres dispuestos a volar adonde los llame la patria amenazo a los partidos criminales. César en las Galias amenazaba a Roma, mientras que yo en Bolivia amenazo a todos los conspiradores de la América y salvo, por consiguiente, a todas las repúblicas. Si yo pierdo mis posesiones del sur de nada servirá el Congreso de Panamá y el emperador del Brasil se comerá al Río de la Plata y a Bolivia.

Una mañana sintió un alboroto en su antedespacho y le pareció escuchar una voz conocida:

—No necesito que me anuncie. Soy la coronela Manuela Sáenz y voy a pasar...

Simón se asomó y se encontró con la inesperada llegada de Manuela que, como siempre, perturbaba todo a su paso. La abrazó estrechamente, se contaron las novedades recíprocas y, esa noche, hicieron el amor. A los pocos días, sin embargo, empezó a agobiarse de nuevo con su presencia y a sentir que lo invadía.

Recibió el año nuevo con optimismo y, en la semana siguiente, resolvió regresar a Lima, para asistir a la apertura del Congreso.

Dejó a Sucre con el mando supremo sobre la flamante Bolivia y le pidió que atendiera los deseos de Benedicta, su madre y su hermana. Convenció a Manuelita de que permaneciera allí y partió hacia Oruro, desde donde descendió hasta el puerto de Arica. Allí se embarcó en *El Chimborazo,* en el que llegó hasta el puerto de Chorrillos, donde le informaron que acababa de caer la fortaleza de El Callao, con lo que se había terminado la resistencia española en el área. Se alegró con la noticia y siguió a caballo hasta la quinta de La Magdalena, donde se instaló y recibió a las autoridades y a relaciones que vinieron desde Lima a darle la bienvenida.

Pidió ser recibido por el Congreso y, la mañana del día fijado, vinieron a buscarlo el general La Mar, a cargo del Consejo de Gobierno, y una delegación de parlamentarios. Partió en carroza con ese séquito y en el camino fue saludado por las tropas que habían recuperado El Callao y por los pobladores, que habían puesto arcos triunfales que le resultaban muy gratos. Al entrar en la capital vio los balcones de las casas embanderados y con emblemas de triunfo, hasta llegar a la Plaza Mayor, donde descendió y entró en la Catedral para la celebración de un tedéum de Acción de Gracias. A su término caminó hasta el Palacio de Gobierno en medio de manifestaciones de entusiasmo. El Congreso le entregó nuevamente el mando político, pero Simón manifestó que ello sería un ultraje al Perú y al Consejo de Gobierno y tomó del brazo a La Mar y lo hizo sentar en la silla presidencial. Éste se excusó por razones de salud y manifestó que solamente era un soldado a las órdenes de Bolívar, pero el Congreso aceptó la decisión del caraqueño, quien solamente conservó el mando militar.

Volvió a La Magdalena y siguió preparando el texto de la Constitución para Bolivia, con el ánimo de postular una igual para el Perú. Todos los días venían a visitarlo los congresistas, jefes militares y funcionarios, quienes expresaban sus opiniones sobre el futuro del país.

—Debemos unirnos con Bolivia en una confederación —sostenían algunos.

—Habría que incorporar también, bajo su mando, a Chile y el Río de la Plata, para sacarlos de la anarquía en que se encuentran —ampliaban otros.

Simón escuchaba en silencio y prestaba atención a quienes sostenían una tercera posición:

—No estamos preparados para un gobierno republicano. Debemos adoptar un sistema monárquico.

Iba hasta Lima con frecuencia para actos oficiales y disfrutaba de las fiestas, tertulias y funciones teatrales. Se encontraba allí una mañana cuando le avisaron que Manuela acababa de llegar a La Magdalena. Estaba ansioso por verla, de modo que partió esa misma tarde a caballo y un cosquilleo delicioso unía sus entrepiernas a la montura. Al llegar a la plaza de La Magdalena las primeras sombras otorgaban un aire melancólico a las higueras de Indias, cuyos verdes misteriosos parecían haber equilibrado los reflejos púrpuras y detenido la marcha del crepúsculo. Siguió hasta la casa de ella, que lo esperaba en la galería fumando un cigarrillo y vestida de varón. Manuela lanzó un grito, lo abrazó regocijada y, luego de comer un tentempié y cambiar algunas palabras, marcharon hacia el lecho donde, al cabo de varios meses de separación, retozaron como jóvenes alegres.

Se despertó eufórico y, después de un desayuno con su amante, se trasladó hasta su propia residencia, donde despachaba la correspondencia, atendía los asuntos militares y recibía a las autoridades y relaciones que venían a verlo desde Lima. Manuela lo visitaba algunas tardes y lo acompañaba a recorrer el jardín del fondo, donde los plátanos y los pacaes rodeaban el aljibe con sus follajes coloridos y, al irse extinguiendo las luces, se apagaban los murmullos de las palomas y los membrillos y guayabos otorgaban sus postreros aromas.

A las pocas semanas le avisaron que se había descubierto una conspiración contra él encabezada por militares rioplatenses y peruanos. Se sobresaltó, pero le alivió saber que habían sido arrestados todos los complotados y la cosa no había pasado a mayores.

Siguió yendo a Lima de noche para asistir a fiestas y saraos, donde algunas damas se mostraban altivas pero otras muy obsequiosas. Una madrugada regresó con una de ellas e hicieron el amor en su habitación. A la tarde Manuela vino a la casa, entró en el dormitorio de Simón y encontró un fino pendiente sobre la cama. Indignada, salió a la galería del fondo en busca de su amante infiel y, entre recriminaciones y sollozos, se abalanzó sobre él, le arañó el rostro y le clavó los dientes sobre una oreja hasta arrancarle sangre. Simón no podía sacársela de encima hasta que, finalmente, llegaron dos edecanes y se hicieron cargo de la muchacha. Bolívar se acomodó la ropa y, entre sorprendido y molesto, marchó hacia un espejo de la sala, donde comprobó que tenía las mejillas surcadas por rasguñaduras.

Al día siguiente, recibió una esquela de Manuela:

Señor: Yo sé que usted estará enfadado conmigo, pero yo no tengo la culpa; entré por el comedor y vi que abía gente, mandé llevar candela pa sahumar unas sábanas al cuarto inmediato y al ir pa allá me encontré con todos: con esta pena no he dormido y lo mejor es señor que yo no baya a su casa sino cuando usted pueda o quiera verme. Dígame si come algo antes de los toros. Va un poco de almuerzo que le gustará. Coma por Dios.

Simón sonrió con condescendencia ante las faltas de ortografía y guardó la misiva en el bolsillo de su casaca.

Poco después, recibió una carta de María Joaquina Costas, desde Potosí, en la cual le reiteraba su amor y le manifestaba que estaba esperando un hijo. La noticia le impactó, sintió una mezcla de orgullo y de embarazoso compromiso y le respondió:

Como hombre de mundo y como militar de talento debo confesar y ratificar mi pecado. La lucha interna fue enorme y Cupido derrotó a Marte en buena ley, pero el botín de ese combate debe reservarse en lo más profundo de nuestros corazones, pues si no ¿qué sería de ambos? No se deje amedrentar y diga usted que mis visitas a su casa fueron nocturnas por algún pretexto. Seguiré de cerca el desenlace y, a fuer de Bolívar y Palacios, pondré a buen recaudo su honra y mi conducta.

Se sorprendió al recibir una carta de Leandro Miranda, hijo de Francisco, quien le ofrecía en venta la biblioteca que su extinto padre tenía en su casa londinense de Grafton Street. Le alegró saber que no le manifestaba ningún rencor por el hecho de haber apresado y entregado a los españoles a su padre en La Guaira y se preguntó si conocería bien los pormenores de ese episodio. Le respondió dándole las gracias por la preferencia pero haciéndole saber que no tenía fondos para adquirirla. El tema y el recuerdo de Miranda quedaron presentes en su mente y le escribió a Sucre para recomendarle su adquisición: "La biblioteca es hermosa y tiene el mérito de haber pertenecido al más ilustre colombiano".

Se sentía cómodo alternando entre La Magdalena y Lima y ejercitando la pompa virreinal, pero le preocupaban las noticias que llegaban sobre las disensiones que se producían en Venezuela, donde Páez, jefe militar, estaba en conflicto con las autoridades civiles. Para colmo de males, los venezolanos veían con malos ojos al gobierno central ejercido por el vicepresidente Santander desde Bogotá y las intenciones separatistas se expresaban con mayor intensidad.

Un secretario privado de Páez, precisamente, llegó desde Caracas en misión confidencial para entregarle un pliego en nombre de su jefe, en el que le señalaba las dificultades para mantener la unión con Nueva Granada y le contaba que el territorio venezolano estaba en situación de anarquía y el gobierno civil no reconocía los méritos de los militares. Le sugería que, como lo había hecho en su momento Napoleón Bonaparte en Francia, se erigiese en emperador para asegurar el orden, y le aseguraba que todos los militares bajo su mando participaban de esa opinión.

Simón se sintió muy halagado y estaba de acuerdo en la necesidad de fortalecer la autoridad de los gobernantes para evitar la anarquía, pero sabía que la palabra rey o emperador no sería fácil de digerir por la opinión pública colombiana y pensó más bien en un sistema de presidente vitalicio que eligiera a su sucesor, con un Senado hereditario.

Le respondió a Páez que "ni Colombia es Francia ni yo Napoleón" y que "un trono espantaría tanto por su altura como por su brillo":

El título de Libertador es superior a todos los que ha recibido el orgullo humano y no quiero imitar a César y menos a Iturbide. El proyecto no es sensato y no conviene a usted, ni a mí ni al país, pues es la república la que lo ha levantado a la gloria. Sin embargo, en la próxima reforma de la Constitución de Cúcuta pueden hacerse notables mutaciones a favor de los buenos principios conservadores y sin violar una sola de las reglas republicanas. En el proyecto que he redactado para Bolivia se encuentran reunidas todas las garantías de permanencia y de libertad, de igualdad y de orden. Sería muy conveniente que usted y sus amigos quisieran también aprobarlo.

Animado por las perspectivas, finalizó los últimos detalles del proyecto de Constitución para Bolivia y se lo envió a Sucre con una carta en la que le comentaba:

Todos aquí la han recibido como el arca de la Alianza y como la transacción de la Europa con la América, del ejército con el pueblo, de la democracia con la aristocracia y del imperio con la república. A mí me han ofrecido una corona que no puede venir a mi cabeza, y que yo concibo en la oscuridad de las combinaciones futuras planeando sobre las sienes del vencedor de Ayacucho.

Su hermana María Antonia, enterada de que Páez le había sugerido coronarse, le escribió para decirle que rechazara la alternativa:

La propuesta es un infame parto de las potencias de Europa, para ver si concluyen con nuestra miserable existencia en manos de los partidos, pero debes responder lo que ya dijiste en Cumaná el año 14: que serías Libertador o muerto. Detesta al que te proponga corona y acuérdate de Bonaparte e Iturbide.

Le respondió tranquilizándola y también le escribió a Santander, para dejar sentado que había pedido a Páez que "dirigiera la opinión" hacia su Constitución boliviana con presidencia vitalicia y Senado hereditario, pero había rechazado el plan de hacerse coronar como rey:

Intento borrarle del pensamiento un plan fatal, tan absurdo y tan poco glorioso; que me deshonraría delante del mundo y de la historia; que nos atraería el odio de los liberales y el desprecio de los tiranos; que me horroriza por principios, por prudencia y por orgullo. Este plan me ofende más que todas las injurias de mis enemigos, pues me supone de una ambición vulgar y de una alma infame capaz de igualarse a la de Iturbide y esos otros miserables usurpadores. Según esos señores, nadie puede ser grande, sino a la manera de Alejandro, César y Napoleón. Yo quiero superarlos a todos en desprendimiento, ya que no puedo igualarlos en hazañas.

Simón se imaginaba ya a sí mismo como presidente vitalicio, una especie de emperador ambulante con las funciones de asuntos extranjeros, guerra y finanzas federales, visitando todos los años los Estados de la federación, con Sucre como vicepresidente ejecutivo ocupándose de la marcha ordinaria de la administración junto con los jefes departamentales, pero nuevas dificultades vinieron a perturbarle sus sueños. Un grupo de diputados, encabezado por los representantes de Arequipa, rechazó el proyecto de Constitución y, manifestando su oposición al liderazgo de Bolívar, solicitó que el ejército colombiano se retirara del territorio peruano. Sectores republicanos que en su momento habían apoyado a Riva Agüero o a Torre Tagle veían a Simón como a un usurpador extranjero que, con el pretexto de ayudarlos a liberarse de los españoles, se había apoderado del país, usufructuaba sus rentas estatales y gobernaba apoyado por generales mestizos como el peruano Gamarra o el venezolano José Laurencio Silva. Al mismo Simón lo calificaban de mulato y, más de una vez, los limeños aristocráticos deslizaban un desdeñoso estribillo:

Sácala perra
sácala gato
los Libertadores
son todos mulatos.

Lo acusaban de ser una persona sin educación y sin virtudes, que relajaba la moral pública con sus excesos y las costumbres familiares con su vida privada desarreglada. Sostenían que era generoso con los dineros ajenos, pues pagaba a periodistas y escritores europeos con plata del tesoro del Perú, utilizaba fondos públicos para sus gastos suntuarios como el agua de Colonia y había ordenado que se entregasen dos mil pesos mensuales a Manuela Sáenz, "sultana entre sus muchas mancebas". También decían que era un cobarde que había dejado solo a Sucre en la batalla de Ayacucho y un depravado que, al llegar a cada pueblo, pedía al comandante militar que le trajese alguna muchacha adolescente. Lo habían bautizado como "Cirindico" y le dedicaban quintillas:

Cirindico Simón
es el mayor bribón
de cuantos han hollado
el suelo afortunado
que descubrió Colón.

El caraqueño amenazó con alejarse del Perú y las corporaciones y demás autoridades y partidarios vinieron a pedirle que se quedara. Accedió a la solicitud y, previo dictamen de la Corte Suprema de Justicia, privó de sus diplomas a los diputados rebeldes. Los congresistas leales decidieron diferir por un año sus deliberaciones y se sometió el tema constitucional y la designación de presidente a los colegios electorales de las provincias.

Todos los colegios electorales peruanos aprobaron la Constitución, que en esos días también era puesta en vigencia en Bolivia, y lo designaron presidente vitalicio. Simón se sintió en la gloria. Esa noche fue a dormir a La Magdalena, citó a Manuela y la abordó con pasión desbordante, con espíritu de triunfador. Después del placer se quedó en vela y, en la penumbra, soñó con la próxima incorporación de Colombia a la confederación bolivariana y se ilusionó con que tanto el Río de la Plata como Chile, según lo que le habían anticipado los ex directores supremos Alvear y O'Higgins (este último seguía viviendo en Perú, en la hacienda que el general San Martín le había donado), iban también a integrarse para salir de la anarquía.

Muy pronto, sin embargo, se presentaron complicaciones: el Congreso de Cúcuta resolvió enjuiciar a Páez por supuestos excesos en el reclutamiento militar; y los partidarios de éste en Valencia, Caracas y otras ciudades venezolanas lo proclamaron dictador y desconocieron al gobierno de Bogotá, en abierta posición separatista. El vicepresidente Santander se encontraba en difícil situación pues no lograba atemperar al Congreso ni someter a Páez; y además estaba disgustado con Bolívar, por la preferencia que éste había mostrado a favor de Sucre como futuro vicepresidente de la nueva y extendida federación bolivariana.

—Carajo —dijo Bolívar al enterarse—. Con estos disturbios están tratando de quitarme la gloria de mis manos.

Decidió partir hacia Colombia para restablecer el orden y la unidad y preparar los espíritus para que se aceptara la Constitución boliviana. Los sectores opositores celebraron su partida y lo despidieron con pasquines en los que insistían en acusarlo de ladrón:

Simón Cirindico,
vino muy pobre y se vuelve muy rico.

17. LAS ACTAS DE LA INFAMIA (1826-1827)

Nous serons les miroirs d'une vertu bien rare;
Mais votre fermeté tient un peu de barbare.

Corneille, *Horacio*

Envió como adelantado hacia el norte al joven Antonio Leocadio Guzmán, con cartas a los generales adictos en todas las ciudades del camino a Bogotá, en las que los imponía de las dificultades y les sugería la conveniencia de adoptar la Constitución boliviana como medio de evitar la anarquía que los estaba consumiendo.

Manuelita, como siempre, quiso acompañarlo, pero la convenció de que se quedara y le aseguró que, cuando las condiciones estuvieran dadas, la convocaría a su lado. Partió para El Callao y, al cumplirse tres años y dos días desde su arribo al Perú, se embarcó en el bergantín *Congreso*. Le gustaba pasar las tardes en la cubierta y se quedaba allí, protegiéndose del fresco crepuscular con un manto de vicuña sobre los hombros, hasta que las sombras de la noche eran matizadas por las primeras estrellas. A medida que pasaban los días advirtió que la Cruz del Sur iba cambiando de lugar en el firmamento, bajando hacia el horizonte, según avanzaban hacia el norte.

Mientras observaba estas modificaciones, pensaba en su futuro y en el modo en que se presentaban los acontecimientos. En el Congreso de Cúcuta se había acordado que la Constitución de Colombia permaneciera inmutable por un plazo de diez años, al cabo de los cuales, recién en 1831, se convocaría a una convención para efectuar modificaciones.

Desde entonces él había permanecido en campaña militar y

no había ejercido la presidencia de la república, la que había sido desempeñada por el vicepresidente Santander. Pero ahora que Bolivia y Perú lo habían consagrado presidente vitalicio veía la necesidad de que también Colombia lo consagrara de inmediato como tal, para evitar el separatismo de Venezuela, sin esperar hasta 1831.

Arribó de madrugada a Guayaquil y comprobó que la misión de Guzmán había dado resultado: una asamblea había decidido adoptar la Constitución boliviana y lo había consagrado presidente vitalicio, con las facultades de un dictador.

Una delegación de autoridades y vecinos lo recibió en el palacio de gobierno y le expresó sus quejas contra el gobierno de Bogotá, al que acusaron de negar los fondos correspondientes a ese territorio y hasta insinuaron que Santander se "había puesto las botas con los fondos del empréstito inglés".

Simón los escuchó en silencio, con satisfacción íntima, que aumentó al ser notificado de que habían resuelto aceptar su dictadura y aprobar la nueva Constitución. También le anunciaron que otros departamentos del sur, como Azuay y el Ecuador, habían labrado actas en el mismo sentido. Aunque radiante, el caraqueño se limitó a conceder:

—Ofrezco mis servicios de hermano para unir a todos, granadinos y venezolanos, al ejército libertador y a los ciudadanos de la gran república.

Al retornar a su residencia le entregaron correspondencia de Pedro Briceño Méndez, quien se había casado en Caracas con su sobrina Benigna, hija de su hermana María Antonia, y había sido enviado a Panamá como representante de Colombia en el congreso americano. Desde allí, su amigo y flamante sobrino político le informaba que el Congreso había deliberado con la presencia de los delegados de Perú, México y Guatemala, además de los colombianos; y que se había firmado un tratado de confederación perpetua; otro de cooperación militar; y se había acordado volver a reunirse cada dos años en Tacubaya, México.

Aunque Simón había bregado durante años por la realización de este congreso americano en Panamá, pensó que sus conclusiones podrían complicar su plan de confederación bajo la Constitución bolivariana, por lo cual leyó atentamente los convenios y le contestó a Briceño Méndez que el de defensa era inútil e ineficaz; el de confederación podía embarazar proyectos "muy útiles y de gran magnitud" que había concebido; y la traslación de las deliberaciones a México iba a poner al Congreso bajo el influjo de esa potencia o de Estados Unidos, por lo cual le ordenó que no se ratificaran y se esperara su regreso a Bogotá.

Tras un breve descanso inició el camino de ascenso y atravesó secas montañas que mostraban sus vetas minerales con ondas sucesivas que sugerían movimientos armoniosos. Las diferentes capas geológicas parecían pintadas con pinceles primorosos y algunos picos nevados mostraban en la lejanía la superioridad de las grandes alturas. Tras diez días de marcha llegó a Quito, donde las autoridades civiles y militares también habían firmado actas designándolo dictador y habían recibido adhesiones de los departamentos vecinos. Al expresarle su apoyo y su aceptación a la Constitución boliviana, los jefes locales formularon reproches a la conducción del vicepresidente Santander:

—¿En qué se gastan los dineros públicos? Acá no vemos el beneficio de ninguna obra...

Simón escuchó las críticas en silencio y con singular agrado. Continuó hasta Ibarra, desde donde le escribió a Santander:

Una dictadura quiere el sur, y podrá servir durante un año, pero no será más que una moratoria para la bancarrota que habrá de tener lugar. El sur no gusta del norte; las costas no gustan de la sierra; y Venezuela no gusta de Cundinamarca. La pardocracia triunfa en medio de este disgusto general. Cada día me confirmo más que la república está disuelta y que debemos devolver al pueblo su soberanía primitiva, para que se reforme como quiera. De Perú y de Bolivia me escriben que todo marcha a las mil maravillas. En ambas partes han establecido la Constitución boliviana y el Perú me ha proclamado presidente perpetuo. El sur de Colombia tiene estas mismas ideas y la mayor inclinación a la unión con el Perú. Siempre había descubierto esta tendencia, pero no me la había confesado como ahora.

Siguió viaje hasta Pasto, donde percibió calidez en la población que se agolpaba en las calles para verlo entrar, pero encontró frialdad en los jefes militares y las autoridades locales, que se habían abstenido de manifestarse en su favor y, por el contrario, se habían pronunciado "en defensa de la Constitución". Simón ocultó su contrariedad y continuó camino. Atravesó la montaña de Berruecos y el árido valle de Patia hasta Popayán, donde se encontró con un enviado de Páez que venía a exponerle las razones del caudillo de los llaneros venezolanos y sus agravios contra Santander. Lo escuchó con atención y le adelantó:

—Estoy marchando hacia Bogotá para solucionar esta situación.

Siguió viaje, cruzó el helado páramo de Guanacas y las ardientes llanuras de Neiva, hasta la capital de este estado. Las autoridades le solicitaron que asumiese la dictadura y se sintió muy halagado, pero prefirió guardar las formas:

—He luchado contra el poder absoluto de los reyes para sustituirlo por el imperio de la razón. Odio el mando y no quiero oír —hizo la salvedad—, si es posible, la palabra dictadura.

Una carta de Santander vino a agriarle el humor: "Con toda la efusión de mi corazón leal y sincero le ruego a usted no apruebe las escandalosas actas de Guayaquil y de Quito, que le confieren esa horrible dictadura", le decía el vicepresidente.

Simón había advertido que Santander, por celos hacia Sucre y por su aspiración a sucederlo en la presidencia, se estaba oponiendo a la instauración de la Constitución boliviana y de la presidencia vitalicia y hereditaria, y se erigía ahora en defensor de la vigente Constitución de Cúcuta y representante de la ley.

Dado que se cuestionaba el procedimiento de las actas afirmando que eran inducidas por los jefes militares y que constituían un procedimiento no previsto por la Constitución vigente, Bolívar le respondió que no entendía "qué delito se comete en ocurrir a la fuente de las leyes" y argumentó:

Si esto no es legítimo es al menos popular y, por lo mismo, propio de una república eminentemente democrática. Colombia está perdida para siempre, esto no tiene remedio y mientras el pueblo quiere asirse de mí como por instinto, ustedes quieren enajenarlo de mi persona y salvar la patria con la Constitución y las leyes. Si usted se atreve a continuar la marcha de la república bajo la dirección de sus leyes, desde ahora renuncio al mando. Consulte esta materia para que el día de mi entrada en

Bogotá sepamos quién se encarga del destino de la república, si usted o yo.

A medida que se aproximaba a Bogotá, Simón se sentía más disgustado con Santander. Lo había hecho vicepresidente de Colombia y había logrado que todos estos años se lo respetara y obedeciera en Venezuela, pese al ancestral recelo que había por los neogranadinos; lo había dejado ejercer la presidencia en forma continuada y sin interferencias; e incluso lo había defendido ante las acusaciones de que se había enriquecido o al menos había despilfarrado los fondos del empréstito contraído con Inglaterra. ¿Por qué se oponía ahora a la presidencia vitalicia y hereditaria, si de todos modos él iba a quedar como jefe del departamento de Nueva Granada? ¿Por qué esos estúpidos celos por el hecho de que Sucre fuera vicepresidente de la ampliada confederación, sin tener en cuenta que éste había conquistado la victoria definitiva en Ayacucho, había incorporado Bolivia a la confederación y era el único colombiano con gravitación y contactos en Perú y Bolivia? No podía entender su conducta y la consideraba una traición. Hasta en el plano personal había sido condescendiente con él, pues muchas veces le habían llegado denuncias de que había concedido cargos indebidos al marido de Nicolasa Ibáñez para mantenerlo lejos y había mantenido un prudente silencio.

Le avisaron que Santander venía a esperarlo en Tocaima y se puso un poco tenso, pero pensó que era conveniente conversar con él antes de entrar en Bogotá. Al ingresar al pueblo supo que Francisco de Paula lo aguardaba en la alcaldía y se dirigió hacia allí. El vicepresidente salió a la calle, Simón desmontó y lo saludó con la mayor cordialidad que pudo y luego entraron en una sala de la intendencia, para conversar sobre las disidencias que habían enfriado las relaciones entre ambos.

Santander le reiteró su oposición a la reforma o sustitución de la Constitución de Cúcuta antes del plazo fijado de diez años y su disgusto ante la insurrección de Páez en Venezuela. Mientras lo escuchaba en silencio, Simón fue confirmando su intuición de que la verdadera razón de la oposición de Francisco de Paula a la Constitución boliviana era el hecho de que ella preveía, además de un presidente vitalicio, un vicepresidente también de por vida y con el derecho a designar sucesor, por lo cual el nombramiento de Sucre lo hacía sentirse excluido de toda posibilidad futura; y que su indignación ante la rebelión de Caracas y Valencia se debía más a su amor propio por la humillación sufrida que a su devoción por la unidad de Colombia.

Para ganar su voluntad, le manifestó que tenía intenciones de viajar de inmediato a Venezuela para sofocar la rebelión de Páez, restablecer la unidad de Colombia y reparar el agravio que se le había inferido en su carácter de vicepresidente en ejercicio de la presidencia; y que estaba dispuesto a considerar la modificación de la cláusula de la Constitución de Bolivia que establecía la vicepresidencia hereditaria, para lo cual suspendería su propósito de imponerla de inmediato.

—Asumiré por ahora las facultades extraordinarias previstas por la Constitución de Cúcuta —agregó—; y le pido, general, su apoyo acá en Bogotá para lograr, en el plazo de unos dos años, el establecimiento de una confederación de Colombia con el Perú y Bolivia...

Francisco de Paula no terminaba de entender y, reticente, lo interrogó con la mirada. Simón concluyó:

—El lazo de unión será la Constitución boliviana, pero con la modificación de la vicepresidencia vitalicia y hereditaria que a usted lo mortifica.

Santander se distendió de inmediato y respondió que, si se restablecía el orden constitucional y se sofocaba la rebelión de Páez, pondría todo su empeño en lograr el establecimiento de la nueva Constitución boliviana, siempre y cuando no se estableciese una vicepresidencia vitalicia y hereditaria:

—Sabemos, general Bolívar, que usted nos mandará según las leyes y respetando la opinión del pueblo. Pero después de usted no queremos ningún jefe vitalicio.

Pasaron a cenar y un ajiaco caliente, un sazonado plato de sobrebarrriga y unas buenas copas de vino de Burdeos lograron terminar de relajarlos. Más tranquilos, conversaron hasta el amanecer y, cuando Francisco de Paula le dio noticias sobre Bernardina y Nicolasa, el caraqueño se conmovió ante el recuerdo de sus dos antiguos amores y revivió sus celos ante los éxitos sentimentales del codiciado soltero neogranadino.

Santander partió hacia Bogotá muy temprano y de buen humor, mientras que Simón salió más tarde a paso más calmado, pues

quería auscultar la opinión de las ciudades por las que iba a pasar.

En Fontibón fue saludado por el intendente del departamento, quien pronunció unas palabras de bienvenida y aludió a la necesidad de respetar la Constitución. Bolívar se molestó y lo interrumpió:

—Vengo con un ejército cargado de laureles y esperaba que se me felicitara de otro modo; y no hablándome de Constitución o de leyes, que si se violan es por su propia iniquidad...

El alcalde, un republicano que había acompañado al venezolano desde la campaña inicial de 1813, se sorprendió y se sintió afectado, lo mismo que todos los presentes. Simón siguió camino muy alterado y partieron jinetes hacia a la capital para anticipar el incidente. Al cabo de dos meses de viaje, en un día gris con lluvias intermitentes, descendió al valle de Bogotá y vio que la ciudad había sido engalanada para recibirlo, pero también había unos carteles que decían "Viva la Constitución", que le cayeron mal y hasta los interpretó como una agresión. Siguió hasta su quinta, donde aspiró el olor a tierra mojada y se reconfortó al contemplar los contrastantes tonos verdes de los cedros y pinos que, sincerados por la tarde nublada, se desplegaban desde los cerros hasta su jardín.

La mansión revivió como si le hubieran dado cuerda y los soldados y criados realizaban tareas de limpieza y acomodaban bártulos. Simón tomó un largo baño de agua caliente, se perfumó con agua de Colonia y marchó al palacio de gobierno, donde Santander lo esperaba en el gran salón bajo un dosel de terciopelo carmesí, parado al lado del sillón presidencial y rodeado por ministros, funcionarios y jefes militares. Lo recibió con palabras amables y habló con elocuencia y hasta con emoción de las victorias que Bolívar había obtenido en el territorio peruano para completar la campaña de la independencia y concluyó que sería "esclavo de la Constitución y de las leyes, aunque siempre admirador constante y leal amigo del Libertador".

Simón percibió un tono generoso y conciliador en Francisco de Paula, pero también captó con claridad la oposición que había marcado entre el respeto a la ley y su adhesión hacia él. Advirtió que el auditorio estaba dividido entre amigos y adversarios y, mientras se hacía un profundo silencio y se percibía la expectativa general, buscó dentro de sí mismo el tono y las palabras para satisfacer los sentimientos de todos. Se irguió y, mientras su rostro se encendía y exhalaba animación, agradeció el comportamiento del ejército colombiano, elogió la conducta de Santander como gobernante, expresó su respeto por la ley y la Constitución, exhortó a los colombianos a mantener la unidad y la concordia y terminó tendiendo la mano y abrazando al vicepresidente, mientras el público prorrumpía en vivas y aplausos.

Regresó a su quinta y recibió a amigos y relaciones con los que paseaba por el jardín entre los cerezos y los alcaparros: a través de estos diálogos y de la lectura de los periódicos, se terminó de convencer de que el estado de espíritu de la población no era el mismo de la ciudad que había abandonado hacía cinco años. El diario oficial, *La Gaceta de Colombia*, censuraba agriamente las actas de Quito y Guayaquil, mientras que *Bandera Tricolor* amenazaba con el cadalso a quienes apoyaban a la Constitución de Bolivia. Ya Santander, en una de sus cartas, le había anunciado que si se anticipaba la convención constituyente para reformar las instituciones se rompería la unión colombiana y "los hombres de influencia trabajarán por restablecer la República de Nueva Granada de 1815, en el entendimiento de que más vale solo que mal acompañado".

Los secretarios del despacho plasmaron en decretos el acuerdo logrado con Santander: Bolívar ratificó el orden constitucional, lo que significaba rechazar las propuestas de dictadura de las actas de Venezuela, Guayaquil y Quito; reasumió la presidencia de la república con las facultades extraordinarias; delegó en Santander los poderes gubernativos sobre Nueva Granada; conservó los referentes a Venezuela y se preparó para partir a Caracas para restablecer la vigencia de la Constitución y la unidad del país.

Hasta tanto culminaran los aprestos, Francisco de Paula lo invitó a pasar unos días en su vecina hacienda de Hato Grande, que había sido confiscada a un clérigo español, para restaurar las buenas relaciones y celebrar la firma de los documentos que sellaban la concordia entre ellos. Simón disfrutó de las bellezas de la serranía y, por las noches, participaba de los juegos de tresillo por dinero. Como había sido siempre su costumbre, al terminar cada partida solía dar la mano a los otros jugadores para simbolizar que el resultado no afectaba la amistad.

Al final de una velada en la que Simón había ganado una buena suma sobre el paño, el caraqueño guardó el dinero y, recordando los rumores sobre supuestos negociados con el empréstito de Inglaterra, ensayó una broma:

—Por fin me ha tocado mi parte del préstamo británico...

Santander enrojeció de la rabia y le contestó de mala manera. La intervención de los otros contertulios impidió que el incidente pasara a mayores y Simón lamentó que su imprudente humorada hubiera vuelto a tensar la situación.

De regreso en Bogotá, quiso allanar su expedición a Venezuela y le escribió a Páez para decirle que tenía hacia él las mejores intenciones y quería salvar a su país nativo, por lo cual se había ocupado de manifestar reiteradamente en Bogotá que las ciudades venezolanas y sus autoridades habían "tenido derecho a resistir al abuso con la desobediencia". Agregó que en Potosí se había acordado de él y que le enviaba una botonadura de oro que había hecho hacer allí con las armas de Colombia, junto con una "lanza como el símbolo de su valor y nuestra libertad".

Partió hacia el sur por el camino montañoso y, al llegar a San José de Cúcuta, se enteró de que Páez había inspirado la futura realización de un congreso en el próximo mes de enero para resolver la separación de Venezuela de Colombia y que había desconocido hasta su propia autoridad como presidente. Muy amoscado, le dirigió una severa misiva:

Sabe usted que no quiero el trono ni la presidencia ni nada; y que sólo ansío la tranquilidad de Venezuela para renunciar al mando; pero antes debemos afirmar el destino de la patria sin sangre ni combates. Yo me ofrezco para víctima de este sacrificio, mas no permitiré que nadie se haga el soberano de la nación. Usted no tiene este derecho y por consiguiente lo que haga el próximo congreso será nulo, pues con respecto al todo de la nación, la decisión de cualquier aldea o parte aislada no tiene valor. Conmigo ha tenido usted gloria y fortuna y puede esperarlo todo. Por el contrario, contra mí los generales Castillo, Piar, Mariño, Riva Agüero y Torre Tagle se perdieron. Parece que la Providencia condena a mis enemigos personales, sean americanos o españoles, y vea usted hasta dónde se han elevado los generales Sucre, Santander y Santa Cruz.

Siguió viaje hasta Los Cachos, sobre el lago de Maracaibo, donde se enteró de que se habían desencadenado las primeras hostilidades entre quienes apoyaban a Páez en su intento de independizar a Venezuela de Bogotá y quienes todavía reconocían la integridad de Colombia y la autoridad de sus mandatarios. También le comentaron que Páez había difundido entre los pardos la versión de que Bolívar, por ser blanco y "mantuano", quería consagrarse como dictador al frente de una nueva aristocracia tan cruel como la española, versión que lo indignó. Había asimismo combates en oriente, por lo que dispuso que se concentraran tropas en Trujillo y se embarcó en el *Estimbot*, cruzó el lago y llegó a la ciudad de Maracaibo. Desde allí siguió a caballo hasta Coro, donde se enteró de que Páez había emitido una proclama en la que le manifestaba amistad y parecía reconocer su autoridad, pero anunciaba que él (Bolívar) venía hacia Caracas como simple ciudadano.

Le escribió para manifestarle que había visto la proclama con satisfacción, pero le había disgustado que "me quiera usted como un simple ciudadano":

No hay más autoridad legítima en Venezuela que la mía. El origen del mando de usted viene de municipalidades. Deseo saber si usted me obedece o no, y si mi patria me reconoce por su jefe. No permita Dios que me disputen la autoridad en mis propios hogares, como a Mahoma, a quien la tierra adoraba y sus compatriotas combatían. Pero él triunfó no valiendo tanto su causa como la mía. Querido general, conmigo será usted todo, todo, todo. La prueba de mis sacrificios es el decreto que ahora le mando con el que convoco la convención nacional. Parto mañana para Puerto Cabello y allí espero la respuesta de usted.

Pasó la Navidad en Cumarebo y arribó a Puerto Cabello sobre el final del año. El primer día de enero llegó a la ciudad un emisario de Páez, quien traía un mensaje conciliador en el que reconocía a Bolívar como presidente de la república.

Simón sintió alegría y alivio y, como testimonio de reciprocidad, dictó un decreto amnistiando a los insurrectos y reconociendo a Páez como jefe militar y civil del territorio de Venezuela. Además le escribió para manifestarle que él no tenía facultades para dividir a Colombia, pero que ése era su deseo, que "había logrado convencer al gobierno de la necesidad de dividir la república en tres estados" y que ello se haría en la asamblea general si Venezuela lo deseaba. Como el delegado le manifestó que Páez no había venido personalmente pues temía ser mal recibido, le recriminó:

> *General: ¿Puede usted persuadirse de que yo sea menos generoso con usted, que es mi amigo, que con mis propios enemigos? Voy a dar a usted un bofetón en la cara yéndome yo mismo a Valencia a abrazar a usted. Morillo me fue a encontrar con un escuadrón y yo fui solo, porque la traición es demasiado vil para que entre en el corazón de un grande hombre.*

Tenía conciencia de que el decreto que había dictado a favor de Páez vulneraba el acuerdo que anteriormente había firmado en Bogotá con Santander, pero esperaba que Francisco de Paula comprendiera la situación y trató de explicársela en una carta:

> *Los tres días que llevo en esta plaza los he empleado en comunicaciones con el general Páez, que al fin ha mandado reconocer mi autoridad. Por mi parte, no he podido menos que dar el decreto que usted verá; él evita la guerra que devoraba a Venezuela. No puede imaginarse, mi querido general, la fermentación de los partidos y la serie de males que teníamos adelante: no hubiéramos encontrado sino escombros anegados en sangre. Páez tenía elementos de qué valerse y había empezado por dar libertad a sus esclavos. Se decía que lo perseguían porque era de la clase del pueblo.*

Marchó rumbo a Valencia y, al llegar al pie del cerro de Naguanagua, se encontró con Páez, quien había salido a recibirlo rodeado de tropas y partidarios: ambos jefes desmontaron, se abrazaron cordialmente y las guarniciones de sus espadas se entrelazaron. Bolívar lo advirtió y bromeó:

—Éste es un buen presagio, general.

Estaba muy contento, pues entendía que había ahogado la guerra civil y hasta tenía esperanzas de que, con el apoyo de Páez y los otros caudillos venezolanos, podría vencer las resistencias de Bogotá a adoptar la Constitución de Bolivia.

Siguió con Páez rumbo a la capital y, en Valencia, delegados de la municipalidad vinieron a anticiparle su bienvenida. Continuó viaje en un carruaje y, al entrar en Caracas, le pidió a Páez que se sentara a su lado mientras recorría con emoción las calles embanderadas con las enseñas de los países americanos, incluida la de los Estados Unidos. Hacía poco más de cuatro meses que había partido de Lima, había recorrido a caballo 1.346 leguas, con cortos trechos por agua, confirmando su apelativo de "culo de hierro", y volvía a sentirse optimista sobre el futuro. Al llegar a la plaza principal lo esperaban quince doncellas vestidas de blanco, quienes le entregaron dos coronas de laurel. Puso una sobre las sienes de Páez y ofrendó otra al pueblo de Venezuela. Las jóvenes le presentaron enseñas que simbolizaban las virtudes: las recibió contento y entregó la de la *Probidad* y el *Desinterés* al marqués de Toro y a Cristóbal Mendoza; la de la *Política* al cónsul inglés; la de la *Generosidad* a la ciudad de Caracas; la del *Valor* a Páez, y aceptó para sí la de la *Confianza*.

Se retiró a su casa, saludó con más calma a sus hermanas María Antonia y Juana, parientes, amigos y servidores, y se desplomó vencido por la satisfacción y el cansancio.

En los días siguientes agasajó a Páez con fiestas y banquetes y le regaló dos caballos chilenos y la espada de oro y piedras preciosas con que lo habían retribuido en Lima después de Ayacucho. En las conversaciones privadas le dijo al caudillo llanero que tenía la intención de organizar un ejército de 10 mil soldados y mil caballos para conquistar las islas de Cuba y Puerto Rico, pues estaban sirviendo de refugio a los americanos partidarios del dominio español y podían ser utilizadas por España como base de una contraofensiva.

—Usted es el hombre que deberá comandar esa expedición trascendental y gloriosa —lo tentó—. En La Habana y San Juan podrá emancipar a los esclavos y navegar hacia España para poner en el poder a los liberales.

Le pidió que lo apoyara en el establecimiento de la Constitución de Bolivia y Páez regresó al Apure, para dar cuenta a sus tropas de que la relación con Bolívar se había normalizado.

Le gustó retomar el contacto con sus familiares, pero las mujeres lo cansaban con sus querellas: María Antonia, talentosa y de fuerte carácter, se quejaba de su hermana Juanica y de Josefa Tinoco, la madre de los hijos bastardos de su extinto hermano Juan Vicente, a quien consideraba muy derrochadora. La antigua realista había arreglado bastante la situación de las propiedades de Simón y había hecho que Josefa y sus hijos desalojaran la casa principal de los Bolívar y marcharan a vivir a La Cuadra, pese al mal estado de ese inmueble. Seguía quejándose también de su hijo Anacleto Clemente, a quien consideraba un libertino irresponsable y derrochador que sólo daba disgustos a la familia.

Para tomar distancia de estos conflictos domésticos decidió trasladarse a vivir a la cómoda quinta de Anauco, que su pariente el marqués de Toro había construido al pie del Ávila, y la vegetación, la disposición del terreno, la humedad y el rumor de los pájaros le recordaban a su quinta de Bogotá. "¿Estaré tan desarraigado —se preguntó una mañana— que ahora hasta extraño la Nueva Granada?"

Inspirado en la obra de Napoleón Bonaparte, quien había creado en Francia una nueva nobleza basada en méritos militares para reemplazar a los antiguos cortesanos de Versalles, Simón instruyó a Josefa Tinoco para que casara a su hija Felicia Bolívar con José Laurencio Silva, uno de los generales revolucionarios que debía ingresar al Senado vitalicio previsto por la Constitución para los Libertadores. La muchacha, sin embargo, rechazó al pretendiente por su origen mestizo, sus modales sin pulimento y su desagradable aspecto, y pidió que se le asignara un novio más apropiado para su estirpe. El tío se indignó y le respondió que si no obedecía su indicación iba a desheredarla y a preferir a su hermano Fernando, a quien había tomado como edecán.

Bolívar tomó las riendas del gobierno local, pero la situación de las finanzas era mala, el desorden enorme y las quejas por los deterioros causados por la guerra permanentes. Las familias habían sido diezmadas, las propiedades destruidas, abandonadas o usurpadas y los problemas burocráticos volvieron a cansarlo. Tropezó también con la sorda resistencia de una parte de los funcionarios, que oportunamente habían apoyado a Santander contra Páez y veían con malos ojos el arreglo logrado con este último.

Volvió a pensar en su proyecto de imponer la Constitución de Bolivia para lograr la presidencia vitalicia y ocuparse en forma ambulante de las relaciones exteriores y los altos asuntos, mientras delegaba los gobiernos locales. Y se ilusionó con la idea de que, con la presión de Sucre desde Bolivia; Santa Cruz desde Lima; Briceño Méndez desde Quito y Páez desde Venezuela, Santander se vería obligado a dejar de lado sus objeciones legalistas y aceptaría la nueva realidad.

Le gustaba recibir los homenajes de la población y un domingo, en la misa de la Catedral, un sacerdote llegó a compararlo con la divinidad:

—No es extraño, hermanos, que mencione a Bolívar cuando hable de la Santísima Trinidad: el grande hombre aquí presente es el Padre de la Patria, el Hijo de la Gloria y el Espíritu de la Libertad...

Al margen de estos halagos, las noticias que recibía de Bogotá no eran buenas: aunque al principio Francisco de Paula había sido comprensivo hacia el arreglo logrado con Páez, ahora estaba descontento y se sentía despechado porque, en violación de lo convenido en Tocaima, Simón había ratificado en el mando e incluso premiado al rebelde que en su momento había desconocido su autoridad.

Una carta del propio Santander le confirmó esta impresión:

No dudo de que el general Páez debe estar agradecido a usted, porque le ha prodigado obsequios y consideraciones que no pudo esperar. Desde Pasto hasta Mérida hay aquí un descontento general por el solo anuncio de que se variará el sistema y se mira con desprecio la opinión de estos pueblos. Temen todos que el interior vendrá a ser una colonia disimulada de Venezuela, que Bogotá perderá su prestigio, que recibirán castigos por no haber proclamado la dictadura y que de grado o por fuerza se nos dará la Constitución de Bolivia.

Para colmo, Bolívar recibió desde Lima la información de que un coronel se había sublevado contra el gobierno y en rechazo a la Constitución de Bolivia, lo que significaba un tiro por elevación contra su autoridad como presidente vitalicio. Manuela Sáenz había sido detenida junto con algunos oficiales "bolivaristas", lo que confirmaba la orientación de los rebeldes: se acusaba a Simón de haber utilizado las rentas públicas peruanas (incluyendo los empréstitos tomados a Inglaterra y a Chile), los empleos y los bienes nacionales para su proyecto de coronarse, para el que sólo contaba con el apoyo de Gamarra, que tenía sangre negra como él y a quien había "seducido" entregándole una hacienda del Estado. La prensa peruana lo atacaba:

Cuando de España las trabas
en Ayacucho rompimos
otra cosa más no hicimos
que cambiar de condición:
pero sólo fue pasando
nuestras provincias esclavas
del poder de Don Fernando
al cetro de Don Simón.

Los informes agregaban que Santa Cruz y algunos oficiales neogranadinos habían aprobado los planteos y se habían pronunciado contra la presencia de tropas venezolanas, lo cual había sido visto con buenos ojos en Bogotá por Santander.

El caraqueño se preocupó y se sintió abandonado por Santa Cruz y traicionado por Santander. Otra carta de este último vino a aumentar su indignación:

La rebelión de los oficiales de Lima es una repetición, aunque diferente en cuanto al objeto y fin, de los sucesos de Valencia y Caracas, Guayaquil y Quito, que ultrajaron mi autoridad y disociaron la república. El de Lima ha ultrajado la autoridad de usted con la deposición del jefe y oficiales que usted tenía asignados. Ya verá usted lo que es recibir un ultraje semejante y considerará cómo se verá un gobierno que se queda burlado.

—Maldito ladrón —exclamó Simón—. Recién cuando rinda cuentas de los dineros del empréstito podrá hablarme de este modo.

Bolívar veía que la situación se le desorganizaba por varios lados. En algunos puntos de Venezuela había también rebeldías y Santander había convocado en Bogotá al Congreso de Colombia, donde confiaba en lograr una mayoría adicta y contraria a la reforma de la Constitución. Los periódicos bogotanos lo acusaban de "detestar las instituciones y violar las leyes" y habían publicado un crítico epitafio:

Bajo este mármol triste y tenebroso
descansa en paz la carta boliviana;
caminante no turbes su reposo,
ni digas que su muerte fue temprana.

Deja que la solloce el ambicioso
destructor de las leyes colombianas;
alejáte de la losa con furor eterno
pues ella contiene el pacto del averno.

Sufrió otro golpe al saber que Santander le había manifestado a Urdaneta que no aprobaría la Constitución de Bolivia.
—Es un pérfido —exclamó indignado.
Pensó en agrupar a los aliados y amigos que le quedaban para la lucha que se avecinaba y le escribió a Páez:

La perfidia y la maldad de Santander han llegado a tal extremo que ha soplado la discordia entre venezolanos y granadinos en el ejército colombiano en el Perú. El principal motivo que han tenido los señores de Bogotá para causar este desorden ha sido la unión que hemos formado usted y yo; y el hecho de que yo no haya destruido a los amigos de usted. Vea cuánto importa que estemos unidos para conservar la tranquilidad de Venezuela y vengar, cuando llegue el caso, la perfidia más inicua. La Providencia no permitirá que el robo, la traición y la intriga triunfen del patriotismo y de la rectitud más pura. Unos viles ladrones no pueden formar una masa capaz de combatirnos. Además, Venezuela es un erizo y mi nombre es un talismán.

El Congreso se reunió en Bogotá y rechazó las renuncias de Bolívar y Santander, confirmando a ambos en sus cargos. Pero el debate fue muy encendido y se había afirmado que la Constitución boliviana era el código del absolutismo y la tiranía y que entregar los pueblos a la autoridad de Simón era como pretender que un mahometano enseñara el Evangelio a los niños cristianos. Al enterarse de que los votos a favor de Francisco de Paula habían sido más que los suyos, Simón dio por confirmadas sus sospechas de que éste había trabajado en su contra y se sintió disconforme y preocupado por el futuro. Algo se animó al recibir una buena noticia: el Congreso había aprobado el llamado a una convención a reunirse en Ocaña en marzo del año siguiente, para que decidiera sobre una reforma de la Constitución. También se alegró al saber que Francia, los Países Bajos, Suecia y el Imperio del Brasil reconocían la independencia de Colombia y el papa León XII designaría obispos, lo que contribuiría a conseguirle apoyos entre la población católica.

Más optimista, se preparó para viajar de regreso a Bogotá, pero antes quiso repartir la mayoría de sus bienes entre sus parientes, como anticipo por la herencia que les correspondiera en el futuro. Su fortuna se había recompuesto gracias a la eficaz administración que había realizado su hermana María Antonia, quien había desalojado, reparado y vuelto a alquilar varias propiedades y, con sus rentas, había podido vivir toda la familia y pagar las muchas pensiones otorgadas por Simón, entre ellas a la negra Hipólita (40 pesos mensuales), a la esposa de Simón Rodríguez (100 mensuales) y al abate de Pradt (3.000 anuales). También había logrado Bolívar conservar las propiedades de los dos mayorazgos, mediante el arbitrio de haber anulado el heredado de su hermano acogiéndose a las leyes de la república sobre abolición de vínculos. A través de este artilugio jurídico se había tornado improcedente la demanda del pariente del padre Aristeguieta, quien pretendía heredar los bienes del religioso sosteniendo que Simón no podía acumular dos vínculos. Transfirió el dominio de las haciendas y casas de los Bolívar a María Antonia; a Juana la casa paterna y una suma de dinero; y a sus tres sobrinos, los hijos de su hermano Juan Vicente, la hacienda de Chirgua y La Cuadra en la que vivían, pero a través de donaciones que sólo se perfeccionaban en el momento de su muerte. Conservó el dominio de las minas de Aroa, con la intención de venderlas y depositar su monto en algún banco de Londres, a fin de tener siempre efectivo seguro a su disposición.

18. MATEN AL LIBERTADOR (1827-1829)

*La historia de un pueblo es una sucesión
de miserias, de crímenes y de locuras.*

Anatole France

Partió en un día brumoso y advirtió que el Ávila, esa presencia tan constante e imponente, estaba cubierto por nubes oscuras que presagiaban lluvias. La frondosa y melancólica vegetación del camino lo acompañó hasta La Guaira y allí se embarcó en el buque de guerra inglés *Druid*, que lo condujo hasta Cartagena, donde fue recibido por el gobernador, Mariano Montilla. Se sintió muy bien tratado por su antiguo amigo e intermitente adversario y, tras pasar unos días en Turbaco, siguió a caballo hasta la desembocadura del Magdalena, que empezó a remontar. Pasó por Barrancas y Mompox y, en Zipaquirá, fue recibido por Carlos Soublette y otros amigos que habían venido a darle la bienvenida y a interiorizarlo de las últimas novedades. Aunque estaba algo disgustado y hasta desconfiaba de la lealtad de Soublette, porque había permanecido como funcionario de Santander, les agradeció el gesto y les entregó una carta para Francisco de Paula explicándole que venía con tropas por si fuera necesario enviar una expedición al sur y comunicándole que pensaba reasumir la presidencia; y otra para el presidente del Congreso en la que le pedía que tuviera reunido al organismo. Tras dos meses de viaje entró en el valle de Bogotá y, atravesando las calles pobladas de gente que lo saludaba, se dirigió a la Iglesia de Santo Domingo, donde el Congreso, que lo esperaba sesionando, le tomó juramento. Luego caminó hasta la Casa de Gobierno, donde Santander lo recibió con cordialidad y él le retribuyó con palabras amables, como si las diferencias no hubieran existido o se hubieran morigerado.

El vicepresidente lo invitó a almorzar y, durante la charla, le manifestó que algunos dirigentes del partido liberal habían abandonado la ciudad, por temor a persecuciones.

—Puede usted decirles que regresen, pues nadie los perseguirá.

Al atardecer partió en carroza para su quinta y llegó con las primeras sombras de la noche. Se sintió cómodo, meditó un rato en la sala junto al reloj con la escena de *El juramento de los Horacios* y se fue a dormir tranquilo.

A la mañana siguiente, a las ocho, su edecán vino a avisarle que el vicepresidente había llegado a visitarlo y que estaba en la sala. Le agradó la actitud amistosa de Santander y, para responder a su confianza, lo hizo pasar a su habitación. Francisco de Paula entró con uniforme militar y, durante una larga conversación, le explicó que él no había apoyado la rebelión en Perú, como decían los comentarios. Simón lo invitó a quedarse a almorzar y tuvieron una animada sobremesa.

Ya en su despacho de la Casa de Gobierno, Bolívar confirmó a los secretarios que habían venido actuando con Santander (entre ellos Soublette) y sometió al Congreso las decisiones que había adoptado en Bogotá, que fueron ratificadas por los legisladores.

Santander, todavía dolido por los rumores que lo acusaban de haber defraudado los dineros del empréstito británico, le envió una comunicación solicitándole que "hiciera indagar por todos los medios legales si él (el vicepresidente) tenía dinero en algún banco extranjero o si durante su administración se había mezclado en algún negocio, cualquiera que fuera". Bolívar le respondió que esa tarea investigativa no correspondía a su cargo ejecutivo y pasó su pedido al Congreso. Esto decepcionó a Francisco de Paula, quien esperaba un gesto absolutorio de Simón.

El día de San Simón los funcionarios le ofrecieron una cena durante la cual una joven doncella, hija de Soublette, le entregó una corona de laurel. Bolívar recibió la ofrenda de manos de su sobrina, la agradeció con algunas palabras y, con el ánimo de halagar a Santander, quien estaba a su lado, se la colocó sobre sus sienes:

—Es el vicepresidente, como el primero del pueblo, quien la merece.

Luego bailó con entusiasmo con su sobrina, cuya inocente sonrisa y su rostro claro le recordaban los encantos de sus tías Isabel y

Soledad Soublette, esta última casada con su edecán irlandés Daniel O'Leary.

Recibió la noticia de la muerte del primer ministro inglés, George Canning, y la lamentó profundamente. Le escribió sus sentimientos al general británico Robert Wilson, a cuyo hijo Belford tenía a su lado como edecán:

¿Por qué nos han arrebatado a nuestro Canning, mi querido amigo? ¿Por qué hemos perdido al más grande de los ministros? La libertad queda huérfana y la esperanza sin consuelo. Yo no sé si el mundo está condenado a las cadenas, mas veo que el destino no favorece a los bienhechores.

Un mes después, hallándose en la quinta, sintió que el suelo temblaba bajo sus pies y las arañas se movían. Se puso bajo el marco de una puerta hasta que los movimientos cesaron y comprobó que la casa no había sufrido daños, pero pronto recibió noticias de que en el sur había habido pérdidas humanas y materiales.

La tristeza por la muerte de Canning y la inquietud por el terremoto lo sumieron en un estado depresivo que se fue acentuando ante la proximidad de las elecciones, por cuanto veía que la prensa local aumentaba sus ataques contra la Constitución de Bolivia y la presidencia vitalicia y que Santander tenía muchos apoyos no sólo en Bogotá sino en toda Nueva Granada. Sobre el fin de año llegaron informes sobre nuevos alzamientos en Guayana, que aumentaron su preocupación.

Sus temores resultaron confirmados y los resultados electorales de Bogotá y las otras provincias de Nueva Granada fueron devastadores para él. Santander y sus partidarios fueron elegidos convencionales y Simón optó por recluirse en una quinta en la vecina localidad de Fusca, desde donde le escribió a Mariano Montilla:

Esta elección se ha hecho del modo más infame e inicuo, pues Santander y sus amigos se apoderaron de ellas. A este hombre perverso ya nada le queda por hacer, toca todos los resortes de la intriga y de la maldad para dañarme y formarse su partido. No tiene consideración por mí, ni vergüenza de sus acciones.

Pronto recibió otras malas noticias: algunos regimientos patriotas se habían sublevado en Bolivia y en las provincias venezolanas de Maturín y el Orinoco estaban surgiendo guerrillas realistas.

Regresó a Bogotá y recibió con alegría la llegada de Manuelita, quien se instaló en la quinta con él y le contó sus últimas peripecias: los rebeldes de Lima la habían detenido en un convento calificándola como una "arpía deslenguada" que generaba enormes gastos al tesoro público para "solventar sus alhajas y caprichos" y finalmente la expulsaron de la ciudad, acusándola de conspiradora. Había partido en barco hacia Guayaquil junto con el guapo general Córdoba y otros jefes "bolivaristas" desterrados. Desde allí había seguido por tierra hasta Quito y, al recibir un llamado de Bolívar ("el yelo de mis años se reanima con tus bondades y gracias. No puedo estar sin ti"), había seguido hasta Bogotá.

—Debes tener cuidado con Córdoba, Simón —le dijo—. No es un hombre leal...

Sin embargo, los comentarios de los otros exiliados afirmaban que Manuelita había intentado seducir a Córdoba durante la navegación y, al no lograrlo, se había resentido con él.

Simón confiaba en que los diputados elegidos en Venezuela le fueran leales y con ellos pudiera oponerse a la presión de Santander, quien intentaría sancionar en la Convención de Ocaña un régimen federal y se oponía a un sistema centralista con presidente vitalicio. Cuando se enteró de que también en Cartagena había habido una insurrección contra el gobernador Mariano Montilla, resolvió trasladarse con algunos regimientos hasta Bucaramanga, ciudad muy próxima a Ocaña. Desde allí podría controlar la marcha de la Convención y atender a los otros dos focos de posibles dificultades: Cartagena y Venezuela.

Resolvió vender las minas de Aroa en cuarenta mil libras, que debían ser depositadas en un banco en Londres, para poder disponer de ese dinero sin peligros. Le escribió a su hermana María Antonia para que se ocupara de los trámites de venta, se despidió de Manuela y partió a caballo. Ya en camino despachó una carta a Santander en la que le pedía que no le escribiera más, porque no quería contestarle ni darle el título de amigo. Atravesó la zona montañosa y llegó a una bella campiña de leves ondulaciones y suelos ocres sobre los cuales crecía una vegetación nutrida cuyos radiantes follajes resaltaban el límpido firmamento azul. Las casas bajas, con sencillos pero elegantes balcones labrados en madera, estaban pintadas de colores vivos y se alojó en una de ellas. Tras el duro y desierto páramo de Cachirí se encontraba Ocaña, en donde la Convención Constituyente se aprestaba a deliberar.

Envió un mensaje para que se leyera en la apertura de las deliberaciones, pero la existencia de una presunta mayoría a favor de Santander le hizo ser prudente y evitó proponer la adopción directa de la Constitución de Bolivia: se limitó a criticar la vigente Constitución de Cúcuta por la debilidad que tenía el Poder Ejecutivo en relación con el Legislativo y a sugerir una reforma con fortalecimiento del poder presidencial.

Mientras esperaba las noticias sobre la marcha de la Convención se dedicó a atender su correspondencia, a pasear a pie por la ciudad o a caballo por los alrededores, y a jugar por las noches a la ropilla con sus edecanes, el francés Luis Peru de Lacroix y los coroneles británicos Belford Wilson y William Ferguson. Se ponía de muy mal humor cuando perdía, jugaba de pie y, alguna vez, llegó a abandonar la partida de naipes:

—Vean ustedes —se excusó después—, he perdido batallas y me han traicionado muchas veces, pero nada me irrita más que perder una mesa de ropilla.

Una mañana, recibió una serena respuesta de Santander:

Mi muy respetado general: No puedo menos de agradecer a usted mucho su carta, en la que se sirve expresarme que le ahorre la molestia de recibir las mías y que ya no me llamará su amigo. Vale más un desengaño, por cruel que sea, que una perniciosa incertidumbre, y es por esto que estimo su declaración. No me ha sorprendido su carta, porque hace más de un año que mis encarnizados enemigos están trabajando por separarme del corazón de usted; ya lo han logrado; ya podrán cantar su triunfo. No escribiré más a usted, y en este silencio a que me condena la suerte, resignado a todo, espero que en la calma de las pasiones, que son las que han contribuido a desfigurar las cosas, usted ha de desengañarse completamente de que ni he sido pérfido, ni inconsecuente. Gané la amistad de usted sin bajezas, y sólo por una conducta franca, íntegra y desinteresada; la he perdido por chismes y calumnias fulminadas entre el ruido de los partidos y las rivalidades; quizá la recobraré por un desengaño al que la justicia de usted no podrá resistirse.

Entre tanto, sufriré este último golpe con la serenidad que inspira la inocencia. Al terminar nuestra correspondencia, tengo que pedir a usted el favor de que sea indulgente por la libertad que yo he empleado en todas mis cartas; tomé el lenguaje en que creía que debía hablarse a un amigo, quien tan bondadoso se mostraba conmigo, hasta el caso de haberme excitado desde el Perú a que no prolongase la interrupción de mis cartas, que ya había empezado a omitir. No dudo que usted me impartirá esta gracia, con la misma bondad con que se las ha impartido a sus enemigos y a los de su patria. Yo la merezco más que ellos, porque he sido antiguo y constante patriota, su compañero y un instrumento eficaz de sus gloriosas empresas. Nada más pido a usted, porque es lo único en que temo haberme hecho culpable. Mis votos serán siempre por su salud y prosperidad, mi corazón siempre amará a usted con gratitud; mi mano jamás escribirá una línea que pueda perjudicarle, y aunque usted no me llame en toda su vida, ni me crea su amigo, yo lo seré perpetuamente con sentimientos de profundo respeto y de justa consideración.

Dejó la carta sobre la mesa y siguió atendiendo el resto de sus asuntos. Desde Ocaña le informaron que se estaba tramando una conspiración con el propósito de enviar un oficial a Bucaramanga para asesinarlo. Comentó la versión con sus edecanes y les dijo que si bien era conocida la maldad de Santander y sus compañeros, no podía creer que fuesen capaces de llegar a tanto y menos que pudieran conseguir a alguien para que ejecutase el crimen:

—De todos modos —acotó— habrá que tener cierta prudencia, aunque no fueron las previsiones las que me salvaron en Jamaica o en Rincón de los Toros, sino mi buena fortuna.

Los representantes santanderistas presentaron un proyecto federalista, que eliminaba las facultades extraordinarias del presidente y dividía el país en veinte departamentos, cada uno de los cuales tendría su propia asamblea legislativa, la que elevaría una terna al Ejecutivo para la designación del gobernador.

A su vez, el grupo que respaldaba a Bolívar presentó un proyecto de tono centralista que postulaba un presidente fuerte, con poder para nombrar a los gobernadores de provincia, mientras se suprimían las facultades legislativas de las asambleas provinciales.

La iniciativa de Santander fue muy hábil, pues suscitó las simpatías de los convencionales del sur y de los venezolanos, que miraban con desconfianza al gobierno central con sede en Bogotá y preferían un sistema de igualdad para todas las regiones y libertad para manejar sus propios intereses. Como el santanderismo prometía además un licenciamiento de las fuerzas militares y el abandono de los planes continentales de Bolívar que erogaban contribuciones financieras muy gravosas, logró el apoyo mayoritario.

Cuando Simón recibió informes de que su grupo había quedado en minoría, se sintió molesto, apesadumbrado. No podía entender que los congresistas y sus antiguos partidarios no lo respaldaran y el sentimiento de abandono lo ensombrecía. Al mirarse en el espejo se veía a sí mismo viejo, cansado, y le parecía que sus cuarenta y cinco años se habían convertido en muchos más de cincuenta, pues su pelo crespo, erizado, se había poblado de canas; sus ojos se habían encajonado; su frente se había surcado de arrugas; su labio inferior se había estirado y su rostro se había ceñido. Las ideas tristes lo dominaban.

Solía concurrir a misa con sus edecanes y se sentaba con ellos en el coro, donde hacía menos calor.

—Como hombre sigo siendo "filósofo" —les explicó—, pero como gobernante respeto a la Iglesia, pues la mayoría de los colombianos son católicos.

Una noche, mientras jugaban a la ropilla, entró un asistente para avisar que el cónsul de Holanda estaba de paso y quería saludar al presidente.

—No lo recibiré —contestó—. Dígale que siga a Bogotá, donde lo atenderá el ministro de Relaciones Exteriores.

Ante la sorpresa de los presentes, se justificó:

—Es un terrible maricón, que ha escandalizado a Cartagena con su conducta. Pensé que sólo los griegos y los italianos eran mariquitas, pero este holandés quiso seducir hasta a los remeros del Magdalena...

Sus partidarios pidieron en Ocaña que se lo invitase a exponer en la Convención, pero el grupo santanderista se opuso, argumentó que su presencia sería una amenaza contra la libertad de los diputados y algunos exaltados llegaron a calificarlo de "tirano". El propio Santander pidió la palabra, solicitó moderación y elogió los servicios de Bolívar a la causa de la libertad de América, pero dijo que la presencia no era conveniente, pues los convencionales debían decidir en un clima de independencia. Recordó que más de una vez él se había sentido muy molesto con el presidente y había ido a verlo para quejarse, pero después de oírlo había quedado desarmado y lleno de admiración por ese personaje extraordinario.

Simón veía que la derrota estaba cerca y se indignaba cada vez más con la situación, pues ni siquiera había logrado que se admitiera como diputado a su antiguo amigo Miguel Peña. Paseaba con sus ayudantes y conversaba largamente con ellos, quienes lo interrogaban sobre hechos de la campaña de la independencia, y alguna vez se refirieron al fusilamiento del general Piar.

—La muerte de Piar fue una necesidad política y salvadora del país —reflexionó—. Porque sin ella iba a empezar la guerra de los negros contra los blancos, el exterminio de estos últimos y el triunfo de los españoles.

Ante el silencio de sus contertulios y adivinando sus pensamientos, se adelantó:

—Pero hoy la ejecución de Santander no tendría ningún resultado, porque la demagogia es como la hidra de la fábula, a la que se le corta la cabeza y nacen otras cien.

Le preguntaban también sobre su familia y las circunstancias del pasado y les habló de sus padres, hermanos y sobrinos. Les contó que sólo él no había tenido posteridad, pues su esposa había muerto joven y no había vuelto a casarse. Meditó unos segundos y aclaró:

—Pero no crean que soy estéril, pues he tenido prueba en contrario.

Cambió el juego de ropilla de las noches por el tresillo, porque la ansiedad le exigía un entretenimiento más vivo y, durante la partida, sólo dejaba entrar al camarero para servir una ligera cena.

Una mañana reunió a sus ayudantes y les leyó unas cartas venidas desde Ocaña en las que le pedían que se desconociera a la Convención, se la declarara sin poder y se realizara "una matanza de los demagogos".

—Una sola señal mía bastaría para eso, aunque mis enemigos no quieren ver que su exterminio está en mis manos y que tengo la generosidad de perdonarlos. En mi lugar, cualquiera de ellos ordenaría mi asesinato. Así son los liberales: crueles, sanguinarios, frenéticos e intolerantes.

Cuando se confirmó que la derrota era inminente y que los santanderistas tenían mayoría para imponer una Constitución a su gusto, Simón estuvo de acuerdo en que se abandonara la Convención y se la dejara sin quórum. Pero como no quería aparecer como el hombre que había impedido la sanción de la Constitución prefirió tomar distancia y partir hacia Bogotá.

Estaba al tanto de que sus partidarios se encontraban preparando pronunciamientos en Bogotá, Tunja, Popayán y otros sitios a favor de su permanencia en el mando, con facultades de dictador, por lo que inició su viaje con expectante optimismo.

Al llegar al Socorro recibió informes de que veinte de sus diputados habían concretado su retiro en Ocaña y sintió una gran satisfacción al comprobar que Santander ya no podría imponer allí su voluntad. Como Miguel Peña no había llegado a ser incorporado como miembro, se decía burlonamente que la Convención se había cerrado "sin Peña ni gloria".

A la media hora llegó otro correo desde Bogotá comunicándole que se había producido un movimiento popular que desconocía a la Convención y lo había designado dictador a través de un acta firmada en la plaza principal. Su alegría se redobló y envió instrucciones para que en otras provincias se animara a la opinión pública a seguir el criterio de la capital. Pleno de entusiasmo, le escribió una carta a su edecán Luis Peru de Lacroix, que había quedado en Bucaramanga, para contarle las novedades, pero al finalizar la misiva prefirió esconder su euforia y guardar las formas:

> *Esto no es lo que deseaba porque estos sucesos no afirman la república, sino que conmueven sus cimientos y echan a perder la moral pública, la obediencia y el respeto de los pueblos. Yo anhelaba una Constitución capaz de dar estabilidad a las instituciones, pero la Convención no lo ha querido y ha preferido el desorden al orden, la ilegalidad a la legalidad, más que ceder a la voz de la patria. Todo esto me confunde, me quita mi energía y hasta enfría mi patriotismo; y sin embargo necesito de ellos más que nunca para sobrellevar la pesada carga que está sobre mis hombros.*

Siguió viaje a Bogotá y fue recibido por sus partidarios con entusiasmo, lo que lo recompensó de la indiferencia que había experimentado en sus dos anteriores arribos. Se alojó en su quinta y lo reconfortó reencontrarse con Manuelita, cuya vida desordenada y los paseos a caballo con su esclava negra, ambas vestidas con ropas de hombre, habían generado la habitual suspicacia sobre sus "extrañas preferencias sexuales" y comentarios críticos en la pacata ciudad. Simón disfrutaba con estas transgresiones y ambigüedades, hizo el amor con ella y sintió que su turbulenta personalidad y la inminencia de una acentuación del poder le renovaban su ardor varonil. Al día siguiente se levantó temprano, se bañó en la alberca que se había construido en el jardín y disfrutó con el rumor del agua y el rubor matinal de sus rosales.

Reasumió su cargo de jefe del gobierno y, cuando llegaron de las provincias del sur y de Venezuela nuevas "actas populares" que los jefes militares, alcaldes y sacerdotes instaban a firmar en las plazas de los pueblos, dictó un "decreto orgánico" por el cual, con el objetivo de "liberar al pueblo de los estragos de la anarquía", se consagró a sí mismo como Jefe Supremo del Estado, con el título de Libertador Presidente y facultades plenas para "expedir los decretos necesarios de cualquier naturaleza y reformar o derogar las leyes establecidas". También se eliminaba la vicepresidencia (para dejar sin el cargo a Santander), se creaba un Consejo de Estado integrado por amigos suyos y se declaraba dominante a la "religión católica, apostólica, romana".

Derogada de este modo la Constitución de Cúcuta y ya en su carácter de dictador, trató de consolidar el apoyo de la Iglesia a través de decretos que eliminaban las restricciones que se habían establecido sobre el funcionamiento de los conventos. En relación con el ejército, el pilar fundamental de su poder, una posible invasión española y las noticias que llegaban del Perú le dieron el motivo para aumentar sus efectivos hasta cuarenta mil hombres. En una carta a su representante en Londres, José Fernández Madrid, le explicó la situación:

> *El Perú acaba de cometer el escandaloso acto de invadir a Bolivia sin previa declaración ni causa para ello; y mantiene un ejército que amenaza Guayaquil y emplea cuantos medios tiene a su alcance para levantar las provincias del Sur. En fin, nos provoca a una guerra que no podemos evitar sino en mengua del honor nacional y nuestro crédito y hemos creído que nos es más útil invadir que ser invadidos.*

Manuela actuaba como una verdadera dueña de la quinta, manejaba a los criados, recibía a los visitantes políticos y presidía las fiestas y reuniones sociales. Simón paseaba en landó con ella por las calles de la ciudad, lo que escandalizaba a una sociedad poco cosmopolita, fuertemente religiosa y tradicionalmente dual, que rechazaba a "una querida" a la que calificaban como la "madame Du Barry" o simplemente la "extranjera". Al caraqueño le gustaba este juego, pero al cabo de unos meses la convivencia le resultó agobiante una vez más y quiso alejarse de su amante, cansado de su estilo de vida demasiado aparatoso: ella seguía usando uniforme militar, bebía abundante oporto en las veladas y solía terminarlas contando cuentos "verdes" con palabras subidas de tono. Las mismas características que antes lo fascinaban, su desenvoltura lindante con la desfachatez, su agresividad, su energía y hasta su acento ceceoso, ahora le molestaban. Con el argumento de que quería estar más cerca de la administración, Simón se instaló en el palacio de gobierno y dejó a Manuela en la quinta. Acentuó los actos oficiales y su dictadura adquirió una cierta pompa que recordaba a la de los virreyes: su retrato fue sacado en procesión y llevado a los hombros por cuatro miembros del Cabildo, mientras los restantes iban a los costados llevando cintas que colgaban del marco.

Manuelita se dedicó a hacer reuniones en la quinta y, en una de ellas, en ausencia de Bolívar y con abuso de algunas copas, la muchacha propuso realizar un fusilamiento simulado del "traidor Santander". Se improvisó un muñeco que representaba al depuesto vicepresidente, se lo sentó sobre un banquillo, un cura le dio la extremaunción y Manuela ordenó al jefe del destacamento de granaderos, que se encontraba allí haciendo instrucción, que se disparara sobre la figura.

Los lugartenientes de Simón consideraron que el episodio había sido una provocación innecesaria y el general Córdoba le envió una nota en la que le comentaba que el público criticaba que "la Presidenta se infiere en los negocios del gobierno y que se la oye".

Simón se disgustó al enterarse del suceso, regañó a Manuelita y le contestó a Córdoba que no le había molestado la sinceridad de su misiva y que pensaba "suspender al comandante de granaderos y mandarlo fuera del cuerpo a servir a otra parte":

En cuanto a la Amable Loca ¿qué quiere que yo le diga? Usted la conoce de tiempo atrás. Yo he procurado separarme de ella, pero no se puede nada contra una resistencia como la suya; sin embargo, luego que pase este suceso pienso hacer el más determinado esfuerzo por hacerla marchar a su país o dondequiera. Mas diré que ella no se ha metido nunca sino en rogar. Rompa usted esta carta, pues no quiero que quede existente este documento de miseria y tontería.

Poco después, sin embargo, empezó a extrañar a su amante, se reconcilió con ella y le permitió instalarse en una residencia unos metros más abajo de la Casa de Gobierno, en la plazuela de San Carlos. Manuela recuperó la alegría y continuó viviendo con su habitual extravagancia y desafiando las convenciones de la tradicionalista ciudad.

Simón, en cambio, era muy sensible a las críticas y estaba pendiente de la repercusión que había causado en el exterior su asunción como dictador. Había incorporado a su mesa a Jean Baptiste Boussingault, uno de los cinco científicos franceses llegados en esos días a Bogotá por pedido del gobierno, a quien le consultaba sobre el tema y lo inquiría sobre la marcha de la opinión en Europa. Durante un almuerzo, el naturalista le comentó que el periódico parisino *Le Globe* lo había elogiado y el caraqueño se alegró:

—¿Tradujo ya el artículo al castellano?

—Todavía no lo hice, señor.

—Si hubiera traído críticas —se impacientó—, ya estaría traducido y circulando entre mis enemigos...

Joven y mundano, Jean Baptiste participaba activamente de la "vida en la corte" y aseguraba que la Sáenz era una Mesalina que no sólo había intentado seducir al general Córdoba, sino que una vez había pasado por la guardia del palacio, donde la esperaba Simón, y "se había divertido" con todos los soldados, hasta con el tambor. El joven médico escocés Richard Cheyne, que curaba de sus males pulmonares al presidente, aliviaba también las pasiones del corazón de su amiga Manuela, según lo aseguraba con malicia el investigador galo.

—Los amantes son tan ciegos como los maridos —solía comentar Boussingault—. El único que no se da cuenta de todo esto es Bolívar.

Durante un paseo al Salto del Tequendama, la quiteña se había emborrachado durante el almuerzo al aire libre, se dirigió al borde de la cascada y empezó a tambalearse sobre las rocas, con la presunta intención de arrojarse al torrente. Boussingault y Cheyne se acercaron y, afrontando el rugido de la catarata y la estela de vapor y espumas que emergían del vacío, la agarraron de la ropa y los cabellos y la salvaron.

—Esa misma noche —se sorprendía el químico— estaba fresca en su salón, encantadora, con flores naturales en el cabello, diciendo que había que volver al Salto.

Manuelita adoraba los animales y tenía en su casa un osezno que jugaba con los visitantes y, si lo acariciaban, se prendía amorosamente de sus piernas. Una mañana, Boussingault entró a su dormitorio y encontró a la muchacha en la cama con el oso encima y las garras sobre los senos.

—Don Juan —le dijo—, este oso del demonio no quiere dejarme. Por favor busque un vaso de leche y póngalo al lado de la cama.

—Vea —se ufanaba después la muchacha mostrándole provocativamente sus pechos desnudos—, no tengo herida alguna.

Los partidarios de Santander, molestos por la destitución de su jefe, criticaban la instauración de la dictadura y, como había ocurrido en Perú, censuraban al mandatario afirmando que era demasiado pródigo con los bienes públicos. Condenaban que el erario mantuviese con gruesas sumas los lujos de la amante del jefe supremo, sostenían que Nueva Granada había contribuido con enormes recursos a las campañas militares al sur, rechazaban el predominio de los venezolanos (encarnado en Bolívar y Sucre) y acusaban a Simón de ser un infatuado, que ahora pretendía casarse con una princesa de la rama francesa de los Borbones. Un grupo de opositores comenzó a conspirar y los rumores de un posible atentado contra Bolívar circulaban en los corrillos políticos. Los miembros de la Sociedad de Salud Pública, inspirada en los comités de la Revolución Francesa, hacían circular unos versos que instaban al crimen político:

Si de Bolívar la letra con que empieza
y aquella con que acaba le quitamos
"Oliva" de la paz símbolo hallamos.
Esto quiere decir que la cabeza

*al Tirano y los pies cortar debemos
si es que una paz durable apetecemos.*

Desde Lima llegaron también los ecos de un periódico que incitaba al alzamiento, a través de un poema patriótico cuyo estribillo era elocuente:

*Guerra eterna a Bolívar
por tirano y traidor;
hoy es liberticida
ya no es más Libertador.*

El caraqueño recibió advertencias en este sentido, particularmente de Manuelita, pero no les concedió mayor importancia y las atribuyó a los celos y habituales desconfianzas de ella. Los conjurados se propusieron asesinar a Bolívar en un baile de máscaras que se realizaría en el teatro Coliseo, pero el golpe se frustró porque la eventual víctima se retiró anticipadamente, disgustado al saber que Manuelita había intentado ingresar con ropas de hombre y había tenido una fuerte disputa en la puerta con el alcalde, quien se negaba a dejarla entrar con tal atuendo.

Un par de semanas después se le pasó el enojo y, al sentirse desasosegado al anochecer en sus habitaciones del palacio, la mandó llamar a su casa con un edecán. Se metió en su tina a darse un baño con agua caliente y, cuando la muchacha llegó, surgió nuevamente el tema de un posible complot:

—Podrá haber hasta diez —ella siempre vehemente—, pues usted no da ninguna acogida a los avisos...

—No tengas cuidado: ya no habrá nada.

Le pidió que le leyera unos trozos de Voltaire y, más relajado y tranquilo con su presencia, marchó a su cama para dormir, mientras Manuelita se quedaba despierta en el cuarto de al lado. A medianoche se despertó sobresaltado, pues la joven, alterada, lo sacudía con alarma: los perros ladraban y unos ruidos extraños indicaban que algo pasaba en el palacio. Se abalanzó sobre su espada y una pistola y fue hacia la puerta, pero Manuelita lo detuvo:

—Vístete —le indicó.

Obedeció y, como no tenía sus botas, se puso unos zapatos de ella, que había venido con doble calzado porque la calle estaba mojada. Al terminar, preguntó:

—¿Y ahora qué hacemos?

Sonaron unos disparos dentro de la residencia y los pasos tumultuosos de unos atacantes llegaron hasta la puerta de la habitación y empezaron a forzarla.

—Salta por la ventana —ordenó la resuelta mujer—. Yo los entretendré.

Simón abrió la ventana y brincó hacia la calzada. Se encontró con su repostero y corrió con él calle arriba hasta refugiarse bajo el puente de San Agustín, sobre el fangoso lecho del río. Abrumado, permaneció en silencio por unas horas que le parecieron siglos. Tropas de jinetes pasaban de un lado a otro y, por encima del atronar de los cascos de las cabalgaduras y del estampido de disparos, percibía gritos que le horadaban el espíritu:

—¡Muera el tirano! ¡Viva la libertad...!

Tenía los pies mojados, la humedad le penetraba los huesos y el frío y la angustia lo hacían temblar. Hacía muchos años había pasado la noche en un pantano sobre el Orinoco, cerca de Angostura, pero entonces se escondía de las tropas españolas y se sentía dignificado por las dificultades. Ahora, en cambio, eran los propios patriotas colombianos quienes lo atacaban y de quienes debía ocultarse.

En algún momento el curso de los hechos pareció cambiar, pues los ruidos de armas de fuego continuaban, pero el tenor de los gritos era distinto:

—¡Viva el Libertador...!

Temió que se tratara de un ardid para animarlo a dejar su refugio, pero al cabo de un tiempo ordenó a su criado que, con prudencia, saliera del puente y fuera a averiguar lo que había pasado. Regresó y le dijo que la situación había sido dominada por los leales. Respiró aliviado, salió del lecho del río y, todavía entumecido, subió hasta la calzada. Caminó un trecho sacudiéndose el barro, consiguió un caballo y, todavía humillado, marchó hacia la plaza principal.

Sus hombres —los generales Urdaneta y Córdoba entre ellos— lo recibieron alborozados y le contaron que la rebelión había sido sofocada y sus principales autores habían sido detenidos, salvo algunos que estaban prófugos como Florentino González, uno de los pretendientes de Bernardina Ibáñez. Cuando los atacantes del palacio forzaron la puerta de la habitación y encontraron sola a Manuelita, la ira los llevó a golpearla con el plano de sus espadas. Su edecán Ferguson había sido muerto de un balazo, al igual que otros militares que custodiaban la residencia.

Pese al fracaso del complot, Simón estaba consternado y se sentía derrotado. Pensó en dimitir a su cargo de dictador, convocar anticipadamente al Congreso y partir al extranjero, pero sus ministros y oficiales le sugirieron que se fuera a su quinta, descansara y, en todo caso, permaneciese allí como simple particular, ya que su alejamiento podría interpretarse como una justificación de la rebelión.

Marchó abatido hacia su residencia. Llegó a media mañana y se dejó caer sobre un sofá de la sala, frente al reloj de cobre repujado con las figuras de *El juramento de los Horacios*. Aunque estaba agotado, la alteración de su ánimo le hacía revivir las alternativas ocurridas desde la medianoche y le costaba asumir el vuelco de su situación. Al mediodía se acostó y despertó a la tarde, cerca del crepúsculo.

Tomó un té caliente y, descansado y más animado, recibió a sus ministros y jefes militares y siguió sus consejos: se declaró dictador sin límites, dispuso una recompensa para el regimiento leal y formó un tribunal para el enjuiciamiento militar de los rebeldes, incluyendo a Santander, quien se había presentado ante Urdaneta manifestándose ajeno al movimiento, pero éste había ordenado igualmente su detención.

Al día siguiente visitó a Manuela en su casa, quien guardaba cama llena de golpes y moretones, y la calificó cariñosamente como "la Libertadora del Libertador". El tribunal empezó a trabajar y, a los cuatro días, dictó las primeras condenas a muerte por ahorcamiento contra los rebeldes y dilató el fallo contra Santander, de quien no se encontraban pruebas sobre su participación activa en el complot.

Aunque Simón se reintegró a la plena actividad, su físico y su espíritu estaban quebrantados y citó al Consejo de Estado para presentar su renuncia y pedir que se convocara a la representación nacional para que se dictara una nueva Constitución. Los consejeros le ratificaron que la nación se había pronunciado hacía solamente tres meses designándolo jefe supremo con facultades ilimitadas y le rechazaron la renuncia. Añadieron que la falta de principios y virtudes de la población hacía necesarias formas de gobierno sencillas y fuertes, por lo que surgió nuevamente la idea de instaurar una monarquía.

Bolívar se sintió más tranquilo, pero necesitaba canalizar la rabia que el atentado le había dejado adentro. Se dirigió a los obispos de todo el territorio para que exhortaran a los sacerdotes a "no desviarse de los sanos principios" ni transigir con "el espíritu de vértigo que agita al país", restringió la independencia de los jueces y de los órganos municipales y restableció el tributo de los indígenas. Prohibió la difusión y el estudio del libro *Tratado de legislación* del filósofo inglés Jeremías Bentham, por considerar que sus ideas utilitarias y provenientes del protestantismo habían alimentado intelectualmente a los conspiradores; y también el funcionamiento de las sociedades o confraternidades secretas, cualquiera que fuese su denominación, lo que provocó airadas protestas de los masones.

Aunque los testigos no incriminaban a Santander como participante en el atentado, Simón pensaba que no podía ser inocente "en un delito que sólo se ha cometido en beneficio de él y que no podía haberse hecho sin su consentimiento". El tribunal finalmente lo condenó a muerte, pero Bolívar dudó en ratificar la sentencia, porque el general Córdoba se negaba a firmarla como ministro de Guerra, los restantes ministros y el clero pedían clemencia, algunos allegados le recordaban que gracias a su intervención había salvado su vida en el ataque de Rincón de los Toros, y hasta Sucre le escribió para sugerirle que evitara manchar su "gloria", un concepto para él muy preciado, con la sangre de su antiguo camarada.

En esas cavilaciones estaba y se acordaba del fusilamiento de Piar, cuando recibió una carta de Nicolasa Ibáñez que lo sacudió:

> *La idolatría sin término que he sentido por usted me da derecho a tomarme esta libertad. Recuerde, general, mi cariño y que no puede haber en el universo quien lo haya adorado más. Oiga mis ruegos y consuéleme, pues la amistad por Santander me obliga a molestarlo. Santander es honrado y sensible, incapaz de cometer una felonía, y no quiero más sino que mande poner en libertad a este hombre desgraciado, para que no sufra la pena de un criminal y que inmediatamente salga para los Estados Unidos.*

Simón sabía que Nicolasa había continuado su romance en forma pública con Santander y que éste había mandado a Londres a su marido, para mantenerlo alejado. Al volver había sido incluso recluido en Mompox y ahora se encontraba ciego, enfermo y amargado y había compuesto unos tristes versos a su esposa:

Excusa ingrata, el bárbaro cuidado,
de recordarme que tu amante he sido.
Ay, eso es refregar en un herido
la antigua llaga de que está curado.

Le dolía a Bolívar que en la casa de Nicolasa y con la presencia de Bernardina se realizaran reuniones a favor de Francisco de Paula y hasta le mortificaba este pedido por su actual rival, pero algo íntimo y contradictorio lo movía a considerarlo en forma muy especial. Al cabo de unos días de vacilaciones conmutó la pena máxima y ordenó mandar a Santander al destierro, para que no se interpretara que su fusilamiento se debía a la notoria enemistad que los separaba.

El miedo y la humillación que había experimentado la siniestra noche bajo el puente lo impulsaban a buscar más poder, necesitaba la reivindicación de la gloria. Volvió a pensar en la instauración de la presidencia vitalicia y hereditaria o directamente en una monarquía constitucional, pero este último paso le resultaba impolítico o, al menos, prematuro y difícil. "Es mejor Libertador que rey", solía decirse a sí mismo, aunque la designación napoleónica de emperador no le disgustaba. Por esos días un miembro del Consejo de Estado, Pedro Herrán, emitió una proclama en la que decía que "el estandarte de nuestra felicidad es Dios, Patria y Bolívar" y en algunos círculos del gobierno se pensó en elegir como sucesor del Libertador, a su muerte, a algún príncipe católico europeo.

Durante una conversación con el representante de Inglaterra, Simón le manifestó que todas sus luchas de dieciocho años solamente habían servido "para aportar a Colombia el comercio con las naciones europeas", por lo que deseaba legarle una forma estable y definitiva de organización política.

En Bolivia se produjo una rebelión y Sucre abandonó el territorio para dirigirse hacia el norte. Por otro lado, tropas peruanas al mando del mariscal Agustín Gamarra habían invadido el sur de Colombia, complicando aún más la situación. Mientras viajaba, Antonio José le escribió para comentarle que Gamarra se manifestaba resentido contra él (Simón), debido a que, pese a la hospitalidad que le había brindado durante su visita al Cuzco, cuando era alcalde, había intentado seducir a su mujer, según ella misma, la bella Francisca Zubiaga, se lo había confesado.

Se sorprendió por la actitud de Francisca y se sintió traicionado por ella. Cuando supo que su dilecto general Sucre había arribado a Guayaquil, se alegró sobremanera y le escribió para pedirle que asumiera la tarea de aplastar nuevas rebeldías producidas en la provincia de Pasto y enfrentara la invasión de las tropas peruanas:

¡Bendito sea el día en que usted llegó a Guayaquil! Le dirijo los pliegos que contienen su nombramiento como jefe absoluto del Sur. Todos los poderes los delego en Usted: haga la guerra, la paz, salve o pierda al sur, usted es el árbitro de sus destinos y en usted confío todas mis esperanzas. En cuanto a mí estoy dispuesto a marchar dentro de un mes para allá y pienso que la gloria es mil veces preferible a la felicidad y que la vindicta de Colombia pesa más en mis balanzas que los viles goces de la vida.

Un par de semanas después se desilusionó al recibir la respuesta del gran mariscal de Ayacucho: Sucre no aceptaba el nombramiento porque quería descansar y permanecer junto a su flamante esposa, la marquesa de Solanda; además, consideraba que Guayaquil era muy afecto a Lima y que sería prematuro que Colombia le declarara la guerra al Perú sin dominar el Pacífico.

Poco antes de Navidad, Simón resolvió partir hacia el sur para sofocar una rebelión del general Obando en Pasto y, posteriormente, seguir viaje hasta Lima para restaurar su autoridad como presidente vitalicio. Al salir de Bogotá sintió la enorme alegría de estar otra vez en campaña cabalgando en las verdes serranías, disfrutando del aire libre y los campamentos y alejado de las tareas burocráticas que detestaba. Desde Boyacá le escribió a Páez para comunicarle su marcha y comentarle que "mi presencia allí es cada día más necesaria, pues ni la paz ni la guerra se hacen sin mí y me he propuesto expurgar a Colombia de sus enemigos domésticos y escarmentar a los ingratos externos".

Recibió el año en Purificación y siguió hasta Popayán, donde se detuvo y recibió buenas noticias de sur: Sucre había aceptado marchar contra los invasores peruanos y en Bolivia y en Perú había movimientos de sectores que postulaban su restauración como presidente vitalicio.

Continuó camino hasta Pasto, donde logró mediante una negociación que el general Obando finalizara su insurrección y se le subordinara. Siguió viaje y en Cumbal, cerca de Quito, recibió noticias de que Sucre había vencido en Tarqui a los peruanos y había firmado con ellos un convenio de paz, por el que se comprometían a retirarse del territorio de Colombia y se establecían como límites entre los dos países las fronteras de los antiguos virreinatos.

Experimentó celos de Sucre por cuanto habría querido ser él quien venciera a los peruanos y negociara el tratado, pero de todos modos le escribió para felicitarlo:

> *Acabo de recibir, mi querido general, el glorioso convenio con el que ha terminado su campaña. Gracias sean dadas a usted, al general Juan José Flores y al ejército. Dios quiera que los peruanos sean fieles a los tratados que les ha dictado la clemencia más generosa, pero casi no tengo confianza en el cumplimiento de ese gobierno pérfido, que ha violado todos los derechos y todos los deberes.*

Siguió viaje y, luego de una semana por caminos de montaña en los que experimentó la soledad y el silencio de los páramos y sentía las narices secas, ascendió a los últimos volcanes y volvió a distinguir, en el valle pleno de luz que parecía descender de un firmamento de lapislázuli, la ciudad de Quito.

Allí se encontró con Sucre, a quien no veía desde los días de la batalla de Junín y por quien sentía afecto y hasta algo de envidia y admiración por su juventud y valores personales. Antonio José quería dejar el mando militar para dedicarse a su familia, pero Simón lo convenció de que continuara en actividad y le gustaba compartir con él el despacho oficial. Una tarde, Simón recibió una carta de Santander, quien había sido detenido en Cartagena y alojado en la cárcel del castillo de Bocachica, que le pedía ser trasladado a otro sitio por las duras condiciones del presidio. Bolívar se negó directamente a leerla, pero ante el pedido y los argumentos de Sucre la leyó y concedió lo solicitado.

Quería seguir hasta Lima para reconquistar el Perú, de modo que le alegró saber que los peruanos no cumplían con lo acordado en el tratado de paz, en el sentido de abandonar el territorio colombiano, y se negaban a entregar la ciudad de Guayaquil. Pensó que ello le daba la oportunidad de invadir el país y confiaba en que hubiera allí pronunciamientos en su favor, incluyendo acaso al propio Gamarra si su esposa lo inclinaba en ese sentido.

En carta al general Urdaneta, le expresaba sus propósitos y esperanzas:

Las noticias del Perú son excelentes. Nadie duda de que tendremos una revolución en Lima y en el sur del país. Yo pienso seguir con tres mil hombres hasta Piura para aprovechar el espíritu público que nos es muy favorable. Me escriben de Lima que si me acerco al Perú mi vuelta será como la de Napoleón en Francia y que podré entrar en Lima sin un tiro de fusil.

19. MI GLORIA, ¿POR QUÉ ME LA ARREBATAN? (1829-1830)

> *Que je souffre a mes yeux qu'on ceigne une autre tête*
> *des lauriers immortels que la gloire m'apprête.*
>
> Corneille, *Horacio*

La Pascua coincidió con el aniversario del 19 de abril de 1810, el día de la formación de la Junta de gobierno caraqueña, y Simón ofreció un banquete a sus oficiales para celebrar los dos acontecimientos. Estaba alegre y bebió abundante vino de Madeira y de Champagne, lo que fue aumentando su optimismo y a los postres quería llevarse el mundo por delante. Ofreció un brindis, se subió sobre la mesa y la recorrió hasta la otra punta aplastando a su paso cristales y vajilla, entre la algarabía de los suyos. A la mañana siguiente se despertó con un intenso dolor de cabeza y una fiebre que le duró varios días. Le daba rabia comprobar que su constitución y resistencia físicas ya no eran las mismas y ello lo impulsaba a superarse y procurar más triunfos, más satisfacciones políticas y militares.

Sucre le aconsejó que no marchara al sur hasta que no pasara la estación de las lluvias, pero estaba ansioso y partió con sus tropas, con la intención de recuperar Guayaquil por la fuerza. Pasó por Riobamba y Barranca y llegó hasta el campo de Bujió, al frente de Guayaquil, desde donde puso sitio a la ciudad.

Una rebelión contra el gobierno peruano vino a ayudar a sus designios, porque las nuevas autoridades firmaron en Piura otro armisticio y ordenaron la entrega de Guayaquil. Pudo así entrar a la ciudad y se sintió bien recibido por la población y acogido por la vegetación tropical, sin que los días fueran tan calientes.

A la espera de que se produjera algún pronunciamiento en el Perú que pidiera su retorno al ejercicio de la presidencia vitalicia, se dedicó a mantener a sus tropas movilizadas y a despachar la correspondencia y los asuntos diarios; envió una circular invitando a los pueblos de las provincias a expedirse a través de colegios electorales sobre la Constitución y la figura del jefe del Estado que debería aprobar el Congreso que iba a reunirse el año siguiente.

Desde Francia, su sobrino Leandro Palacios le informó que el filósofo liberal Benjamin Constant lo había criticado en un periódico por su designación como dictador y lo había acusado de usurpar el poder, mientras que el abate y escritor Domingo de Pradt lo había defendido. Le dolió sobremanera la acusación contra su prestigio de libertador y lo que pudieran pensar de él Fanny de Villars y sus otros amigos en París, por lo cual le pidió a Palacios que escribiera contra las "calumnias de Constant" y a favor de su "gloria liberal".

En Bogotá, mientras tanto, el Consejo de Estado veía con buenos ojos la instauración definitiva de un régimen monárquico encabezado por Bolívar y con la designación de un príncipe francés o inglés como sucesor para después de su muerte. Una misión del monarca francés Charles X, encabezada por el duque de Montebello (hijo del famoso mariscal Lannes) e integrada por un delegado del Ministerio de Asuntos Exteriores, Charles de Bresson, había arribado con ese cometido, y el encargado de negocios británico, Patricio Campbell, estaba al tanto de las tratativas. A Simón, preocupado por el peligro de la anarquía, le atraía el proyecto y le gustaba la posibilidad de su encumbramiento, pero le costaba dar el paso que lo llevara de ser considerado un Libertador a ser visto como un monarca. "Yo no he luchado años contra Fernando VII para cambiarlo por Simón I", había dicho alguna vez Santander, y sus palabras resonaban todavía en su oído.

Acosado noche y día por esta vacilación y dolido por la crítica de Constant, le escribió a su amigo Robert Wilson, padre de su edecán Belford Wilson y miembro de la Cámara de los Comunes en Londres:

En Bogotá se trata de fortificar al gobierno y el proyecto más seguido es el de un gobierno vitalicio bajo mis órdenes y un principado para sucederme. Aunque la idea no carece de difi-

cultades, tiene sus ventajas peculiares. Las elecciones populares van saliendo bien y, sin embargo, los señores liberales de Francia me llaman usurpador. Me he llevado un chasco y estoy sentido, pues habiendo combatido por la libertad y por la gloria, me llaman tirano y me recompensan con vituperio. Me consolaré si usted, que está bien instruido de los hechos históricos, los comunica a la prensa, pues no tengo otra vida que la que recibo de la estimación de los demás hombres.

El encargado de negocios de Su Majestad británica en Bogotá le escribía sobre el asunto y Simón quiso mostrarse prudente a la vez que inquisitivo:

Lo que usted se sirve decirme sobre el proyecto de nombrar un sucesor de mi autoridad que sea príncipe europeo no me coge de nuevo, porque algo se me había comunicado con no poco misterio y algo de timidez, pues conocen mi modo de pensar. ¿No cree usted que Inglaterra sentiría celos si se eligiera un príncipe Borbón? ¿No se opondrían los Estados Unidos, que parecen destinados por la Providencia para plagar la América de miserias a nombre de la libertad? Estoy muy lejos de oponerme a la reorganización de Colombia conforme a las instituciones de la sabia Europa. Por el contrario, la obra podrá llamarse de salvación y se conseguiría si estamos sostenidos nosotros por Francia e Inglaterra. Por ello, me reservo para dar mi dictamen definitivo cuando sepamos qué piensan los gobiernos inglés y francés sobre el mencionado cambio de sistema y elección de dinastía.

Seguía acosado por las dudas y sentía que su salud ya no era la de antes. Se fatigaba a menudo y sufrió un ataque de bilis que lo tuvo en cama por varios días. Seguía las negociaciones de Bogotá con mucha ansiedad y le preocupaba su prestigio. El delegado francés Bresson había enviado un informe a su gobierno en el que puntualizaba este factor:

¿Aceptaría Bolívar la Corona? Sin duda que comenzaría por rechazarla y que se resistiría largo tiempo. Tiene compromisos con los liberales y una necesidad inveterada de sus elogios. Se

ha resignado a perder el apoyo de los liberales de América y teme y respeta a los de Francia, pero terminará por aceptar el trono que le ofrecerán.

Impaciente por la falta de un llamamiento en su favor en el Perú y dubitativo ante las alternativas de formas de gobierno que urdía el Consejo de Estado en Bogotá, Simón se deprimía y descargaba el desaliento en su correspondencia. Le escribió a José Fernández Madrid:

No sé qué hacer con esta Colombia y con esta América tan desgraciada y tan trabajosa. Mi salud está aniquilada. Si usted me viera en este momento ¡parezco un viejo de 60 años! Tal me ha dejado el último ataque de bilis que he sufrido y los libelos con que me regalan diariamente.

Una comisión de notables divulgó en Bogotá el proyecto monárquico e hizo campaña a favor de él, pero la opinión pública lo rechazó. Algunos antiguos realistas compartían la iniciativa de restaurar el sistema, pero se oponían categóricamente a la entronización de Bolívar: criticaban sus caprichos y extravagancias y argumentaban que no podía ser rey porque nunca se había quedado más de un mes gobernando en la capital de Nueva Granada o de Venezuela; vivía permanentemente en guerra y para ello creaba impuestos y realizaba exacciones; contraía empréstitos y no respetaba la propiedad.

Desde Guayaquil, agobiado por el calor y los mosquitos, Bolívar le confiaba su desazón a Joaquín Mosquera:

Las provincias de nuestra Colombia no quieren monarquías ni gobiernos vitalicios, menos aún aristocracia ¿por qué no se ahogan de una vez en el estrepitoso y alegre mar de la anarquía? En veinte años de trabajos no he podido constituir un gobierno con garantías. Jesucristo sufrió 33 años esta vida mortal y la mía pasa ya de 46; y lo peor es que yo no soy un Dios impasible que puede aguantar toda la eternidad.

Ante el rechazo que recibía el plan sobre una monarquía constitucional, Simón redactó unas instrucciones secretas para ser presentadas en el Congreso Constituyente del año siguiente, sobre la base de un presidente vitalicio con facultad para designar al vicepresidente y a su sucesor, veto sobre la legislación y control de la justicia; y un Senado vitalicio y hereditario. El delegado francés informó a su ministro que se trataba de "una Constitución como la nuestra, pero sin el nombre de rey".

Deseaba completar los trámites de venta de las minas de Aroa cuanto antes, para tener los fondos depositados y disponibles en Londres, pero le disgustó saber que las gestiones estaban demoradas porque su hermana había ejecutado mal sus instrucciones. Empezó a pensar que María Antonia estaba embrollando el asunto deliberadamente para quedarse con las minas en caso de que él muriera y le escribió muy enojado:

> *Te doy las gracias por tus finezas, pero puedes evitarte la pena de dar nuevos pasos sobre los papeles, pues de ordinario las mujeres no sirven para esto y tú lo has confirmado, a pesar de tus buenos deseos, enredando el pleito y cometiendo desaciertos como el de mandar los papeles del arrendamiento con el nombre de títulos. Todo ha provenido de no entender el asunto y sólo sirve para echarlo a perder. Por esta razón he enviado mi poder a otros que lo entienden mejor que tú. Déjalos pues obrar y no te metas en nada, y te lo agradeceré.*

Mientras esperaba buenas noticias desde Lima, recibió malas nuevas desde el norte: el general Córdoba se había impuesto en Medellín del contenido de sus directivas secretas y se había alzado contra su autoridad. "Es incapaz de sujetarse a Constitución o leyes, manda a los neogranadinos como un sultán y está manejado por una mujer, Manuela Sáenz, cortejada como una princesa por muchos canallas", sostenía su antiguo lugarteniente.

Desde Bogotá, Urdaneta había enviado ochocientos hombres al mando del general Daniel O'Leary para sofocar la rebelión de Córdoba, y Simón resolvió moverse hacia el norte para converger en Medellín y castigar al rebelde. Inició el ascenso a la zona andina y cabalgaba ensimismado: recién cuando el viento le refrescaba el rostro se daba cuenta de que había llegado a las cumbres.

En la región árida le dio la impresión de que unos dedos gigantescos hubieran apretado la base de las montañas y dejado sus huellas digitales con múltiples tonos minerales, mientras que los melancólicos frailejones representaban lánguidas figuras. Al pasar por Quito percibió que había resistencias a su gobierno con facultades extraordinarias y recibió a un delegado del general Páez, que venía desde Caracas a conocer su pensamiento y sus instrucciones al futuro Congreso Constituyente.

Intuyó que el ánimo de Páez y los restantes caudillos venezolanos no era muy favorable a su proyecto y no quiso darles motivo para una nueva rebeldía:

—Simplemente me someto a lo que la convención resuelva.

Continuó viaje por los caminos montañosos mientras las lluvias castigaban a caballos y jinetes dificultando la marcha y bajando la temperatura. El silencio de los páramos húmedos lo ensombrecía, experimentaba mucho frío y dificultades al respirar y, en los momentos de descanso, notaba que debía poner todas sus facultades en ejercicio para poder desplazarse o realizar la mínima actividad. Su elemento eran las tierras tropicales y anteriormente había disfrutado de la soledad y las bellezas andinas, pero siempre con la sensación de ser ajeno a ellas. Cerca de Pasto recibió una carta de un miembro del Consejo de Estado haciéndole saber que las tropas al mando de Daniel O'Leary habían derrotado a Córdoba y lo habían ejecutado, poniendo fin a la rebelión:

El general O'Leary nos ha quitado el trabajo de hacerle causa a Córdoba y lo ha hecho ir a dar cuenta de su conducta ante otro tribunal. Nueve balazos recibió en el cuerpo y la mano derecha no apareció.

Se alegró por la muerte de "ese canalla" y llegó más tranquilo a Popayán, pero volvió a percibir que sus amigos y partidarios se manifestaban claramente a favor del sistema republicano y rechazaban la presidencia vitalicia y los cuerpos hereditarios. Esta circunstancia lo hizo meditar y, tras pasar un par de horas balanceándose en silencio en su hamaca, optó por dar marcha atrás y dictó una carta para Urdaneta:

Con respecto al negocio entablado por los gobiernos de Francia e Inglaterra, me parece que nos hemos empeñado demasiado y la cosa es muy peligrosa. No debemos, pues, dar un paso más adelante, sino dejar al futuro Congreso que haga su deber y lo que tenga por conveniente. Todo lo demás es usurparle sus facultades y comprometerse demasiado.

Cuando sus amigos del Consejo de Estado recibieron estas instrucciones en Bogotá, se mostraron indignados.

—Él nos metió en este proyecto y, ahora que el plan se muestra sin andamiento, nos deja en la estacada —se quejaron.

Simón siguió hasta Cali, donde se sintió bien tratado y, sobre el comienzo del nuevo año, llegó a Cartago, donde recibió malas noticias de Venezuela: la asamblea de Caracas, en consonancia con la de Valencia y otras provincias, había resuelto organizar el gobierno en forma independiente de Bogotá y sobre la base del sistema republicano; desconocer la autoridad de Simón Bolívar como presidente de Colombia; y conceder poderes militares y civiles ilimitados al general José Antonio Páez hasta tanto se reuniera la convención que debía dar forma a estos mandatos.

Bolívar sintió que le clavaban un puñal en el pecho y que el golpe le venía desde donde más le dolía.

—Canalla analfabeto —pensó de Páez—. Fue el primero en proponerme la coronación, y ahora me condena por ello...

En carta a José María Castillo Rada, le expresó sus sentimientos:

Ayer he recibido la horrible noticia que ha venido de Venezuela y que puede disolver la república. Yo he perdido mucho con este movimiento, porque se me ha privado del honor de dejar el mando espontáneamente. Además, la infamia de mi país nativo me recuerda los crímenes de Atenas y esto me despedaza el corazón. Aseguro a usted, mi querido amigo, que nunca he sufrido tanto como ahora, deseando casi con ansia un momento de desesperación para terminar una vida que es mi oprobio.

Al cabo de otros diez días de marcha llegó a Bogotá. Al entrar por la alameda de San Victorino dos batallones le sirvieron de custodia y la gente salió a la calle a recibirlo, pero Simón estaba triste y le pareció que también el público se mostraba taciturno y silencioso. Hubo algunas salvas de artillería en la plaza y algunos carrillones de las iglesias sonaron lentamente, pero no lograron animarlo y su rostro estaba pálido y extenuado y sus ojos brillosos y apagados. El reencuentro con Manuela lo alegró, pero no podía alejar de su pensamiento las dificultades de la hora. Otra noticia vino a mortificarlo: el Consejo de Ministros había expulsado de la ciudad a Nicolasa Ibáñez, acusándola de haber apoyado la rebelión de Córdoba, en su condición de agente de Santander. Le amargó saber que a pesar de haberle concedido la conmutación de la pena de su amante Francisco de Paula, ella y Bernardina hubieran continuado realizando reuniones conspirativas en la casa de la calle de Santa Clara que él mismo había donado a la familia. El marido de Nicolasa, Antonio Caro, había pedido que se postergase la expulsión hasta que ella rindiese cuenta de sus bienes, pues en el estado de ceguera y abandono en que se encontraba temía llegar a la indigencia.

A los pocos días, tratando de superar el desencanto, Simón dejó inauguradas las deliberaciones del Congreso. Asistió con los diputados a la misa del Espíritu Santo en la Catedral, recibió en la plaza honores militares y luego, ya en el recinto, subrayó que era necesario dictar "instituciones que combinasen la fuerza del gobierno con la libertad del pueblo", pidió que se protegiera "la religión santa que profesamos, fuente profusa de las bendiciones del cielo" y se retiró. Posteriormente envió un mensaje a los convencionales pidiendo que no se lo eligiera nuevamente como presidente:

Todos mis conciudadanos están libres de sospecha y sólo yo estoy tildado de aspirar a la tiranía. Libradme, os ruego, del baldón que me espera si continúo ocupando un destino que nunca podrá alejar de sí el vituperio de la ambición. Creedme: un nuevo magistrado es ya indispensable para la república. El pueblo quiere saber si dejaré alguna vez de mandarlo. Oíd mis súplicas: salvad la república y salvad mi gloria, que es de Colombia.

Se reunió con el delegado francés, Charles de Bresson, quien le ratificó su apoyo al proyecto monárquico con la sucesión a favor de un príncipe Borbón. Simón le respondió que, para mantener el orden, era conveniente establecer gobiernos que, bajo máscaras republicanas, se aproximaran al poder dinástico, pero añadió que sólo México presentaba características (nobleza, personajes, fortuna) que facilitaron su instauración:

—Entre nosotros el clero y el ejército son favorables a la monarquía, pero falta apoyo en las bases menos móviles. Por eso hemos pensado por ahora en Senados hereditarios.

El Congreso le contestó que no podía aceptar su alejamiento hasta tanto estuviera redactada la nueva Constitución y la respuesta lo alegró, pues le daba un respaldo y la oportunidad de solucionar el intento venezolano de secesión. Pidió al cuerpo permiso para viajar a Caracas para negociar con Páez, pero a los diputados no les pareció oportuno su alejamiento y prefirieron enviar a Sucre y al obispo de Santa Marta, que habían sido elegidos presidente y vice del organismo, con ese cometido.

La debilidad política en que se hallaba, el resultado de la misión a Venezuela y la incertidumbre sobre el futuro de Colombia lo ponían muy ansioso y sufrió un fuerte ataque bilioso que lo debilitó y lo tuvo en cama. Resolvió delegar la presidencia en manos del miembro del Consejo de Ministros general Domingo Caicedo, y marchar a la quinta que este mismo amigo y hombre de confianza tenía en Fucha, para restablecerse con unos días de descanso.

La finca estaba ubicada sobre una bella pradera con verdes penetrantes y estaba recorrida por un arroyuelo que serpenteaba alrededor de sauces melancólicos. Simón paseaba por sus márgenes y, aunque él mismo había manifestado repetidas veces que Colombia debía dividirse en tres naciones, no podía dejar de pensar en la traición de Páez y sus otros amigos venezolanos como Soublette, que había aceptado ser ministro en Caracas. "Mi gloria, mi gloria —se repetía en voz baja—, ¿por qué me la arrebatan?"

Empezó a pensar en el exilio y, en carta a Joaquín Mosquera, le confió:

Yo estoy resuelto a irme de Colombia, a morir de tristeza y de miseria en los países extranjeros. ¡Ay amigo! Mi aflicción no tiene medida, porque la calumnia me ahoga como aquellas serpientes de Laoconte.

Le escribió a José Fernández Madrid, a Londres, para explicarle que la idea de "concentrar las formas republicanas bajo la dirección de una monocracia" había surgido en Bogotá sin su conocimiento ni consentimiento. Le pidió que abogase allí por su gloria y que con el dinero obtenido de la venta de las minas de Aroa le pagase nueve mil pesos a su propagandista el abate de Pradt, pero avisándole que no podía continuar abonando esa pensión porque "todos mis bienes se han acabado y he renunciado a la presidencia de Colombia y no la volveré a admitir más, aunque perezca la patria".

Recuperó el ánimo y pensó en reasumir el mando para intentar someter por la fuerza a Páez, para lo cual convocó a sus amigos a reunirse en la quinta. Varios de los concurrentes se expresaron con reticencia y otros le aconsejaron aceptar la decisión separatista de Venezuela y no volver a la presidencia. Urdaneta adhirió a esta opinión y sugirió esperar el resultado de la misión de Sucre. Simón se indignó, se sintió herido y abandonado y le respondió con palabras agresivas, insinuando que estaba siendo abandonado por quienes le debían lealtad. Urdaneta se retiró dolido y Bolívar se quedó pensativo y advirtió que su creciente irritación lo estaba dejando cada vez más aislado.

Regresó a Bogotá y las noticias que llegaban seguían siendo malas: uno de los generales colombianos que estaba en el sur de Venezuela se había rebelado contra el gobierno central y había adherido al intento separatista; y otro militar granadino se había alzado en Casanare y postulaba la anexión de esa provincia a Venezuela.

Pese a esto, Simón convocó a una nueva reunión a los mismos partidarios que había convocado en Fucha. Les propuso dejar en la presidencia a Caicedo y asumir él nuevamente el mando del ejército para defender Nueva Granada si era invadida y sostener la integridad nacional y el gobierno supremo. Usó todas sus fuerzas para alzar la voz y concluyó:

—La situación es mala por nuestra propia debilidad. Si ponemos energía podremos salvar otra vez a la patria...

Los circunstantes se quedaron en silencio y se miraban entre ellos. Nadie quería hablar y, finalmente, Urdaneta dijo que era preciso aguardar y que acaso convenía una nueva ausencia de Bolívar.

Cuando sus amigos se fueron, Simón se sintió débil y amargado. Le costaba asumir el estado de soledad e impotencia en que se encontraba.

La noticia de que obispos y sacerdotes, militares de varios rangos y ciudadanos comunes estaban levantando firmas en su favor por las calles de la ciudad volvió a ilusionarlo. Se decía que los comerciantes ingleses lo apoyaban y, efectivamente, los ministros de

Inglaterra, Estados Unidos y el Brasil lo visitaron y le insinuaron que no debía abandonar el país.

—Para evitar la anarquía y si el Congreso me elige nuevamente —concedió—, no podré rehusarme a prestar un nuevo servicio al país...

El Congreso finalizaba la redacción de la nueva Constitución y se aprestaba a elegir nuevo presidente de la república. Simón reiteraba públicamente su intención de rehusar un nuevo mandato, pero los rumores de que su nombre lograría mayoría en una elección lo alentaban y le devolvían vitalidad. Convocó a una reunión de los miembros del Consejo de Ministros y otros amigos notables para que deliberaran, esta vez sin su presencia.

Esperó ansiosamente en su residencia y, al atardecer, llegaron Caicedo, Pedro Alcántara Herrán y Rafael Baralt, quienes habían sido comisionados para informarle sobre el resultado del encuentro. Fue Caicedo quien leyó la resolución:

—El Consejo ampliado ha opinado por unanimidad que no conviene a la paz e integridad de Colombia que el Libertador Bolívar sea reelegido por el Congreso, pero si los colegios electorales que han de reunirse en octubre próximo le dan sus votos, debe aceptar.

Simón sintió que se derrumbaba. Pensó que le estaban haciendo la sucesión en vida y que Caicedo estaba interesado en reemplazarlo y, con la voz alterada por el desaire, se quejó:

—¿Por qué el Congreso no aceptó mi renuncia inicialmente, de tal modo que yo hubiera dejado mi puesto y el país con lucimiento?

—Señor —lo consoló Baralt—, en Colombia usted será siempre venerado por quienes estiman la independencia y la gloria de la patria.

—Sí general —asintió Herrán—, dondequiera que fijéis vuestra residencia, en Nueva Granada seréis el oráculo acatado por todos; seréis nuestro Washington.

Simón siempre había considerado a George Washington una figura opaca y desvaída, por lo que la comparación no lo alegró, sino que aumentó su disgusto.

Ante el rumor de que Bolívar dimitía y abandonaba Bogotá, el ministro inglés lo visitó nuevamente. Simón le confirmó la noticia y le confesó que estaba asqueado del carácter caprichoso y tornadizo de su pueblo y de las calumnias que se amontonaban sobre él.

—Créame que la restauración del dominio español —reflexionó amargamente— sería una bendición para América, porque aseguraría la tranquilidad. Me arrepiento de la hora en que se me ocurrió creer que los colombianos eran dignos de ser libertados.

Poco después, redactó un mensaje al Congreso haciéndole saber que renunciaba a la presidencia aun para el caso de que "me honraseis nuevamente con vuestros sufragios". Anunció también que se separaba "para siempre del país que me dio la vida, para que mi permanencia en Colombia no sea un impedimento a la felicidad de mis conciudadanos".

Se trasladó a la casa de su amigo Pedro Alcántara Herrán, sobre la calle de la Enseñanza, con dos plantas y dos patios, donde ocupó una de las habitaciones en el piso superior, con ventana a la calzada. Pasó un par de jornadas tristes, estaba ensimismado y no tenía deseos de ver a nadie. Al cabo de ellas vino a visitarlo una comisión del Congreso para notificarle que Joaquín Mosquera y Domingo Caicedo habían sido elegidos presidente y vice de la república y que, por tanto, había caducado el decreto orgánico que, en su momento, le concediera facultades extraordinarias.

—Estoy dispuesto a dar al Congreso —trataba de mostrarse sereno pero estaba quebrado— cualquier prueba que deseare de mi ciega obediencia a la Constitución y a las leyes.

A la tarde, escuchó desde su ventana los ruidos de una manifestación que pasaba por la calle celebrando "la caída del Dictador" y daba vivas a Santander y a otros miembros desterrados del partido liberal. Se sintió mortificado y hasta se avergonzó de que los dueños de casa lo vieran sufrir esa humillación.

Le alivió saber que el Congreso había ratificado la ley que le concedía 30 mil pesos anuales de por vida y ordenó a su criado que preparara los petates y las alforjas para el viaje. Fue a despedirse de Manuela y ésta quiso acompañarlo, pero la disuadió, pues no estaba con ánimo para afrontar su compañía.

Al día siguiente le avisaron que dos jefes militares venezolanos habían ocupado con sus tropas lugares estratégicos de la ciudad, ya que no querían permanecer en Bogotá después de su salida. Le gustó el gesto de lealtad, pero se afligió al saber que la actitud de sus partidarios había provocado temores y protestas en los sectores adversos y la situación se había tensado.

La crisis se solucionó y se acordó el retiro pacífico de las fuerzas, pero su amigo el vicepresidente Caicedo, de todos modos, vino a pasar la noche a su casa para protegerlo, como medida de precaución. A la mañana siguiente Simón se levantó temprano dispuesto a la partida y desde la galería alta advirtió que el primer patio estaba lleno de amigos, señoras, funcionarios y comerciantes ingleses que habían venido a saludarlo. Bajó a la sala principal, donde Caicedo leyó unas palabras de despedida que lo conmovieron, por lo cual lo abrazó fuertemente y luego fue saludando a cada uno de los presentes. Con los ojos húmedos y el cuerpo flojo y tembloroso se dirigió a la puerta, montó su caballo con esfuerzo y partió sin mirar atrás. Al llegar a la esquina sintió que unos individuos le gritaban "longanizo", el calificativo con el que intentaban compararlo con un mendigo loco e infatuado e indicar que tenía algo de sangre mulata. Ni siquiera los miró, pero le vino a la mente la imagen de su tío Carlos Palacios pronunciando frases despectivas hacia los Bolívar mientras se aprovechaba de su dinero.

Esa noche durmió en Facatativá y luego siguió hasta Guaduas, desde donde le escribió a Manuelita:

Mi amor: Tengo el gusto de decirte que voy muy bien y lleno de pena por tu aflicción y la mía por nuestra separación. Amor mío, mucho te amo, pero más te amaré si tienes ahora más que nunca mucho juicio. Cuidado con lo que haces, pues si no nos pierdes a ambos perdiéndote tú. Soy siempre tu más fiel amante.

En Honda visitó las minas de plata de Santa Ana y le escribió a Caicedo para agradecerle su fineza, y luego navegó por el río Magdalena y llegó hasta Turbaco, para evitar el intenso calor de Cartagena. Allí recibió una carta de Sucre, quien le explicaba que se había llegado hasta su casa de Bogotá para acompañarlo, pero el caraqueño acababa de partir:

Acaso esto fue un bien, pues me evitó el dolor de la más penosa despedida. Ahora mismo, comprimido mi corazón, no sé qué decirle. No son las palabras las que pueden explicar los sentimientos de mi alma y usted, que me conoce de mucho tiempo, sabe que no es su poder sino su amistad la que me ha inspirado el más tierno afecto a su persona. Lo conservaré cualquiera que sea la suerte que nos quepa, y me lisonjeo de que usted me con-

servará siempre el afecto que me ha dispensado. Sabré en todas circunstancias merecerlo. Adiós, mi general. Reciba por gaje de mi amistad las lágrimas que en este momento me hace verter su ausencia. Sea feliz en todas partes y cuente con los servicios y con la gratitud de su más fiel y apasionado amigo.

Simón se emocionó y le respondió:

Su carta me ha llenado de ternura y, si a usted le costaba pena escribírmela, ¿qué diré yo? Yo, que no tan sólo me separo de mi amigo ¡sino de mi patria! Dice usted bien, las palabras explican mal los sentimientos del corazón en circunstancias como éstas; perdone, pues, la falta de ellas y admita mis más sinceros votos por su prosperidad y su dicha. Yo me olvidaré de usted cuando los amantes de la gloria se olviden de Pichincha y de Ayacucho.

Bajó hasta Cartagena con el propósito de embarcarse en un paquete inglés que estaba fondeado en el puerto, aunque no sabía si quedarse en Jamaica o Curaçao para esperar novedades o seguir hasta Europa. Entró cansado a la ciudad amurallada, pero el gobernador Mariano Montilla lo recibió con una banda de música, carteles de bienvenida en las calles, soldados y fuegos de artificio en la noche. Lo alojó en su elegante residencia, lo colmó de atenciones, le contó que en Bogotá los acontecimientos políticos marchaban en su favor y le insinuó que se quedara. Simón recuperó el ánimo y resolvió postergar su partida.

Un amigo inglés lo invitó a pasar unos días en su quinta, al pie del convento de la Popa, y partió en coche sobre el final de una tarde muy caliente. Cruzó las murallas y vio que un disco anaranjado parecía colgar de una nube, en lontananza, como si se resistiera a hundirse en el grisáceo mar Caribe. Resplandores púrpuras, algunos casi rosados, acentuaban la línea del horizonte, mientras otras nubes oscuras, como fauces de monstruos y cargadas de incertidumbre, amenazaban desde el sur y el norte. Su cuerpo enjuto se bamboleaba por la tos y el traqueteo del vehículo, mientras el monótono repiquetear de los cascos de los caballos sobre las piedras aumentaba su melancolía. Unas gotas le mojaron el rostro y le hicieron volver la vista hacia la fortaleza: un arco iris unía las cúpulas de la ciudad con el infinito.

A la noche, sentado en la galería de la residencia del británico, recibió una noticia que lo paralizó: Antonio José de Sucre había sido asesinado en la provincia de Pasto, mientras iba desde Bogotá hacia Quito. Cuatro días antes, un periódico de la capital había augurado: "Quizás en Pasto hagan con Sucre lo que no hemos hecho acá con Bolívar".

—Dios mío —exclamó con voz casi inaudible.

Se quedó en silencio un largo rato, acompañado por el rumor de las chicharras, y el dolor le hizo ver que Sucre había sido algo así como el hijo que nunca había tenido, un joven aristocrático que había provocado los celos de todos sus antiguos colaboradores. "Es imposible vivir en un país donde los generales más famosos, los hombres a quienes América debe su libertad, son asesinados cruel y bárbaramente. El propósito del crimen fue privarme de un sucesor y hacerme una advertencia", se estremeció.

Volvió a Cartagena y un nuevo golpe vino a sacudirlo: el Congreso de Venezuela había cursado una nota a las autoridades de Bogotá, haciéndoles saber que el país había resuelto separarse de Cundinamarca y de Quito y que por ello quería entrar en "relaciones y transacciones" sobre el particular, pero que éstas no tendrían lugar hasta que el general Simón Bolívar, "origen de una serie de males", no abandonara el territorio de Colombia. Esto implicaba que sus propios compatriotas venezolanos pedían su destierro del país que había fundado, por lo que sintió una de las amarguras más grandes de su vida. El hombre fuerte de Venezuela, José Antonio Páez, y sus dos soportes, Arismendi y Soublette, habían sido sus subalternos y hasta sus protegidos. "¡No lo puedo creer!"

Tiempo después, al regresar de un paseo por los alrededores, su anfitrión Mariano Montilla lo recibió en la planta alta con una buena noticia: un movimiento encabezado por militares y frailes había depuesto en Bogotá al presidente Mosquera y al vice Caicedo; Urdaneta había asumido la presidencia y lo llamaba para que se hiciera cargo del gobierno.

Se entusiasmó y pensó en marchar a Bogotá de inmediato, pero reflexionó y no quiso asumir el poder con tan endeble base política y jurídica. Le explicó por carta a Urdaneta que "Mosquera no ha renunciado a su título y mañana podrá hacerse reconocer en Popayán o en otra parte como presidente legítimo" y le sugirió que se promoviesen nuevos "ruegos y empeños" solicitando su acceso al poder. Le anticipó que si al llegar a Bogotá fuese acosado por pedidos del clero, los militares y el pueblo, seguramente tendría que aceptarlos; y se permitió sugerirle que actuara con dureza, pues "cuando las circunstancias son horribles los gobiernos deben ser inexorables".

Su ánimo acompañaba las alternativas de su salud y nuevos achaques físicos —respiraba con dificultad y seguía disminuyendo de peso— volvieron a deprimirlo. Optó por no regresar a Bogotá y, en carta a su amigo Estanislao Vergara, le daba sus razones:

No espero salvación para la patria. Este sentimiento, o más bien esta convicción íntima, ahoga mis deseos y me arrastra a la más cruel desesperación. Creo todo perdido para siempre, y a la patria a los amigos sumergidos en un piélago de calamidades. Si tuviera que hacer el sacrificio de mi vida, mi felicidad o mi honor, lo haría. Pero estoy seguro de que ahora sería inutil. Más aún: los tiranos de Venezuela, mi país, me lo han quitado y estoy proscripto; así que no tengo patria por quien hacer el sacrificio.

Viajó de nuevo a Turbaco y desde allí le escribió a Urdaneta:

He venido un poco malo, atacado de los nervios, la bilis y el reumatismo. No es creíble el estado en que se encuentra mi naturaleza. Está casi agotada y no me queda esperanza de restablecerme enteramente en ninguna parte ni de ningún modo, pues la tierra caliente me mata y en la fría no me va bien.

Partió para Barranquilla y se estableció en las inmediaciones, en Soledad, en una casa de dos plantas. Los primeros días mejoró y recuperó algo de vitalidad, pero su habitación estaba en el piso de arriba y le costaba subir la escalera. Aunque los días eran calientes, a la noche protegía su cabeza del fresco con una caperuza bordada de paño azul. Sus espaldas estaban cargadas, el cuello hundido entre los hombros y sus pasos eran cada vez más lentos. La escasa actividad le hacía reparar más en las personas que lo rodeaban, de quienes las alternativas de viajes y campañas no le habían permitido ocuparse: su edecán Agustín de Iturbide, hijo del fusilado emperador mexicano; su mayordomo José Palacios; y su cocinera Fernanda Barriga, que le arrimaba sagú con yemas de huevo.

Le escribió a Pedro Alcántara Herrán pidiéndole que viniera a colaborar en la nueva etapa de gobierno que pensaba iniciar:

No vacile mi querido amigo. Venga a ayudarme y a ayudar a su patria. Estaré por acá mientras las elecciones constitucionales se verifican para entrar en la presidencia (si salgo electo) por el camino real y bajo la protección de la legitimidad. No quiero que me llamen nunca usurpador. Entretengo a todo el mundo con esperanzas vagas y creo que todo el mundo piensa que he aceptado. Esto no es así.

Cinco días después, sin embargo, agitado por una leve tos, prefirió manifestarse nuevamente remilgado frente a Urdaneta:

Los profesores me han aconsejado que navegue unos días en el mar para remover mis humores biliosos y limpiar mi estómago por medio del mareo, lo que es para mí un remedio infalible, ya que no puedo vencer la repugnancia a tomar remedios por la boca. Mi debilidad ha llegado a tal extremo que el menor airecito me constipa y tengo que estar cubierto de lana de la cabeza a los pies. Mi bilis se ha convertido en atrabilis, lo que ha influido poderosamente en mi genio y carácter. Todo esto, mi querido general, me imposibilita volver al gobierno, o más bien de cumplir lo que había prometido a los pueblos de ayudarlos con todas mis fuerzas, pues no tengo ninguna que emplear ni esperanza de recobrarlas. Bien persuadido de esta verdad, y no queriendo engañar a nadie, y mucho menos a usted, tengo la pena de asegurarle que, no pudiendo servir más, he resuelto decididamente tratar sólo de cuidar mi salud, o más bien mi esqueleto viviente. Le advierto esto para que tome sus medidas para asegurar que la presidencia de la república, o el poder supremo que ahora ejerce, sea para usted mismo, o para quien parezca capaz de dirigir la nación, si es que usted no quisiere continuar en el mando: en esto yo no me meto, porque no puedo querer para otro lo que no quiero para mí.

Jugaba a la malilla con sus edecanes y el matrimonio dueño de casa (como siempre, le disgustaba perder) y se quejaba del guiso de lentejas hecho por su cocinera, por tener demasiado aceite. Recibió a uno de sus oficiales que vino a informarle de las dificultades que se presentaban en el istmo de Panamá. Lo escuchó con atención y le comentó decepcionado:

—El sistema representativo no es adaptable a nuestros países.

—Si lo sostenemos con firmeza durante algunos años —se ilusionó el joven militar—, nuestros pueblos se acostumbrarán a él.

—No lo crea —se avivó—, los hombres están acostumbrados al sistema español, y no hay poder que pueda contrariar esos hábitos.

El coronel José María Urbina vino a verlo desde Quito trayéndole una comunicación del general Juan José Flores, quien le informaba que las provincias del Ecuador, bajo su mando, se habían separado de Colombia y querían ser independientes, pero le mantenían su lealtad personal. Sintió que su obra se terminaba de fragmentar, pero guardó la compostura. Le pidió que agradeciera a Flores su amistad y el haber tenido tanta solicitud y benevolencia con un simple particular, pero que también le significara que "el país caerá indefectiblemente en manos de la multitud desenfrenada para después pasar a tiranuelos imperceptibles; y que devorados por los crímenes y la ferocidad, los europeos ni siquiera se dignarán en conquistarnos".

En el lejano Río de la Plata se habían producido también ecos de los sucesos. El poeta argentino Florencio Varela, exiliado en Montevideo por las persecuciones del dictador Juan Manuel de Rosas, había fustigado el proyecto de coronación de Bolívar:

En vano el hombre, que a Colombia un día
dio fama y esplendor, cuando a la guerra
sus huestes conducía;
hoy pretende insensato,
con un trono manchar el continente
y a la púrpura aspira y al boato.

Envió a su mayordomo a Cartagena para recoger vinos de Jerez, verduras y otros comestibles y se embarcó en el *Manuel* rumbo a Santa Marta. Al entrar a la bahía le pareció que el mar Caribe se prolongaba sobre un plácido valle que albergaba a la ciudad. Las montañas rojizas tachonadas de verdes cactos proporcionaban a las aguas un espejado color turquesa y algunos botes de pescadores añadían serenidad a la escena. Se hospedó en una importante residencia y, esa misma noche, vino a verlo el médico francés Próspero Révérend, quien lo encontró muy afectado por la tisis. El humor, sin embargo, no lo había perdido, pues cuando el facultativo se retiró, hizo un festivo comentario:

—En mi juventud de filántropo cambié la religión por la ciencia, ¡y ahora viene a curarme un médico llamado "Reverendo"!

Un acaudalado español, Joaquín de Mier, lo invitó a su quinta de San Pedro Alejandrino y lo buscó con su birlocho de dos asientos para conducirlo hasta allí. Pasó primero por el frente de su casa en la ciudad y detuvo el carruaje un momento para que su esposa lo saludara desde la ventana. Simón se esforzó para quitarse el sombrero e inclinar levemente la cabeza como gesto de cortesía, mientras ironizaba en silencio: "Decreté la guerra a muerte a los gachupines y hoy este español me exhibe ante su esposa como a una reliquia. ¿Estaré tan decadente?".

La quinta era una amplia casona de techo de tejas rodeada por un parque de ceibas y tamarindos y se alojó en una habitación sobre el este, al lado de la galería, con piso de baldosas, un armario, velador, bacinilla de loza y una cama Luis XV. Pidió que la reemplazaran por una hamaca, pero le trajeron un catre de campaña con mosquitero. En el cuarto contiguo había una bañera de mármol para bajarle la temperatura.

Al día siguiente lo despertó un agradable olor a bagazo y ron, que venía del ingenio azucarero y de la destilería que estaban a la vera, y que lo devolvió a su infancia en San Mateo. La evocación de las radiantes mañanas de la montaña y la libertad campestre lo dinamizó, pero se ensombreció al recordar al niño utilizado por su tío Carlos para aprovecharse de su dinero. Desayunó unas arepas calientes y, al abrirlas, le agradó quemarse los dedos con la blanca miga olorosa a almidón. Después cruzó el parque y se dirigió despaciosamente a visitar los trapiches, pero en el horizonte no vio las feraces montañas de Venezuela, sino unas ligeras serranías.

Los primeros días salía a caminar por el jardín y contemplaba los samanes coposos y etéreos, de un verde pálido y difuso, con vainas negras y alargadas. Pasaba entre los laureles de la India y se sentaba a meditar a la sombra de los tamarindos, pero el sereno de la tarde lo desalentaba y, cada vez más débil, se recluía en su habitación. El médico prefería mantener el régimen de la ventana abierta, pero Simón, taciturno y con frío, la mandaba cerrar y pedía que le pusieran ladrillos calientes en los pies. En las tardes grises oía truenos prolongados, que se sucedían unos a otros, pero no podía precisar de dónde venían. Se negaba a tomar las medicinas y su humor empeoraba. Su cocinera le preparaba mazamorras, pero se rehusaba a tomarlas. Cuando ella insistía, la regañaba:

—Si vuelves con tu mazamorra te llamaré Fernanda Séptima.

Las noticias que seguían llegando desde Venezuela lo mortificaban: dos diputados habían pedido en la Convención Constituyente que si Bolívar regresaba al país se lo pusiera fuera de la ley. Esa noche se acostó con fiebre y empezó a transpirar. Se sentía en un estado de semivigilia, se percibía como un ser pequeño dentro de una enorme estancia y le parecía que el techo de tejuela crecía y disminuía en volumen, se acercaba y se alejaba lentamente. Le parecía estar rodeado y amenazado por imaginarios Curiáceos. "Vamos, vamos —le dijo delirando a su ausente criado—, que nadie nos quiere en este pueblo".

Una noche, el cura de la vecina localidad de Matamoco vino a darle el viático y, acompañado por los circunstantes que lo esperaban en las salas contiguas, entró en la habitación portando velas:

—Saquen esas luminarias, que esto parece una procesión de ánimas —se esforzó. Cuando el sacerdote se retiró sintió un cierto alivio—:

Si el médico se llama Révérend —pensó—, no es difícil que este cura se llame Galeno.

Comenzó a dormitar noche y día y no entendía por qué no recibía noticias de Urdaneta y las elecciones se demoraban. "Todos estos generalotes son unos carajos que sólo piensan en ellos mismos y no tienen apuro. No saben gobernar, no tienen energía pero se desviven por el poder. Por eso tuve que matarlo a Piar y lamento no haber ejecutado a Mariño. Siempre sospeché que había sido el amante de María Antonia. ¡Esas miradas entre ellos...! Y no hablemos de las miradas entre Pepa y algunos de mis amigos. O las que cruzaban Santander con Nicolasa y Plaza con Bernardina, que me ponían loco. Loco está Páez, bruto analfabeto que pretende gobernar mi país y quedarse con mi gloria. ¡Sáquenlo, sáquenlo, sáquenlo a Páez de la habitación, que pretende entrar...!"

Y así, soñando con el poder y delirando por la gloria como había vivido, inició su último viaje hacia el mundo en el que, al menos según el escepticismo que había practicado en su juventud, las majestades se disipan y los honores desaparecen.

EPÍLOGO

Con posterioridad a la muerte de Bolívar y siendo todavía soltera, Bernardina Ibáñez tuvo una hija con Miguel Saturnino Uribe. Después, en 1836, se casó con Florentino González, uno de los autores del atentado contra Simón en 1828, con quien tuvo dos hijas, y a quien acompañó a Perú y a Chile cuando se desempeñó como ministro plenipotenciario de Colombia. El matrimonio viajó luego a Buenos Aires, donde Florentino, el antiguo conspirador, fue el primer profesor titular de Derecho Constitucional en la Universidad y fue designado por el gobierno argentino para redactar un proyecto de ley para poner en vigencia el sistema de juicio por jurados.

Después de haber estado prisionero en Cartagena de Indias, Francisco de Paula Santander viajó a Europa y, en Bruselas, se entrevistó con el general José de San Martín, quien le pareció un buen soldado pero de ideas muy monárquicas. En Italia recibió la noticia de la muerte de Bolívar y, en 1831, un decreto del presidente Caicedo le restituyó sus grados militares y sus derechos de ciudadano. Visitó otros países europeos y, al regresar por los Estados Unidos, se enteró en Nueva York de que había sido elegido presidente interino de la república de Nueva Granada (la actual Colombia). Regresó a Bogotá y, en 1832, fue confirmado como presidente constitucional, cargo que desempeñó durante cinco años. Todavía soltero, en 1833 tuvo un hijo extramatrimonial con María de la Paz Piedrahita Murgueitio y Sáenz de Pelayo. Tres años después, con 44 años de edad, se casó en Soacha con Sixta Pontón, con quien tuvo tres hijos. En 1838 fue elegido miembro de la Cámara de Representantes y, después de un encendido debate, abandonó el Congreso en marzo de

1840 aquejado por una afección hepática. Murió unas semanas después y su figura de "hombre de las leyes" fue opacada y condenada por la "educación patriótica" venezolana y colombiana en favor del culto monoteísta al general Simón Bolívar.

En 1805, poco después de la partida de Simón de París, Fanny de Villars tuvo un hijo al que bautizó con el nombre de Eugenio. Veinte años después, Fanny le escribió a Bolívar para pedirle que lo nombrara cónsul general de Colombia en París o secretario de la legación colombiana, pero estas designaciones nunca fueron realizadas.

Tras la salida de Bolívar de Bogotá, Manuela Sáenz participó de actividades políticas en contra del gobierno y protagonizó algunos ruidosos episodios: al saber que en la celebración de Corpus Christi se habían armado en la plaza principal unos muñecos de paja que representaban a Simón y a ella, los identificaban con la tiranía y se aprestaban a quemarlos junto al castillo de fuegos de artificio, irrumpió a caballo armada de pistola y los destruyó. Estuvo detenida un tiempo y, después de la muerte de Bolívar, en 1834, fue acusada de haber participado en un frustrado golpe de Estado y deportada por el presidente Santander. Marchó a Jamaica y luego a Guayaquil, desde donde siguió viaje hacia Quito, pero en el camino fue obligada a regresar, por orden de las autoridades del Ecuador, que temían su presencia pues su hermano José María había participado de un intento revolucionario y había sido fusilado. Marchó entonces desterrada hasta el pequeño puerto de Paita, en el norte de Perú, donde puso una casa de venta de tabacos. Allí la conocieron el joven marinero norteamericano Herman Melville, tripulante de un ballenero y después autor de *Moby Dick*; el escritor peruano Ricardo Palma; y el famoso condottiere italiano Giuseppe Garibaldi. Simón Rodríguez, el veterano "Samuel Robinson" de más de ochenta años de edad, quien había sido desterrado de Bolivia y Perú, se instaló en el cercano caserío de Amotaje y la visitaba de vez en cuando. En 1855 pasó el escritor argentino Juan Bautista Alberdi, a quien la ya anciana Manuela, inmovilizada en una silla hamaca por una dislocación de cadera, le contó que durante el bloqueo de ese puerto por parte de la flota de Chile había vivido allí un romance con su amigo Francisco Villanueva, oriundo de Mendoza, Argenti-

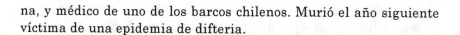

na, y médico de uno de los barcos chilenos. Murió el año siguiente víctima de una epidemia de difteria.

José Antonio Páez fue presidente de Venezuela entre 1830-1834 y 1839-1843 y, durante este segundo mandato, dispuso el retorno a Caracas de los restos de Simón Bolívar. En 1861 asumió la dictadura, la que ejerció hasta el fin de la "Guerra Federal" en 1863 y luego partió al exilio en Nueva York. Allí cultivó amistad con Simón Camacho Clemente (vástago de Valentina Clemente Bolívar, la hija de María Antonia Bolívar) y con el embajador argentino Domingo Faustino Sarmiento. Luego viajó a Buenos Aires, en los mismos días en que el propio Sarmiento regresaba a su país para asumir la presidencia de la república. Páez era ya una figura legendaria por ser uno de los pocos sobrevivientes de la generación de la independencia de la América hispánica y, por ello, el presidente Sarmiento le otorgó el grado de brigadier general del ejército argentino y su correspondiente pensión. El Senado objetó en principio las facultades del mandatario para conceder tal beneficio, pero a instancias del senador Bartolomé Mitre convalidó la medida. El Tío Antonio, a quien Bolívar consideraba un llanero analfabeto, impresionó a la sociedad tradicional argentina por su amable conversación y por la fineza de haber compuesto dos sonatas para piano, valses y canciones dedicadas a la familia del empresario Adolfo Esteban Carranza, padre del primer director del Museo Histórico Nacional. En las veladas en casa de la familia Carranza, Páez solía cantar canciones andaluzas y el miserere de la ópera *El Trovador* y compartía las tertulias con el neogranadino Florentino González, a la sazón jurista muy acreditado en el país. Viajó también a la provincia de Entre Ríos para intentar vender al gobernador, opulento estanciero y ex presidente Justo José de Urquiza un aparato para desollar el ganado en forma mecánica, es decir separando el cuero de la carne empleando la fuerza en vez del cuchillo, cuya patente le había sido cedida por su titular norteamericano. Esta invención tenía la ventaja de no arruinar los cueros y podía desollar mil vacunos por día, pero no llegó a funcionar bien y no pudo comercializarla. Fue visitado en Buenos Aires por Simón Camacho Clemente y, al cabo de dos años y medio de residir en la Argentina, marchó seguidamente a Brasil, Perú y nuevamente a Nueva York, donde murió en 1873.

Varios años después de haber sido enviada por Bolívar de regreso a Huaylas acompañada por un batallón colombiano, la joven peruana Manuela Madroño se casó allí con Jacinto Terry y tuvo descendencia. En 1970 la casona familiar fue destruida por un terremoto y su sobrina nieta, Esther Alegre, conserva en el pueblo una silla de montar para mujer de terciopelo, un cofre chino con ideogramas y una zapatilla, que la tradición familiar sostiene que fueron regalos de Simón a su amante adolescente.

Al renunciar al Protectorado del Perú, José de San Martín se estableció en Mendoza. Cuando su esposa Remedios de Escalada murió en Buenos Aires, San Martín viajó hasta allí, recogió a su hija de siete años (a quien no veía desde hacía cuatro), percibió la importante herencia que le correspondía y se radicó en Bruselas y luego en París. En su casa de campo de Grand Bourg, en las afueras de la capital francesa, conservó un retrato de Bolívar que le había regalado el propio Simón. En su testamento legó su sable al dictador argentino Juan Manuel de Rosas, quien nombró a su yerno Mariano Balcarce como ministro en París, y murió en Boulogne-sur-Mer en 1850. Aunque prácticamente no había combatido en el territorio de la República Argentina (cuando llegó desde España, en 1812, el gobierno republicano ya controlaba el suelo), una campaña de educación patriótica vigorizada especialmente en 1950 por el gobierno del general Juan Domingo Perón, mediante el persistente adoctrinamiento escolar y la clausura de periódicos, impuso su rol de único Libertador del país y Padre de la Patria, papel que en el siglo XIX se había adjudicado a Manuel Belgrano, el abogado e improvisado general que había recuperado las provincias del norte al vencer a los realistas en Tucumán y Salta. En esa década de 1950 se difundió también la idea de que, en la entrevista de Guayaquil, San Martín había resignado su fuerte posición militar y política y había cedido abnegadamente a un ambicioso Bolívar el honor de completar la liberación del Perú y conquistar el Alto Perú. El escritor Jorge Luis Borges, quien solía mencionarlo como "un militar que luchó en Chile" e hizo alusión a su carácter de "blanco símbolo que pudieron utilizar las dictaduras", ironizó sutilmente sobre aquella interpretación en su cuento "Guayaquil".

Santiago Mariño fue candidato a presidente de Venezuela en 1835 y perdió las elecciones frente a José María Vargas. Ese mismo año encabezó un movimiento conocido como "Revolución de las Reformas" y el presidente Vargas nombró a José Antonio Páez para dominarlo. Mariño partió al exilio en Curaçao y luego pasó a Jamaica, Haití y Nueva Granada. En 1848 regresó a Venezuela y el presidente José Tadeo Monagas lo designó comandante general del Ejército para que sofocara un levantamiento del general José Antonio Páez. Cinco años después Mariño participó del alzamiento conocido como "Revolución de Mayo", fue encarcelado brevemente y luego liberado. Pasó sus últimos días en La Victoria.

Al finalizar la campaña del Perú, Bernardo O'Higgins se radicó en sus estancias de Montalván y Cuiba, en el valle de Cañete, al sur de Lima, las que le habían sido donadas por el Protector San Martín luego de ser confiscadas a propietarios realistas. En 1829 la antigua dueña de los establecimientos solicitó al Congreso peruano la restitución de los inmuebles usurpados, que totalizaban 1.880 hectáreas, pero su pedido fue denegado. Ratificado en su posesión, O'Higgins aumentó los cultivos de caña y adquirió veinte esclavos más, con lo que, según sus manifestaciones, logró que Montalván mereciera ya "el nombre de una hacienda de primer orden". Murió en 1842 y, aunque el cruce del Ejército de los Andes había sido comandado por el general San Martín, quien también dirigió las operaciones militares en las batallas de Chacabuco y de Maipú, Bernardo fue consagrado por la educación patriótica chilena como el único Libertador de su país.

Nueve meses después de haber pasado un par de noches con Bolívar en Piedecuesta, en 1819, Ana Rosa Mantilla tuvo un hijo al que bautizó con el nombre de Simón. Algunos autores sostienen que María Antonia Bolívar hizo llevar a esta criatura a Caracas, donde habría sido criada por su hija Valentina Clemente Bolívar, casada con Gabriel Camacho, bajo el nombre de Gabriel Simón Camacho Clemente. Este Gabriel Simón Camacho Clemente viajó a Lima y luego a Quito, donde se radicó y fue autor de poesías y plegarias. Tuvo dos hijos con Margarita Ludovico, a quienes reconoció mediante escritura pública, pero nunca se casó. Murió en 1898 en la calle Benalcázar 17 y a sus exequias concurrió el presidente de la república del Ecuador, general Eloy Alfaro.

María Joaquina Costas, después de la partida de Bolívar de Potosí, tuvo un hijo que fue bautizado con su apellido de soltera como José Costas. Su marido, Hilarión de la Quintana, no quiso verla nunca más y ella trabajó como directora del colegio para niñas Santa Rosa y luego elaborando disfraces para los indios. Pidió una pensión al gobierno boliviano, que se la negó; y otra al gobierno argentino, que se la concedió pero llegó poco después de su muerte. José vivió una vida apacible en Potosí, tocaba la guitarra y tuvo varios hijos con Pastora Argandoña. Se casó con ella en 1895 en "artículo mortis" y falleció seis días después. Su partida de casamiento decía que era hijo natural de María Joaquina Costas y de Simón Bolívar.

Luis Peru de Lacroix, el oficial de origen francés que fue edecán de Bolívar y se suicidó en París en 1837, acosado por la soledad y la miseria, dejó un testimonio escrito de los diálogos que había mantenido con Simón con el título de "Diario de Bucaramanga". Al pedirle que hablara de su familia, el caraqueño mencionó a los hijos de sus tres hermanos y agregó que solamente él no había tenido posteridad, porque su esposa murió temprano y no había vuelto a casarse, pero "que no se crea que es estéril o infecundo, porque tiene prueba de lo contrario".

Estas manifestaciones recogidas por Peru de Lacroix generaron distintas interpretaciones sobre la posible existencia de hijos extramatrimoniales de Bolívar. Historiadores y genealogistas como Manuel María Zaldumbide Silva, Manuel Cacua Prada y Fernando Jurado Noboa sostienen que existen descendientes biológicos, mientras que otros investigadores opinan en sentido contrario.

El legado político de Bolívar, sin embargo, parece más claro. Su fervor por las luchas independentistas y su vocación por el poder absoluto; su oscilación entre los aportes libertarios y su inclinación a la dictadura; su retórica democrática y el armado de gobiernos pretorianos basados en la fuerza de los ejércitos; la creación de instituciones formalmente republicanas que se reforman para servir a las ambiciones personales; las pregonadas intenciones de abandonar el mando y las reelecciones indefinidas, constituyen una trágica herencia de "populismo militar" que todavía está muy presente en una América hispánica paradójicamente esclavizada por sus supuestos Libertadores.

Reconocimientos y fuentes

La presente biografía novelada es una recreación libre de la vida de Bolívar, pero ha sido realizada a partir de los hechos reales protagonizados por el caraqueño, particularmente los narrados por su edecán Daniel O'Leary y los consignados en las obras de Salvador de Madariaga, Gerhard Masur, Tomás Polanco Alcántara, Indalecio Liévano Aguirre y Augusto Mijares. El libro *La criolla principal* sobre María Antonia Bolívar, de Inés Quintero, me sirvió para terminar de redondear los aspectos familiares y patrimoniales de Simón; y la obra de Germán Riaño Cano sobre Francisco de Paula Santander y la de Jaime Duarte French sobre Bernardina y Nicolasa Ibáñez me ayudaron a entender la relación entre estos personajes.

El posible lazo de hermandad o parentesco entre Bolívar y el general Manuel Piar ha sido sugerido por diversos autores y fuentes, según lo resumido por Manuel Herrera Luque en el apéndice de su libro *Manuel Piar, caudillo de dos colores* (págs. 251 y siguientes). El hecho de que Santiago Mariño se hubiera alojado en Caracas, en 1814, en casa de la realista María Antonia Bolívar está documentado por Carraciolo Parra Pérez en su obra *Mariño y la independencia de Venezuela,* quien incluyó el facsímil de una carta del jefe republicano a la hermana de Simón y afirma que "en Caracas pasa aquellas horas febriles y graves bajo el techo de María Antonia Bolívar templando en una atmósfera ardiente la voluntad de pelea" (pág. 421). Polanco Alcántara, a su vez, señala que Mariño fue atendido en casa de María Antonia "más allá de lo que la situación podía permitir" (pág. 354).

Además de haber estudiado los vínculos de Bolívar y Santander con las hermanas Nicolasa y Bernardina Ibáñez, Jaime Duarte French también documentó en su libro *Las Ibáñez* el hecho de la donación de una propiedad en Bogotá efectuada por Simón a la madre de estas bellas mujeres (págs. 109 y siguientes).

El disgusto de Bolívar con los oficiales ingleses borrachos que lo acosan y lo siguen hasta su habitación invitándolo a beber ha sido registrado por Arturo Guevara (pág. 12).

Las actitudes de supuesto lesbianismo e infidelidad de Manuela Sáenz han sido expuestas por Boussingault en sus *Memorias*; y la confesión sobre su romance en Paita con Francisco Villanueva consta en una carta de Juan Bautista Alberdi del 9 de mayo de 1855 (Manuel Bulnes, *Epistolario Alberdi-Villanueva [1855-1880]*, pág. 85).

La versión de que Manuela Madroño era una adolescente, incluso "casi una niña de doce años", ha sido recogida por David Hidalgo Vera de boca de Esther Alegre, una de sus descendientes, en Huaylas, Perú.

Las elocuentes 2.342 cartas de Simón, compiladas por Vicente Lecuna en *Obras completas* de Bolívar, unidas a sus acciones, me sirvieron para construir el perfil psicológico de un personaje tan rico. Las valiosas reflexiones de Salvador de Madariaga sobre este tema me fueron muy útiles y, una vez más, conté con la colaboración de la psicoanalista Graciela Inés Gass.

Patricio Kinsland, Rocío Guijarro, Lionel Muñoz, Ana María Eiras, Herman Sifontes, Juan Carlos Carballo, Luis Guillermo Sosa e Ibsen Martínez me brindaron orientación y apoyo en mis investigaciones en Venezuela. En la Sociedad Bolivariana de Caracas fui atendido por su vicepresidente Aníbal Laydera Villalobos y la bibliotecaria Nery Pardo Romero y, en los Archivos del Libertador, por Ketty Solórzano. En la Academia Nacional de la Historia me prestaron apoyo su presidente Rafael Fernández Heres y Marianela Ponce. La historiadora Inés Quintero me proporcionó valioso asesoramiento y bibliografía y nos llevó a visitar lugares históricos de Caracas, entre ellos la Cuadra de Bolívar, donde fuimos atendidos por su director, José Antonio Bianco. Rafael Arraiz y Guadalupe Burelli nos condujeron a la Quinta de Anauco, residencia del marqués de Toro y última vivienda de Simón en la ciudad, donde nos recibió Kisbel Sivira. Adriana Vegas Pocarins, Karl Krispin, José Ignacio Baldó y Carlos Zuluoga nos mostraron la Hacienda Vega, otrora propiedad del marqués de Tovar, donde fuimos atendidos por su directora Tania Toro. José Rafael Lovera, presidente de los Archivos del Libertador, nos proporcionó información sobre los hábitos de alimentación de Bolívar.

En la estancia de San Mateo, en el valle de Aragua, fuimos recibidos por su director, Félix Ruiz; Alida Rivas nos mostró el ingenio azucarero y Zoraima Martínez la casa señorial de los Bolívar. Pedro Crespo nos condujo hasta las llanuras de Carabobo y la fortaleza de Puerto Cabello; en Valencia, acompañado por Orlando Baquero, nos llevó hasta el Museo Casa Páez, donde nos recibió su director honorario Luis Ovalle.

El embajador Carlos Carrasco, Fabián Oddone, Silvia Miguens y Mónica Marulanda nos proporcionaron orientación en Colombia. En el museo quinta del Libertador, en Bogotá, nos atendieron su director Daniel Castro Benítez y la coordinadora educativa Rosalba Galindo Dávila. Castro Benítez y William Gamboa nos asesoraron sobre los muebles (entre ellos el reloj de cobre repujado con la escultura basada en el cuadro de Jacques-Louis David *El juramento de los Horacios*), John Lopera sobre los retratos y Efraín González nos informó sobre las características del valioso jardín. En el Palacio de San Carlos (actualmente sede de la Cancillería) nos atendió la encargada de protocolo, María Cecilia Rincón, quien nos asesoró sobre la disposición de las habitaciones en el momento del atentado contra Bolívar. En la residencia de Pedro Alcántara Herrán, última vivienda que habitó Simón en la ciudad, hoy Dirección de Arte del Ministerio de Cultura, nos recibió María Eugenia Rodríguez.

José Egidio Rodríguez nos brindó cálido asesoramiento en Cartagena de Indias y nos guió hasta la casa de la calle San Agustín Chiquitos, donde Bolívar redactó su manifiesto. Allí (hoy Biblioteca del Banco de la República) nos atendió con generosidad Ramonita del Castillo y nos facilitó bibliografía. En la residencia del marqués de Valdehoyos y luego del general Mariano Montilla, hoy sede alterna de la Cancillería colombiana, nos recibió la funcionaria Astrid Castillo y, en la Academia de la Historia, nos atendieron su presidente Arturo Matson Figueroa y el secretario Fidias Miguel, quien nos ilustró sobre la arquitectura de la ciudad amurallada.

En la hoy alcaidía de Turbaco, residencia donde se alojó Bolívar y que después fue adquirida por el dictador mexicano Antonio López de Santa Anna, nos atendió la coordinadora de Turismo, Esistabet Rebolledo, quien nos mostró las argollas de bronce de las cuales, según una tradición testimoniada por Santa Anna, colgaba su hamaca Don Simón.

En el museo quinta de San Pedro Alejandrino, en Santa Marta, donde murió Bolívar, fuimos atendidos por Luis Eduardo Pinto Fuentes.

En Londres Gloria Carnevali, directora del Centro Francisco de Miranda que funciona en la vivienda de Grafton Street donde vivió el llamado Precursor, nos atendió con exquisita hospitalidad, nos brindó bibliografía e información sobre la ciudad de aquellos tiempos y nos guió en la búsqueda del hotel Morin's, en Duke Street, donde residió Bolívar. En Apsley House, la residencia donde el marqués de Wellesley recibió a Simón, que luego pasó a ser propiedad de su hermano lord Wellington y es hoy sede del museo que recuerda al vencedor de Waterloo, fuimos atendidos con esmero por el personal del establecimiento. María Luz Endere, abogada y arqueóloga, nos apoyó en el estudio del pasado londinense. Desde Londres y en Buenos Aires, el psicoanalista e intelectual Martín Cullen me asesoró y brindó singular información y bibliografía sobre el mundo latino y anglosajón. En la biblioteca del Darwin College, de Cambridge, fui atendido con generosidad y, desde Oxford, el profesor Malcom Deas nos orientó sobre la profusa bibliografía existente sobre Bolívar y su particular relación con venezolanos y neogranadinos. Desde Nueva York, Julieta García Hamilton me facilitó el acceso al libro de Caracciolo Parra Pérez *Mariño y la independencia de Venezuela*, editado en Madrid por el Instituto de Cultura Hispánica y disponible en la biblioteca de la Universidad de Columbia, que no pude conseguir en Buenos Aires.

En Madrid me brindó colaboración Daniel Centeno. En Buenos Aires conté con la invalorable colaboración del escritor venezolano Edgardo Mondolfi Cudat, quien, durante los más de tres años de elaboración de este libro, soportó con singular paciencia y amabilidad mis inoportunos llamados en horas incómodas para consultas sobre la historia y la geografía de su país.

El historiador ecuatoriano Santiago Castillo me asesoró sobre los temas atinentes a Quito y Guayaquil; el profesor colombiano Álvaro Mendoza sobre los asuntos referidos a Nueva Granada; y el limeño Cristóbal Aljobín de Losada sobre el Perú. Desde Ginebra, Suiza, el pianista Louis Ascott me brindó inspiración y bibliografía en francés.

En la Casa de la Moneda de Potosí, Bolivia, fui atendido por su director Edgar Valda Martínez, y por Florencio Estrada Ordóñez. El historiador Alfredo Tapia y el periodista Juan José Toro Montoya me brindaron información.

En el Museo Casa de la Libertad, de Sucre (ex Chuquisaca), su director, el historiador Jorge Querejazu, me proporcionó asesoramiento, lo mismo que la administradora Gaby Zamora e Iván Escobar.

Desde Chile, René León Gallardo me proporcionó bibliografía sobre la relación entre O'Higgins y Bolívar.

Lucía Petzall Kavanagh, Luisa Olivella, María Elena Gliona, Herman Sifontes, Augusto Morales, Karl Krispin, Jorge Elías, Rafael y Rómulo Castellanos y Ramón Villagra Delgado me proporcionaron bibliografía. Leyeron los originales y sugirieron correcciones Edgardo Mondolfi Cudat, Martín Almeida, Santiago Castillo, Cristóbal Aljobín de Losada, Delfina García Hamilton y Álvaro Mendoza. Ninguna de estas personas es responsable del contenido de este libro.

Bibliografía

Álvarez Saa, Carlos y Villacis Molina, Rodrigo, *Manuela. Sus diarios perdidos y otros papeles*, Editor Rodrigo Villacis Molina, Quito, 1995.
Becco, Horacio Jorge, *Simón Bolívar el Libertador (1783-1830), Bibliografía selectiva*, Secretaría General, Organización de los Estados Americanos, Washington, D.C., 1983.
Bencomo Barrios, Héctor, *Bolívar Jefe Militar*, Serie Bicentenario, Cuadernos Lagoven, Caracas, 1983.
Blanco Fombona, Rufino, *Bolívar*; Tomo I: *Mocedades de Bolívar. El espíritu de Bolívar*; Tomo II: *Bolívar el hombre. La inteligencia de Bolívar. Bolívar pintado por sí mismo*; Tomo III: *Bolívar y la guerra a muerte. Pensamiento vivo de Bolívar,* con prólogo de Rafael Ramón Castellanos, Ediciones La Gran Pulpería del libro Venezolano, Caracas, 1998.
Bolívar, Simón, *Escritos Políticos*, Biblioteca de Ciencias Sociales, Política, Económica y Sociológica-Alianza Editorial S.A., Barcelona, 1985.
Bolívar, Simón, *Obras Completas*, compiladas por Vicente Lecuna, tomos I y II, Editorial Lex, La Habana, 1947.
Boulton, Alfredo; Falcon Briceño, Marcos; Pérez Vila, Manuel; Rivero, Manuel; Rumazo González, Alfonso y Verna, Paul, *Bolívar en Francia*, Comité Ejecutivo del Bicentenario de Simón Bolívar, Grupo Mondadori, Toledo, 1984.
Boussingault, J.B., *Memorias*, Biblioteca V Centenario, Colcultura, Bogotá, 1994.
Briceño, Olga, *Bolívar criollo*, Ediciones Nuestra Raza, Madrid, 1934.
Bulnes, Manuel, *Epistolario Alberdi-Villanueva (1855-1880)*, Andrés Bello, Santiago de Chile, 1967.
Bushnell, David, *Simón Bolívar, hombre de Caracas, proyecto de América*, Biblos, Buenos Aires, 2002.
Cacua Prada, Antonio, *Los hijos secretos de Bolívar*, P&J Editores, Bogotá, 1992.
Carrera Damas, Germán, *El culto a Bolívar*, Alfadil Ediciones, Editorial Melvin, Caracas, 2003.
Díaz, José Domingo, *Recuerdos sobre la rebelión de Caracas*, Academia Nacional de la Historia, Caracas 1961.
Duarte French, Jaime, *Las Ibáñez*, El Áncora Ediciones, Bogotá, 1987.
Edschmid, Kasimir, *El Mariscal y la Dama. Los amores de Simón Bolívar*, Editorial AHR, Barcelona, 1956.

García Márquez, Gabriel, *El General en su laberinto*, Sudamericana, Buenos Aires, 1998.
Guevara, Arturo, *Semblanza antropológica del Libertador*, Consejo Municipal del Distrito Federal, Caracas, 1972.
Hagen, Víctor W. von, *Las cuatro estaciones de Manuela. Los amores de Manuela Sáenz y Simón Bolívar*, Sudamericana, Buenos Aires, 1989.
Harvey, Robert, *Los Libertadores. La lucha por la independencia de América Latina*, Coedición de RBA con Editorial Océano, México, 2000.
Herrera Luque, Francisco, *Boves el urogallo*, Editorial Pomaire, Caracas, 1990.
Herrera Luque, Francisco, *En la casa del pez que escupe el agua*, Editorial Pomaire, Caracas, 1992.
Herrera Luque, Francisco, *Manuel Piar, caudillo de dos colores*, Editorial Pomaire, Caracas, 1991.
Hidalgo Vega, David, *Secretos de familia. La novia peruana de Bolívar*, en diarios *El Comercio* de Lima y *El Día* de Montevideo, 4 de mayo de 2003.
Hispano, Cornelio, *Historia secreta de Bolívar (su gloria y sus amores)*, Bedout, Bogotá, 1944.
Hoyos, Jesús F., *Flora emblemática de Venezuela*, Publicación de Petróleos de Venezuela y sus Empresas Filiales, Caracas, 1985.
Larrazábal, Felipe, *Bolívar*, Ediciones de la Presidencia de la República, Caracas, 1983, tres tomos.
Laydera Villalobos, Aníbal, *Pundonor de nuestro Libertador en cartas familiares*, Caracas, 2000.
Lecuna, Vicente, *La casa natal del Libertador*, Publicación de la Sociedad Bolivariana de Venezuela, Imprenta Nacional, Caracas, 1954.
Liévano Aguirre, Indalecio, *Bolívar*, Ediciones de la Presidencia de la República, Academia Nacional de la Historia, Caracas, 1988.
Ludwig, Emil, *Bolívar*, Editorial Juventud S.A., Barcelona, 2000.
Macnulty Kirk, W., *Masonería. Mitos, dioses, misterios*, Ediciones del Prado, Madrid, 1993.
Madariaga, Salvador de, *Bolívar (tomos I y II)*, Biblioteca de la Historia Sarpe, Madrid, 1985.
Masur, Gerhard, *Simón Bolívar*, Gandesa, México, D.F., 1960.
Miguens, Silvia, *La gloria eres tú*, Planeta, Buenos Aires, 2000.
Mijares, Augusto, *El Libertador*, Comandancia de las Fuerzas Aéreas de Venezuela, Caracas, 1967.
Mondolfi Cudat, Edgardo, *Miranda, su flauta y la música*, Mercantil, Caracas, 2000.
Mondolfi Cudat, Edgardo y González Urrutia, Edmundo, *La Argentina en el testimonio venezolano*, República Bolivariana de Venezuela, Embajada en Argentina, Dunken, Buenos Aires, 2000.
Montiel Villasmil, Gastón, *La parentela y las relaciones femeninas del Libertador*, Comisión Ejecutiva del Bicentenario del Libertador, Maracaibo, 1985.

O'Leary, Daniel F., *Bolívar y la emancipación de Sur-América*. Memorias del general O'Leary traducidas del inglés por su hijo Simón B. O'Leary (dos tomos más un tomo apéndice), Biblioteca Ayacucho, Madrid, 1915.

Parra Pérez, Carraciolo, *Mariño y la independencia de Venezuela*, Ediciones del Instituto de Cultura Hispánica, Madrid, 1956.

Pérez Figueroa, Tomás, *Bolívar católico*, Organizaciones Gráficas Capriles, C.A., Caracas, 1997.

Peru de Lacroix, Luis, *Diario de Bucaramanga*, Ediciones Centauro, Caracas, 1973.

Picón Lares, Eduardo, *El Bolívar de todos*, Ediciones Congreso de la República y el Gobierno del Estado de Mérida, Caracas, 1983.

Polanco Alcántara, Tomás, *Simón Bolívar. Ensayo de una interpretación biográfica a través de sus documentos*, Editorial EG, Caracas, 1994.

Poniatowska, Elena; Bonasso, Miguel; Álvarez, Carlos y Dieterich, Heinz, *Patriota y amante de Usted, Manuela Sáenz y el Libertador*, Diarios inéditos, Editorial Diana, México, 1993.

Pruvonema, P. (Riva Agüero, José), *Memorias y documentos para la Historia de la Independencia del Perú, y causas del mal éxito que ha tenido ésta*, Librería de Garnier Hermanos, París, 1858.

Puyo, Fabio, *Muy cerca de Bolívar*, Editorial Oveja Negra, Bogotá, 1988.

Quintero, Inés, *La criolla principal. María Antonia Bolívar, hermana del Libertador*, Editorial Fundación Bigott, Caracas, 2003.

Ramos Pérez, Demetrio, *Simón Bolívar el Libertador*, Ediciones Anaya S.A., Madrid, 1988.

Revilla Pérez, Gladys, *Bolívar y Josefina*, Artes Gráficas del Ministerio de Defensa, Caracas, 2000.

Riaño Cano, Germán, *El gran calumniado (Réplica a la leyenda negra de Santander)*, Editorial Planeta Colombiana, Bogotá, 2001.

Rodríguez, Manuel Alfredo, *Bolívar en Guayana*, Edición del Estado Bolívar, Caracas, sin fecha.

Rodríguez Demorizi, Emilio, *Poetas contra Bolívar. El Libertador a través de la calumnia*, Gráficas Reunidas, Madrid, 1966.

Rumazo González, Alfonso, *Simón Bolívar (biografía)*, Editorial Mediterráneo, Madrid, 1975.

Rumazo González, Alfonso, *Manuela Sáenz (La libertadora del Libertador)*, Ediciones Biblioteca del Corazón, Quito, 1984.

Saurat, Gilette, *Simón Bolívar le Libertador*, Bernard Grasset Ediciones, París, 1990.

Subero, Efraín, *Bolívar escritor*, Serie Bicentenario, Cuadernos Lagoven, Caracas, 1983.

Uslar Pietri, Arturo, *Las lanzas coloradas*, Grupo Editorial Norma Literatura, Bogotá, 1991.

Uslar Pietri, Arturo, *Medio milenio de Venezuela*, Cuadernos Lagoven, Caracas, 1986.

Vaz, Carlos Alfonso, *Bolívar, grandes riesgos y atentados*, Vadell Hermanos Editores, Caracas, 1997.
Vicuña Mackenna, Carlos, *Diario de viaje del general O'Higgins*, Editorial Universitaria, Santiago de Chile, 1917.
Velásquez, Ramón J. (coordinador), *Los Libertadores de Venezuela*, Editorial Meneven, Caracas, 1983.
Valencia Avaria, Luis, *Bernardo O'Higgins, el buen genio de América*, Editorial Universitaria, Santiago de Chile.
Vila, Marco Aurelio, *Bolívar y la geografía*, Corporación Venezolana de Fomento, Caracas, 1976.

ÍNDICE

La vida de Bolívar 13

1. Llegan los Bolívar (1587-1799) 21
2. Para mujeres, Europa (1799-1806) 33
3. Para revoluciones, Miranda (1806-1811) 49
4. El parricidio de La Guaira (1811-1812) 65
5. La guerra a muerte (1812-1813) 77
6. Por fin dictador (1813-1814) 87
7. Vencido y abandonado (1814) 97
8. No hay profeta en su tierra (1814-1815) 113
9. Para cartas, Jamaica (1815-1816) 129
10. Las anchuras de Angostura (1816-1817) 145
11. El piar de las desgracias (1817-1818) 161
12. Otra vez la cordillera (1819-1820) 177
13. Volver a casa (1820-1822) 199
14. Cruzar el Ecuador (1822-1823) 219
15. Alfarero de naciones (1823-1825) 239
16. El sueño de la confederación (1825-1826) 255
17. Las actas de la infamia (1826-1827) 275
18. Maten al Libertador (1827-1829) 293
19. Mi gloria, ¿por qué me la arrebatan? (1829-1830) 315

Epílogo 335

Reconocimientos y fuentes 341

Bibliografía 346

Esta edición de 20.000 ejemplares
se terminó de imprimir en
Artes Gráficas Piscis S.R.L.,
Junín 845, Buenos Aires,
en el mes de marzo de 2004.